见识城邦

更新知识地图　拓展认知边界

法度与人心

帝制时期人与制度的互动

赵冬梅 著

中信出版集团 | 北京

图书在版编目（CIP）数据

法度与人心：帝制时期人与制度的互动 / 赵冬梅著
. -- 北京：中信出版社，2021.1（2025.6重印）
ISBN 978-7-5217-2398-4

Ⅰ.①法… Ⅱ.①赵… Ⅲ.①政治制度史－研究－中国－古代②社会生活－历史－研究－中国－古代 Ⅳ.
① D691.2 ② D691.9

中国版本图书馆 CIP 数据核字 (2020) 第 211791 号

法度与人心——帝制时期人与制度的互动

著　　者：赵冬梅
出版发行：中信出版集团股份有限公司
（北京市朝阳区东三环北路 27 号嘉铭中心　邮编　100020）
承 印 者：河北鹏润印刷有限公司

开　　本：787mm×1092mm　1/16　　印 张：29　　字 数：340 千字
版　　次：2021 年 1 月第 1 版　　印 次：2025 年 6 月第 11 次印刷
书　　号：ISBN 978-7-5217-2398-4
定　　价：128.00 元

目录

人心 | 与 | 法度

前言

法度与人心

学史三十年，同行学友之外，我有幸结识了很多喜欢历史的朋友。因为不掺杂诸如发表压力、职称追求一类的功利杂念，他们的兴趣更显真诚，立场更显超脱，或者说更为纯粹，更加接近以史学为志业者对于历史原初的冲动与热爱，因而也是严肃的。业余爱好者真诚严肃的兴趣，应该获得职业研究者诚挚的回应。这便是本书的缘起。

传统的写史方式，是循沿时间线索以朝代为主体讲述兴亡故事，中间穿插重大事件、重要人物与关键制度。自先秦以降，秦开帝制，汉固一统；魏晋以降四百年，“五胡乱华”，朝分南北、国裂西东，战乱纷扰，复统于隋；李唐雄张，赵宋文弱；元朝以蒙古而治“中国”，虽国土广大，然汉化浅而治力弱；朱元璋“驱逐胡虏，恢复中华”，为明太祖，明朝政治，废宰相、下西洋、迁都北京、抵御蒙古、特务政治、宦官专权，张居正改革之志未遂，满洲之兵锋已起，李自成入京，崇祯帝吊死，吴三桂开门，多尔衮入关；清朝虽异族统治，汉化诚深，知以中国之法治中国，专制加剧，国家机器日益僵化，应变无能。而已经进入工业化时代的西方列强，又岂能容忍老大帝国之画地为牢、抱残守缺？洋枪洋炮硝烟散去，幸存之中国踉踉跄跄地走上了现代化之路。此后，国人之历史记忆被一断为二，前此之中国遂为“古代中国”“传统中国”“封建社会”“中国古代史”。既有之通史，虽内容之丰俭有不同，而结构之方式概出一辙。

重复无趣。回到初心：人们为什么喜欢历史？

细审其故，大致有二：其一，喜欢历史的人，是真正的聪明人——懂得反思的力量，时常会停下奔忙向前的脚步，回望走过的路。在明净澄澈的反思中，他们能够清晰地感知到，历史机遇与个体命运之间的交织互动。今天之所以为如是之今天，乃由无数之昨日渐变累积而来。无论人们是否愿意承认接纳，事实就是，历史塑造了现在，并将影响未来。

其二，喜欢历史的人，是看过了世界或者对外部世界有着强烈好奇与融入欲望的人。我们从外面的世界所获得的所有刺激，政治的、经济的、文化的，群体的、个体的，自觉的、不自觉的，主动的、被动的，最终都会指向我们在这里最初所获得的浸润、教养、知识和体验，指向一个有着深厚过往的不一样的中国。了解世界越多，人们就越想回过头来看中国，越想深入了解中国的过去，因为，这是我们共同的过去，它流淌在我们的血脉中，生生不息。

我决定换一个思路，集中关注那些真正塑造了传统中国，对当今中国影响至深的历史要素，并以这些要素为线索，换一种方式讲故事。

我所关注的第一大要素是政治制度。与事件、人物相比，制度是历史发展中更具根本性的因素，因为它的作用是结构性的。制度是人类社会的组织规则，它规定人的活动范围，影响人的选择，注定其结局。

我对制度最初的敏感起于户籍。1976 年唐山大地震，母亲抱一个、牵一个，带着我们姐妹坐了三天三夜火车，从河北到广东去投奔在海军服役的父亲。第二年我进入学龄，可是没有户口，邻居吴老师说情，班主任王老师接纳了我，附加条件是“学不好就不要了”。我一直努力学习，这句话是第一推动力。没有户口就没有粮本，幸好父亲管理部队农场时跟附近的老百姓建立了深厚的友谊，所以，我们家才能吃上以平价买到的新米。1981 年，父亲为国服役期满，母亲和我们姐妹随军，农转非，获得城市户口，母亲也有了正式工作。1988 年，我考上大学，户口迁入北京，上的是北京大学的集体户。1990 年暑假，我因选修中国现代史课，要回老家的村庄进行农村社会调查，其中一项是“女性的择偶标准”。母亲说：“还问别人干吗，我就能告诉你，那个时候找对象，‘一军二干三工人’。干部、工人有工资，只有军人能带家属，随军吃商品粮。”而所有这一切，都源于1958年1月9日全国人民代表大会常务委员会第九十一次会议通过的《中华人民共和国户口登记条例》。短短几千字的条例，把城市和农村隔成了两个世界，让“到城里去”成为农村人长期以来最大的心愿。

制度的根本性特征还在于它的延续性或者说继承性。对此，宋元之际的史学家马端临在《文献通考》中有非常敏锐的观察：

> 窃尝以为理乱兴衰，不相因者也……无以参稽互察为也。典章经制，实相因者也。……爰自秦汉，以至唐宋，礼乐兵刑之制，赋敛选举之规，以至官名之更张，地理之沿革，虽其终不能以尽同，而其初亦不能以遽异。

“理乱兴衰”“不相因”，唐朝有唐朝的故事，宋朝有宋朝的遭遇，彼此独立，互不相干，“无以参稽互察”。“典章经制”“实相因”，自秦汉以降，无论礼仪、音乐、军事、司法、赋税，还是国家机构的组织运作、官僚的选拔任用以及地方的管理，虽然各朝有各朝的发展演变，不会与前朝完全相同，但是每一个朝代在创立之初，都不得不沿用前朝制度治理国家，所谓“汉承秦制”“宋承唐制”，都是大实话。

就制度而言，朝代与朝代之间，永远是“继承”大于“断裂”。制度本身自有其惯性。隐藏在制度的延续性下面的，是各个朝代所面临的一些共性问题，比如官僚的选任，开国之初通常会“急于人才”；四十年之后则难免“员多缺少”、一位难求；再和平发展四十年，家族背景在官员升迁中的权重必定会大大提高。又比如皇帝周边势力（后妃、外戚、宦官等）的处置问题，士大夫与皇帝的关系问题，官员管理中的效率与公平问题，中央对地方的有效治理问题，兵权的收放与边防的关系问题，等等。这些共性问题才是帝国治理的真正难题，也是“理乱兴衰”的底层原因。然而，令人扼腕叹息的是，在传统时期，这些问题往往被“理乱兴衰”所消解，同时被消解的，还有有关这些问题的宝贵思考——人们习惯了用末代君臣的失德来解释衰亡，然后便若无其事地走进新朝代。即便是现代的历史书写，也习惯了在“朝代末期”大做文章。

是时候换个视角，从“典章经制”的视角来审视“理乱兴衰”了，这就是本书的第一条叙事线索。我要讲的，是帝制国家解决上述共性问题的努力，以及制度与人之间的纠缠互动。

我所关注的第二大要素是历史文化，特别是其中的政治文化。以历史文化为线索，讲述我们民族性格形成的故事。

在这片土地上，过去所发生的一切，有的如花开花落，发生、结束，了无痕迹；有的影响巨大，就像板块对撞隆起成山峦、洪水改变河道；更多的介于二者之间，譬如人之气质转移，一日两日，一年两年，似乎毫无变化，然而，年深日久，终有一日，“鸾鉴朱颜惊暗换”[1]，变化早已发生，并且不可逆转。那些曾经发生、造成影响的因素累积沉淀下来，塑造了我们民族集体的精神状态和人生态度，这就是我所说的“历史文化”。历史文化就像是民族的基因，在不知不觉中影响着我们每个人的生命。不管你是否承认，也不管你愿不愿意，它们就在那里，如影随形。倘若我们积极地了解它，理性地认识它，择善而从，趋利避害，善自保养，历史文化就是我们的财富；倘若我们对它视而不见，那它就有可能成为我们的包袱乃至梦魇。

从制度演变看政治得失，说的是国家的故事；从历史文化看民族性格，说的是群体的故事。这就是我要讲的两个故事。

未来会怎样，并不取决于过去发生了什么，而是取决于我们对过去所发生的一切的理解和认知，而历史学者的责任就是帮助群体理解和认知过去。英国历史学家柯林武德说：“历史学的价值就在于，它告诉我们人过去做过什么，从而告诉我们人是什么。”

让我们开启一段崭新的自我认识之旅吧。

1 ［宋］钱惟演：《花木兰·城上风光莺语乱》，见唐圭璋编纂，王仲闻参订，孔凡礼补辑：《全宋词·钱惟演》，中华书局1999年版，第5页。

导读

历史中国的空间、时间与中国人

历史中国的空间

先来看历史中国的空间。历史是时间的故事，为什么先说空间而不是时间？因为文明早期的面貌在很大程度上取决于自然地理环境。越是在人类文明的早期，地理环境对人的影响就越大，而这些影响会深深地烙印在群体的记忆当中。

简而言之，中华文明的生长环境位于欧亚大陆东部、太平洋西岸的这片土地，高原、大海、大漠和草原就像一个温暖而安全的怀抱，紧紧包围着它。

毫无疑问，地理中国是相对独立、自成一格的；但这绝不是封闭、孤立的，不管是远古时期的中原还是后来的中华帝国，都绝非如此。相反，中国是开放的——这一点，应当成为我们认识空间中国的前提。

图一：高冠凤鸟佩（妇好墓出土）

高冠凤鸟佩是商朝武丁时的玉器，于1976年在河南安阳殷墟的妇好墓出土，9.9厘米×2.7厘米×0.3厘米，目前收藏于中国国家博物馆。玉凤鸟呈站立状，头顶有高冠，冠上刻有简单的纹理，冠边呈齿状，凤尾分开呈双叉状，体型颇为粗壮。凤首长羽冠的形态较为独特，带有神话色彩的意味。在当时，凤被商人作为神鸟崇拜，玉凤鸟佩形样别致，多为商代贵族佩戴，以此物向神灵祈佑。

1976年，考古学家发现了商王武丁的配偶、女将军妇好的墓，这是一次重大的考古发现。妇好墓中出土了一些非常精美的玉器。为研究这些玉器，请来了不少专家。结果，考古专家还没说话，玉雕场的老师傅眼睛先亮了："这不就是和田玉吗？"

是的，妇好墓中出土了和田玉。妇好墓在河南安阳，和田在遥远的新疆，两地相距四千千米。以今天的交通水平，从安阳到和田自驾大概需要五十个小时。妇好的时代距今已有三千两百多年，那个时候的交通工具，除了人的腿只有马车，我们按照每小时五千米的行进速度算，跨越四千千米需要八百个小时。可是那个时候的路哪有今天这么好，两地之间的实际道路里程绝对远超四千千米。然而，就是在这样的交通条件下，和田玉抵达了安阳，成为殷商王室的珍宝。

中国一直在持续不断地输入与输出。输入的例子，除了妇好墓中的和田玉，还有：葡萄是汉武帝的时候由张骞从西域带回来的；

面食来自中亚，东汉以后才开始流行起来；菠菜在唐朝传入中国；玉米、白薯、花生、辣椒、西红柿都来自美洲，明朝开始进入中国。输出的例子，更是尽人皆知，不胜枚举。沿着陆地与海上的“丝绸之路”，中国的丝绸和瓷器在全世界热销。17世纪英国东印度公司成立后，英国人还是更喜欢买中国瓷，商人们甚至抱怨英国人不拥护“国货”。

明白了中国在空间上的开放性，再回看这片土地，便可以发现，原来这片相对独立的土地，存在着那么多通向外部世界的门户与道路：向西，通过河西走廊、新疆，可以通向中亚、西亚和地中海沿岸；向南，从四川再向西南，翻越喜马拉雅山脉，可以进入南亚次大陆；东面的大海也从来没有挡住过中国人，尽管在某些历史时期，朝廷会实行海禁政策，但是，自宋元至今，在大多数时候，中国的海船还是扬帆往来于大海之上，东南沿海地区的人民也从来没有停止过海上贸易和海外移民。有的学者因此认为闭关锁国根本是

图二：莫高窟第三二三窟壁画
初唐 《张骞出使西域图》

《张骞出使西域图》为莫高窟第三二三窟一幅初唐时期的壁画。壁画右上方是汉武帝与众臣来甘泉宫瞻仰“祭天金人”的场景；下方为汉武帝在群臣簇拥下，骑马送张骞前往西域，张骞手持笏板，在汉武帝面前跪拜辞别；左边介绍张骞一行前往西域的情况：一位僧人模样的人在前引路，两个持旌节的人紧随其后，其中之一为张骞。左上方是崇山峻岭掩映下的方城大夏国，张骞历尽险阻，最终抵达目的地。壁画中有五个榜题，多已模糊不清。敦煌壁画常会在一个画面中展现出一个完整故事，如同连环画，从故事的来龙到去脉皆有体现。张骞的此次出使成为历史上的“凿空”之行，此行开辟了“丝绸之路”，促进了中原与西域各国经济文化间的深入交流。

一个伪命题。

有创造的能力，也有海纳百川的心胸，这才是空间中国的真正形象，是空间中国与外部世界关系的本来面貌。

回到内部，空间中国也是在不断成长中的。这里所说的中国，不是现代主权国家的领土概念，而是指历史上中国人繁衍生息的土地。就其大体而言，空间中国的成长经历了黄河流域的整合、长城以南的统一，以及长城南北的大统一三个阶段。

大约在四千年前，黄河中游的各个原始部落互相融合，形成华夏民族的核心，并建立了国家，他们所生活的土地就是“中原”。空间中国的成长故事从中原开始，然后向四周延伸，速度缓慢，但从未停歇。

中原之外，在今天的中国境内，北到内蒙古、辽宁，东到山东，东南到长江流域，西南到四川盆地，南到珠江三角洲，都有活跃的人类活动。所以，考古学上有所谓“六大区系”（六大文化圈）的划分。这些早期的人类文明，原本是各自繁荣、自成一家的。随着中原文化的拓展，它与各地原有文化开始碰撞、融合，空间中国也由此成长壮大。

公元前 11 世纪西周建立之后，周人分封各方，建立了诸多诸侯国。它们主要分布在黄河流域，向南也抵达了淮河流域和长江中游的江北地区。这些诸侯国就是中原文化的扩展者，它们驱动着空间中国的生长。

时间向前推进到公元前 8 世纪，历史进入春秋战国时期，中原文化继续向南与楚文化，向东南与吴越文化相互碰撞。到了公元前 221 年秦帝国建立，中国完成了长城以南农业区域的整合。而包含长城南北的大统一，则要等到 13 世纪元朝的建立才能实现。

现在，让我们稍稍停留，来看一看长城以南的中国的空间。在秦统一之后的地图上，“中国”的边界向东、向南都到了大海。当然，帝国在南方的统治主要集中于交通干线附近，江南和岭南的丘陵、山地仍然是越人控制区。向西南，秦朝修筑了栈道，已将四川盆地纳入版图。向北，中原的农业文明抵达了其北部界线——长城。长城以北就是骑马民族匈奴人的地盘了。

长城以南的中国地域已经非常辽阔。在这片辽阔的土地上，流淌着黄河与长江这两条华夏文明的母亲河。黄河流域的粟作农业和长江流域的稻作农业，互相补充、互相支撑，给华夏文明以充足的给养。

作为农耕中国，北方与南方的分界线在秦岭—淮河一线。北方与南方，有着不同的历史命运。北方开发较早，人类活动频繁，又直接经受着长城以北游牧民族的打击。由于战争和人类活动的影响，自3世纪之后，北方的自然环境逐渐恶化，粮食产量和人口密度都在慢慢下降。当然，此时北方的整体水平仍然高于南方，只是它已经在走下坡路了。

与此同时，南方却享受着“后发优势”，开始走上坡路。南方的自然环境本就优于北方。在游牧民族的打击之下，北方人口大规模南迁，又把先进的生产技术带到南方。先进技术与优越的自然条件结合，使南方的生产力水平不断提高。

北方向下，南方向上，这一上一下在6世纪时完成交替，中国的经济重心转移到了南方。从此之后，南方的经济发展水平一直高于北方。南宋时已经有“苏湖熟，天下足”的谚语。明清时期，江南的太湖流域成为经济最发达地区。甚至到了鸦片战争之后的19世纪50年代，在英国人看来，苏州老百姓的生活水准仍然是世界一流的。

然而，当我们把经济地理与政治地理结合起来时，就会发

图三：清 徐扬 《姑苏繁华图》之市井风貌

《姑苏繁华图》（原名《盛世滋生图》），清代宫廷画家徐扬绘，1225 厘米 ×35.8 厘米，属于国家一级文物，现藏辽宁省博物馆。该画创作历时 24 年，比宋代《清明上河图》（528.7 厘米 ×24.8 厘米）还要长。作品以散点透视法，为我们呈现了当时商贾云集，络绎辐辏的苏州市井景象。图中展现了渔民收获后，满载稻米来苏州进行交易的盛况。江南鱼米之乡的富足与交易时的热闹场景在画面中一览无余，仿佛都能听到交易时的交流与喧闹声，很好地印证了“苏湖熟，天下足”这句民谚。

现一个奇怪的现象：帝国的经济重心虽已南移，政治中心却仍在北方。隋唐的都城在今天的西安，北宋的都城在今天的开封。为什么？因为敌人在北方，帝国的传统根基在北方。元明清三代，出于不同的战略考虑——明代要抵御蒙古，元、清要靠近统治民族的发祥地，首都反而转移到更靠北的北京。

经济重心与政治中心的南北分离，凸显了运河的地位。在现代交通工具——汽车、火车、飞机发明之前，最便宜的大宗运输方式是水路运输。中国地势西高东低，主要河流多自西向东

流淌，缺乏具有较高运力的南北向的天然水道。所以，开凿运河、沟通南北就显得尤为重要。不要轻信隋炀帝开凿运河只是为了到扬州看琼花，他其实是一位真正有雄才大略的皇帝。

长城以北，属于半干旱、干旱气候。在长城以北的草原上，即使是最耐旱的小米也种不活，只能放牧牛羊。换句话说，传统中国农业经济区的北部极限就是长城，所以，中原王朝要在这里的崇山峻岭上修筑防御工事，保卫农业文明的果实。

分享一个小插曲。意大利人马可·波罗在元世祖忽必烈时期来到中国，留下了一部《马可·波罗行纪》（*Les voyages de Marco Polo*），它是西方人了解东方特别是中国的最重要的参考书，哥伦布远洋航行时曾经把它带在身边，北京的卢沟桥在英文中的名字就是马可·波罗桥（Marco Polo Bridge）。但是，有人怀疑马可·波罗根本就没到过中国。

怀疑论者最有力的证据就是：马可·波罗在其行纪中没有提到过长城——那么宏伟的长城竟然被马可·波罗遗漏了，那他肯定没到过中国。这是怀疑论者的说法。那么，现在问题来了：我们能否认为行纪没有提到长城，就能证明马可·波罗没到过中国？恐怕不能。何以言之？第一，我们现在看到的如此雄伟的长城，是明朝才出现的。换句话说，马可·波罗经过的时候，长城并不像现在这样醒目。第二，更重要的是，在元朝，长城已经失去了战略意义，因为元朝实现了长城南北在政治上的统一，是一个跨越长城南北的大中国。长城失去了其保卫农业文明的传统防卫功能，而现代旅游业尚未展开，所以长城年久失修、无人维护，被暂时“遗弃”了。

讲到这里，我们已经把历史中国的空间发展史做了简单的梳理：首先是四千年前黄河流域的整合，然后从黄河出发向长江、

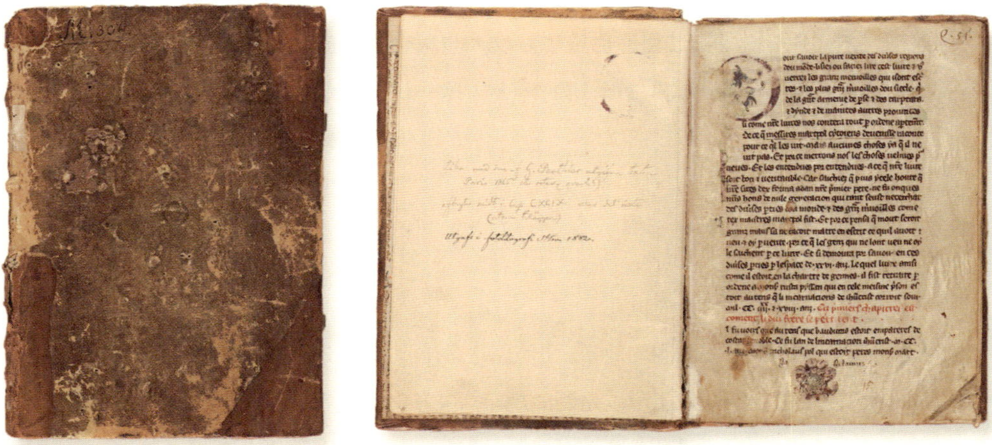

图四：《马可·波罗行纪》手抄本书影及内文

这部制作于约 1350 年的手抄本是现存最古老的抄本之一。《马可·波罗行纪》是威尼斯商人马可·波罗于 13 世纪下半叶在中亚和远东的旅行经历记述。在父亲尼可罗和叔叔马飞阿的陪伴下，马可·波罗于 1275 年经陆路到了中国。行纪的译者序中提到，他在中国待了 17 年，曾担任枢密副使，并做了 3 年扬州都督，其间得到元世祖极大信任。而后他于 1295 年经海路回故乡，后因遭遇战争被俘收监。在坐牢时，他将自己的旅行经历口述给了同牢房一个名为拉斯提新（Rusticin）的书记员，该人将口述内容记录在了羊皮纸上。译者序还提及，该书近 2/5 在描写元朝，被认为是一部绝好的元代初期社会状况写真，也是一部珍贵的社会史料，更是一份旅行报告和实用信息的汇总，因此被称为《寰宇记》或《东方见闻录》。该书是欧洲人了解中亚及中国历史和地理的重要入门书籍。

向大海、向珠江不断拓展，到秦汉时期完成了长城以南农业经济区的统一，最后是长城南北、农业和牧业两种经济区的大统一。就空间而言，中国是缓慢成长的，它的地域相对独立，但从不封闭。空间中国的成长过程，也是华夏汉人与周边各民族相互碰撞、相互融合，最终成为一个新的像大雪球一样的中华民族的过程。

传统中国的时间

所有历史都是有关时间的故事。历史中的时间，可以是客观存在，可以是主观塑造，还可以是制度规定。关于时间，我要讲两个故事：第一个是“司马迁统一时间”；第二个是传统中国的计时方式，它所追求的仍然是“统一”。

我读《史记》，印象最深刻的是司马迁为统一时间所做的努力。在司马迁所处的时代，长城以南农业经济区的空间统一已经完成，这就是汉帝国的版图。在这个广大的空间区域内，不同地区之间存在着巨大差异，这种差异不仅是地理的、经济的，更是历史文化的，各个地区都有属于本地、本族群的历史记忆和文化认同。这种差异不会随着政治上的统一而自然消除，相反，当统一由暴力达成，就可能在一段时间之内制造仇恨，加剧分裂。秦的灭亡，在一定程度上就是因为忽略了它与东方六国之间的历史文化差异。汉帝国在开国之初实行分封制，给诸王以相对独立的治理权，在很大程度上也是为了照顾这种差异。到汉武帝时期，帝制已经压倒分封，大一统逐渐巩固，但它还需要一个说法，一个对于不同地区不同族群之间历史记忆的大整合。司马迁的《史记》所做的，就是这项文化整合工作。

在《史记》中，司马迁给生活在当时华夏大地上各个地区的人民构建了同一套祖先谱系。这个祖先谱系是从五帝开始的，第一是轩辕黄帝，第二是帝颛顼高阳，第三是帝喾高辛，第四是帝尧，第五是帝舜。五帝下来就是夏、商、周三代了。司马迁说，从黄帝一直到尧舜禹，“皆同姓而异其国号”，都是同姓的，只是国号不同，“以章明德”，国号是为了标明他们的德属不同。同姓也就是同族，五帝同姓，天下一家。五帝的子孙散落到各地，落地生根，繁衍生息，发展成为各个族群。比如大禹的苗裔，夏后帝少康的庶子被分封到会稽，去祀奉看守大禹的祭庙，他的后代就成为越的王族，其中最著名的就是卧薪尝胆的越王勾践。

通过祖先谱系的编制，司马迁把汉帝国疆域内生活在不同地域的不同族群“改造”成了一个源远流长、传承有序的华夏大家族，从而创造性地统一了华夏民族的历史记忆。这种历史记忆的统一将成为汉帝国大一统大厦的文化混凝土。这是一项伟大的创造，至今仍然发挥着凝聚华夏的作用。

以上便是“司马迁统一时间”的故事，这里所说的“时间”指的是“过去”。接下来我们讲一下传统中国的计时方式与时间观念，看看古人是如何处理“现在”的。传统的计时方式可以分为两部分，一部分属于政治，一部分属于社会。

属于社会的计时方式，是干支计时法，也就是用十天干（甲、乙、丙、丁、戊、己、庚、辛、壬、癸）和十二地支（子、丑、寅、卯、辰、巳、午、未、申、酉、戌、亥）两两组合，构成六十个数位，干支的一个循环叫六十甲子。它可以用来纪年，也可以用来纪日。甲子纪年大家都比较熟悉，我们举例来说一下甲子纪日：1199年，有一个叫孙应时的人，担任常熟知县即将届满，他非常担心自己不能安全通过离任审计，顺利提级。在距离任期届满还有六十天的时候，孙应时给他的老师写了一封信诉说忧虑，这位老师就是朱熹。孙应时在信里说，从现在开始算，我还有一个甲子的时间就要卸任了，要是能踏踏实实地离开，那往后的日子就好过多了。[1]孙应时所说的“一个甲子”就是六十天。

在一日之内，则用地支划分十二时辰，每个时辰两小时。古代照明设施差，所以要充分利用白天时间。老百姓“日出而作，日落而息”，宫城的大门也是天蒙蒙亮就打开，此时，皇帝已经穿戴整齐，准备接见百官了。

皇帝和有资格参加朝会的首都中高级官员得几点起床呢？冬天四点之前，夏天大概两点半之前。在没有暖气的冬夜，朝臣得爬出温暖的被窝，穿衣上马，投身寒冷的街道。李商隐诗云：“无端嫁得金龟婿，辜负香衾事早朝。”夫婿能佩戴金龟，级别够高了，只可惜要上朝，起得太早，醒来都不见个人影儿。当然，做了地方官就没这个麻烦了，尤其是一把手，完全可以睡到自然醒。所以，欧阳修回到首都当了大官，每逢雨天路滑，还不得不早起上朝的日子，总是会一边听着十里长街的鼓点，一边怀念滁州知州任上的美好时光。

属于政治的计时方式，是皇帝的年号和“颁历授时”。

用君主在位的年头来标记时间，起源很早。司马迁记西周历史，表示时间的方式就是君主的名号加上年份顺序。比如周厉王（君主）三十七年（厉王在位的第三十七个年头，也就是公元前841年），西周发生国人暴动，周厉王逃跑，召公、周公共同执政，号称“共和”。这是中国历史上第一件可以推知确切年份的历史事件。当然，周厉王这个“厉”字是谥号，王死了以后才出现，所以，周厉王三十七年是后人的说法。当时人的说法应该是：

1 孙应时的故事，请见黄宽重：《孙应时的学官生涯：道学追随者对南宋中期政局变动的因应》，台湾大学出版中心2018年版。

当今的周王在位的第三十七个年头。这种用君主在位年头来标记时间的方式，在帝制时期继承下来。

到汉武帝的时候，又有了一项新发明——年号。给时间取一个新名字，不喜欢还可以换，就像今天的人换 QQ 签名、微信昵称一样。武则天可能是中国历史上最喜欢换年号的皇帝。她在位二十一年，一共使用过十七个年号，光宅（一年）、垂拱（四年）、永昌（一年）、天授（二年）、长寿（二年）、延载（一年）、天册万岁（一年）、万岁通天（一年）、神功（一年）、圣历（二年）、久视（一年）、长安（四年），此外还有五个为时更短的年号，且每个都是一等一的好名字，可惜用的时间都不长。

皇帝取年号，最怕跟前人重了。武则天的年号这么多，个个吉利又响亮，而且没跟人重过。宋太祖就不一样。他有个年号叫乾德。乾德三年（965 年），宋灭后蜀，把四川纳入版图，后蜀的后宫佳丽也成为战利品，进了开封宫城。一日，宋太祖闲来无事，拿起一把后蜀美人的镜子把玩，先对镜理髭须，又翻过来看后边的花纹，看着看着忽然傻眼了。这面铜镜是精品，所以上面有确切的铸造年份——乾德四年。当时是哪一年呢？才乾德三年！怎么可能出现乾德四年铸造的镜子？是时空错乱了，还是有什么不祥之兆？宋太祖越想越紧张，第二天上朝见到宰相，赶紧问，为什么乾德三年会出现乾德四年的镜子？几个宰相大眼瞪小眼，谁也说不上来，只好请来翰林学士陶谷与窦仪。陶谷学问也不行，窦仪倒还有点真才实学。他判断，这肯定是蜀国来的镜子，前蜀后主王衍用过这个年号，这镜子应当是在王衍的乾德四年（922 年）铸的。这样一来，就比宋太祖的乾德三年早了四十三年。

闻听此言，宋太祖松了一口气，同时也觉得不读书真可怕，说了一句让后来的历史学者视若珍宝的名言："宰相须用读书人。"

图五：明 唐寅 《王蜀宫妓图》

此图俗称《四美图》，明代唐寅作，绢本设色，124.7 厘米 × 63.6 厘米。画面描绘的是五代前蜀后主王衍后宫里的故事。画中四位宫妓头戴金莲凤鸟花冠，身着云纹装点的道衣，端庄而不失娇媚。身着蓝色衣裙的宫妓，正给左边穿褐色衣裙的宫妓劝酒，右边身着绿色长裙的宫妓，身体略微前倾在斟酒，中间背对我们的这位，左手托盘里盛放着酒壶和点心。从画面看出，左边这位宫妓已然不胜酒力，似在挥手婉拒不能再喝了，而蓝衣女子依旧在不住地劝她更尽一杯。四人相向而立，通过婀娜的姿态和推让的手臂，画面的生动感与丰富性跃然而出。唐寅以“三白法”在宫妓的额、鼻、颌三处涂上白粉，恰似如今的高光妆容，使得人物面部更加饱满立体。

蓮花冠子道人衣日侍君王宴
紫微花柳不知人已去年年鬬綠
與爭緋
蜀後主每於宮中裹小巾命宮妓
衣道衣冠蓮花冠日尋花柳以
侍酣宴蜀之謠已溢耳矣而主之
不挹注之竟至濫觴俾後想搖
頭之令不無扼腕唐寅

有意思的是，宋太祖的乾德年号并没有立即停用，一直用到了乾德五年，直至乾德六年才把年号改成开宝。宋太祖的不信邪，由此可见一斑。

通常情况下，新皇帝即位的当年是不改元的，要等到第二年春天才正式启用新年号，以示对先帝的尊重。“不逾年改元”者，若非改朝换代，则难免落人口实。比如，公元 220 年曾出现了三个年号——建安、延康和黄初。这一年本来是汉献帝的建安二十五年；正月，曹操死，曹丕嗣魏王，二月，改年号为延康（献帝年号）；十月，曹丕逼汉献帝禅位，改年号为黄初。又比如，宋太祖开宝九年（976 年）十月二十一日，太祖暴崩，其弟即位，是为太宗。太祖自有子，且已成年，兄终弟及，“斧声烛影”，固已启人疑窦。当年十二月二十二日，太宗复下令改元，太平兴国元年只得八日。“不逾年改元”，八日都不肯等，吃相未免难看，更令人疑其皇位来路不正。

同一个皇帝换年号，有的是为了向上天祈福，比如武则天，有的是要宣誓政治路线。最喜欢在年号上标榜政治路线的，是宋朝。比如，宋神宗任用王安石变法，导致官僚集团分裂，新旧两党对立。神宗用过两个年号——熙宁、元丰。神宗之子赵煦（后来的哲宗）幼年即位，神宗之母太皇太后高氏摄政，一反神宗之政。太皇太后去世后，哲宗亲政，重返神宗路线，遂用绍圣做年号，“绍”者继承，“圣”者神宗，“绍圣”的意思就是要继承父亲的遗志。神宗的另一个儿子赵佶，即徽宗，用过一个年号崇宁，意思就是崇尚熙宁，宣誓重回熙宁政治路线。崇宁是宋徽宗的第二个年号，他的第一个年号叫建中靖国，意思是采用中间路线，调和新旧两党，以期重建稳定的政治局面。这是十九岁的宋徽宗刚上台时的政治诉求——这个绝顶聪明的年轻人看问题很准，知道国家的麻烦在于官僚集团的分裂，只可惜有心无力，好大喜功，最终还是倒向了新党一边，“崇宁”去也。

明清两代，画风大变，皇帝不再拿年号玩文字游戏了，基本上一个皇帝一个年号用到寿终。所以，明清两代的皇帝是可以用年号来称呼的，比如“洪武爷”“朱洪武”，这是明太祖朱元璋；康熙、雍正、乾隆，这是清王朝鼎盛时期的三位皇帝。

与年号等政治时间相关联的行为，有颁历授时。“颁”是颁发之意，“授”是授予之意，“历”就是历书，是有关年、月、日、节日、节气等的时间表。

颁历授时有两个方向。一个是从上往下，统治者有义务制定历书，给时间划分段落，来指导生产和生活。另一个是从下往上，从被统治者的角度来说，接受谁颁发的日历，用谁的年号，按照谁的时间表来安排生活，庆祝哪个皇帝、皇太后的生日，避讳哪个皇帝的忌日，其实是一个政治选择——接纳谁的时间，就等于接受谁的统治。因此，一个统一的大帝国的理想就是，取缔一切民间私自制定的历书，由官方制定历书，并颁发到全国各地，让全国各级政府都能够按照统一的时间表来安排工作，让全国各地的人民都能够按照统一的时间表来安排生产生活。换句话说，历书所规定的是一个国家的时间秩序。

传统史书把颁历授时的传统一直追溯到传说中的圣王尧的时代，但这只是一厢情愿的想象。在雕版印刷术发明之前，用一本历书统一全国其实是很困难的。各地出土的秦汉时期的历书就有很多不一致的地方，可见当时中央政府的颁历能力终归有限，在很多地方，老百姓还在用民间学者制定的私历。到了唐代，中央政府的颁历能力大大提高，即使是远在新疆的吐鲁番，也能严格按照唐中央颁布的历书行事。按照现在的道路里程，新疆吐鲁番距离唐代长安是两千多千米，唐代的路况跟今天是没法比的，所以会更慢。长安十一月颁历，次年的二月，这份新颁的历书才能抵达吐鲁番。可是，按照唐代的制度，地方政府的粮料是按月发放的，每月按天数计算，大月小月差一天。在接到中央政府的历书之前，吐鲁番地方政府有两个月无历可依，那么，这两个月应当怎样发放粮料呢？一概按小月发放，待日历到时再做更正。倘若这两个月都是大月，那么就把那两天的口粮补回来。唐朝律令制政府行政的严谨性，以及唐中央无远弗届的行政覆盖能力，令人惊叹。

干支计时与颁历授时这两种传统的时间标记方式所展现的，究竟是怎样的一种时间观念？意义的产生需要外物的参照，我们的参照物是西方的公元纪年法。

公元纪年是以耶稣诞生的年份为界线，把时间分成“公元前”和“公元后”两部分。不管“公元前”还是“公元后”，时间都是连续的，这是西式的时间。相比之下，中国的时间，不管是干支，还是皇帝的年号，都处在不断的“重启”当中。六十一甲子是不断更新、重启的，每一个甲子都是一个新的开始。每个朝代的建立、每个皇帝的即位，甚至每个年号的开端，也都是一次重启。相较之下，中国的时间其实比较缺乏连贯性。正因如此，那些通史的写作者，比如司马迁、司马光才显得尤其伟大，因为他们让“我们的时间”连续起来了。

中国人——我们都是“混血儿”

华夏族繁衍生息的地方就是中原，但中原并不为华夏族所独居。在漫漫历史长河中，曾有许多其他民族大规模进入中原并建立政权，比如来自北方草原的匈奴、突厥、契丹、蒙古，从东北深山密林里走出来的乌桓、鲜卑、女真，来自西北的羌、羯、回鹘和党项。这些曾经称雄中国北方，甚至统治过整个中国的民族，有的西迁进入欧洲，比如匈奴、突厥；有的仍然存在于今天的中华民族大家庭中，比如蒙古族和满族；还有一些，却仿佛沙漠中的河流一样消失不见，比如契丹。

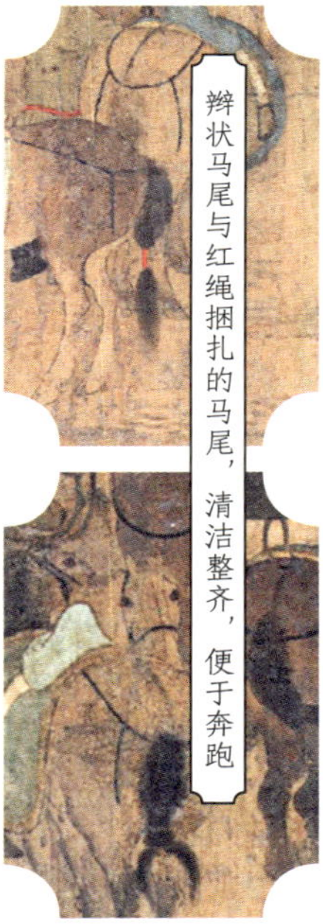

图六：五代 胡瓌（传）《卓歇图》

《卓歇图》，传为五代胡瓌作，长卷，绢本设色，256 厘米 ×33.2 厘米，现藏北京故宫博物院。宋代以前，画家一般不会在画作上题款，所以我们只能根据相关资料来推测画作的作者。胡瓌为五代后唐画家，善画北方边疆牧马与驰猎的生活，如部族迁徙、游骑出猎等情景，尤工画马，笔法遒劲细密，马匹体型健硕，姿态矫健，颇为生动。《卓歇图》展示的是契丹可汗率部下在狩猎后歇脚宴饮的场景，画卷前半部分是出猎场景，后半部分是宴饮场景。“卓歇”意指牧人搭帐篷驻扎歇脚，此处呈现的正是歇息的场景。从画作中人物髡顶辫发、圆领长袍及革带等的装扮特点，我们足以感受到浓厚的北方草原契丹民族的生活气息。

10 世纪初，契丹人一度成为东亚霸主，建立了庞大的草原帝国——辽，领土扩张到长城以南。1125 年，辽为金所灭，共存在了二百一十九年。辽亡之后，部分契丹贵族逃亡到中亚，建立了西辽政权。问题是，那些留在中国的契丹人到哪里去了呢？

从史书记载能够看到，辽的皇族耶律氏中有一支留在金朝继续做官。到 13 世纪蒙古人崛起之后，耶律氏的这一支里出了一位了不起的大英雄——耶律楚材，他的一席话曾救下华北千千万万汉人的性命。当时，有蒙古贵族认为汉人没有用，想要把汉人杀了，把汉人的土地变成牧场，放牧牛羊。幸好耶律楚材向窝阔台汗进言，才阻止了屠杀。耶律楚材的祠堂就在颐和园内。

那么，后来呢？契丹人究竟到了哪里？答案很明白。他们就在我们的身体里。所有那些曾经活跃一时的民族，如果后来没有西迁或者北归，而是留在中国，最后都融入了现代中国人的血液中。

哲学家梁漱溟先生，看姓氏当为汉族无疑。然而，梁先生自述是蒙古人后裔，而且是蒙古皇帝的同宗。元朝最后一个皇帝元顺帝逃回北方的时候，梁先生的祖先没有随行，而是留在了河南汝阳，把姓氏从一看即知为蒙古人的“也先帖木儿”改成了“梁”。五百年后，周围已经没有人知道梁家的蒙古族血统。梁家人则是靠着家谱的记载传承祖先记忆。梁先生说，几百年来，他家和汉族通婚，不断融合两种不同的血统，自然是具有“中间的气质”的。这个“中间的气质”，就是混血气质。

若置之历史长河做纵深观察，则何止梁漱溟先生，所有中国人皆为混血儿。相信不少人都学过著名历史学家翦伯赞先生的《内蒙访古》。翦先生是湖南桃源人，同时也是维吾尔族人，不是现在新疆的维吾尔族，而是元朝时从中亚过来的色目人的后裔。翦先生高鼻深目，的确带有几分异族特征。

图七：莫高窟第二九〇窟壁画 北周 《胡人驯马图》

这幅《胡人驯马图》是敦煌莫高窟第二九〇窟的壁画。马情性刚烈，通常要经过驯服才便于驾驭。图中一位高鼻深目的马夫，身穿圆领窄袖胡服，脚蹬长靴，左手牵缰绳，右手举马鞭，双膝略弯，正在专注地驯马。被驯之马高抬右前腿，两后腿压低弯曲，俯首后坐，呈踢蹬状，似正要躲避挨打，又略显出些许不驯服。画工通过对生活的仔细观察和纯熟高超的画技，对胡人驯马的形象进行了精炼准确的表达。画中胡人高鼻深目的面部轮廓及异域服饰亦清晰可见。

回溯历史，来自北、西两个方向的其他民族陆陆续续进入中原，与中原的原住民——华夏族交往、通婚，为华夏文明注入新鲜精悍的血液，丰富了中国人的生物学基因，也丰富了中国人的文化基因。

中国历史上曾有两次大规模的民族融合。

第一次是从东汉末年到隋朝建立，也就是从 2 世纪末到 6 世纪末，四百年间，匈奴、鲜卑、羯、氐、羌五大民族在中原的北部先后建立政权。最终，鲜卑人统一了整个北方地区。其间，不仅有魏孝文帝的汉化改革，也有汉人的鲜卑化。那个时代的中国北方是名副其实的民族大熔炉。隋、唐的皇室都融合了汉与鲜卑两股血脉。比如，唐太宗的祖母独孤氏、母亲窦氏、皇后长孙氏都是鲜卑人。唐朝宰相三百六十九人中，拥有胡族血统的有三十六人，占到近十分之一。唐代在民族问题上呈现出空前的包容性，许多异族人在长安做官，而唐代后期基本上是靠所谓的番将在守边。如陈寅恪先生语，“取塞外野蛮精悍之精血，注入中华文化颓废之躯”，让唐王朝一度迸发出惊人的创造力和开拓精神。

第二次是从 10 世纪到 14 世纪，也就是从契丹崛起到元朝退守塞外，差不多四个世纪。这一时期，先是契丹在北方建立了广阔的草原帝国，统治区域扩大到长城以南，宋辽定盟，双方皇帝约为兄弟，两国平等交往，为南北朝。此后女真人崛起于白山黑水之间，建立金朝，灭辽驱宋，入主中原，统一中国北方。之后蒙古崛起，统一草原各部，首先向西把势力扩展到中亚，接着回师中国，灭西夏、金、大理，包围夹击，终灭南宋，实现了中国历史上第一次长城南北的大统一。在战争与和平的变奏中，首先是契丹、女真与北方汉人深度融合，成为新的汉人；然后是大

图八：莫高窟第二九六窟壁画 北周 《福田经变图》

这幅《福田经变图》是莫高窟第二九六窟的一幅北周壁画。该窟从北顶中段开始，画面分上下两层。本文图中上层展现的是在一座果园里，有三人在树下歇息；另外还有一辆卸辕的骆驼车，人和骆驼都在水井旁休息，水井另一侧有人正在饮骡马和骆驼。壁画生动地描绘了在干旱的西北古道上，商旅行人路遇水井时的欣喜场景。下层左边有两人扶着一位半卧的病人，在给他喂药，旁边有人正在捣药；中间部分画了“设桥”，两个商人押着满载货物的驼队过桥；桥对面走来一个西域商人，牵着两头驮着货物的骆驼，领着商队正准备过桥。画面生动地反映了北周时期丝绸之路上东西方交往的概貌。

批色目人，包括西夏人，中亚、西亚各族人跟随蒙古大军进入中国，其中包括信仰伊斯兰教的中亚穆斯林，他们与当地汉人通婚，成为回族的祖先；最后，是大理和南宋被征服，大理人和宋人被纳入了元朝的统治范围，而蒙古人、色目人也进入了南方的广大地域。

著名民族学家费孝通先生把中华民族的发展历程形象地比喻成“滚雪球”。[1] 这个大雪球滚了四千年，最早是黄河下游的不同部落之间碰撞融合，汇聚成雪球的核心；然后长江流域的部族加

1 费孝通：《中华民族的多元一体格局》，载《北京大学学报》1989年第4期，第1—19页。

入进来；到秦汉时期，长城以南的农耕地区基本融为一体，汉人出现；东汉至隋四百年，北方游牧民族内迁入华；两宋三百年间，女真、蒙古相继崛起，以战争促融合；清朝满洲的入主、对新疆的开拓、对西南统治的加强，又为雪球增添了新元素。其他民族的加入，在数量上壮大了华夏人口，在文化上则让华夏趋于多元。

在“大雪球”形成的过程中，很多曾经称雄一时的民族失去了自己的名称，完全融入华夏，成为华夏的一部分。而华夏，即为历史上通常所说的汉族，在历史过程中融合了不同民族的血液，当然是混血的。生物学上有“杂交优势”的说法，指两种遗传基础不同的植物或动物进行杂交，其杂交后代所表现出的各种性状均优于杂交双亲；只不过这种杂交优势往往只能保持一代。华夏民族的“杂交优势”却是长期性的——不需要其他证据，华夏民族的长期存在本身就是证据。

那么，这个吸收了诸多异质因素的“大雪球”怎样才能保证它仍然是“中国”而非其他呢？尤其是当中国被“异族”统治时，比如，契丹人所建立的辽，女真人所建立的金，蒙古人所建立的元，满族人所建立的清。有些外国学者称这些朝代为“征服王朝”，这是普通中国人很难接受的说法。在中国人的历史书写和历史教育之中，异族统治下的中国仍然是中国，辽、金、元、清都是传统中国王朝兴替链环上的组成部分，缺了其中任何一环，传统中国的历史都是不完整的。在我们看来，“征服王朝”所象征的黑暗与断裂是不存在的，“中国”一直在延续，辽、金、元、清四代虽然是“异族”统治，华夏仍然是华夏。那么，果真如此吗？

辽、金、元、清四代，统治者来自北方，文化与血缘都与华夏有异，异族征服，战争中的血腥残酷、统治中的歧视压迫、文化上的野蛮倒退，都是事实，无可否认。同样不容否认的，还有其统治者对于华夏文明的学习与接纳——华夏民族之文化长期领先于东亚其他民族，而向往、追求先进文化是人类本性，进入中原的其他民族，只要开始接受华夏文化，早晚都会被它同化。辽、金、元、清四朝，虽然统治民族的汉化程度有深有浅，但国家治理的方式基本上是中国的，最高统治者称“皇帝”，有国号，有年号；国家机构是中国的，可以远溯周礼，近追唐宋；虽然统治民族创立了自己的文字，但是汉字与其所承载的文化仍然在延续，弦歌不绝；即便统治者为异族，史官们仍然按照中国的史学传统为胜朝编修纪传体的正史，以明“天命”之转移、国祚之在我；科举在举行，儒家经典教育出来的士大夫仍然怀抱着修齐治平的理想——“中国”从未中断。

“政治上的中国之道，就像是水田里的稻作经济一样，看起来比朝代或者种族更具根本性。”关于中国历史上的异族统治，美国学者费正清先生这样总结道：

> 在中国，文化（生活方式）比民族主义更具根本性。确定无疑的一个原因，是早期的中国皇帝总是宣称“率土之滨，莫非王臣”，无论种族或者语言。继起的异族统治者发现，延续并加强这一传统是最方便的。无论夷夏，儒家的统治者所重视的，是官僚的忠诚及其合乎儒家礼法的行为。肤色和语言都不重要，重要的是懂得（儒家）经典并身体力行。成功的异族皇帝对此心知肚明，他们因此成为刻苦的儒家学者、书法家和鉴赏家。他们引用子曰诗云、举行礼典、发布大赦、开科取士、任命官吏，像前朝天子那样颁布诏敕，由此来获得统治的合法性。[1]

费正清的表述，与唐代韩愈的“夷而进于中国则中国之”遥

1 John King Fairbanks, *The United States and China*, 3rd edition, Harvard University Press, 1972, pp. 88-89.（本段引文为作者译）

图九：莫高窟第四五窟壁画 唐 《胡商遇盗图》

《胡商遇盗图》是莫高窟第四五窟的唐代壁画。图中有一队西域来的商人，他们留着浓密的胡须，戴着高高的毡帽，个个高鼻深目。他们牵着驮有货物的驴子前往中原进行交易，但刚转过山头，就遇上了身着唐装的持刀抢劫的强盗。这些强盗头戴幞头，身穿圆领长衫，还打着绑腿。他们自山谷中举着长刀冲出，拦住胡商们的去路，似乎在说“此路是我开，此树是我栽，要从此处过，留下买路财”。这些胡商胆战心惊，双手合十，露出惶恐乞求的神色。他们将钱财丢在强盗面前，似乎表示只要不伤及性命，钱财任由强盗取去。壁画生动写实，极为传神，是唐代敦煌地区胡人与中原之间商贸活动的生动写照。

相呼应，当异族统治者“进于中国”，又有什么理由不“中国之”呢？华夏民族认同的核心是文化而非生物血缘，凡为此文化所化之人，无论肤色、种族，都可以成为“华夏”。而就生物学事实来看，华夏民族人口规模巨大，远超进入中原的其他任何一个民族，在群体数量上具有压倒性优势。以此压倒性优势之人口规模，携相对先进之文明成就，纵然遭遇军事征服，然其人在，文化在，一番动荡扰攘之后，归于和平安宁之时，华夏文明又是草长莺飞了。当然，影响是相互的，经历“征服”与“同化”之后的华夏民族“大雪球”，也必然发生了一些变化。这些变化，有好有坏，不可一概而论，需要历史学的深入研究加以梳理。

中华民族是一个伟大的民族，她的伟大之处正在于其强大的包容性，海纳百川而不失自我。在海纳百川的过程中，中华的“自我”也在不断蜕变中获得新生。

上篇　典章经制下的理乱兴衰

引言
游戏与规则

近年来，“穿越”成为一时热门话题。作为一名宋史研究者，我常被问到一个问题：“假如可以穿越回古代，你愿意选择哪个朝代？”采访者以为我会选择宋朝，然而我说：“我哪儿也不去，就留在现代。”

我之所以如此作答，是深思熟虑、认真权衡过的。无他，我是女性，且对传统中国有一点基本的认识，因此不做玫瑰色的梦。按照中国古代“男主外女主内”的秩序安排，如果穿越回去，我就不能反对丈夫纳妾，不能出来工作，不能单独旅行，不能拥有自己独立的财产……不能之事太多，我不愿意。其实我也不劝各位男士穿越，假如穿越到东晋王羲之时代的寻常庶族家庭，你再聪明、再勤奋，也不会有机会跟王羲之对坐，挥麈谈玄；即便运气好，得到皇帝的赏识，也会被王谢子弟嗤之以鼻——风流潇洒都是高门士族的，你连喝彩的资格也未必有。万一运气再差点儿，你穿越到三国时期的曹魏，成了一个士兵的儿子，那除了当兵，你是一点儿别的指望也没有的。论普遍的自由度，还得看今朝。

而这种自由度是现代社会制度赋予我们的。

制度是什么？“制度是人类相互交往的规则。”[1] 它划分类别（文官、武官、宦官）、标志等级（长官、属官、小吏）、限制范围（可以做什么，不可以做什么）、规定关系（君臣、父子、夫妇，上下级、同僚、同年），决定个人及群体的身份、地位与活动空间。

大部分人说喜欢历史，其实是喜欢看大起大落的英雄故事，看帝王将相纵横捭阖、运筹帷幄的权谋秘计，甚至想要学个一招半式的。那些浮于表面的故事当然有趣，然而，若只关心那些，这样的历史观察就显得不够高级了。这就像看《西游记》里孙悟空和各路神仙、妖精打架，云来雾去，极为热闹，可是有谁能逃出如来佛的手掌？制度就像是如来佛的手掌，它规定了游戏规则，万变不离其宗。吃透了制度，再来看历史的兴衰起落，就能看到边界和范围，明白为什么是那样，进而思考真正需要改变的是什么。所以，如果想真正了解过去，我们必须要看制度。

当然，了解古代的制度，不仅是为了正确穿越，它也可以帮助我们认识、改造现代制度。古代制度的特点是它“已经完成”，从形成到结束，我们能够看到得失成败的全部轨迹，可以细细琢磨制度与人之间的复杂关系。看古代的制度，可以帮助我们思考如何完善今天的制度。

换个角度来说，对于中国古代制度的考察，实际上是要以四千年的中国历史为个案，对制度做一番具有普遍性的思考。那么，中国古代的制度演变究竟存在哪些特点呢？

1 ［德］柯武刚、史漫飞著，韩朝华译：《制度经济学：社会秩序与公共政策》，商务印书馆2003年版，第35页。

制度存在的真实状态

中国古代最大的制度变迁，当属国体（国家性质）之变，也就是从封建制到帝制。西周实行的是封建制度，封邦建国，各个封国的政治、经济相对独立，按照宗法制，诸侯彼此认同，并尊周王为天下共主。春秋战国时期，封建宗法政治秩序被打破，大国吞并小国，强国吞并弱国。最终，公元前 221 年，秦建立皇帝制度，“海内为郡县，法令由一统”[1]，中国进入帝制时期。从公元前 221 年到公元 1912 年，帝制在中国持续了 2133 年。

两千多年的帝制，朝廷国家的核心利益关切不外乎以下两点：第一，怎样延续王朝统治，这是皇权的安全问题；第二，怎样保持中央对地方的有效控制，这是中央集权的问题。在这两个兴亡攸关的问题上，帝制国家一直处在不断摸索、不断进步的过程中。

地方控制问题的解决思路，唐宋之间有一个大变革。唐代以前，主要采取分级控制的思路，旧的层级效率降低之后，就增加新的层级来加强控制。秦汉实行郡县制，西汉置州，本为中央派出的巡视组，后演变成为郡以上的一级地方行政组织。东汉以降，地方行政遂为州、郡、县三级制。隋文帝“罢郡，以州统县”[2]，重归两级制。唐中期，迫于边防压力，不得不在州之上设置节度使，又为三级制。无论三级还是两级，各级行政机构都是一揽子治理，属于行政学上所谓的“完整制”。到了宋代，在分级控制之外，又出现了“分权制衡”的新思路，在州以上的“路”级实行“分离制”[3]。北宋的“路”大致设有四种机构，这四种机构各管一摊，互不统属，分别对上负责——转运使司掌财政，提点刑狱司掌司法审查，经略安抚使司掌辖区军政，提举常平仓司掌王安石变法后新生财利，转运、提刑和仓司又负有监察一路官员的责任。

1 这是以丞相王绾、御史大夫冯劫和廷尉李斯为代表的大秦群臣为始皇帝议定帝号时的总结。［汉］司马迁撰，［南朝宋］裴骃集解，［唐］司马贞索隐，［唐］张守节正义：《史记》卷六《秦始皇本纪》，中华书局 1982 年版，第 236 页。

2 ［唐］魏徵、令狐德棻撰：《隋书》卷二八《百官志下》，中华书局 1973 年版，第 792 页。

3 余蔚：《完整制与分离制：宋代地方行政权力的转移》，载《历史研究》2005 年第 4 期，第 119—130 页。

图十：《王安石肖像》

王安石（1021—1086），字介甫，晚号半山，江西临川人。我国北宋著名的思想家、文学家、改革家。庆历二年（1042年）进士，历任淮南判官、舒州通判、群牧判官，任上政绩显著。于熙宁二年（1069年）迁参知政事，拜相，开始积极推行改革。后因遭到保守派反对，被两次罢免，出知江宁府。随着后期保守派的崛起，新法废除殆尽。虽然新法被废，但从变法的真正目的来看，王安石变法为神宗朝聚敛了丰厚的财富，增加了不少收入。而这些新生的财利，便由北宋“路”的四种机构之一的提举常平仓司专门掌管。

宋人创立的“分权制衡”原则不仅适用于地方控制，而且渗透于宋朝制度设计的方方面面。就皇权的安全来说，唐代以前，在中枢权力的分配上，宰相对军事、行政和财政实行一揽子管理，便于大权独揽。宋则不然，宋朝开创了中国式的“三权分立”：宰相原则上只管行政，另外有枢密院管军事，三司管财政；这三家单独向皇帝汇报，因此，真正能够全面掌握信息从而掌控全局的，有且只有皇帝。宋朝的皇帝很明白这个秘诀，所以再怎么进行制度改革，“分权制衡”这一条都是“咬定青山不放松”的。元、明、清三代，虽然中枢机构的具体名称发生了改变，但是“分权制衡”的追求不变。

历史发展到宋朝，皇帝在帝制国家权力结构中的位置也发生了改变。宰相、枢密院、三司三权分立，各管一摊，分别向皇帝报告，这就让皇帝越来越像个“政府首脑”了。喜欢管事的皇帝，比如王安石退休之后的宋神宗，他手底下的宰相就像极了高参和秘书。明太祖能够直接废除宰相，由皇帝亲自充当政府首脑，尽管不是宋朝制度的直接延续，但的确可以从宋朝这里获得某种解释。

关于最高权力的分配，关于政府机构的组织原则和具体设置，关于人才的选拔和官僚的人事管理，各项制度都是在不断变化中的。变化，才是制度的真谛。梦想建立一项制度，一劳永逸地解决所有问题，不啻痴人说梦。

制度变迁的根本原因

制度为什么会不断变化？因为时代在变，国家所面临的内政和外交环境在变。大部分的制度变迁是累积型的，一点一滴，水滴石穿。变化积累到一定阶段，就会出现阶段性的总结。累积型变化是历史研究和历史书写最容易忽略的变化，因为它沉默温和，缺乏激烈的“事件感”。历史研究和历史书写热衷于关注政治家主动发起的大刀阔斧的改革，比如西汉末年的王莽改制、唐代杨炎的“两税法”、宋代的王安石变法、明代张居正的“一条鞭法”。总体来看，春秋战国时期，多国并立，群雄竞逐，故多大刀阔斧的主动改革；两千年帝制，天下一统，内驱力不足，主动改革直可枚举，累积型的变化才是制度变迁的主流。

无论是水滴石穿的渐变，还是大刀阔斧的改革，都是因为时势发生了变化，制度必须跟着变，这就是我所说的“因应变化”。“因应变化”一词，出自司马迁对老子的评价。太史公曰：“老子所贵道，虚无，因应变化于无为，故著书辞称微妙难识。”[1]老子以“无为”“因应变化”，后世以“有为”“因应变化”，所为者，制度也。旧史学常以权力斗争、大人物的意志来解释制度变迁，比如讲宰相制度演变，必以君相矛盾争权为说——权力斗争固然有之，然而，国家制度岂止为权力设？皇帝也好，宰相也好，治国理政才是正事。国内国际形势既变，则必调整做法以因应之，这才是制度变迁的根本动力。而所有能够成功保留下来的变化，哪怕曾经有一个荒唐的开始，也一定是合理地因应了时代要求的。逆时代需要而动的变化，虽然可以凭借权势推行，却无法延续——制度有其自身的发展惯性，不可违逆。

制度创新的原动力

总体而言，传统时期中国制度创新的力量来自中国内部。帝制时期的改革有一个非常有趣的共同点：改革者往往以想象中的西周制度为依托，托古改制。究其原因，一则古人相信夏、商、周三代是黄金时代，而周集三代之大成，孔子曰：“周监于二代，郁郁乎文哉，吾从周。”[2]二则在鸦片战争以前的整个传统时期，在中国人所认识的文明世界当中，中国在各个方面的确都相对发达。因此，传统中国长期享有强烈的制度自信。正是这种自信，赋予了传统中国开放的心态，可以放心吸收周边制度，为我所用。比如，贞观四年（630 年），唐军大破突厥，擒颉利可汗，西北诸番为唐太宗共上尊号曰“天可汗”。从此之后，在唐王朝给西北诸番的命令文书当中，唐太宗的头衔是大唐皇帝与天可汗并列的。[3]这两个名号来自不同的政治文化系统，皇帝是中国的主宰，可汗是北方草原游牧民族的首领，唐朝的皇帝也可以是北方草原的首领。再比如，北朝隋唐的官制中有一个非常特别的名号——

1 ［汉］司马迁撰，［南朝宋］裴骃集解，［唐］司马贞索隐，［唐］张守节正义：《史记》卷六三《老子韩非列传》，中华书局 1982 年版，第 2156 页。
2 ［梁］皇侃撰，高尚榘点校：《论语义疏》卷二《八佾第三》，中华书局 2013 年版，第 64 页。
3 参见［后晋］刘昫等撰：《旧唐书》卷三《太宗本纪下》，中华书局 1975 年版，第 39—40 页。

萨保。单看这两个字，很难想出它的含义，因为这是个音译的外来语，来自中亚的粟特人对商队首领的称呼，后来发展成为粟特聚落中的政教大首领。中国接纳了粟特商人，并将萨保纳入中国的官僚体制，用胡人首领来管理胡人。[1]

在中国历史上，不断有北方民族进入中原建立政权，元朝和清朝更是以北族建立了更大范围的大一统帝国。那么，该怎样评估这些北族政权对中国制度的影响？大体上说，他们带来了新的元素，但没有改变中国制度的总体和核心。比如沿用至今的大行政区——省的设置，就始于元朝。另外，一些落后的东西也随着北族成为统治者而进入了中国的制度和文化体系，这一点，我将在“历史文化”篇中进行专文辨析。

总体而言，中国古代的制度是不断变化的，其驱动力主要来自内部。因此，从制度上看，中国具有创造力和生命力。制度的变化分为渐变和改革两种，无论哪一种，都必须有效回应时代变迁，并顺应制度发展的内在惯性。

皇帝的权力与矛盾

在整个帝制时期，皇帝制度是最重要的制度，是其他一切制度的背景和边界。皇权笼罩一切，它是其他一切权力体的权力来源，可以赋予、增强、削弱、剥夺其他一切机构、个人和群体的权力。然而，这绝不意味着皇帝可以为所欲为。传统时期的主流政治思想认为，皇帝“以一人治天下，不以天下奉一人”[2]，无边的权力背后是无边的责任。“至少有两重皇帝，第一重是作为朝廷国家象征的抽象的皇帝，第二重是宝座上那个具体的人。在整个帝制

1 参见荣新江：《隋及唐初并州的萨宝府与粟特聚落》，载《文物》2001 年第 4 期，第 84—89 页。

2 [宋] 司马光著，[元] 胡三省音注：《资治通鉴》卷一九二《唐纪八·高祖武德九年》，中华书局 1956 年版，第 6027—6028 页。

国家，抽象的象征性的皇帝具有至高无上的权威，是唯一可以超越任何利益的主体，因而是政治斗争中唯一可称‘公正无私’的最高仲裁人。”[1]“抽象的皇帝”的所作所为应当符合朝廷国家的根本和长远利益，而“宝座上那个具体的人”的意愿、能力和经验却未必能保证他可以做到这一切。“抽象的皇帝”属于朝廷国家，具有“公”的属性；“具体的皇帝”身边还有一个庞大的“私属”利益群体，包括后妃、宗室、外戚、宦官。“具体的皇帝”与“抽象的皇帝”之间的张力，构成了皇帝制度的最大矛盾。

帝制的宿命

1912年2月12日，清宣统皇帝宣布退位。次日，袁世凯致电南京临时政府，宣布拥护共和：“大清皇帝既明诏辞位……则宣布之日，为帝制之终局，即民国之始基。从此努力进行，务令达到圆满地位，永不使君主政体再行于中国。”[2]虽然后来袁世凯曾短暂复辟帝制，做了八十三天皇帝梦，但他说的是对的。末代皇帝的退位表明，统治中国2133年的帝制宣告终结，中国迈入共和时代，君主政体将“永不再行于中国”。

那么，帝制的终结是否是历史的必然？在走向终结之外，帝制还有没有其他的出路，比如转变成君主立宪制？

在共和之前，帝制和清王朝曾经有过通过改良继续存在的机会，而且这样的机会出现了两次：一次是1898年的百日维新，一次是1905年至1911年的立宪运动。但凡抓住其中一次机会立宪成功，那么，中国也许就进入了君主立宪时代，皇帝从专制君主变成立宪君主，清朝统治得以继续。然而，那两次机会都从清王朝的手掌心里溜走了。政治改革失败，君主立宪流产，清王朝的统治寿终正寝，帝制终结。这一切是怎么发生的呢？

1 赵冬梅：《司马光和他的时代·写在前面的话》，生活书店2014年版，第4页（略有修改）。

2 来新夏：《北洋军阀史》（上），东方出版社2016年版，第204页。

先说1898年的维新运动。如果光绪皇帝本人和康有为稍微有一些政治经验，懂得稳中求进，平衡各方利益，改革措施推出得不是那么急迫激进，如果慈禧太后不是那样一个浅陋自私、唯利是图的老太太，她的势力没那么大，手腕没那么强硬，如果袁世凯在关键时刻能够"狠斗私字一闪念"，那么，此后的中国历史可能就是另外一个故事了。

再说立宪运动。如果满洲贵族的私心不是那么畸形膨胀，略微懂得一点"同舟共济"的道理，让渡一些权力给汉人精英，比如"皇族内阁"十三个阁员不是八个满人（五个皇族）、一个蒙古旗人、四个汉人，而是相对均衡，那么，民族矛盾就不会发展到难以调和的地步，孙中山的反满宣传就不会那么有效。退一步说，如果最后一个帝制王朝不是满洲人建立的，那么，也许共和未必能够取代帝制。

慈禧太后阵营与光绪—康有为组合实力悬殊的对阵，袁世凯的叛变，最后一个帝制王朝凑巧是非汉人统治，而满人在最后关头恰好表现出了最最狭隘的一面。所有这些，似乎都是偶然。

然而，所有偶然的背后，都有着令人悲伤的必然，这就是皇帝制度的权力特点。慈禧太后那个自私蛮横的老太太，她的权力几近一手遮天，如此大的权力怎么来的？皇太后是摄政——皇权的代理人，慈禧的权力来源就是皇权。帝制发展到清朝，皇帝的权力是空前强大的。

就其权力本质而言，在帝制时期，皇帝"享有至高无上，超越一切制度、法律的权力。来自臣下的任何限制，如果他想拒绝，都有权拒绝；他的任何荒谬决定，只要坚持，臣下都不得不执行"[1]。换言之，没有任何力量可以合理合法地对皇帝进行强制性的约束。因此，当一个皇帝决心要做昏君的时候，除非将其废黜、

1 祝总斌：《试论我国封建君主专制权力发展的总趋势——附论古代的人治与法治》，载《北京大学学报》1988年第2期。

囚禁，或干脆杀了他，没有别的办法；而废立既需要实力，又需要突破道德束缚的勇气，其实并不容易发生。

就朝廷国家具体的治国理政而言，明代以前，皇帝之下有宰相，皇帝是国家元首，宰相是政府首脑，拥有参与决策的权力。宰相的存在，可以在一定程度上防止皇帝跑偏，让大政方针基本符合王朝的根本和长远利益。明清两代不设宰相，明有内阁，清有军机处。然而无论内阁还是军机处，都只是秘书咨询机构，在制度上不享有决策权；比之宰相，内阁和军机处的权力是不稳定的，更加依赖于皇帝的信任。没有了宰相，皇帝既是国家元首，又是政府首脑，一身而兼二任。地方权力向中央集中，中央权力向皇帝集中。而权力就是责任，皇帝个人在军国大政和政府行政中所承担的责任变得空前巨大。

朕即国家。这样的权力结构对皇帝的个人素质提出了极高的要求。怎样才能做一个合格的好皇帝，承担起如此重大的责任呢？他应该精力充沛，头脑清醒，公正无私，高瞻远瞩，有大局观，富有政治智慧，并且要熟悉政府运作的得失利弊。这是最高标准下的理想状态。

问题是在实际中，什么样的人才能坐上皇帝的宝座？

在皇帝制度下，同一王朝之中历代皇帝的能力水平通常是“递减”的——越到后面越平庸。雄才大略的皇帝基本上只存在于王朝初期，清朝算是很不错的，康熙、雍正、乾隆连续三代基本合乎最高标准，但是，嘉庆以后就“一蟹不如一蟹”了。通常情况下，开国之君能力水平较高，后来的守成之主能做到“中主”，稍微克制个人私欲，遵守祖宗法度，每天按时上朝处理政务，就很不错了。雄才大略？可以不必期待。何以至此？

制度使然。帝制时期最高权力的承递实行世袭制，通常而言，只有皇帝的儿子才能顺理成章做皇帝，选择余地因此有限，此其一；皇帝的成长空间狭窄，所谓“生于深宫之中，长于妇人之手”，不曾经风雨见世面，除了钩心斗角、争权夺利，其他的政治历练基本阙如，此其二。历史经验告诉我们，很多皇位继承人能够从竞争中脱颖而出，都是以“宅心仁厚”之类的品质取胜的——不管是发自真心还是他人教导的。比如，两位年幼的皇位候选人在一块儿玩，凑巧过来一只猫，胖男孩过去踢了那只猫一脚，瘦男孩乖乖地没动，皇帝看见了，就觉得还是那个乖的好——仁厚。最终，瘦男孩被选中，成了皇帝，这就是宋孝宗。欺负猫咪当然不好，可是用这一类的纯道德（甚至是性格）标准来选择治理国家的人，实在是文不对题。

因此，以正常手段登上皇位的，基本上是一些“老实孩子”，能力、精力这些都是不论的。但是朕即国家，不管你能力有没有，精力够不够，只要坐到那个宝座上，就被赋予了无边无际的权力。

把这样一些平庸的、缺乏因应能力的人，放到至高无上的皇位上，朝廷政治难免越来越僵化腐朽。周围环境没有大的变化，马马虎虎，做个守成之主倒也可以；若要他来应对鸦片战争之后“三千年未有之大变局”，则完全无能为力。所以，晚清即使没有慈禧这个自私浅陋的老太太，即使光绪皇帝自己当家，他的能力、意志力和领导力也靠不住。看他选的“队友”是康有为团队，便可知其大概。而死到临头还要整出一个“皇族内阁”的摄政王大人，就显得更加愚昧无知了。

如此说来，清王朝的灭亡与帝制的终结，都不是偶然，而是必然。

皇帝终身制，皇位世袭制，骨子里是“家天下”。天子以天下为家，以四海为家。汉高祖刘邦年轻的时候吊儿郎当，不好好种田经营家业，老被父亲数落，说他“不如仲（老二）力”。后来刘邦当了皇帝，得意扬扬地对老爹说：“今某之业所就，孰与仲多？”[1] 这全天下，都是他的家业。

那么，皇帝拥有天下的自信和治理天下的权力来自哪里？来自上天。中国的皇帝是人间的君主，但同时兼具神的品格，秉天命治理人间，直接沟通天地，所以又称“天子”。“皇帝”这个名号当中也包含着神性。这个秘密就藏在“帝”字当中。秦始皇以四十虚龄混一天下，成就了“自上古以来未尝有”的功业，下令群臣制定新名号。丞相、御史大夫、廷尉和博士们商量之后，提交的新名号方案是“泰皇”。为什么是泰皇？因为“古有天皇，有地皇，有泰皇，泰皇最贵”，“泰皇”是上古时期最尊贵的人间君主称号。秦始皇并没有接纳“泰皇”，他自作主张“去‘泰’，著‘皇’，采上古帝位号，号曰‘皇帝’”[2]。秦始皇为什么要加上一个“帝”字？因为“帝”本是神的尊称，秦始皇看重的就是“帝”字的神性。

皇帝是天子，“受命于天”，秦的玉玺上就有“受命于天”四个字。后代的皇帝也都强调皇帝的统治权来自“天命”。比如，刘邦就觉得：“吾以布衣提三尺剑取天下，此非天命乎？”[3] 后世皇帝为了证明“天命”的存在，最喜欢编造皇帝的出生神话，最普通的是其母“梦日入怀”。

中国的皇帝以人君为天子，自己来充当世界秩序的核心和枢轴，协调贯通人与宇宙。比如，皇帝祭天，就是要亲自与天沟通。我每次去天坛，站到最上面一层的时候都会想，这就是皇帝和上天进行“电话连线”的地方。中国皇帝的权力来自天，因此无远弗届，无所不包。这一点，在元朝以后得到了进一步强调。元朝皇帝诏书的开头是这样的：“长生天气力里，大福荫护助里，皇

1 ［汉］司马迁撰，［南朝宋］裴骃集解，［唐］司马贞索隐，［唐］张守节正义：《史记》卷八《高祖本纪》，中华书局1982年，第387页。

2 ［汉］司马迁撰，［南朝宋］裴骃集解，［唐］司马贞索隐，［唐］张守节正义：《史记》卷六《秦始皇本纪》，中华书局1982年，第236页。

3 ［汉］司马迁撰，［南朝宋］裴骃集解，［唐］司马贞索隐，［唐］张守节正义：《史记》卷八《高祖本纪》，中华书局1982年，第391页。

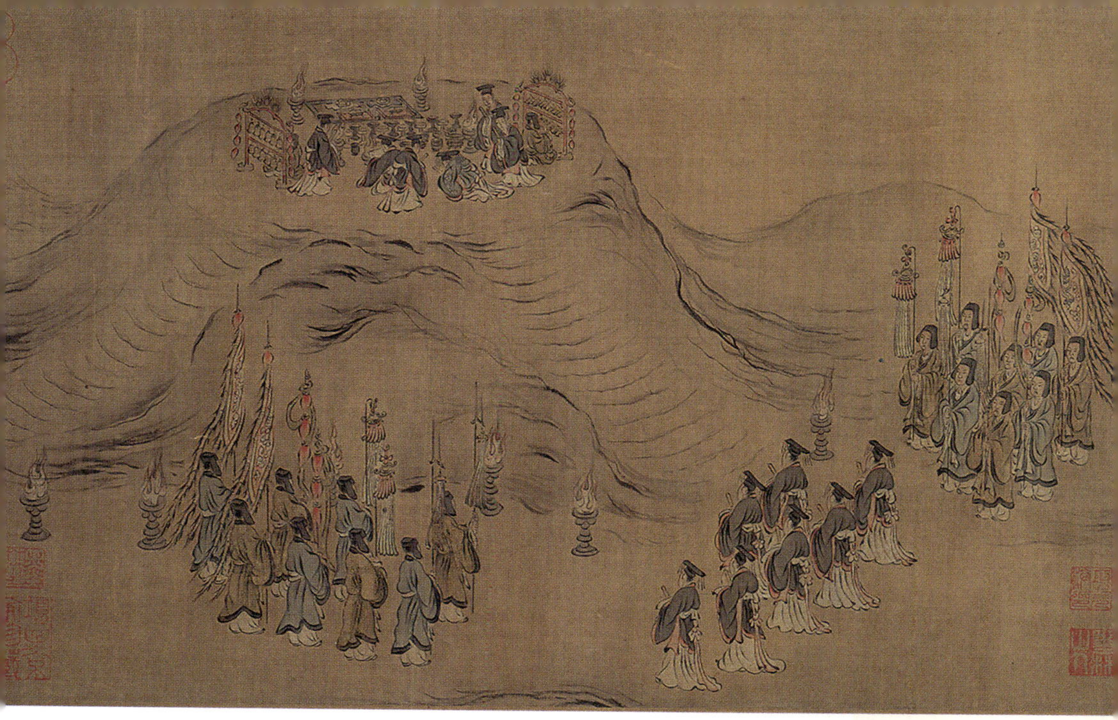

图十一：南宋 宋高宗赵构书 马和之绘
《周颂·清庙之什图》（局部）

《周颂·清庙之什图》由被誉为“小吴生”的南宋宫廷画家马和之所绘。绢本，973 厘米 ×32.6 厘米，现藏辽宁省博物馆。全图字画各有 10 段，右书左画，书画相间，其中文字部分是宋高宗赵构的亲笔书法。画作包括《清庙》《维天之命》《维清》《烈文》《天作》《昊天有成命》《我将》等篇。本文呈现的是《昊天有成命》篇，反映了周王率领诸侯群臣在祭台上祭告上苍的场景，以此来表达对周人先祖功德的感谢，并祈盼德业永续。画面中，人物相貌、衣饰器物皆以细笔线条勾勒。构图整饬严谨，笔法细腻精纯。

帝圣旨。”这句话是从蒙古语中硬译过来的，诸位可能觉得陌生，那下面这个明朝的圣旨开头大家就都不陌生了——“奉天承运皇帝诏曰”。随时随地把天、运挂在嘴上，声称天命，这就是中国的皇帝。

我们比较一下罗马的皇帝，就知道差别在哪里了。罗马的皇帝和中国的皇帝虽然在英文里都译作“emperor”，但区别是极大的。举一个小例子，哈德良皇帝在旅途中被一个女人拦住，说有事需要跟他请愿。哈德良跟她说没空，这女人说，那么你就不要当皇帝了。闻听此言，哈德良就赶紧停下来听她说了。罗马的皇帝是第一公民。虽是第一，但也是公民。罗马的主权属于元老院和全体公民。罗马皇帝在形式上需要元老院任命，一年一次。权力是被授予的，看得到他权力扩大的过程。罗马皇帝要接近人民，与民同乐。这样的故事断然不会发生在中国皇帝身上。中国的皇帝虽然也有与民同乐的仪式，但骨子里是高高在上、与民隔离的。紫禁城的高墙，宫殿建筑的高台，皇帝身边环绕的仪仗、宦官、宫女，都把皇帝打扮成神秘崇高的样子，像神一样。

中国皇帝受天命统治人间，以天下为家，皇帝终身，皇位世袭，天下所有的权力向皇帝集中。这种权力结构注定了清朝帝国无法灵活转身，走上现代化道路，也注定了帝制必然终结的历史宿命。

但是，话又说回来，帝制毕竟统治了中国 2133 年，可以说是影响中国最大的制度因素。那么，帝制为何能够延续如此之久？简而言之，第一，这两千多年不是一姓统治的万世一系，帝制与改朝换代相配合，改朝换代是帝制的存在方式；第二，两千多年之中，中华文明一直领先于东亚世界，没有更好的政治制度可以取代它。帝制自有其存在价值。在制度当中的皇帝也并非可以为所欲为。那么，谁能约束皇帝呢？

皇帝也有怕的?

是否有人可以约束中国古代的皇帝？诚实的答案是：没有人。这样一来，皇帝就可以为所欲为，什么都不怕了吗？

回答这个问题之前，我们先讲一个故事。唐太宗得到了一只鹞子。鹞子是体型最小、杀伤力最强的猛禽，是猎人的宝贝。唐太宗是好猎之人，而这只鹞子，俊异绝伦，太宗喜欢得不得了，就把它架在手臂上细细把玩。正在欢喜处，远远望见魏徵来了，就赶紧把鹞子藏进了怀里。魏徵明明看见了，却假装不知，一本正经地跟太宗聊起古代帝王喜欢打猎耽误政事的教训，旁征博引，滔滔不绝。太宗担心鹞子会被闷死，可是又素来敬畏魏徵，只好听他说完。结果魏徵说了大半天，那只鹞子果然闷死在了太宗怀里。[1]这个故事试图告诉我们，太宗怕魏徵，怕到连心爱的鹞子都被闷死了。

可是，唐太宗真的“怕”魏徵吗？魏徵死后，唐太宗发现魏徵推荐过的两个宰相之才都出了问题，而且，魏徵竟然把自己劝谏皇帝的言辞往复都记录下来，并且给史官褚遂良看了。太宗很不愉快。他原来答应把衡山公主嫁给魏徵的长子叔玉，“于是手诏停婚”，对魏徵家人的眷顾也消退了。[2]魏徵再善谏，说得再有道理，唐太宗也是不怕“他这个人”的。然而，那只鹞子终归是被闷死了，唐太宗也不是无所畏惧的。那他畏的究竟是什么？

再讲一个故事。某一天，宋太祖在盛怒之下，祭起手中玉斧，砸掉了一位官员的两颗门牙。这位倒霉的官员忍着剧痛，把门牙捡起来，用手绢包好，装进袖袋里。这一举动把宋太祖看傻了，不禁问道，你收拾这牙齿，难道还打算去告我不成？这官员说，我当然没办法告陛下。可是，史官自然会把这件事情记下来的。史载，宋太祖闻言，“悦，赐金帛慰劳之”[3]，不但顿息雷霆之怒，

1 参见［唐］刘餗撰，程毅中点校：《隋唐嘉话》卷上，中华书局1979年版，第7页。

2 参见［后晋］刘昫等撰：《旧唐书》卷七一《魏徵传》，中华书局1975年版，第2562页。

3 ［宋］李焘：《续资治通鉴长编》卷一，中华书局2004年版，第30—31页。

而且还很高兴，赏赐了这个耿直的倒霉蛋。宋太祖当然不怕这个倒霉蛋，但他显然还是有所畏惧的。宋太祖畏的究竟是什么？

作为帝制时期至高无上的统治者，皇帝有“三畏”。

皇帝的第一畏是历史。他害怕自己成为遗臭万年的昏君。“孔子作《春秋》，而乱臣贼子惧。”中国古代的大人物，对自身的历史形象是非常在意的。他们知道自己的所作所为会成为历史的一部分，而历史是最公正的法官。权势可以掩人耳目于一时，却无法遮住千秋万代的视听。

皇帝的第二畏是古圣先贤、列祖列宗。古代圣王的原则、本朝列祖列宗，特别是开国皇帝的说法与做法对后世的皇帝都有规范作用。周公的榜样、孔子的教诲、“五经”当中的名言警句，到任何一朝都是有力的思想武器。唐朝有《贞观政要》，宋朝有《宝训》《圣政》，明朝有《皇明祖训》，传承着本朝的“祖宗之法”。当然，古圣先贤、列祖列宗是把双刃剑，一方面可以约束当今皇帝胡作非为，另一方面也限制了当今皇帝的创造性。当周围环境发生极大变化的时候，死守古圣先贤、列祖列宗，显然会限制因应能力。

皇帝的第三畏是天。对于上天降下的灾异，皇帝必须认真对待。“天人感应”是中国传统政治思想当中一个非常重要的组成部分。它最核心的内容是：人间统治与天道之间是关联互动的，人间统治出了问题，天就会对统治者予以警告，这就是所谓的“灾异示警”。天不会说话，它的示警方式就是降下灾异，比如地震、水灾、旱灾、日食等等。而人间统治者在接收到这些警告信息的时候，就必须做出悔过姿态，检讨政策措施，减轻民间疾苦。悔过姿态包括：其一，皇帝本人的检讨，从最基本的减膳撤乐，到最高级的下诏罪己。中国历史上第一个因灾异罪己的皇帝是汉文帝。其二，行政首长宰相的检讨，汉代曾经出现过因为灾异罢免三公的做法。其三，面向百官甚至全民开放言路，鼓励臣民上书批评政治。今人站在现代科学立场，见古人在自然现象与人间统治之间生造因果，胡乱联系，初见之下，便欲嘲其愚昧迷信。殊不知，古人之保守“灾异示警”学说的目的，却是要皇帝心生畏惧。宋神宗的宰相富弼说：“人君所畏惟天，若不畏天，何事不可为者？”[1]皇帝不畏天，国家就离混乱甚至灭亡不远了。“灾异示警”学说，实为帝制时期兴亡攸关的政治理论。斥“畏天”为“迷信”而“弃天弗征”者，不免堕入新迷信——对科学的迷信，对人类能力的盲目自大。

如上所言，皇帝是有所畏惧的。他畏惧自己的历史形象，畏惧古圣先贤、列祖列宗，畏天。皇帝的“三畏”，是“抽象的皇帝”向“具体的皇帝”所悬示的道德高标。而负责对“具体的皇帝”时时提醒的，是士大夫。

在传统中国的伦理秩序当中，论现实权势，皇帝最大；论观念秩序，“道理最大”[2]。而能够把道理讲明白的，是官僚士大夫。自汉武帝“独尊儒术”以来，儒家思想成了帝制国家意识形态的主流，而士大夫是儒家思想的继承者和代言人。引经据典、解释天命，阐扬古圣先贤、列祖列宗，为天下人请命，让皇帝和王朝统治保持在正确的轨道上，这就是传统中国士大夫的责任。

然而，“儒家经典”“古圣先贤”“列祖列宗”有一个共同的问题，那就是不严密。不管是儒家经典记载的古圣先贤，还是本朝列祖列宗的光辉事迹，其中都有很多自相矛盾的地方。因此，想要向东走的人，可以从中找到“奔流到海不复回”的理由，想要向西走的人，也可以从中找到“江潭落月复西斜”的道理。质言之，用古圣先贤、列祖列宗来约束皇帝，很容易陷入“公说公

1 [元]脱脱等撰：《宋史》卷三一三《富弼传》，中华书局1985年版，第10255页。

2 [宋]沈括撰，金良年点校：《梦溪笔谈·续笔谈》，中华书局2015年版，第327页。

有理，婆说婆有理”的境地。

而士大夫的说理方式，以及隐藏在此种说理方式背后的思想方法，也普遍存在问题。他们规劝皇帝的文章通常是这样写的：以一两个漂亮的句子开头，接下来引用几个同样类型的史实。比如，论证“红颜祸水必然导致亡国”，就先讲夏桀宠妺喜、商纣爱妲己、周幽王烽火戏诸侯三个故事；然后再引用几个前人警句，要来历不凡、铿锵有力；最后，再来两个漂亮的句子，呜呼一叹，结束了。这种说理方式与思想方法有什么问题呢？

我们举例言之。在历史教科书上，宋朝政治家司马光是顽固守旧的代名词，其标志性话语是“祖宗之法不可变”。这话司马光真的说过，是在给宋神宗上课的时候。那堂课的核心史事是汉初的“萧规曹随”，前宰相萧何创制立法，后宰相曹参亦步亦趋。讲完之后，司马光总结说：曹参不改变萧何的法度，深得守成的精髓。所以孝惠帝、吕太后的时候天下太平，百姓衣食充足。

神宗显然是不以为然的，他问道：汉朝一直固守萧何的法度不变，行得通吗？

司马光回答说：何止是汉朝，假定夏朝能遵守大禹的法度，商朝能遵守商汤的法度，周朝能遵守周文王、周武王的法度，恐怕会一直延续到今天。周武王征服了商朝之后，说“乃反商政，政由旧”，所以，即使是周，用的也是商代的法度。《尚书》有云：“无作聪明，乱旧章。”汉武帝采用了张汤的建议，对汉高祖的法度进行了大肆改造，结果盗贼半天下。汉元帝改变了汉宣帝的做法，汉朝由此走向衰弱。因此说，祖宗之法不可变。

这就是司马光的论述方式，他选取了正反两类例子：一类是不变祖宗之法，天下安乐的；另一类是变了祖宗之法，统治衰亡的。除正反两类例子之外，还引用了儒家经典《尚书》的警句进行加持，

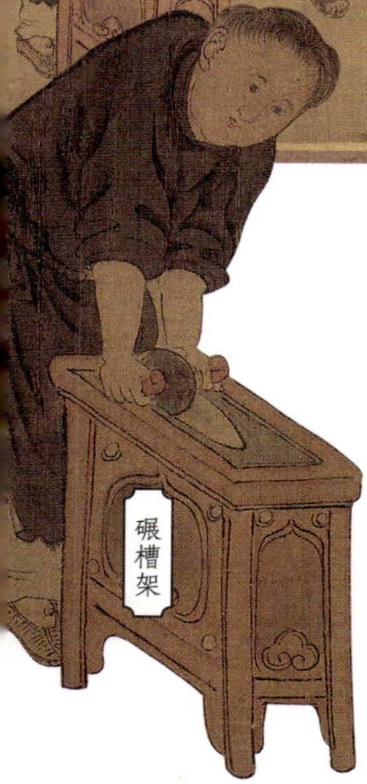

最后得出"祖宗之法不可变"的结论。这个论述是不是很有力？似乎很有力。有没有问题呢？仔细想想，太有问题了——司马光的"祖宗之法不可变"是一个全称否定判断，因此，反驳者只要从历史中找到一个"祖宗之法变了反而更好"的例子，司马光的论证顿时就会摇摇欲坠。

吕惠卿就是这样反驳司马光的，他给神宗举例说：先王之法，有一年一变的，比如"正月始和，布法象魏"；有五年一变的，比如"巡狩考制度"[1]；有三十年一变的，比如"刑罚世轻世重"；还有百年不变的，比如"父慈子孝、兄友弟恭"。

吕惠卿所举的这三个"变法"的例子，"正月始和，布法象魏"[2]，是说每年正月，太宰都要把国家的重大法令悬挂在象魏（阙），公开展览十日，以供万民学习遵守。"巡狩考制度"，指

1 [清]王先谦撰，何晋整理：《尚书孔传参正》卷二《虞书·舜典》，中华书局2011年版，第99页。

2 [清]孙诒让撰，汪少华点校：《周礼正义》卷四，中华书局2015年版，第143页。

图十二：明 佚名 《耆英胜会图》（局部）

《耆英胜会图》由明代画家所绘，姓名不详。这幅人物长卷反映的是宋代的司马光、富弼、赵丙、张焘等众耆老在洛阳富弼家聚会的情景。画面中司马光正襟危坐，在为此次雅集作序，桌旁的富弼凝神看着正在构思中的司马光，一旁的赵丙与张焘也在尽兴交谈，身后两位童子，一个抱琴，一个持砚，随时等着几位耆老的召唤。左侧是忙着碾茶、烹茶、清洗茶盏并交谈的数个童子。画中人物面部轮廓流畅自然，表情生动，放大细看，可以看到年迈的赵丙脸上的老年斑和富弼黑白相间的花胡须。本文虽然只呈现了《耆英胜会图》的局部，却依旧能够感受到悠游的雅集之乐。

的是圣王每五年巡行一次天下，考察改革制度。“刑罚世轻世重”[1]，按吕惠卿的理解，三十年为一世，所谓“世轻世重”，就是三十年一变。

能够进入经筵给皇帝讲书的，都是博学之士。吕惠卿的论述似乎打动了神宗。神宗于是转过头问司马光，你觉得吕惠卿说得怎么样？

论学问，司马光比吕惠卿要扎实得多。吕惠卿所举的三个“变法”的例子，被司马光逐一破解。第一，“布法象魏”，布的是旧法，谈不上变法。第二，圣王的“巡狩考制度”，目的就是看看诸侯有没有“变礼易乐”的，一经发现，查处不贷，“王不自变也”。第三，“刑罚世轻世重”指的是“刑新国用轻典，刑乱国用重典，刑平国用中典”，根据统治区域的具体状况来决定采取何种控制力度，“非变也”。[2]

我认为司马光对吕惠卿的反驳是可以接受的。但吕惠卿仍然可以纠缠下去，比如“刑新国用轻典，刑乱国用重典，刑平国用中典”，如果一个统治区域从“平国”转变成了“乱国”，控制力度自然也要从“中典”转为“重典”，这是不是“变法”？这个问题，司马光是没有能力回答的。而吕惠卿说不定倒有能力发问，因为他在给神宗的解释中区分了“每年一变”、“五年一变”、“三十年一变”与“百年不变”，他的思想方法比司马光更具分析力——当然，这只是我的推测。司马光的说理方式和思想方法的特点是，全称肯定或者全称否定，不做进一步分析；然后举正面的例子来证明自己的观点，所举之例以一种非常浅表的方式出现，不做深入探讨；对于反例，则想办法否定它，而不是把它作为另外一种可能进行分析。然而，司马光绝非例外，因为他极其传统、极其主流，非常能代表大多数。王安石的说理

1［清］王先谦撰，何晋整理：《尚书孔传参正》卷三一《周书·吕刑》，中华书局 2011 年版，第 955 页。

2 参见［宋］苏轼撰，［明］茅维编，孔凡礼点校：《苏轼文集》卷一六《司马温公行状》，中华书局 1986 年版，第 485 页。

方式也与此差不多。这一对政治冤家的故事我们后面会细讲。

那么，司马光真的主张一切“祖宗之法不可变”吗？绝非如此。细读司马光的奏议，便可清楚地了解，和同时代的大多数士大夫一样，司马光对本朝的政治状况是不满意的，他同样认为必须对某些具体的政策措施进行调整和改革。司马光坚持认为不可变的，是祖宗留下的那些抽象的政治原则，比如几乎每一个朝代初期都曾经有过的轻徭薄赋、与民休息，比如几乎所有值得颂扬的统治者所共有的、本朝列祖列宗所秉持的宽容异见的精神。在这个意义上，“祖宗之法不可变”是长治久安的秘诀，司马光并没有说错。然而，也仅仅是在这个意义上，“祖宗之法不可变”才是正确的，“具体的政策措施”则处于永远的变化调整之中。

以上是我们的分析，我们的思想武器是现代教育所赋予的，它来自西方。司马光没有我们今天的思想武器，他没有能力将“祖宗之法”区分成“抽象的政治原则”和“具体的政策措施”两个层面。所以，他才会被政敌怼到墙角无路可逃；所以，他才会被蛮横地贴上“顽固守旧”的标签。

说回皇帝，在此做一个简单小结，传统时期的士大夫以“三畏”为武器，劝谏、约束“具体的皇帝”，希望他尽量符合“抽象的皇帝”的要求。但是，这三条约束都是软的，没有强制性。如果“具体的皇帝”两眼一闭，决心做个昏君，那是谁也拦不住的。

最高权力如何交接

相声里边有一类很传统的包袱叫“占大辈儿”。郭德纲、于谦、高峰说过一个群口相声，郭德纲说，他要是当了皇上，就把于谦封为大太子，高峰封为二太子。按道理讲，这仨人本来是师兄弟，平辈论交，郭德纲是在占于谦、高峰的大辈儿。于谦、高峰应该生气才对。但是，于谦却表现得很开心，只有高峰一个人在抗议："凭什么他是大太子，我是二太子？"因为当了"太子"，所以对"占大辈儿"这件事便可以全不计较。于谦排行老大，扬扬得意；高峰排名靠后，心下不快。这一小段相声很能体现中国人对于"当太子"的热衷，哪怕只是过过嘴瘾。

按照华夏传统，太子只有一个，就是法定的皇位继承人。多个太子同时并立，是金朝以后北方民族兴起的叫法——太子头衔矜贵，有势力的王子干脆一人来一个，大太子、二太子、三太子，一路排下去。金朝最有名的是四太子金兀术，准确地说，我们应该叫他完颜兀术或者完颜宗弼。当然，即便有多个太子，真正能够继承皇位的也只有一个。那么，谁来？

最高权力的交接直接关系到高层的稳定，搞不好会引发战争，甚至把整个国家拖入混乱——"江山如此多娇，引无数英雄竞折腰"。人性是贪婪的，所以必须有制度去对抗人性的贪婪。从本质上说，皇位继承制度的最高目标，就是要保证最高权力的平稳交接。

华夏传统的皇位继承制度，简言之就是嫡长子继承制。它有两大原则：第一，有嫡立嫡，嫡长子是第一顺位继承人；第二，无嫡立长，没有嫡子，庶子即位，年长者优先。

有嫡立嫡，嫡在长先。为什么首选嫡子？因为妻和妾的遴选标准不同。正常情况下，妻出身于与夫家地位相当的贵族，而妾往往出身于贱族，所以妻子的家族是非常重要的政治军事联盟。换句话说，嫡子是有强大的母家做后盾的。这种情况一直延续到唐代。唐高宗想要废王皇后，立武则天，为什么有那么大的压力？因为王皇后跟李唐宗室一样，都出身于关陇贵族集团，王皇后与唐高宗的结合是关陇贵族集团和皇室的结合，整个关陇贵族集团都是支持王皇后的。相比之下，武则天之父只是山西太原的木材商人，虽然也及时投入李渊建唐的事业当中，但是跟王皇后的家族相比，只能算是边缘人物。传统婚姻的本质，是联结两个甚至更多利益相关家族的关系。妻子高贵，所以妻子所生的儿子也高贵；妻子母家厉害，有外公、舅舅、姨父等支持，妻子所生的儿子就更可能把江山稳稳当当地守下去。当然，也不排除外公野心膨胀，把皇位从外孙手里夺过来。比如隋文帝杨坚的皇位就是从北周的小皇帝手里夺来的（虽然北周小皇帝不是杨坚女儿亲生的，但论关系也是杨坚的外孙）。宋、明两代，皇后的家族势力已经没有那么强硬了，但是嫡长子优先的继承原则还在。这就是皇位继承的第一原则——有嫡立嫡。

皇位继承的第二原则是无嫡立长。在庶子中实行年长者优先原则，所有庶子，无论生母是谁，一律按出生顺序排队，先到先得。

宋徽宗的即位过程充分说明了这一原则。宋神宗的向皇后没有生儿子，神宗死后，按照无嫡立长的原则，哲宗即位。哲宗比他爹还短命，而且没有子嗣。哲宗死后，继承人只能从他的兄弟，也就是神宗的其他儿子里选。神宗之子，当时还健在的，最年长的是申王赵佖，可是这位王爷“有目疾”，身体残疾，不堪大任。接下来就排到端王赵佶了。赵佶为哲宗的异母弟，哲宗生母朱氏还生有一子简王赵似，比赵佶小。哲宗生前并没有指定继承人，所以他驾崩后，当务之急就是选择继承人。哲宗嫡母（神宗正妻）向太后主张按长幼之序立端王。而宰相章惇却主张立简王赵似，理由是简王是哲宗的同母弟，所以比端王高贵。同样是庶子，还分什么高贵不高贵？这下可惹恼了向太后，向太后说，都是神宗的儿子，怕是不能这样分别。按长幼顺序，应当立端王。[1]就这样，端王赵佶成了宋徽宗。

1 参见［宋］曾布撰，顾宏义点校：《曾公遗录》，中华书局2016年版，第174页。

图十三：北宋 赵佶（款）《听琴图》

《听琴图》，147.2 厘米 ×51.3 厘米，绢本设色工笔画，现藏北京故宫博物院。据传是宋徽宗赵佶所作，而历代书画鉴赏家认为此图并非出自徽宗之手，有人认为是南宋画院画家孙必达作。此图表现的是松下抚琴与听琴的情景。图中，宋徽宗正襟危坐，头戴黄冠，身着缁衣，作道士打扮，身后左侧有一株苍松，枝叶繁茂，凌霄花攀缘其上，树旁有稀朗的翠竹数竿，右侧立有一木几香炉。徽宗轻抹慢挑，略微垂首，显得沉静安宁。全图中另有二人（传为童贯和蔡京）坐于下方倾听，显得谦卑而恭谨。画面构图简洁干净，人物神形刻绘细腻，似有清幽的琴韵流淌在疏朗的松竹间，意境高雅淡远。

无嫡立长原则在明朝得到了稳固的保守。比如，万历皇帝没有嫡子，长子常洛是宫女王氏所生。对于王氏，万历别说感情了，连感觉都没有，所以万历对长子常洛也毫不在意。万历喜欢的，是他的真爱郑贵妃所生的福王常洵。按礼法制度，应当立长子常洛为太子，万历的生母皇太后也站在常洛一边，可是万历真正想立的是爱子常洵。一个著名的桥段说，皇太后责问万历为什么拖着不立常洛，万历小声说他是宫女生的。结果此言一出，皇太后大怒，愤然喝骂："汝亦都人之子！"[1]意思是你也是宫女生的。一边是礼法制度，一边是心头至爱；一边是皇太后和群臣，一边是万历和郑贵妃。双方拉锯十五年，到最后，权力仍然拗不过制度，还是按照"立长"原则立了常洛，可是国家大事都被磨叽坏了。

不管是立嫡还是立长，采取的都是"先赋"原则，也就是说让老天来做决定，关键看投胎水平，谁能从皇后肚子里降生，或者比别的兄弟先到，谁就具有皇位继承的优先权。只要嫡长子身体没残疾，精神没障碍，哪怕有兄弟比他更聪明、更能干，也不能动摇他的继承地位。先赋原则最简单，也最稳定，大智若愚。

在皇位继承当中，华夏的文化传统是反对竞争，鼓励谦让。《史记》记载了两个类似的故事，一个是伯夷、叔齐，他们是孤竹君的两个儿子。"父欲立叔齐，及父卒，叔齐让伯夷。伯夷曰：'父命也。'遂逃去。叔齐亦不肯立而逃之。国人立其中子。"[2]另一个是吴国的开创者太伯。太伯是周太王的长子，其弟季历人更能干，还有一个好儿子名叫昌。周太王一心想把王位传给季历，进而传给姬昌。为了让父亲放心，太伯和另一个弟弟仲雍干脆跑到了南方荆蛮之地，"文身断发，示不可用，以避季历"[3]。结局是两全其美的，季历之子昌就是周文王，而太伯开创了吴。

有趣的是，这一类谦让故事主要发生在传说中的圣王时代。

1 ［清］张廷玉等撰：《明史》卷一一四《后妃二·孝定李太后传》，中华书局1974年版，第3535页。

2 ［汉］司马迁撰，［南朝宋］裴骃集解，［唐］司马贞索隐，［唐］张守节正义：《史记》卷六一《伯夷列传》，中华书局1982年版，第2123页。

3 ［汉］司马迁撰，［南朝宋］裴骃集解，［唐］司马贞索隐，［唐］张守节正义：《史记》卷三一《吴太伯世家》，中华书局1982年版，第1445页。

进入有文字记载的历史时期之后，不知道是因为史料丰富了，还是人心变坏了，兄友弟恭的谦让故事基本绝迹，人们在史书中常常看到的，是围绕皇位争夺展开的骨肉相残。最典型的一幕，发生在唐初的玄武门前，太子李建成、齐王李元吉发现了秦王李世民的伏兵，拨马便逃。李世民大喝一声，紧追不放。李元吉想要射杀李世民，却因为慌乱，怎么也拉不开弓。而李世民却沉稳得多，他挽雕弓，出利箭，一箭射杀了李建成。李元吉则被尉迟敬德射杀。李建成、李世民、李元吉皆窦皇后所生，“本是同根生，相煎何太急”。从人伦角度来说，玄武门前的这一幕无疑是人间惨剧。传统的历史叙事和民间故事却只把这一幕放在了皇位争夺的大背景之中，忽略人伦，只论胜负。李世民手刃亲兄弟事实俱在，不容抵赖，剩下的事情就是怎么解释了。事实固然凶残，毕竟属于过去，而解释是关乎未来的。

那么，古人是怎样解释“玄武门之变”和李世民夺位的呢？一种是“情有可原论”，认为唐朝的天下都是李世民打下来的，李建成一无是处，只因生得早，得为太子，他若当皇帝，必然会容不下李世民。所以，李世民先下手为强，情有可原。这是司马光《资治通鉴》的观点。[1]这种观点已经背离了皇位继承的原则，强调的是李世民的功劳，而不是先赋的继承顺序。若按这套理论解释，那些有功劳、有势力的人抢夺皇位就是合理合法的，至少可以被原谅。而事实上，今天的历史学研究已经证明，大唐创业并非李世民一个人的功劳，李渊的作用更大，李建成也绝非草包，他反而可能更有天下胸怀。后来辅佐李世民成就贞观之治的魏徵、王珪，都是李建成的旧僚。

司马光的学生范祖禹对“玄武门之变”的解释更为高明。他旗帜鲜明地主张，建成、元吉并非“得罪于天下”者，李世民为

1 参见［宋］司马光著，［元］胡三省音注：《资治通鉴》卷一九一《唐纪七·高祖武德九年》，中华书局1956年版，第6012页。

一己之私，弑兄杀弟，不孝不悌，“悖天理，灭人伦”，是不义之人。范祖禹强调，“立子以长不以功”[1]，皇位继承必须遵循“立嫡以长”的原则，严格按照长幼顺序进行，功劳或其他因素一律靠后。范祖禹的说法虽然不会改变历史事实，但是他没有因为历史事实的凶残而扭曲道德原则，这是他的高明之处。史学的价值判断不会改变过去，但是会影响将来。即便有再多的阴谋和血腥，华夏的皇位继承原则不变，有嫡立嫡，无嫡立长，超越长幼顺序，就是违背道德，是应当受指责的。

也有域外学者认为，李建成、李世民兄弟的明争暗斗得到了其父李渊的默许甚至鼓励。而李渊之所以鼓励竞争、容忍残杀，乃是受了突厥文化的影响。这种说法可以聊备一说。不过，北方民族对待皇位竞争的问题，的确和华夏传统不太一样。比如，清朝在入关之后，也开始学习汉法立太子，但是，康熙皇帝最终还是废掉了太子，让阿哥们各显其能，明争暗斗，临驾崩前才以遗诏的形式“传位于四阿哥”。民间传说“于”本为“十”，四阿哥夺了十四阿哥的位，致使四阿哥声誉受损，甚至搞出个《大义觉迷录》来亲自撰文自证清白，对此康熙是要负点儿责任的。而四阿哥则创造了秘密立储制度。生前并不公开皇太子人选，而是将传位诏书藏在“正大光明”匾后，死后开拆，方知花落谁家。

不管是华夏传统的嫡长子继承制，还是清朝的秘密立储，前提都是皇帝有儿子，儿子还挺多。若皇帝没有儿子，要过继宗室，那就是另外一个故事了。

老皇帝驾崩，新皇帝登基，最高权力交接完成。但是，你以为新皇帝从那一刻起就能够大权独揽、管理天下了吗？还早着呢！当皇帝，是要学习的。

1［宋］范祖禹：《唐鉴》卷二，基本古籍库收明弘治刻本。

皇帝的“岗前实习”

现代专业历史学的一大进步，是我们终于开始认真地注意到“历史是有过程的”。从封建到郡县，这是过程；楚国八百年，这是过程；唐朝的兴衰，这也是过程。这些过程都是大过程，我所说的“过程”，指的是那些相对于宏大过程而言的细微的过程。比如，一个历史人物从出生到死亡，就是一个过程。在这个过程中，他持续不断地和周围世界进行信息交流，他经历、体会、反思、进步、倒退；随着年龄的增长，他的健康状况在变化，阅历在增长，地位有浮有沉，他所处的环境有时顺风顺水，有时山重水复，有时山穷水尽。跟我们一样，在不同的境地中，他会有不同的心态，会写出不同的文字，说出不同的话，这些话可能前后一致，也可能互相矛盾。因为，这个人是一个变化中的人，而变化中的人是有他的过程的。从前的历史学并不真正尊重过程。比如写一个英雄，从一开始就是奔着神坛去的，可以缓缓登顶，但是路径明确，从年轻时候就开始发表特别励志的讲话，所做的每一件事都是为了有朝一日成为英雄；写一个政治家，基本上从一登上政治舞台就是一副气宇轩昂、领袖群伦的样子。而现在的历史学开始尊重过程，尊重过程中那些偶然事件对人物、事件和制度的影响。

现代历史学重视过程的一个重要例子，是承认皇帝从登上帝位到能够熟练地操控皇权是有过程的。当上皇帝不容易，但是戴上皇冠、登上宝座不等于就会当皇帝、能当皇帝、当得好皇帝。当皇帝是门复杂的技艺，必须勤学苦练。

今天很多人对皇权有着极大误解。他们总是喜欢从权力的角度来认识皇帝，认为当了皇帝就有了为所欲为的特权。如果这么看，那么当皇帝的确是很简单的。我们不否认皇帝有至高无上的权力，但是，伴随这种最高权力的还有最大的责任——治理国家，

錦衣都指揮劉俊寫

图十四：明 刘俊 《宋太祖雪夜访普图》

《宋太祖雪夜访普图》，明代刘俊绘，绢本图轴，淡设色，143.2 厘米 ×75 厘米，现藏北京故宫博物院。此图描绘的是宋太祖雪夜访赵普的故事。据《宋史·赵普传》载："太祖数微行过功臣家，普每退朝，不敢便衣冠。一日，大雪向夜，普意帝不出。久之，闻叩门声，普亟出，帝立风雪中，普惶惧迎拜……设重裀地坐堂中，炽炭烧肉，普妻行酒，帝以嫂呼之。因与普计下太原。"在枢密副史府前厅，君臣二人围炉而坐话国事。正中端坐的太祖头扎巾帽，身穿窄袖袍服，气度非凡；其侧首聆听的神态生动逼真，表现出深夜访贤、共商国是的仪态。赵普侧坐于帝旁，其诚恳献策的姿态亦被刻画得栩栩如生。大门外立四侍卫，似恭候御驾已久。该图极尽精微地刻画了雪夜访贤的主题。

维系王朝的长治久安。这个责任过于重大，所以，古人说起当皇帝时的态度很少是喜形于色的，更多的是战战兢兢，如履薄冰，心怀畏惧的。《韩诗外传》卷七记载，孔子曾经说过，贤明的君主有三大恐惧：第一是处在尊贵的位子上，就听不到批评的声音；第二是志得意满自我膨胀，变得骄傲起来；第三是明知真理所在，却不能做到知行合一。

政治是一项实操性极强的行当，位置越高，能够调度的资源越多，需要处理的问题也会越复杂。皇帝处最高之位，拥天下之大，需要管理最庞大的复杂体系，内政与外交，高层的政争，人才的选拔，地方的控制，边疆的稳定，黄河的治理，灾民的赈济，社会的稳定，生产的发展……问题之多，不胜枚举，所以皇帝必须不断学习。

说到皇帝的政治实习，人们首先想到的可能是守成之君，其实开国之君同样需要学习。开国之君学习的难点在于从“马上得天下”到“下马治天下”的角色转型。取天下与坐天下是很不一样的，取天下是推翻别人，坐天下是做好自己。推翻别人面对的是别人的错，做好自己则要面对纷繁复杂的事。这个转型其实并不容易。即便成功转型如唐太宗、宋太祖，也会遇到很多麻烦。宋太祖某日退朝之后，闷闷不乐，独自坐了半天不说话。等他脸色和缓的时候，旁边的人就问他为什么不高兴，宋太祖说：你以为皇帝是好当的吗？顺着性子处置了一件事情，结果发现错了。想起来真是不舒服！[1]

开国之君责任重大。他是奠定一个朝代的格局和调性的皇帝，他的说法、做法会被本朝后世的皇帝奉为祖宗之法。开国之君格局宏大、态度包容，这个朝代也就格局宏大、态度包容；开国之君狭隘自私、没有格局，这个朝代也就格局褊小。那么，开国之

1 参见［宋］李焘：《续资治通鉴长编》卷一，中华书局2004年版，第30页。

君怎样才能做到格局宏大？单凭个人经验是远远不够的，必须善于向历史学习，了解既往朝代的兴亡教训，尊重知识，尊重人才。过于自负的皇帝往往浅陋，而越是浅陋，就越会任性胡为。在这方面，最著名的负面典型是明太祖朱元璋，一千六百年的宰相制度，说废除就废除，这推倒一切的胆力令人惊叹。何为无知者无畏？这就是。

开国之君需要政治实习，守成之主更需要学习。他们要学的东西更多，怎么跟大臣打交道，怎么处理文件，怎么签字画押，怎么树立权威，怎么运用权力，事无巨细都要学。宋英宗刚即位的时候，发生过一件小事。先皇是病死的，没能治好先皇的病，医疗小组责无旁贷，于是英宗就跟宰相们一起商量怎么处置那十二位倒霉的大夫。有宰相提出，其中两位很晚才加入医疗小组，应当轻责。没想到英宗忽然变了脸说，听说这两位大夫是宰相推荐的，对吗？宰相们只好承认。英宗依然板着脸说，那我就不敢说了，还是各位大人来裁决吧。最终，在十二位受到处分的大夫中，这两位是被修理得最狠的。老皇帝得了要命的病，大夫有什么办法？况且这两位倒霉蛋还是最后加入医疗小组的。项庄舞剑，意在沛公，英宗严惩两位大夫，目的就是要向宰相们宣示权力——虽然朕是你们辅佐上来的，但朕既已是皇帝，那朕的意志就至高无上，必须得到尊重。这就是宋英宗最初的权力操练。

从登上帝位到宣示权力，再到树立权威，乃至熟练地运用权力应对纷繁复杂的突发和重大事件，成为一个至少不坏的最高决策者，其实是一个很艰难的过程。而皇位继承人的选择余地又是那么有限，基本上能上来的也就是一般人，所以，为了保证皇帝能够正确地操控皇权、管理国家，就必须对皇帝和皇太子进行教育。

中国历史和西欧历史有一点很大的不同。西欧的贵族是军事贵族，相对野蛮，没文化，文化掌握在教会手里。我们的贵族—官僚是文武双全的，但是基本的发展趋势是越来越重文轻武，甚至忽视了军事素质的培养。中国的皇帝，即便像刘邦这样出身平民，作风粗鲁到会往儒生帽子里撒尿的，尚且重视文化。到了宋代，出现了皇帝的读书会，叫作“经筵”。“经”指儒家经典，“筵”就是席子，可以坐在上面读书。在经筵中，老师是最优秀的儒者，教材是儒家经典、本朝列祖列宗的语录和光荣事迹汇编，以及历史书——《资治通鉴》就是经筵教材。通过经筵学习与政治实习，慢慢地，理论结合实际，历史映照现实，皇帝就知道规则是什么，边界在哪里，该怎么当皇帝了。

没受过教育或者毫无准备就登上帝位的皇帝，往往会成为国家的灾难。明朝这类皇帝比较多，比如明世宗嘉靖皇帝。他的堂兄武宗正德皇帝溺水而亡，十五岁的嘉靖被选中，当了皇帝。皇位从天而降，嘉靖毫无准备。他文化水平低下，甚至连像样的话都写不出来。他知道权力是个好东西，却不知道权力意味着责任，因此恣意妄为，一意孤行。嘉靖在位期间所做的事情大多荒唐透顶，比如为父亲争面子的“大礼议”——他祖父是皇帝（宪宗），伯父是皇帝（孝宗），父亲却不是。嘉靖坚持尊生父为“皇考”，同时否定伯父的“皇考”地位，只肯称呼孝宗为“皇伯”。两百多名官员以死抗争，嘉靖挥舞权杖，四品以上的褫夺俸禄，五品以下处以廷杖之刑，一共打了一百三十四个，死了十六个。中年以后，嘉靖的荒唐变本加厉，一年到头躲在西苑（今北海、中南海）炼丹，把朝政丢给奸臣严嵩。结果导致政治腐败，内忧外患，蒙古人在北方骚扰，倭寇在东南肆虐，老百姓叫苦不迭。作为一个任性的人，嘉靖自己想做的事情都做了；作为一个无能的皇帝，嘉靖应该做的事情基本都没做。

而这样的荒唐皇帝，在明朝绝非个例。嘉靖之后是隆庆，隆庆之后是万历，万历之后是只做了一年不到的泰昌皇帝，接下来就是天启皇帝。这位天启皇帝木工活出众，却不会当皇帝，因为他连字都不识。天启是泰昌皇帝的亲儿子，堂堂帝子，怎么会不识字？岂止是他，其父泰昌也没受过什么教育，因为泰昌的父亲万历压根儿不想让泰昌即位。明朝皇室连这样荒唐的事情都做得出来，这根子还是要往明太祖朱元璋身上去寻。作为开国皇帝，朱元璋的气量、格局都太小了。

开国皇帝气量褊小，继任之君又多荒唐，宰相也没有了，明朝为什么还能存续 277 年？这个问题应当成为中国帝制政治史研究的重大课题。我非明史专家，谨陈陋见，与读者共思。首先，明朝的长期存续得益于异族压力所造成的内部团结，朱明继元朝而立，有“驱逐胡虏，恢复中华”之功；退出中原的蒙古各部又对明朝的北边构成了持续性的军事压力，华夏大地要避免再度沦陷于异族之手，就必须团结在朱明朝廷国家的旗帜之下。其次，明朝的长期存续还得益于思想控制的成功。朱元璋以政权暴力为依托，对儒家的伦理关系进行了修正，片面强调子对父、妇对夫、臣对君的单方面服从；这套新的伦理秩序通过司法、旌表、科举教育和通俗文化，深刻改造了明朝的士大夫和老百姓，让他们成为心悦诚服的顺臣、顺民。最后，明朝的长期存续复得益于制度自身的惯性。皇帝可以不才，可以懒政，但是政府靠其自身惯性，可以运行不辍；而这套政府组织系统，经过一千五百多年的成长发育，在关系朝廷国家核心利益的“皇权的安全”和“地方的控制”两方面，都有完善的设施。这套制度，在“正常”情况下维持国家的一般运转，毫无问题。但是，一旦出现巨大的天灾或者外来

的竞争压力，就应变无能，只有灭亡了。明末如此，清末亦复如此。

从家天下到公天下

以上四节所说的“皇帝”，主要是作为朝廷国家首脑的“抽象的皇帝”，皇帝的这一角色定位有其发展过程。华夏帝制国家的早期，经历过家国一体、家国难分的初级阶段。在秦汉帝国的中央政府中，皇家事务（或者说皇帝家务）和国家事务占有几乎同等重要的地位，占据了大量崇高职位。比如秦汉的九卿，“除‘廷尉’‘大司农’‘大鸿胪’所掌为国家政务外，其‘太常’‘光禄勋’‘卫尉’‘太仆’‘宗正’‘少府’六卿皆天子家臣”[1]。此后的发展趋势，是家国分离，皇帝家族仍然享有崇高地位，但是，皇帝家务与国家事务的界限日益分明，处理皇家事务的机构在中央机构中的占比逐渐降低，地位逐渐衰退，而皇帝作为朝廷国家首脑的角色定位也日益突出。

按照家国分离的程度不同，帝制国家最高权力的结构方式可以分为“东汉式”与“宋式”两种。从皇后的选择和外戚的地位出发，可以很容易看到这两种最高权力结构方式的差异。

先来看东汉式的权力结构方式。东汉故事的开端是一段堪称美好的帝后爱情。西汉末年，年轻英俊的贵族儒生刘秀去新野走亲戚——南阳刘氏和新野的很多大家族都是亲戚。在新野，刘秀听说当地阴家的女儿阴丽华貌美出众，心里很是欢喜爱慕——爱情的种子就算是埋下了。后来刘秀去首都长安，看见执金吾出行，后面跟着大队随从，都是鲜衣怒马的英俊少年，心中煞是羡慕，脱口而出：“仕宦当作执金吾，娶妻当得阴丽华。”刘秀人虽到了长安，心里却还没有放下阴丽华。再后来，刘秀果然娶了阴丽华，自己做了皇帝之后，又立她做了皇后。

1 严耕望：《中国政治制度史纲》，上海古籍出版社 2017 年版，第 66 页。

图十五：唐 阎立本（传）
《历代帝王图》之汉光武帝刘秀

《历代帝王图》传为唐代画家阎立本作，手卷，绢本设色，531厘米 ×51.3厘米，宋摹本现藏美国波士顿博物馆。《历代帝王图》是早期中国画的代表作，表现的是中国古代部分统治者的群像，主要以黑、红、白三色绘就。我们知道唐以前的画多是以线条为核心的绘画形式，画面人物造型多以线条勾勒轮廓，然后进行填色。本文展现的是东汉光武帝刘秀的肖像。作为开国皇帝的刘秀，同时作为“光武中兴”盛世的缔造者，从他炯炯有神的目光、根根分明的须发、意气风发的气度及魁梧高大的身形，我们可看出他是一位勇谋双全、有作为的帝王。

这看似圆满的故事背后，还是有些不为众人所知的波折——阴丽华并不是一开始就被立为皇后的。刘秀第一年娶了阴丽华，次年就去河北打仗，在那里娶了郭圣通。过了一年，郭圣通生下儿子刘强，第四年，刘秀立郭圣通为皇后，立刘强为皇太子。此时的阴丽华还是贵人，刘秀还是很爱她。七年后，刘秀忽然下诏，高调表白阴丽华：我还是一个普通人的时候，就娶了阴丽华……我认为她有母仪天下的德行，应当立为皇后，可是她坚决推辞，不肯承当，甘愿侧身于妃妾之列，我欣赏她的谦让。

刘秀这样爱阴丽华，为何还要娶郭圣通并立她为后？因为郭家在河北势力很大，娶了郭圣通就得到了河北；而要稳定河北，就必须让跟郭家有关的势力安心。那么，刘秀后来全然不顾郭圣通的感受，对阴丽华高调示爱，又当如何解释？因为此时河北稳定了，郭家势力已没那么重要了。

八年之后，刘秀废郭圣通，改立阴丽华为皇后，夙愿得偿。郭圣通被废之后，跟着另一个儿子中山王刘辅回到河北老家，去做她的中山王太后了。太子刘强眼见母亲被废，情知太子之位难保，主动请求让贤。阴丽华的儿子刘庄成了太子，继承了皇位，这就是汉明帝。

在刘秀和阴丽华这对模范夫妻之后，东汉的帝后关系似乎也都算美满。《后汉书·后妃传》中最常出现的字眼是“有殊宠”。这在其他朝代是很少见的，其他朝代的皇后通常是以母仪天下的贤德“正室范儿”著称，基本上跟“宠”不沾边。

那么，东汉皇后的殊宠真的是现代人想象中的爱情或者说夫妻恩爱吗？事实上，这个“宠”跟感情关系不大，甚至没有，隐藏在它背后的是东汉政权的权力结构。在东汉，皇族刘氏与几大外戚家族分享政权。外戚之中有所谓“四大家族”，他们的子弟被称为“四姓小侯”（指东汉明帝外戚樊、郭、阴、马四姓的子弟），享受的基本上是宗室待遇。刘家出皇帝，四大家族出皇后——皇后必须从这四大家族或者是他们亲戚的女儿当中选取。这就是东汉的政治原则，是东汉国家制度的一部分。所以，东汉皇后的“殊宠”与男欢女爱没什么关系，其深层含义是指皇帝对外戚势力的尊崇和依靠。

这是一种家天下的政权构成方式，“私”的色彩浓郁——外戚家族同时也是开国功臣家族，他们把握实权，左右朝政。皇帝的家事与国事纠缠在一起，牵一发而动全身。西汉到唐前期，乃至辽、金、元、清，都有类似的结构。我们可以把这种最高权力的结构方式称为“东汉式的权力结构”。在这种结构之下，最容易出现的政治现象就是外戚专权。而外戚素养高明的不多，或者说因为圈子太小、人才有限，又缺乏竞争，很难长期保持高明，故政治多腐败。

下面看宋式的最高权力结构方式。宋、明两朝改变了东汉式的权力结构方式，开国功臣的权力被大大削弱，变得无足轻重，根本无法与皇权抗衡。当然，宋、明两朝解决这个问题的方式可谓大相径庭，甚至是南辕北辙。宋太祖的做法，是跟老战友们把酒言欢，诉说当皇帝的苦恼。而老战友们心领神会，交出兵权，消除了太祖的心病。这就是著名的“杯酒释兵权”。而明太祖解决功臣问题的办法，粗暴而血腥，一言以蔽之，“杀”。明朝的皇后基本上来自普通人家，很多国丈、国舅都是攀着女儿的裙带才得以加官晋爵，外戚势力等于乌有，完全是皇家的附庸。

宋朝皇后的家庭出身比明朝高贵得多。宋太祖“杯酒释兵权”之际，承诺与老战友们结为儿女亲家，世世代代做亲戚。这个一揽子结亲计划，后代的宋朝皇帝基本上是坚持了的。这些武将家族出身的皇后，基本上没有弄权记录。只有一个宋仁宗的郭皇后，脾气火暴，曾经误掴仁宗，旋即遭废。宋人对此津津乐道，自夸“本朝有超越古今者五事”，其中之一便是“百年无内乱”，没有因宗室、外戚篡权而自乱阵脚的事情发生。为什么能做到“百年无内乱”？因为顶层设计合理。用丰厚的俸禄、崇高的头衔养着外戚、宗室，但不允许他们染指关系国计民生的重要行政职位。作为国初勋贵后裔，外戚在禁军的最高管理层保持着一定比例，但是，任职范围是有严格限定的北宋的勋戚，原则上不许任要职，不许干预政事。到了南宋，制度崩坏，才出现了大权在握的外戚，比如韩侂胄和贾似道。宋朝对外戚、宗室的防范机制堪称设计精美。如果说对外戚勋贵是画地为牢、限制使用，对宗室则是锦衣玉食、集中圈养。“圈养”一词虽然刻薄，却是写实——北宋的宗室集中居住在有围墙的院子里，除非去洛阳祭祖，其他时间不许随便外出。宗室获得分散居住、自由旅行、参加科考和当官的自由，都是很晚的事情——繁殖太快，群体数量过大，实在养不起了，只好放出来，许其“自谋生路”。[1]

作为默认的政治原则，宋朝的皇后虽然可以拥有高贵的母家，但这并不代表其母家可以作为外戚与皇家分享政权。宋朝的确出了不少非常能干的摄政皇太后，比如真宗刘后、英宗高后都曾长期摄政，治理水平也都还不错，特别是高皇后，甚至赢得了“女中尧舜”的美誉。但是，必须明确，这些皇太后的摄政权力与母家无关。宋朝皇太后摄政的合法性来源于先帝遗诏，来源于她作为“先帝之妻”和“今上之母”的角色定位。

同东汉式的权力结构相比，宋式权力结构是皇权独大的；或者从更积极的意义上说，宋朝国家政权的发育水平比唐代以前有了极大提高，皇帝的家事与朝廷国家的国事有了进一步、更为明

1 参见［美］贾志扬著，赵冬梅译：《天潢贵胄：宋代宗室史》，江苏人民出版社2005年版。

图十六：清 焦秉贞 《历朝贤后故事图》之“女中尧舜”

《历朝贤后故事图》，清代焦秉贞绘，绢本设色，12 开，每开 37.4 厘米 ×30.8 厘米，现藏北京故宫博物院。此套图册画的是历代贤良淑德的皇后、太后的故事，如周文王之母太任、周武王之母太姒、东汉明帝明德马皇后和北宋英宗宣仁高皇后等。她们或勤俭宽厚、贤良淑德，或不干政事、规约外戚。北宋英宗宣仁高皇后，勇谋过人，崇尚节俭，从不中饱私囊，懂得约束外戚，理政九年，“朝廷清明……文思院奉上之物，无问巨细，终身不取其一，人以为‘女中尧舜’”。她摄政期间，政通人和，让与宋为敌的契丹也颇敬畏，是北宋社会最和平、安定的时期，史称“元祐之治”。此画面展现的正是高皇后将贡奉的财物及酒食拒之门外的情景。

确的区分，宋朝的皇帝更多的是作为江山社稷的代表在行使治权。“私”的色彩淡化，“公”的意味转浓。

皇权可以独大，皇帝却不可以独治。在东汉式的权力结构之下，皇帝家族与包括外戚在内的大家族共享政权。那么，在宋式权力结构之下，皇帝与谁“共天下”呢？在宋朝，协助皇帝治理天下的，是以士大夫（科举文官）为主体的官僚集团。

比如那个不小心甩了仁宗皇帝一记耳光的郭皇后，很快就被废了。废后这样的事情，如果发生在东汉式的权力结构之下，皇帝是必须要跟各大家族的代表商量的。比如，唐高宗要废王皇后立武则天，他的舅舅长孙无忌等一干关陇贵族坚决反对，因为王皇后有着关陇集团的高贵血统。但是打耳光的事情既然发生在宋朝，在皇帝与士大夫共天下的权力结构之下，皇帝就不需要理睬外戚，而是要跟宰相商量。年轻的皇帝涨红了脸，指着自己脸上的巴掌印说：你看，她敢打我，她敢打我的脸！而宰相吕夷简本来就对皇后有意见，乐得顺水推舟，支持废后。当然，士大夫中的谏官御史是强烈反对的，他们集体抗议，摆出了死磕的姿态。最终，在宰相的强力支持下，皇帝关闭了批评通道，郭后被废。

宰相、谏官御史皆为士大夫。在整个废后过程中，郭皇后的母家及其母家所属的开国勋贵集团，一点儿声音都没有发出。没声音是因为没实力。时移世易，在宋式权力结构之下，皇帝作为江山社稷的代表与士大夫共同“治国平天下”，宗室、外戚撤退到了政治舞台的边缘，朝廷国家因而呈现出更多的“公器”性质。这应当被视为一个伟大的进步。

当然，在皇帝与士大夫共天下的宋式权力结构之下，帝后之间就很少能产生像样的爱情传奇了，这多少也是令人遗憾的。

帝王的礼制与情感

作为朝廷国家代表的“抽象的皇帝”，与作为其个人或者家族代表的“具体的皇帝”，始终是一对矛盾。礼制——礼法制度表达前者，高标准严要求，与后者的情感私欲缠斗不休。娶妻如此，奉母亦然。

历史记载当中有很大篇幅是有关礼法制度的，《史记》八书，第一就是“礼书”。后代纪传体正史只要有“志书”，通常都有“礼志”，专记礼法制度。唐代的杜佑创造了中国第一部制度通史《通典》，专门记录、讨论古今制度之变。杜佑可以说是中国古代史家当中最有出息的。大部分杰出史家都是政治斗争的失败者，他们或者“发愤”著书（比如司马迁），或者“闲居”著书（比如司马光）。而杜佑成功地活跃在他那个时代的政治舞台上，他当过岭南和淮南的节度使，还当过唐德宗、顺宗、宪宗三朝的宰相，既是理财专家，又是一流的政治家。他的这部《通典》贯穿着积极的进取精神，目的就是“经邦致用”，直接服务于国家治理。很有意思的是，《通典》二百卷，其中讨论礼法制度的《礼典》就占了二分之一。

礼制对今天的读者——哪怕是专业历史学者——而言，也是有相当难度的，不仅生词众多，意思也不容易弄明白。而现代历史研究大多关注政治、经济、军事和文化，不通礼法制度，似乎也无大碍。我年轻时读史，遇到礼制讨论，一概跳过，以为无趣。父亲健在，应该为母亲服何种等级的丧服？妾之子是否要为生母服丧？从宗室入继大统的皇帝应当怎样称呼其生父，能不能称之为“父”，又是否可以为生父加上“皇帝”的尊称？这些“虚头巴脑”的东西有何趣味？

很多时候，我们觉得古人无趣，是因为自己无知；一旦懂得，就会明白礼制讨论不仅有趣，而且意义重大。那么，礼制的意义

何在？按照孔子的说法，礼的制定是“承天之道，以治人之情”，它最核心的功能是理顺、规范人的情感，让情感的表达符合天道，从而达到“正风俗”的目的，也就是端正社会风气，建立秩序。因此，“礼”之有无关系国家存亡，“失之者死，得之者生”[1]。那么，礼制是怎样建立秩序、端正风俗的呢？

我们以杜佑的《通典》为例。《通典》把“礼”分为五大类：第一“吉礼”，第二“嘉礼”，第三“宾礼”，第四“军礼”，第五“凶礼”。这五大类的礼就是五种最重要的关系与秩序。“吉礼”简单地说就是各种祭祀礼，它规范的是皇帝—国家和各方神祇、列祖列宗及国家的精神偶像——孔子之间的关系。“嘉礼”的内容上至皇帝的成年礼、纳后礼，日常行政中的朝会礼仪，下至地方社会举行的“乡饮酒礼”[2]。它的功能是在日常中建立秩序。比如，朝会礼仪规定了每一个臣子的站位，从而彰示了每一个臣子相对于其他臣子的位序先后。“嘉礼”是对国内秩序的规定。而“宾礼”则是对天下秩序的规定，具体而言，是四夷诸侯朝见皇帝的礼仪。“军礼”是与军事行动有关的礼仪，比如登坛拜将、宣布胜利的消息等等。“凶礼”围绕死亡展开：从天子到庶民，在遭遇亲属死亡的时候，都要根据与死者关系的亲疏远近，进行不同等级的哀悼。每一桩死亡，都是一次社会关系、社会秩序的大展示。在哀悼中，每一个人都再次确认了自己是谁，与谁有关。把“嘉礼”、“凶礼”和“吉礼”联系在一起，我们就看到了整个社会的日常运作规则，从皇帝到平民，从出生到死亡，皇天后土，列祖列宗，子子孙孙，都在礼的规范之中。“失之者死，得之者生”，绝非夸张。

“礼”的核心要义是要以“天之道”来规范“人之情”。谁的人情最容易泛滥，最需要规范呢？当然是皇帝。拥有至高权力

1 ［清］阮元校刻：《十三经注疏》六《礼记正义》卷二一《礼运第九》，中华书局 2009 年版，第 3063 页。

2 据邓子琴《中国礼俗学纲要》，乡饮为古礼，《周礼》有记载，同乡老少聚饮，有选举、尊贤、敬老、运动、祭祀等功能。转引自王春瑜：《明朝酒文化》，商务印书馆 2016 年版，第 74—75 页。

图十七：宋 佚名《女孝经图卷》之卷六《邦君章》

《女孝经图卷》无作者款印，为南宋画院画家所绘，绢本设色，823.7 厘米 ×43.8 厘米，现藏北京故宫博物院。本书展示的是第六章《邦君章》，画面是祭祀列祖列宗的情景。我们虽看不清牌位，但能看到供桌及其上的烛台与祭品，再下面是盂、鼎、樽、爵等食器与酒器。这些本用作吃饭的器具，在此处已升格为供奉祖先的礼器。画作左边墨迹为："非礼教之法，眼不敢眼；非诗书之法，言不敢道；非信义之德，行不敢行。欲人不闻，勿若勿言；欲人不知，勿若勿为；欲人不传，勿若勿行。三者备矣，然后能守其祭祀……"从文中倡导的一言一行皆应遵从礼教、信义的规约，从祭祀时摆放的井然有序的各种礼器，我们可以看出，整个社会的日常生活，都在礼的规范之中运行。

供桌上的献祭品猪头

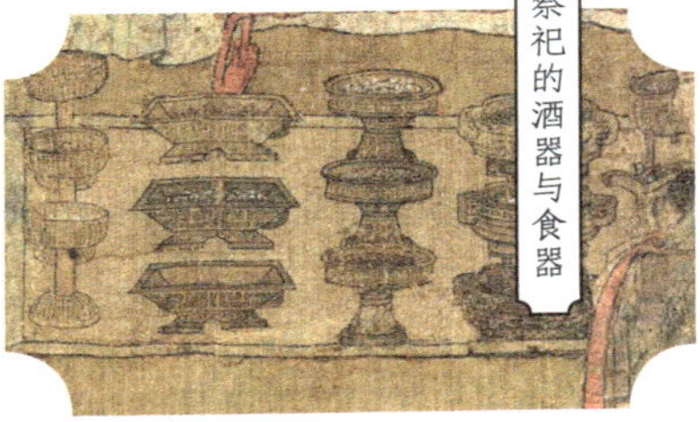

祭祀的酒器与食器

的皇帝，是最需要礼法制度规范的。而礼法制度能对皇帝产生多大的规范作用，或者说皇帝在多大程度上能够遵从礼法制度的规范，克制私人情感，会直接影响一个社会对礼法秩序的尊重程度，从而塑造一个社会的面貌。

我对礼制的认识，正是从一个有关皇帝礼制与情感的小问题开始的：在帝制时期，庶子继承皇位之后，他的生母是否“自动升格”为皇太后?

皇太后“以天下养”，是帝制时期全天下最尊贵的母亲。母子之爱乃人之常情，皇帝尊生母为皇太后，在“今上”为孝道，毫无问题；然而，若以“先帝”为伦理关系之主轴，则是以妾为妻，儿子改动了父亲的家庭秩序，问题大了。质言之，“今上”能否尊其生母为皇太后的问题，其实是现实权势与礼法秩序孰轻孰重的问题，是一个关系礼制存亡的原则性问题。

在帝制时期，庶子即位并不罕见，许多朝代都曾面临“今上生母”的尊崇问题。各个朝代的选择可以分为两种。

第一种，选择“今上生母”自动升格为皇太后的，包括汉、唐、明、清。众所周知，清朝自孝庄始，至慈禧终，先帝驾崩之后，“今上生母”不仅升格为皇太后，而且是摄政主力。唐朝自玄宗以后，还有一个非常奇特的现象，那就是，大部分皇帝都没有立过皇后。这就等于说，唐后期大部分皇帝其实生前只有妾，没有妻。后人批评唐朝不讲礼法，的确是有道理的。没有皇后，也就无所谓嫡子。当皇帝驾崩之后，取得皇位的庶子之母自然升格为皇太后，皇位与皇太后之位都需要“竞争上岗”，母子同心，其利断金。然而，竞争尚未结束。下一步的竞争发生在宗庙领域——谁来做先帝的配享皇后？先帝生前虽然无妻，但是驾崩之后，神主进入太庙，还是需要一个妻子的，这个妻子就是配享皇后。那么，配享皇后由谁来做？继续拼实力，拼运气！谁做了皇帝，谁就可以将自己死去的生母配给先帝做配享皇后。荒唐剧情就此展开：唐穆宗有三个儿子先后当了皇帝——敬宗、文宗和武宗。这三位各有生母，自然就产生了三位皇太后，而最终进入太庙，成为穆宗“在太庙中的妻子”的，是谁呢？武宗的生母韦氏。原因很简单，只有韦氏很幸运地死在了自己儿子当皇帝的时候。

唐后期的宫廷在“今上生母”的尊崇问题上，通行的其实是一套权势至上的潜规则，无所谓秩序，无所谓规矩。这样的潜规则，与“承天之道，以治人之情”的礼制精神完全是背道而驰的。

第二种，庶子即位，“今上生母”并不自动升格为皇太后，这是宋朝的做法。若生母早亡，庶子即位之后是可以追封为皇太后的，但是顺序一定要排在先帝皇后的尊崇之后。宋哲宗的生母朱氏有幸看到了亲生儿子登基，又不幸经历了亲生儿子的病亡，然而一直到哲宗驾崩，朱氏的名号都是皇太妃。皇太后则另有其人——先帝神宗的向皇后。只有先帝皇后才有资格成为皇太后；其他嫔妃，哪怕是今上的亲生母亲，也无法获得皇太后这一崇高名位。

宋朝的做法最看重的是礼法秩序。传统中国的婚姻制度是一夫一妻（多妾）制，妻子在家中的地位与丈夫齐平，“妻者，齐也，与夫齐体。自天子下至庶人，其义一也”[1]。皇后作为皇帝的妻子，地位至高无上，不可动摇，她是皇帝所有儿女的母亲，哪怕没有一个是她亲生的；而庶子出身的皇帝哪怕再热爱自己的生母，也不能逾越礼法的界限，给她皇太后的尊衔。

那么，我们应当怎样理解“今上生母”尊崇问题的两种做法？

庶子即位，“今上生母”能否自然升格为皇太后？对这个问题的两种不同回答，代表着两种不同类型的文化选择。庶子即位，

1 ［汉］班固撰，［清］陈立疏证，吴则虞点校：《白虎通疏证》卷十《嫁娶·论妻妾》，中华书局1994年版，第490页。

今上生母自然升格为皇太后的，可以称之为“现实权势主导型”；皇太后的名号只能属于先帝皇后，今上生母不能自然升格为皇太后的，可以称之为“礼法秩序主导型”。现实权势主导，还是礼法秩序主导，反映在政治实践上，效果是完全不同的。

现实权势主导，等于变相鼓励后妃与亲生儿子结成联盟，争夺皇位，因为这对母亲和儿子都有好处。汉代可以说是最极端的典型，后妃的命运牢牢地和儿子捆绑在一起。比如，东汉光武帝废了郭皇后之后，封郭皇后的一个儿子去河北做中山王，郭皇后也被封为“中山王太后”——中山王的母亲，中山国的太后跟着儿子去了中山国；后来，这个儿子改封沛王，郭皇后的封号也变成了“沛太后”。母亲与儿子捆绑、联动，结成命运共同体，作为丈夫和父亲的皇帝反而成了外人。这样的结构其实并不安全。

相比之下，礼法秩序主导型才是更安全的选择：皇帝再爱自己的生母，也只能尊父亲的妻子为皇太后。现实权势受到限制约束，尽管不免压抑了皇帝对生母的私人感情，但是对皇室大家族的稳定大有好处，可以避免由于争夺权位而带来的内乱。

同一个问题，不同朝代给出了不同的答案。在礼制与情感之间，与其他朝代相比，宋朝皇帝做出的是最为“克己复礼”的选择，而这种选择所带来的，是一个对礼法秩序有着真正尊重的国家与社会。汉、唐、明、清的最高层所做的，其实都是势利至上的选择。在这样的社会之中，我们其实很难想象官僚和社会会对礼法制度产生深刻的尊重。

至卑贱者至跋扈

说完了皇后、皇太后与外戚，我们来看看皇权的另一个附属群体——宦官。

宦官是什么？他们是皇帝的阉人家奴，因为阉割而失去了性

和生育的功能，成为刑余之人。其实在西汉的时候，正常男性还是能够参与宫廷服务的；全部用阉人服务后宫，始于东汉。东汉以后，宦官是除了皇帝和未成年皇子之外，唯一可以自由进出后宫和在后宫活动的非女性群体。皇帝使用宦官为宫中后妃服务，等于在皇帝的女人和其他正常的男人之间设置了一道人身隔离带，主要目的是保证皇室血统的纯正。换句话说，宦官的存在，就是人为地制造了一个残缺的群体，用来维护皇帝的至尊地位。

中国文化中的宦官形象可以用两个词来形容——“外形怪异”“内心阴狠”。明末清初的唐甄在《潜书》中把宦官称为“贱奴”“丑奴”。在谈到宦官外形的时候，唐甄说：“望之不似人身，相之不似人面，听之不似人声，察之不似人情。”总之就是非男非女，不像人样。今天的文学和影视作品当中的宦官，基本上都是这种高度异化的形象：“其声似童，不颖；似女，不媚；似哑，成声；似狸，成语；不似人声也。”他们的声音像孩子的，但是不聪慧；像女人的，但又不柔媚；听上去是哑的，却又能出声；像是狐狸叫，可又能说话。

金庸的武侠小说又创造了一路阴毒奇

图十八：礼泉县韦贵妃墓壁画
唐 《躬身拱手执笏给使图》

《躬身拱手执笏给使图》是 1990 年在陕西省礼泉县韦贵妃墓出土的唐代壁画。壁画作于唐乾封元年(666 年)，画中给使高 104 厘米。“给使”是指被阉割了的男侍，我们将其称作“宦官”。从画面中看出，作者用较为夸张的手法来表现给使因被阉割而造成的形体变化和奴颜媚骨的体态。正如唐甄所描绘的：“望之不似人身，相之不似人面，听之不似人声，察之不似人情。”

绝的高超武功，由宦官所创，“欲练神功，引刀自宫”。身体的特殊残缺反而可以成就高超武功，这其实是相当不合情理的。这种不合情理的想象却被广泛接受，主要是因为对宦官和一切卑贱的异类，人类通常会抱持一种自觉或不自觉的恶意，缺乏基本的同情。当然，宦官也确实有着令人厌恶的历史。宦官在史书上的记录，基本上都和专权、乱政有关系，相反，那些曾经对历史做出积极贡献的宦官，当人们谈起他们的时候，往往会有意无意地回避他们卑贱的宦官身份，比如改进造纸术的蔡伦、史家司马迁、航海家郑和；同时被回避掉的，还有宦官身份带给蔡伦、司马迁与郑和等人在精神与肉体上的双重屈辱。

古代的埃及、希腊、罗马、奥斯曼帝国，都曾经有过阉人奴隶。但是，没有哪一个国家的阉人奴隶像中国的宦官一样，曾经在政治舞台上如此显赫，又如此臭名昭著。

帝制王朝当中，在东汉、唐和明三朝，宦官干政的现象是最突出的，但是这三个朝代造成宦官干政的具体原因和权力格局，却是不一样的。

东汉宦官干政的起因，是小皇帝要争取独立。东汉的皇帝，除了开国的光武帝和明帝，以及在傀儡状态下顽强存在的献帝，中间诸帝大多短命。皇帝夭折，幼主即位，皇太后临朝称制，外戚专权，对小皇帝实行关系封锁，让他没有机会跟群臣接近。小皇帝成年之后想要夺回皇权，四顾茫然，唯一可以依靠的只有身边的宦官。皇帝由于自身力量弱小，便与宦官结盟，从外戚手中夺回权力，而宦官因此得到皇权哺育，获得朝政的主宰权，狐假虎威，逐渐凌驾于一切之上，甚至对皇帝个人形成威胁。伴随着小皇帝的即位、成年或夭亡，外戚、宦官轮流执政，循环往复，像是一场无休止的闹剧，在洛阳的宫廷中不断重演。饱读诗书的官僚和普通豪强大族则被排斥在高层权力之外。归根结底，这是由东汉特殊的权力结构——皇帝与几大外戚家族分享政权所决定的。

唐朝的宦官有一张内外呼应的权力网络：在外，各个藩镇只要还服从唐中央的领导，没有明目张胆的反叛，则都设有监军使。而这个监军使是由宦官担任的，权力极大，甚至可以在节度使之上，代表中央监控藩镇军队。在内，也就是首都，出现了以“四贵”为核心的宦官机构。“四贵”指两位枢密使和两位神策军中尉。枢密使掌握着皇帝的信息渠道，参与决策；神策军中尉掌握着唐中央的禁军主力。除了“四贵”以外，首都与宫廷的保卫、马政都由宦官掌握。大家可别小瞧了马政，古代的马是骑兵战斗力的来源，属于战略武器。唐后期，藩镇割据，唐中央能够直接掌控的地域逐渐缩小。但在缩小了的唐帝国当中，皇帝控制力的深度和广度都在加强。那么，由谁来实现这些控制呢？宦官可以说是其中最重要的力量。从制度上看，唐朝的宦官早已不再是扫地洒水、伺候宫廷贵妇的了。宦官机构内外配合，织成一张大网，加强了皇权对各种资源的控制。

明朝的宦官专权同样也有制度保障。明朝宦官侍奉皇帝及其家族的机构包括十二监、四司、八局，统称“二十四衙门”。这些机构权力广泛，简直无所不包，各衙门的主管宦官叫作“太监”，“太监”这个词就是这么来的。真正让明朝宦官势力大长的，是两项关键权力，这两项权力都是明朝政治水平低下、用心黑暗的表现。第一项是司礼监太监所享有的批红权。什么叫“批红”呢？就是用红笔在文件上做批示。批红本来是皇帝的责任，但通常情况下，大部分的批红都由司礼监太监来执笔，所以真正指挥这个国家的，其实是宦官。从根儿上说，明朝的宦官干政是名正言顺、制度允许的，一旦皇帝犯懒或者没能力批红，宦官的意志就成了国家意志。宦官的第二项关键权力，是他们掌握着东厂、西厂、锦衣卫这些特务机构。特务政治在很多朝代都有，但通常发生在王朝末路或者政治斗争激烈之时，唯独明朝奇怪，自开国就有。明太祖朱元璋搞锦衣卫，明成祖朱棣搞东厂，明宪宗搞西厂。厂卫横行，告密成风。

按照中国传统的政治观点，宦官专权意味着政治腐败，通常会导致王朝的灭亡。关于宦官的祸国殃民，学者们举出了很多例子。比如，东汉的大宦官侯览先后抢夺民宅 381 所，民田 118 顷，为自己盖了 16 处深宅大院。又比如，东汉的官员选拔靠的是征辟和察举（推荐加考试），而在宦官的把持之下，能当上官的都是有关系的，根本没人理会他们的德行和学问，所以民间有“举秀才，不知书。察孝廉，父别居。寒素清白浊如泥，高第良将怯如鸡”的说法。这是更深层次的腐败，它败坏了政治制度和政治风气。

史书记载，唐朝的大宦官仇士良告老还乡，临别之际，全体宦官都来送他。仇士良发表临别感言，告诫同类说：千万不能让皇帝有闲空儿，皇帝闲了一定会读书，接见儒臣，听取不同意见，那就会变得有智慧、有远见，不爱玩，减少出游打猎，到那个时候，他对我们就没这么好了，我们的权势也就轻了。所以，为各位考虑，那就不如搜刮财富，选雄鹰宝马，天天领着皇帝打马球、狩猎，用音乐和美色来蛊惑他的心灵，让他享尽奢靡，身心愉悦，不愿意停下来，那他必然会排斥儒家经典，懒得理外面的事儿，到那个时候，天下的事就都握在我们的手里了，恩泽权力还能跑到哪儿去

策马疾驰击球，骏马四蹄翻飞

图十九：章怀太子墓壁画 唐 《马球图》（局部）

于1971年出土于陕西乾县章怀太子墓的《马球图》，是有关马球运动最早的形象资料。马球兴起于唐初，后在皇帝的倡导下很快盛行起来。史书载，大宦官仇士良告老还乡时告诫同类：别让皇帝有闲空儿，皇帝闲了一定会读书，那就会变得有智慧和远见，会减少出游打猎，那时对我们就没这么好了。所以不如天天领着皇帝打马球、狩猎……让他身心愉悦，便会懒得理会儒家经典和外面的事儿了。这幅《马球图》便展现了骑手击球的精彩场面。图中人物虽不多，但竞争颇为激烈，骑手服饰颜色有别，有的双手持杆反身击球，有的扬起球杆正要击球，有的手扯缰绳直奔马球，有的驰骋腾空……画面有动有静，布局有张有弛，呈现出动静结合、张弛有度的艺术效果。

呢？[1]仇士良的这番话，简直可以充当宦官包藏祸心、败坏政治风气、意欲祸国殃民的自白书。

不过，我对宦官专权导致王朝灭亡的说法表示怀疑，它可能还是带有士大夫集团的偏见。比如，唐后期的宦官的确拥有左右政局的庞大势力。从唐宪宗到唐末帝，九个皇帝之中有八个是宦官拥立的，两个被宦官谋杀。但是，我们从现存的唐代宦官传记中，其实找不到太多宦官影响政策，从而导致国家败亡的实例。宦官有腐败行为，士大夫官僚在腐败方面也是不遑多让的。宦官有派系，士大夫官僚也有派系，而且官僚之间的倾轧更为激烈。所以，很难说宦官专权就一定指向王朝的灭亡。相反，如果我们看历史事实的话，东汉与唐的灭亡都是在诛灭宦官之后发生的事情。所以有学者指出："到了唐朝灭亡前夕，唯一能够给昭宗皇帝带来安全的就是宦官集团了。……宦官作为一个政治军事集团被翦除之后，唐皇室也就完全失去了最后的可以依赖的资源。"[2]

为什么会出现"宦官之局始结，而国亦随之亡矣"[3]的局面？因为宦官本来就是皇权的寄生物，宦官这个特殊人群是一种纯粹孤立的存在，尽管有势力的宦官也会娶老婆、收养子女，有些宦官夫人的墓志铭，同样也会写得热热闹闹，说她如何贤惠地相夫教子，敦睦亲族，但是，宦官毕竟无法结成真正的婚姻关系，也无法有自己亲生的儿女。他们的生命是畸零的，既不能成为丈夫，也不能成为父亲。以"不孝有三，无后为大"的标准衡量，宦官更无法成为孝子。所以，在正常的社会文化当中，根本就没有宦官的生存空间。宦官可以权倾一时，却始终被视为下贱的群体。人们既畏惧宦官，又鄙视宦官。最简单的道理，人们再怎么巴结宦官，也没有人想变成宦官，更没有人想让自己的儿子做宦官。这种畸零让宦官只能依附于皇权，成为皇权最忠实的奴仆。《汉书》

1 参见［宋］欧阳修、宋祁撰：《新唐书》卷二〇七《宦者上·仇士良传》，中华书局1975年版，第5874—5875页。
2 孙英刚：《灿烂辉煌的开放世界——隋唐五代》，上海人民出版社2018年版，第226页。
3 ［清］赵翼著，王树民校证：《廿二史札记校证》卷五，中华书局2013年版，第110页。

云“中人无外党，精专可信任”[1]，一语道破宦官群体的存在价值。宦官本身无权力，他们所有的权力都来自皇帝，因此，不管宦官的权力看上去有多么大，都只是皇权的“机甲”。同样，打击宦官就等于打击皇权。

如何决策？如何纠错？

皇帝是朝廷国家的代表，拥有天赋治权，然“明君不能独治”[2]，“以一人之智决天下之务，借使得失相半，乖谬已多，下谀上蔽，不亡何待！”君主的刚愎自用、独断专行是取亡之道。朝廷国家的治理，必须通过群臣的积极配合才能实现，“诚能谨择群臣而分任以事，高拱穆清而考其成败以施刑赏，何忧不治！”[3]古人所谓“群臣”，既可以指中央与地方各级政府组织机构，又可以指活动于其中的官员。群臣的权力来自皇权的赋予。宰相为群臣之长，是国家行政首长，在能力和经验上对“具体的皇帝”构成有益补充，使之更接近于“抽象的皇帝”。然而，授出的权力如何防止其坐大、反噬？皇帝与宰相之间、皇权与相权之间的关系真相如何？信任就像是一堵若隐若现的墙，始终横亘在君臣之间，特别是君相之间。比争权故事更为真实的，是国家的治理。皇帝和以宰相为首脑的中央政府怎样采集信息？怎样决策？其纠错机制如何？帝制国家中央政府的建设在很大程度上围绕上述问题展开，其核心目标是维护一姓皇权的安全。

1 〔汉〕班固撰，〔唐〕颜师古注：《汉书》卷九三《佞幸·石显传》，中华书局1962年版，第3726页。
2 〔唐〕房玄龄等撰：《晋书》卷九二《文苑·袁宏传》，中华书局1974年版，第2392页。
3 〔宋〕司马光著，〔元〕胡三省音注：《资治通鉴》卷一九二《唐纪八·高祖武德九年》，中华书局1956年版，第6027—6028页。

皇权哺育下的相权特点

有些问题是看上去都知道，深究起来谁也不清楚的。比如，什么是宰相？

提到对宰相权力地位的印象，大家都可以说得出来。宰相是“一人之下，万人之上”的百官之长，在群臣中地位最高，但论名分则属于臣子。在任何一个时代，宰相都是最尊贵的，是当官的人可以合法追求的最高目标。俗话中有“将相和则国家兴”的说法，又有成语“出将入相”。“相”与“将”相对，将帅是武官，宰相是文官，“相”的地位通常在“将”之上，这是由传统中国以文统武、文官治国的大格局决定的。

需要补充说明的是，只有辽代有以“宰相”为正式官名的宰相，其他朝代的“宰相”都是俗称，不同朝代的宰相，头衔各不相同。故今人学史，需要下一番功夫确认，哪个朝代带什么官衔的是宰相。当然，当时的人绝对不会错认宰相。明太祖朱元璋废除宰相制度，宣布“以后子孙做皇帝时，并不许立丞相，臣下敢有奏请设立者，文武群臣即时劾奏，将犯人凌迟，全家处死”[1]。所以通常认为，明清两代没有宰相。可是，也有很多人把内阁大学士称为宰相，万历皇帝曾经称呼大学士叶向高为“宰相”，而叶向高则一再否认。那么，明朝的内阁大学士、清朝的军机大臣为什么不是宰相？

什么是宰相？我们需要比“一人之下，万人之上”更具体的标准。但是很难找，制度史的记载往往是非常笼统的一句话：“佐天子而理大政。”对吗？对。说明白了吗？模糊。

关于宰相的职责，古人最喜欢讲的是汉文帝与周勃、陈平的故事：汉文帝有两个宰相，右丞相周勃，左丞相陈平。文帝上朝，先问周勃，天下一年判决的刑狱案件有多少起？周勃惭愧地说不

1 〔明〕陈建著，钱茂伟点校：《皇明通纪》卷六《庚申·洪武十三年》，中华书局2008年版，第220页。

知道。文帝又问，天下一年的财政收入和支出各是多少？周勃又不知道，惭愧得后背冒汗，沾湿了上衣。这时候，文帝转向了陈平，问同样的两个问题。陈平也不知道，但是他很从容地回答说，这两件事情都有主管。文帝问谁是主管，陈平说，陛下问司法刑狱，要找廷尉，问财政情况，要找治粟内史。

这时候文帝不太高兴了，他说，这些事都有主管，那你管什么呢？陈平说，我管官员。陛下不嫌我愚笨，让我当宰相。宰相的职责，上辅佐天子调和阴阳，理顺四时，下让万物各得其所，外镇抚四夷和诸侯，内亲附百姓，让各级官员都能尽职尽责。[1]

陈平的回答虽然很漂亮，但对宰相概念的界定依旧模糊不清，还是无法解释内阁大学士不是宰相的问题。皇帝的秘书不也是干这些的吗？

关于宰相职权的确切定义，是我的博士生导师祝总斌先生给出的。这个定义已经被学界广泛接受。按照祝先生的说法，宰相必须握有两大权力，缺一不可。那么，这两大权力是什么呢？第一，宰相必须握有议政权，宰相是可以进宫面见皇帝，共议军国大政，协助皇帝做最高决策的。这叫“入则参对而议政事”。除了这种直接的议政权以外，宰相还有间接的议政权。日常政务由宰相以书面的形式向皇帝提出建议，皇帝批准，形成命令。这是在决策环节，宰相所有的制度化的重要权力。第二，宰相还必须有监督百官执行权。命令形成之后，由宰相负责发布，监督检查执行过程，发现问题及时解决，并且根据实施情况和制度对官员进行考核，这叫“出则监察而董是非”，“董”就是监督的意思。宰相府有通过文书处理一般政务的权力。这是在政府运作中的宰相权力，宰相是政府首脑。[2]

同时具有这两项权力的，才是宰相。皇帝身边的各种人，比

1 参见［汉］司马迁撰，［南朝宋］裴骃集解，［唐］司马贞索隐，［唐］张守节正义：《史记》卷五六《陈丞相世家》，中华书局1982年版，第2061—2062页。

2 参见祝总斌：《两汉魏晋南北朝宰相制度研究》，中国社会科学出版社1990年版，第4—6页。

如高级秘书、受宠的妃嫔，甚至宦官，也可能会获得稳定或者临时性的议政权，但是仅有议政权，是不能称为宰相的。宰相还必须同时拥有监督百官执行权，主持政府的日常工作。宰相的议政权和监督百官的执行权，受到传统和制度的保护，也就是说，皇帝如果不是昏君，是不能任意剥夺和侵占宰相权力的。明朝的内阁大学士和清朝的军机大臣所拥有的议政权，几乎等同于前代宰相的议政权，但是他们没有监督百官执行权。明朝人说内阁大学士只是文墨、议论之官，毫无事权，一切政务，都由（皇帝领导）六部尚书负责，所以，（内阁大学士）跟前代的宰相是完全不同的。

虽然从未有一则法规明确规定宰相的职责，但是，中国传统的政治思想对宰相的职责有高度的共识：第一，宰相应当不亲细事，不要被具体烦琐的事务耗费了心神，他的精力应当放在大事上，“但总大纲，于庶政或有所不必问也”。比如，唐太宗曾经批评他的两位宰相房玄龄、杜如晦说，您做宰相，就应当广求贤人，根据他们的才能授以合适的官职，这才是宰相的职责。近来听说两位亲自受理诉讼，一天到晚忙不过来，还怎么能协助我求贤才呢？[1] 第二，宰相分内的大事，首先是为国家选拔和任用贤才。第三，宰相是皇帝的第一批评人，他有责任向皇帝进忠言。汉顺帝让尚书周举指出官僚队伍的败类，周举说，刘崎当了六年宰相，从来没听说他有什么忠言，有什么重要谋略，我觉得这才是最糟糕的。后来顺帝就免了刘崎。[2] 按照制度，宰相可以经常与皇帝会面，商讨国家大事。皇帝是最高决策者，而宰相是决策参与者，可以在决策形成之前对皇帝进谏，匡正缺失。宰相的批评是其他官员无法比拟的，因此，宰相缄默不语不可以被原谅。当然，也有宰相说了，但外人不知道的情况，这种时候，就需要皇帝为宰相辩护了。

1 参见［唐］吴兢著，谢保成集校：《贞观政要集校》卷三《论择官第七》，中华书局 2009 年版，第 159 页。

2 参见［南朝宋］范晔著，［唐］李贤等注：《后汉书》卷六一《周举传》，中华书局 1965 年版，第 2026 页。

图二〇：南宋 刘松年（款）《十八学士图》（局部）

《十八学士图》，南宋刘松年款，绢本，182.3 厘米 ×44.5 厘米，现藏台北故宫博物院。作品描绘的是“十八学士”们的雅集生活。“十八学士”是指十八个文采出众的臣子。唐太宗尚为秦王时，在首都长安建立了文学馆，网罗了一众人才，史上称他们为“十八学士”。其中有房玄龄、杜如晦、孔颖达、虞世南、姚思廉等人。他们既与唐太宗谈古论今，又以谋臣身份协助太宗处理政务。其中的房玄龄和杜如晦为唐初名相。《新唐书·杜如晦传》载：“如晦长于断，而玄龄善谋，两人深相知，故能同心济谋，以佐佑帝。”历史上也有“房谋杜断”之说。据说图中两位对弈者就是房、杜二人，他们的杀伐决断通过弈棋也能有所体现。

从制度设计的角度看，宰相是皇帝的绝配。帝制的特点是皇帝世袭，官僚选任。皇帝世袭，就意味着选择余地是极小的。开国皇帝经历战争或者政治斗争的考验，政治和行政的经验还可以。守成之主则多平庸之辈，还有未成年的皇帝、垂帘的太后，普遍缺乏政治和行政经验，这就需要宰相来“佐天子而理大政”。宰相通常是有经验的成熟的政治家，具有较高的儒学修养，而且经历过长期的行政历练。皇帝可以没经验，但宰相必须是政坛老手。皇帝可以糊涂，但宰相必须智慧。所以，宰相对帝制国家的治理来说，是必不可少的。

一个以太子身份即位的三十岁的皇帝，在位二十六年，会跟他的宰相产生怎样的关系？

首先，在最高权力交接的过程中，宰相充当了重要的稳定器，阻止了可能发生的阴谋。

其次，宰相要充当皇帝的政治导师角色。一位年长的宰相甚至会将奏报皇帝的信息进行筛查，专门将各地的灾荒困难奏报给他，“报忧不报喜”，让年轻皇帝愁眉苦脸。而这位宰相深感欣慰，因为这会让皇帝知道治理天下的艰难，避免其胡作非为。

当国家遭遇强敌入侵的危急时刻，皇帝决定起用一位能力超群、作风硬朗的大臣。为了协调与这位“硬派”的关系，皇帝做了周密的人事安排，先任命自己更为信任的大臣做首相，然后再任命“硬派”为次相。大敌当前，皇帝心生畏缩。首相与次相通力合作，打消了皇帝的逃跑倾向，将国家带向了和平。危机结束，形势平稳之后，作风硬朗的次相被解职，温和识大体的首相过世，新一拨宰相上台，其中有温和谦恭的行政高手，还有善于揣摩皇帝心理的国家形象包装专家，以及理财能臣。皇帝信任行政高手，把日常政务交给他；他自己则与国家形象包装专家一起大搞神圣崇拜运动，封禅泰山，试图把本朝包装成太平盛世；理财能臣则为朝廷提供财政支持。

到了皇帝晚年，国库空虚，连年饥荒，官僚队伍腐败，太子年幼，皇后权重。出于对女性的不信任，皇帝召回作风硬朗的前任宰相，试图与皇后形成势力抗衡。最终，得天子者得天下，皇后战胜了前任宰相，辅佐太子即位。皇太后摄政，也并没有让国家坏到哪里去。

从这个例子当中，我们可以清晰地看到宰相的作用。从头到尾，国家的日常行政都是宰相在打理。当国家遭遇危机的时候，也是宰相协助皇帝，稳定国家的方向——而宰相由皇帝选择任命。宰相的选任受诸多因素的影响，由过去个案积累而成的惯例是重要因素，它决定了有哪些经历的哪些官员可能成为宰相；而最终选择谁，则要看皇帝的决定。宰相可以是皇帝的政治导师，是皇帝的最高参谋，在关键时刻矫正皇帝的行为。宰相的作为在很大程度上要取决于皇帝的信任。当皇帝决定一意孤行的时候，宰相也只能无奈地追随。比如，当故事里的皇帝开始大搞神圣崇拜运动，消耗国家的时候，那位温和谦恭的行政高手也束手无策。他跟了一辈子，悔了一辈子，临终遗言，剃发僧袍以葬。[1] 宰相对皇帝只能批评匡正，无法强行改造。尽管如此，皇帝身边还能有宰相的存在，也是弥足珍贵的了。正因如此，朱元璋废除宰相制度，实在是古代中国政治制度的一大损失。

帝制时期的宰相制度有一条非常鲜明的变化线索，那就是：皇帝身边的内廷官员（主要是秘书咨询人员）不断成长壮大，生发出新的机构。这个新机构最终会走出内廷，走向外朝，取代旧的宰相机构，成为新的宰相机构。宰相名称的难记就是由这种变化引起的。秦汉的宰相是丞相；晋朝的尚书台从宫里走

1 故事里的人物是宋朝的第三个皇帝宋真宗、『硬派』宰相寇准、温和识大体的首相毕士安、温和谦恭的行政高手王旦、国家形象包装专家王钦若、理财能臣丁谓。参见赵冬梅：《千秋是非话寇准》，电子工业出版社 2012 年版。

出来，成为新宰相；进入隋朝，内廷又走出来中书、门下两省，与尚书省构成三省宰相；宋代的枢密院也是从内廷走出来的。这条变化线索透露出帝制时期的权力秘密——皇帝是权力的生发器，受到皇权哺育的群体就有可能获得成长壮大的机会。通常，学者们会用皇权与相权的矛盾来解释这种变化。的确，是皇权哺育出来的新机构取代了旧宰相。但是，这是不是皇权与相权矛盾斗争的结果呢？

此消彼长还是共同扩张？

讲古代中国政治史和制度史，皇权与相权的关系问题是绕不开的。最为大众所熟知的是“斗争消长说”：斗争是皇权与相权关系的本质，斗争引发权力的此消彼长；消长的总体趋势是皇权不断加强，相权不断削弱。大转折发生在宋朝——宋朝设枢密院掌军政，宰相不得干预军政，权力“已去其半”；又设三司专掌财政，拿掉了宰相的财权，宰相权力所剩无几，皇权得到了空前的加强。大结局发生在明朝，明太祖废除宰相制度；明清两代没有了宰相，政治走向专制，皇帝走向独裁。

“斗争消长说”逻辑清晰，通俗易懂。它所描述的是古代中国的政治在明清两代所发生的严重倒退，与近代以来中国的落后挨打相呼应，很容易引起读者共鸣，它能够被广泛接纳，自有其道理。

但是，若结合迄今为止的研究积累，认真追究，仔细推敲，“斗争消长说”当中其实包含了不少似是而非的东西。

首先，它假定中国的政府组织从一开始就是成熟的。在帝制的开端，皇权与相权就已经截然分立。比如，钱穆说：“皇帝是国家的唯一领袖，而实际政权则不在皇室而在政府。代表政府的是宰相。皇帝是国家的元首，象征此国家之统一；宰相是政府的领袖，负政治上一切实际的责任。”又说：“皇帝实际上不能管理一切事，所以由宰相来代表。事情管得好与坏，责任在宰相，皇帝可以不负责任。”[1]

认为皇帝是国家元首，宰相是政府领袖，就抽象原则而言基本正确。但是，它显然并非事实，而只是学者想象中的理想形态。事实上，皇帝与政府之间并没有非常明确的权力划分。如果皇帝愿意，精力也允许，他当然可以管一切事。比如，秦始皇就是这样管理一切的，“天下之事无大小皆决于上”，七十博士都只是“备员弗用”“丞相诸大臣皆受成事，倚办于上”。[2]什么叫“受成事”？就是接受已经形成的命令。这命令当然是皇帝本人的，所以说是“倚办于上”，办事全靠皇上。

其次，这个关系中有关宋代相权大转折的说法也大有问题。钱穆在《中国历代政治得失》中说：“宋代的最高政令之最后决定权在皇帝，而不在宰相，至少皇帝就不仅有同意权，而有参加意见之权了。”[3]这句话顺着读不容易读出毛病来。但倒着反推它的叙述前提就会发现有问题：难道说宋代以前的皇帝在最高政令的制定中是没有“参加意见之权”的吗？这当然不可能。比如在唐太宗的记忆中，隋文帝就是个什么都自己来决断的皇帝，他不肯信任百司，每件事都自己拿主意……宰相以下，只能他说什么是什么。而唐朝最高政务的裁决，就是由皇帝做出的。不管在宋代以前还是宋代以后，在军国大政的决策上面，从来都是宰相协助皇帝做出决策。

再次，论述方法有问题，只关注表面现象，从结果反推原因，完全忽略政治运作的细节与过程。比如汉武帝常常在内廷裁决政务，他所依靠的不是外朝的宰相，而是内廷官员，主要是尚书台

1 钱穆：《中国历代政治得失》，生活·读书·新知三联书店2001年版，第3页。

2 [汉]司马迁撰，[南朝宋]裴骃集解，[唐]司马贞索隐，[唐]张守节正义：《史记》卷六《秦始皇本纪》，中华书局1982年版，第258页。

3 钱穆：《中国历代政治得失》，生活·读书·新知三联书店2001年版，第78页。

图二一：唐 阎立本（传）《历代帝王图》之隋文帝像

这幅隋文帝的肖像也出自《历代帝王图》。画家在作画之前，必然要翻阅所绘帝王的大量史料及后世评价，通过史料对他们的记载和描述，才能将皇帝的相貌、性情及其历史地位形象地刻画出来。此处的隋文帝虽不失帝王气质，但较之前文一身雄才大略之气的汉光武帝刘秀，他的面部则多了几分苦与忧，因为历经数百年分裂局面，隋朝江山初定，很多棘手问题亟待解决，而隋文帝又是一位事必躬亲、劳心劳力的勤勉君王。画作刻画的文帝样貌与其形象气质非常贴合。中国画讲究“以貌识人，以形传神”，因阎立本并未见过汉光武帝和隋文帝，故画面未必写实，而其经由文字记载能将每位帝王的特点准确地传递出来，足见其画技的高超与非凡。

的官员。后来，尚书台就逐渐成了皇帝的机要秘书处，丞相的职权被它占去了很多。这种做法最终导致尚书令取代丞相，成为新的宰相机构。

汉武帝的做法是一个历史现象。在皇权与相权的斗争消长关系里，这种做法就是皇权削弱相权的努力：汉武帝认为他的皇权受到了相权的威胁，因而有意识地引用资历更浅、更容易控制的内廷官员来分割相权。

这种说法听起来好像很有道理。但是，当我们补充了细节和过程之后，就会发现问题来了。武帝在位，前前后后用了十三任丞相，但没有哪一任的才干和威望足以与武帝对抗，或者与武帝在政治上发生尖锐的冲突。也就是说，并未出现相权威胁皇权的状况。那么，既然相权没有威胁到皇权，汉武帝为什么还要另外搞出一套内廷班子来呢?

最主要的原因是形势发生了变化。汉初以黄老思想治国，讲究清静无为，政务简单，事儿特别少，皇帝和丞相五天才开一次办公会。而汉武帝雄才大略，积极有为，“朝廷多事”，再用那套简轻省的旧制度显然就不行了，必须做出改变。而直接改造旧制度，牵扯的东西多，压力大，成本高，远不如另起炉灶来得方便。内廷诸臣，又年轻，又听话，又能干，还没有资历限制，想用谁用谁，不触动旧体制，又能解决新问题，何乐而不为。而武帝到了晚年，精力下降，更需要依靠身边的秘书班底。提高效率，以便更有效地进行统治，这才是武帝时期建立内廷的真实原因。而这个原因，是我们在引入了细节和过程才能看得到的。

最后，但也是最重要的，“斗争消长说”的论述前提错了。“斗争消长说”的立论前提有两个：第一，它认为皇权与相权关系的本质是斗争而非合作；第二，它认为皇权与相权的权力总和是一个常量而非变量。假定皇权加相权等于 100，那么当皇权是 50，相权也是 50；如果皇权涨到 80，相权就降到了 20。

挑完了“皇权与相权斗争消长”这个关系的错，我们讲一个有关皇权与相权共治关系的故事，它也有两个立论前提：第一，皇权与相权关系的本质不是相互斗争，而是互相配合，其目的是同舟共济治理国家。当然，我们并不因此否认历史上真实存在过的君相矛盾和权力斗争。但是，这些矛盾与斗争并不能改变关系的实质。不然的话，帝制国家也就无所谓长治久安了。第二，皇权与相权的权力总和不是常量，而是变量。在皇权与相权之外，还有普通官员的权力。无论皇权的独大还是相权的独专，都会对普通官员的权力构成挤压。所以，传统的政治理论一向是主张兼听共治，反对专权，不管是皇帝的专权还是宰相的专权。

在这两个大前提之下，相权对皇权的约束是在不断加强的。这种约束实际上是传统积累、制度建设和思想教育的合力。汉武帝时，杜周为掌管司法的廷尉，办案不遵国法，专门迎合皇帝的心意。有人指责他，杜周不以为然，反问对方，法令从哪儿来的？“前主所是，著为律；后主所是，疏为令。”前面的皇帝认为是对的，记下来就是律条；后面的皇帝认为是对的，记下来就是法令。这句话要两说：一方面，它说明君主的意志可以转化为法律，君权至高无上；另一方面，随着律令的积累、制度的完善，以及儒家思想的教育，后世君主需要遵循恪守、不得任意侵犯的制度和教条也越来越多了。

比如，诏敕是以皇帝的名义发布的国家政令，但是，这绝不是说，皇帝就可以自己随随便便地颁发诏令。在唐代的三省制下，一道诏敕的形成，必须经过皇帝与宰相的御前会议，然后由中书省起草，门下省复核，才能发布。有个著名的故事：武则天的时候，宰相刘祎之遭人诬告，武则天派人去审他。来人宣读敕书，而刘祎之拒绝承认这则敕书的合法性，他说："不经凤阁、鸾台，何名为敕？"凤阁、鸾台就是中书、门下两省，这是武则天改的名字。没有经过中书、门下两省，手续不全不合制度，就不能称为敕书——这就是制度赋予宰相约束皇帝的权力。纵观中国政治史，这类约束其实在不断增加。

当然，皇帝也可以完全不理会这一套，他可以撇开政府，用"手诏""内批""御笔"（批条子）来指挥政事。而这么做就违反了制度传统，要受到道德谴责，有沦为昏君的可能。可是，如果皇帝不在乎呢？也就为所欲为了。比如，那位敢于质疑武则天敕令合法性的宰相刘祎之，还是被武则天赐死了。武则天不敢公然否定刘祎之所捍卫的制度原则，但是，从肉体上消灭刘祎之这个人是可以办到的。所以，在帝制时期，皇权才是第一位的，宰相个人或者制度对皇帝的约束都是第二位的，没有强制性。

儒家政治的理想形态是"明君贤臣""君逸臣劳"。皇帝不要管得太多太细，要努力做到"垂衣拱手而天下治"。而能够"垂拱治天下"的关键就在于找到合适的宰相，充分信任他，尊重他，依靠他；当然，也要派人看着他，监督他。皇帝需要宰相，帝制国家需要宰相级的政治家为皇帝保驾护航，但是宰相制度，朱元璋说废也就废了。那么，没有宰相的政府是如何持续运转的呢？

缺宰相的政府靠什么运转？

中国的皇帝制度存在了 2133 年，但宰相制度只存在了 1601 年，帝制最后的 532 年是没有宰相的帝制。有宰相之时，皇帝是国家元首，宰相为政府首脑，皇帝世袭，宰相选任，宰相以其政治经验对皇帝构成有效补充。废宰相之后，皇帝集国家元首与政府首脑于一身，大权独揽。宰相制度的废除究竟是历史的必然还是偶然？如果是偶然，为什么会延续532年？废除宰相之后的帝制国家的权力结构、政治决策和行政运作又呈现出怎样的特点？

首先，我们来看朱元璋为什么要废除宰相制度。废相的导火索是洪武十三年（1380年）丞相“胡惟庸案”。这个案子前后绵延十年，牵连杀害三万余人。朱元璋给胡惟庸定的罪名是谋反——十恶不赦的大罪。胡惟庸的政治作风的确有专权跋扈的问题，但还不至于谋反，谋反是朱元璋铲除功臣所需要的理由。朱元璋对他的功臣集团很不放心，解决办法就是肉体清除一切可能威胁朱家天下的势力。太子朱标不忍，抗议父亲杀人过滥。朱元璋拿出一条长满了刺的棒子，让太子用手去握，太子畏难。朱元璋说，我现在杀人就是在给你拔刺！刺拔掉了，你才握得住。罗织罪名杀戮功臣，暴露了朱元璋骨子里的残忍、狭隘和缺乏安全感。这是统治集团的内部矛盾，我们隔着七百多年历史可以给他一点理解，但是就此废除宰相制度，却是任性了得、无知了得、愚昧了得。朱元璋与大明王朝的没格局，在这件事上体现得淋漓尽致。

因为一个宰相的谋反，就废除有一千多年历史的宰相制度，绝对是因噎废食。根据朱元璋的自陈，他废除宰相制度还有更充足的理由——对胡惟庸案的反思。我们把朱元璋关于废相必要性的言论综合起来看，废除宰相制度的原因可以分为两点：

第一，“自秦始置丞相，不旋踵而亡”，“之后，臣张君之威福，乱自秦起，宰相权重，指鹿为马”。意为，宰相制度自从诞生之日起就不利于帝国统治。丞相制是秦朝制度，而设置丞相正是秦朝灭亡的原因。

第二，“汉、唐、宋虽有贤相，然其间亦多小人，专权乱政”。意思是从秦朝以后的历史实践看，宰相好的时候少，专权乱政的时候多。而元朝的灭亡正是由于“委任权臣，上下蒙蔽”。

这两条都是对于历史经验的总结，看起来朱元璋倒真是历史的好学生。但是，读历史就是要拨开语言的伪装，直达本质。上面这些语言所承载的内容是完全反历史的，充满了蒙蔽与误解。秦朝灭亡的原因当然不是设丞相。故事“指鹿为马”中专权乱政的，不是丞相李斯，而是宦官赵高。在那个历史关头，丞相李斯所犯的错误恰恰是私心泛滥，屈从于秦二世和赵高的淫威。秦以后各朝，专权乱政的宰相其实并不多。西汉末年有王莽，东汉末年有曹操，曹魏末年有司马氏，都篡夺了皇位，这是对皇权产生了威胁。南宋的权臣也多，比如秦桧、韩侂胄、贾似道，但是这三位其实并没有威胁皇权。关于元朝，朱元璋说的倒是对的。元朝后期的确出现了宰相专权，甚而至于废立皇帝现象，但是，朱元璋只知其然，未知其所以然。元朝的宰相专权，本质上是由于蒙古人对华夏政治传统认识不足、吸收有限，制度漏洞百出，皇帝既懒得管事，对担任宰相的蒙古色目贵族又缺乏戒心。元朝的宰相实在不能成为华夏宰相制度的标杆。然而，朱元璋耳闻目睹的却偏偏只有元朝的宰相，他就把元朝宰相制度的问题当作了宰相制度的通病。

所以，朱元璋的说法只是拉历史的虎皮，遮掩高度膨胀的私心，做废相的大旗。他的思想方式简单而粗暴，将个人感受甚至私心欲望直接上升为一般性规律，然后用这把狭隘的尺子去丈量世界。东汉朱浮写过一个“辽东白豕”的故事，说的就是这种思想方法。辽东那边的猪都是纯黑的。有一次，有个人家的老母猪生了一只白头的小猪，主人如获至宝，视为祥瑞，要献给皇帝。

抱着小猪辛辛苦苦走到山西，却发现山西的猪都是白的，只好灰溜溜地回家去。辽东人所见皆黑猪，这是眼见为实，但是从而推论出天下猪皆黑，白猪为异宝，就狭隘了——明显是没见过世面。还好他走到山西就看见大批白猪了，不然要走到洛阳，多冤啊。

一个人通过亲身经历与见闻获得的信息实在有限。肉眼人身只能从特定角度看到部分事实，看不到全局，也看不到长时段的变化。因此，个体经验可以绝对真实，若要推而广之，尊为规律，则多半靠不住。今天我们对很多问题的认识可以靠大数据纠偏，在古代只能靠读书。治国理政的人特别重视读史，鉴往而知来就是这个道理。读史之人的第一要务，是要舍得开放自己。“千江有水千江月”，个人的经历体验贯穿在整个阅读思考过程中不会丢失，但是，不能用“小我”的一叶遮住了眼睛，更不能对历史予取予求，只看那些对自己有利的东西。朱元璋的拉虎皮做大旗则完全相反。他先有要废宰相的固执之心，然后再把历史拆开打散误植乱用，装饰自己狭隘的私心。

然而，历史就是这样充满了偶然。这么一个偏执狭隘的人，偏偏成为开国皇帝，所以，朱元璋极端错误的思想方法所导致的错误的价值判断——宰相制度有害于帝制国家，必须废除，不但需要立即落地，还被有明一朝奉为了祖宗之法，坚持二百多年不动摇。

宰相制度的废除，无疑是帝制政治的一大损失。黄宗羲说：“有明之无善治，自高皇帝罢丞相始也。”为什么这样说？“天子传子，宰相不传子。天子之子不皆贤，尚赖宰相传贤足相补救，则天子亦不失传贤之意。宰相既罢，天子之子一不贤，更无与为贤者矣。”

那么，没有宰相的帝制为什么能够延续下去呢？第一，制度本身有惯性，要改变制度，必须有大见识、大力气，而明朝的继统之君既没这个见识，也没这个能力。清朝统治者从东北来，本身文化相对落后，开国之君也缺乏这种贯通古今的见识。第二，没有宰相的帝制对集体缺乏安全感的皇帝来说，是愉快的。因为它便于皇帝的集权。当然，对国家来说，如果皇帝不够勤快或者能力太弱，那就大有问题了。清朝的皇帝自顺治以下，康熙、雍正、乾隆诸帝多半都是劳模型的，所以没什么大问题。问题出在明朝，没了宰相，皇帝又常常懒政，屡屡刷新皇帝不上朝、不见群臣的纪录。但是明朝的国祚竟也延绵达 277 年。那么，明朝政府持续运作的奥秘何在呢？

废除宰相之后的明朝国家机构呈现出扁平化现象，由国家元首皇帝亲自充当政府首脑，直接管理吏、户、礼、兵、刑、工六部，都察院，通政院，大理寺，五军都督府等机构。所有这些机构在地位上是平等的，彼此没有统属关系，“事皆朝廷总之”。所有上奏信息原则上直达皇帝，由皇帝直接做出决策，百官的任免也是由皇帝决定的，“政事一从皇帝出”。朝廷就是皇帝，皇帝就是朝廷。政治结构的扁平化，一方面导致权力向皇帝集中，另一方面也意味着皇帝工作量的巨大增加。

皇帝有把握一切权力的心，却没有管理一切事务的力。忙不过来是自然而然的事情。废相的始作俑者朱元璋本人就已经忙不过来了。有人统计过朱元璋的工作量。1380 年，他废宰相；四年之后的 1384 年 9 月 14—21 日，八天之内，朱元璋共计收到 1666 份文件，其中需要批复的事情 3391 件，平均每天要处理 200 份文件，批复 400 件事。皇帝忙不过来，又不愿意设置宰相，光明正大地在制度上将一部分权力和责任托付出去，那么，剩下的就只有一条路了。

这条路就是充分开发、利用皇帝周边的附属群体，这也是传统做法。皇帝的附属群体主要指秘书和家奴，具体地说就是内阁和宦官。

内阁是皇帝秘书，因为它只有议政权而没有监督百官执行权。内阁通过帮助皇帝阅读文件、起草批示，对政治产生影响。按照制度，内阁是皇帝影子里的存在，没有直接发表意见的权力，更谈不上指挥六部、改革政治。所以，在没有宰相的皇帝制度下，皇帝是唯一合法的政治改革者。然而，皇帝的产生方式却让他很难产生改革政治的认识和主张。当然，我们在明朝也看到了有作为的政治家，比如嘉靖初年的杨廷和、万历初期的张居正。他们都是以首席内阁大学士的身份主持改革，但是，这个身份其实并没有赋予他们指挥政府运作的合法性。那么，内阁大学士就必须把自己的政治主张包装成皇帝的旨意。也就是说，明朝有理想和作为的政治家往往在打擦边球，所作所为明明出于公心正义，但推行公心正义的手段却可能不合制度传统，这就让他们非常容易受到攻击。从时间段上来看，明朝的政治调整往往发生在皇帝政治实习的懵懂期。一旦皇帝反应过来，感觉自己的权力受到了威胁，或者大学士遭到了政敌攻击，那么大学士的政治生命也就到头了。

内阁大学士是官僚群体的代表，官僚群体好歹还是有积极向上的一面，有政治追求的。宦官则是纯粹的皇帝家奴，它完全依附于皇权，也正因如此，皇帝才最信任宦官。明朝中叶以后，一百六十七年间，只有很少的几年，皇帝能够正常上朝，其余时间都是“帘远堂高，君门万里”，官僚见不到皇帝，而宦官能见到皇帝。在这种情况之下，大权独揽的皇帝靠什么展示他的存在？皇帝就像一只千手千脚的怪物蜘蛛，宦官就是他的千手和千脚，宦官所掌握的特务机构就像是蜘蛛吐出的丝，黏腻地缠绕着这个国家。

皇帝可以不见群臣，政府的职位空缺了可以不补，但是明朝政府仍然存在并运作着。靠什么？靠制度，靠惯性，靠高压，靠特务。问题是，这个政府将不再有创造的能力，也不再有追求，它存在，但不作为，损失了应对突发事件、对抗内外打击的能力。

御前会议解决啥问题

帝制国家权力中枢的核心是皇帝，皇帝的周边有秘书帮助他处理信息，出谋划策。皇帝之下是中央政府，帝制 2133 年，前 1601 年，宰相群体享有稳定的议政权，与皇帝一道构成权力中枢；后 532 年，废除宰相，皇帝就是权力中枢，朕即朝廷。不管有没有宰相，皇帝原则上都掌握着所有决策的最终决定权。所以，谁能够稳定而频繁地接触到皇帝，谁就有可能在决策中发挥更大作用。唐后期，陆贽做翰林学士，也就是皇帝的高级秘书。他深得唐德宗的信任，对决策影响极大，被认为是“内相”[唐、宋翰林学士的别称。唐开元二十六年（738 年），改翰林供奉为翰林学士，起草任免将相等机密诏令。德宗后，其地位日益重要，虽朝廷有宰相主政，而翰林学士常值宿内廷，向皇帝提出建议，参裁可否，故号称“内相”]。明朝没有宰相，皇帝一旦躲进深宫不上朝，那只能是宦官说了算。唐后期的枢密使曾是最尊贵的宦官职位，也是宦官得以干政的关键。枢密使本来只是在皇帝和宰相之间跑腿儿、传信儿的，传着传着就把自己的意见加了进去，传着传着就可以在中间插话，进而影响最高决策。

要保障中枢决策的安全，就要建立适当的会议机制，让皇帝能够及时听取宰相及其他大臣的意见，还要建设通畅的信息沟通渠道。在这些方面，帝制中国都曾经有过值得称道的成就。

图二二：南宋 宋高宗赵构书 马和之绘
《诗经 · 闵予小子之什图卷》（局部）

由宋高宗赵构楷书、马和之设色绘制的《闵予小子之什图卷》，绢本设色，713 厘米 ×27.7 厘米，现藏北京故宫博物院。该图所反映的是周成王即位之初，与臣子共商国是并树立权威的情景。左边墨迹出自《诗经 · 访落》：“访予落止，率时昭考。于乎悠哉，朕未有艾。将予就之，继犹判涣。维予小子，未堪家多难。绍庭上下，陟降厥家。休矣皇考，以保明其身。”成王认为，自己继位不久，国家发展还遵从的是父王定的路线方针，而先王之政博大精深，自己阅历尚浅，内心多有惶恐。唯有谨遵先王庭训，选贤任能，整肃朝纲。也希望英明的父王在天之灵护佑自己明察是非，转危为安。

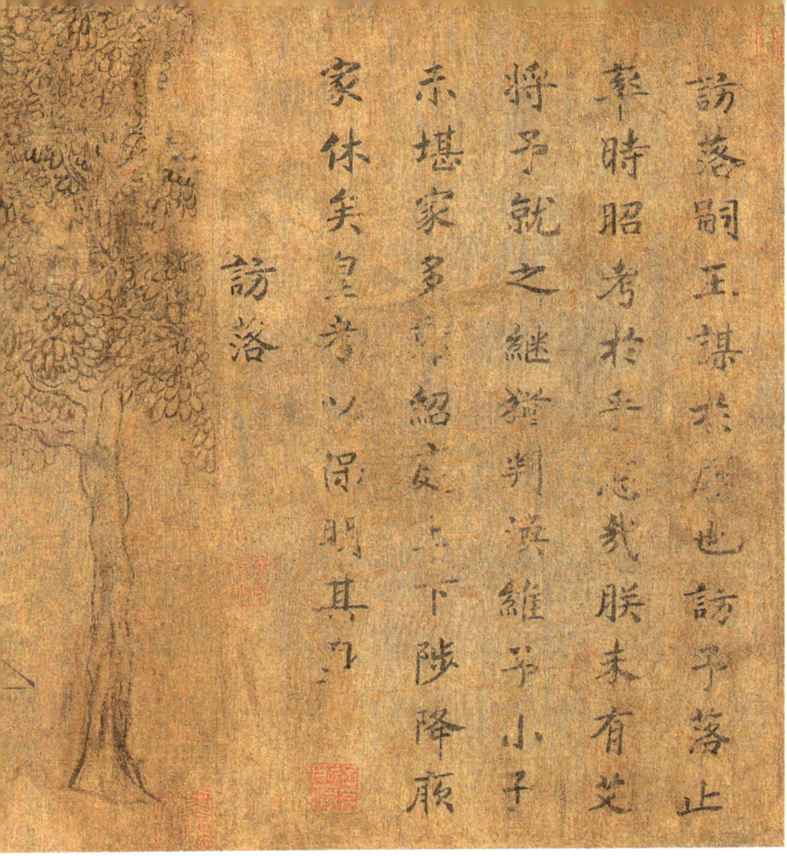

我们先看会议机制。最高端的会议当然是御前会议。帝制两千年，总的来说御前会议是越来越频繁的，皇帝也是越来越忙了。原因有两个：一是权力在不断地向中央、向皇帝集中，二是国家事务的增多。

历史研究中什么最难做？日常。历史书写有点像现代的新闻报道，倾向于记录重大、非常事件，越是日常越难被记录下来。比如秦汉的皇帝究竟多久跟群臣见一次面，并无明确记载。学者们常常引用的材料，是汉宣帝亲政之后，“五日一听事，以下各奉职奏事”。这条材料被用来证明宣帝的勤政，那么，之前皇帝的听事频率应该到不了五天一次。

唐宋以后材料多，能够看得比较清楚。从这个时候起，正常情况下，皇帝就是隔天或者天天打卡上班的了。宋朝的第一位劳模皇帝宋太宗的日程表是这样的：凌晨三点到五点起床，六点左右，他已经穿戴整齐，到达前殿，接受朝见——这种朝见重在仪式，目的是展示君臣之间的等级关系。七点钟，太宗开始在前殿接见宰相等大臣，举行办公会，商讨政务，一直到九点，然后回宫吃早饭。饭后，换上稍微舒服一点的衣服，进入相对来说更随意一点的后殿继续处理政务，一直到中午十一点。下午的时间，宋太宗用来读文件（处理时政信息）和看书（进行理论学习），就这样一直工作到深夜。

这种“鸡鸣而起，听天下之政”的勤奋状态，宋太宗一直坚持到生命的最后一息。至道三年（997 年）三月二十九日，当天旬假（中国古代官员每十天放一天假，叫旬假），皇帝是不放的。这一天，太宗仍然接见了宰相。当天晚上，他就驾崩了[1]，真可谓“鞠躬尽瘁，死而后已”。后来的宋朝皇帝基本延续了这个时间表，而且还有新增项目，比如夜里召见值班的学士讨论政事。

帝制两千年，不仅御前会议的频率增加，而且原则上由皇帝直接处理的事务、直接接触的机构和官员也在增加。汉代的皇帝通过丞相府管理国家，小事遵循制度、按部就班，大事由丞相向皇帝报告。讲个很有意思的故事：汉惠帝上台后，曹参做丞相，“无所请事”，总也不找他报告，惠帝心里就有点儿发毛，又不好意思直接质问老丞相，就让曹参的儿子去问。结果曹参大怒，用竹板把儿子狠狠抽了一顿。惠帝只好承认是自己派曹公子去的，曹参就解释说，您不如高祖，我不如萧何。高祖和萧何把天下的法令都制定得很清楚了，陛下垂衣拱手，群臣遵守制度，不加违犯，不是挺好的吗？当时政治风气崇尚无为，国家事务相对简单，所以，宰相府都没什么事，就更不用找皇帝汇报了。

唐代的皇帝每天举行常朝，接见包括宰相在内的五品以上官员和一些关键部门的干部，先行礼后议事，一大群人七嘴八舌，效率低下。为了提高效率，就发展出一种新的御前办公会。等仪仗和大队人马都撤下去以后，宰相等重要官员再来跟皇帝开小会，

1 参见周佳：《北宋中央日常政务运行研究》，中华书局 2015 年版。

说正事。御前办公会讨论的主要是军国大政，一般性的政务交给宰相办公会，由宰相办公会拿出处理意见报皇帝批准。

到了宋代，皇帝直接处理的事务量大大增加。前面说过，宋朝皇帝的日常听政活动分为两段，一段在前殿，一段在后殿，这两段的性质不太一样。前殿这段是高层办公会，按照顺序，皇帝要分别接见宰相、枢密院（国防部）、三司（财政部）、开封府（首都市长）、审刑院（司法部）。这个接见序列需要注意两点：第一，是分别接见，各自谈话，因此真正接收到各方信息、掌握全局的是皇帝；当然，处理得好不好，得看他的处理器是否过硬。第二，能够参加办公会的，是一些机构的长官，也就是说这些官员在御前办公会出现的资格，来自他所代表的机构，而不是他本人。因此，如果你不想让某人见到皇帝，那就把他调离上述岗位。这个办法王安石用过。开封知府冯獬反对他的司法新条，扬言要跟皇帝当面讨论。王安石就利用职权把这位仁兄的开封知府一职给免了——没了开封知府的位置，冯獬个人想要见到皇帝，就没那么容易了。这就是宋朝前殿听政的功能——高层办公会，皇帝直接处理日常政务。后殿这段的内容则具体得有点儿琐细了，包括接见一些级别不是很高的新任官员。

帝制时期的会议，除了皇帝亲自主持的御前办公会，还有很多皇帝并不出席的办公会和政策讨论会。比如，公元前 81 年举行的西汉盐铁会议，就是一次有关国家政策转折的大讨论。它由御史大夫杜延年建议发起，大司马大将军霍光实际主持。辩论双方，一方是御史大夫、武帝的老臣、为国家做出过巨大贡献的桑弘羊，另一方是各地代表贤良文学六十余人，是完全没有政治经验的草野新进。曾经有人批评这种对阵格局不对称，有失体统。从某种意义上说，这种不对称恰恰表明当时的帝制国家还在少年时期，政治体制充满活力。随着帝制政治体制不断成熟，这种情况便不再出现了。皇帝可以缺席宰相办公会和各种政策讨论会，但是皇帝的威权却笼罩着所有会议，影响的方式包括宣布召开会议、设定参会资格、批准或者不批准会议决议。帝制政体控制是无所不在的。

开会是皇帝获得信息的一种方式。在会议上，皇帝接见群臣，接受汇报，进行质询，可能还同时伴随着书面报告的进呈。在会议之外，帝制国家通过多种渠道搜集信息。儒家的政治思想一贯重视信息的搜集，主张掌握权力的人，特别是掌握大权的皇帝、宰相，一定要兼听博采，防范信息的壅蔽。为保障信息渠道的畅通，帝制国家建立了复杂的制度。在各级地方政府常规的汇报之外，中央派出巡视组是一种常用的信息搜集办法。巡视组有临时的，也有制度化的。临时的巡视有专使，比如公元前62年，汉宣帝派十二使者巡行天下，慰问鳏寡孤独，视察吏治得失，荐举人才；也有不带使者之名，但有使者之实的，比如皇帝身边的宦官、近臣到外地出差，回来肯定都是要汇报所见所闻的。制度性的巡视，汉代有州部刺史、六条问事。明朝的巡按御史，至今仍活跃在民间记忆中。这一类故事的背后，是明朝监察御史实实在在的威风。他们直接向皇帝负责，位卑权重，代表天子巡视地方，品阶虽然不过六七品，但是四品官、三品官见了他们都要屏住呼吸，毕恭毕敬。

信息渠道常常会出问题。一般我们能想到的，是下面的人为了个人或者小集团的利益，隐瞒信息，隐藏真相，蒙蔽上峰；而想不到的是，上面的人有时候也未必想知道真相。王安石变法中有一项淤田法，是用人工制造的洪水泛滥把河里的淤泥带到岸边贫瘠的土地上，去改良土壤。但是洪水的方向和淤肥的力度都很难掌控，所以毁坏老百姓的田园和坟墓是常有的事。有人告状，证据确凿，宋神宗大怒。但是王安石只给了一个理由，宋神宗立刻就撇开老百姓的损失不管了。王安石告诉皇帝，这个淤田法最终为朝廷增加了收入——能够被蒙蔽的皇帝，一定是自己先遮住了眼睛。而遮住他们眼睛的不是别的，是利益。

信息是决策的基础，而对信息的理解判断则决定决策的走向。所以，有宰相的制度性参与，必要时引入更多的脑力资源，集思广益，对中枢决策来说十分必要。宋朝政治家司马光设想的理想的中枢决策方式是，宰相大臣各抒己见，不同意见之间互相争锋、充分讨论，皇帝权衡利弊，拍板定案。司马光的设想虽然很美好，可是要实现它，难度极大。这既需要皇帝虚怀大度，有判断力，又需要官僚队伍保持一种和而不同的君子之争状态。何为“和而不同的君子之争状态”？官僚队伍必须能够独立思考，因为独立思考，所以必然有不同的意见存在。然而，不同意见的争论绝不涉及人身攻击和利益之争，他们之中的大部分人都清楚地了解并遵守和衷共济的原则。

朝堂上的一股清流

“台”是御史台，“谏”是谏院，御史台的官和谏官合起来叫作“台谏官”。他们专门负责批评监督和提意见。讲台谏官，必须把重点放在宋朝。在宋朝，“谏官、御史权势气力乃与宰相等”，“国事成败在宰相，人才消长在台谏”。台谏官被认为是皇帝与宰相之外的第三势力，而台谏官群体的崛起，则是帝制国家在政权建设方面的一个伟大成就。它让帝制国家有了相对稳定的纠错机制，而纠错机制的存在让这个国家有可能避免矛盾激化，从而实现长治久安，跳出朝代更替的窠臼。

欧阳修曾经说过，真正有理想有抱负的人做官，“不得为宰相，必为谏官”。何以言之？欧阳修有一番令人血脉偾张的精彩论述：

> ……诚以谏官者，天下之得失、一时之公议系焉。今世之官，自九卿、百执事，外至一郡县吏，非无贵官大职，可以行其道也。然县越其封，郡逾其境，虽贤守长不得行，以其有守也；吏部之官不得理兵部，鸿胪之卿不得理光禄，以其有司也。若天下之失得，生民之利害，社稷之大计，惟所见闻，而不系职司者，独宰相可行之，谏官可言之耳。故士学古怀道者，仕于时，不得为宰相，必为谏官。谏官虽卑，与宰相等。天子曰不可，宰相曰可；天子曰然，宰相曰不然。坐乎庙堂之上，与天子相可否者，宰相也。天子曰是，谏官曰非；天子曰必行，谏官曰必不可行。立殿陛之前，与天子争是非者，谏官也。宰相尊行其道；谏官卑行其言。言行，道亦行也。九卿、百司、郡县之吏，守一职者，任一职之责；宰相、谏官，系天下之事，亦任天下之责。然宰相、九卿而下，失职者受责于有司；谏官之失职也，取讥于君子。有司之法，行乎一时；君子之讥，著之简册而昭明，垂之百世而不泯，甚可惧也。夫七品之官，任天下之责，惧百世之讥，岂不重耶！非材且贤者，不能为也。[1]

谏官的身上维系着一个王朝的长治久安、一个时代的公平正义——这是其他任何职能部门都管不了的，因为他们的职责都有具体规定，除此之外，皆非所掌。唯独谏官，以“言事”（批评）为职，无所掌，故无所不掌。这与宰相“佐天子理大政”“典调和阴阳”的职务规定，有异曲同工之妙。宰相与谏官这两种职位的职责设定，皆“系天下之事”“任天下之责”，着眼于整个朝廷国家的运行状况；所不同者，宰相负有协助皇帝决策、监督指导百官执行的责任，而谏官负责提出批评，纠正违失。正是在这

1［宋］欧阳修著，李逸安点校：《欧阳修全集》卷六七《居士外集》卷一七《上范司谏书》，中华书局 2001 年版，第 973—974 页。

个意义上，小小的谏官与“一人之下，万人之上”的宰相是平等的。宰相位高权重，得以在政治实践中践行真理和正义；谏官地位卑微，通过批判性的言论维护真理和正义。

上面这段文字出自欧阳修给他的忘年挚友、新任谏官范仲淹的信。欧阳修给范仲淹写信，如此高调地赞美谏官，并非只是为了祝贺范仲淹升官，更重要的是敦促范仲淹发出正义的声音。类似的话，欧阳修的后辈司马光也对他的挚友谏官范镇说过：“自今日以往，天下之民万一有失职而吟叹者，景仁之责也。朝廷之政，万一有违理而伤道者，景仁之责也。”[1]这就是那个时代的高尚，朋友之间用道义、职责来互相激励。范仲淹做谏官的时候正赶上大旱，旱灾导致蝗灾，粮食减产，从山东到江南都是重灾区。范仲淹打报告请求皇帝派使者去察访灾情。宋仁宗没有理他。范仲淹找了个机会对仁宗说，如果宫里半天没有饭吃，会怎么样？宋仁宗无言以对，于是派范仲淹去江淮地区视察，开仓赈济，免除苛捐杂税。后来，范仲淹因激烈反对仁宗废郭皇后而遭贬谪——作为谏官，范仲淹“宁鸣而死，不默而生”[2]，当之无愧。像范仲淹这样的台谏官员，在当时已成一时风气。他们或者单独上疏，或者共同行动，针对朝廷的问题缺失，及时纠正错误。

台谏官的权力从哪里来？来自职务规定，来自包容的政治传统，来自君臣上下接纳、鼓励、批评的良好政治风气。宋朝制度规定，凡诏令不恰当、官员谋私利、政策措施有问题、刑罚和赏赐超过制度、税费征收无节制、冤情滥刑未得伸张，谏官、御史都要积极揭露、批评，对相关人员提出弹劾。对于谏官、御史在行使职务中出现的“失当言论”，皇帝承诺“一定会曲意周全”，采取包容态度。这一点，宋朝皇帝基本做到了。相传，在宋朝政治传统中，太祖誓碑中就有“不杀大臣，不杀言事官”的祖宗家

1［宋］司马光：《与范景仁书》，见曾枣庄、刘琳主编：《全宋文》卷一二一〇，巴蜀书社1992年版，第28册，第355页。

2［宋］范仲淹：《灵乌赋》，见曾枣庄、刘琳主编：《全宋文》卷三六七，上海辞书出版社、安徽教育出版社2006年版，第18册，第7页。

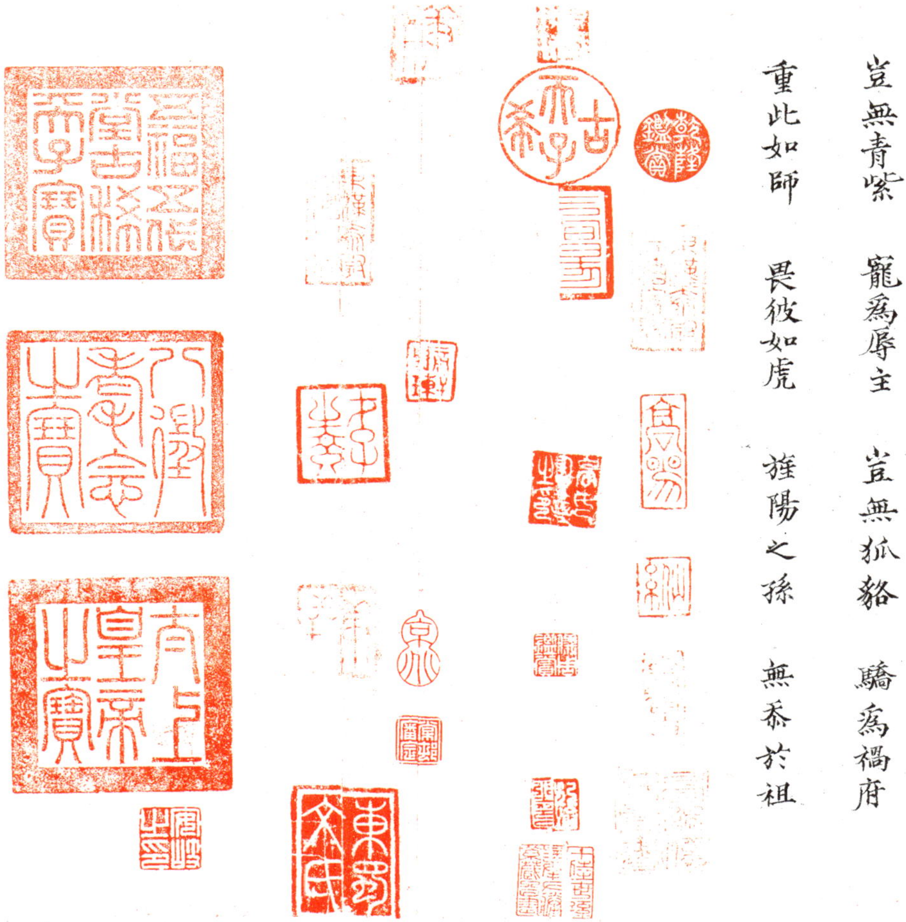

图二三：北宋 范仲淹《范仲淹道服赞》（局部）

《范仲淹道服赞》，纸本，手卷，47.9 厘米 × 34.8 厘米，现藏北京故宫博物院。该帖是范仲淹为友人平海书记许兄所制道服作的一篇赞文，称赞友人制道服之举“清其意而洁其身”。宋代文人士大夫喜欢和道士交往，“道家者流，衣裳楚楚。君子服之，逍遥是与”。于是穿道服便成了一时风气。而“着君子之服”“洁其身”也与范仲淹本人的高洁品性相吻合。这篇《范仲淹道服赞》行笔遒劲，结体严谨，被时人称赞：“文醇笔劲，既美且箴。”宋代留于后世的墨迹本就不多，范仲淹的这篇真迹便显得弥足珍贵。

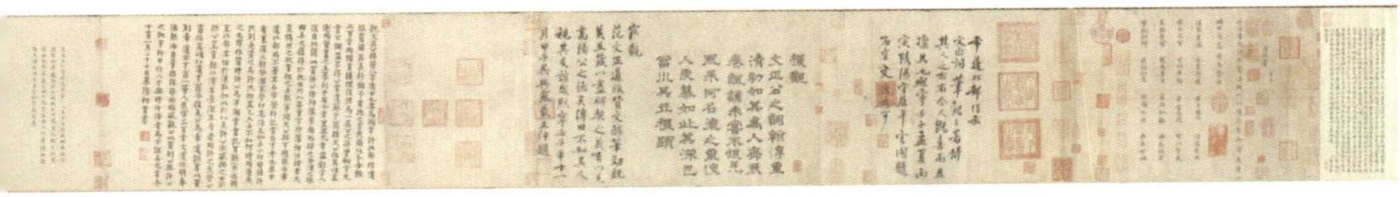

近續纂石渠寶笈有范仲淹二札卷董其昌跋云文正公伯夷頌道服贊二書
在姑蘇范氏義莊庫中因思乙酉南巡時范氏子孫曾以伯夷頌呈覽題而歸
之道服贊則已入寶笈前編因取此卷諦觀旁証不特董其昌時為然蓋自元
至正元年辛巳益都范復始自北携此卷歸義莊庫至我朝康熙三十五年丙
子宋犖任江蘇巡撫親見義莊庫藏墨蹟九種一為道服贊見犖所作伯夷頌
跋中此卷中明戴仁吳寬跋皆云在范氏而收藏印若元理左滕皆范氏奉祀
生也其後不知何時范氏失之乃歸安氏洎乾隆甲子前纂寶笈則此卷久在
内府可謂流傳有緒矣范氏義莊之伯夷頌尚能保其先澤而此卷獨不能保
展轉久歸内府可以惕守器之難而予既題伯夷頌又藏道服贊凡以寄緇衣
之好非鑒賞翰墨之為仲淹亦可快然無憾矣癸丑小春御識
臣董誥奉
勅敬書
道服贊
并序
平海書記許兄製道服所以清其意而潔其身也
同年范仲淹請爲贊云
道家者流 衣裳楚楚
君子服之
逍遥是與

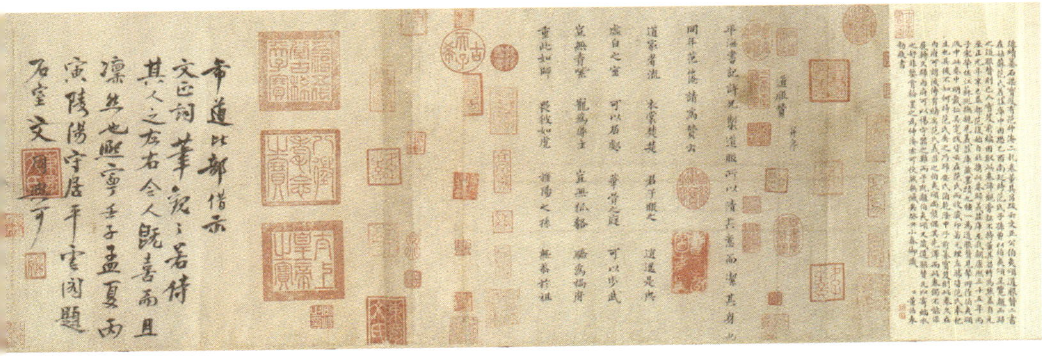

法。“不杀”是底线，然而这个底线之中蕴含着对士大夫的尊重，也蕴含着宋朝皇权的清醒与克制。手握生杀大权，面对激烈指责、坚决反对自己的台谏官，宋朝皇帝如何守得住“不杀”的底线？他们有两个办法：一是关起门来不见，也不接收书面批评；二是实在没辙就把这个人调离台谏官岗位，调到地方工作。这也是贬谪的一种做法，但是经过这种贬谪的台谏官会在整个官僚队伍中身价倍增，成为未来的领袖。皇帝与台谏官之间只有暂时的意见相左，没有永久的互相怨恨。

那么，宰相呢？宋朝台谏官的很多批评会针对宰相，因为宰相是政府首脑，事儿是在他的领导下办的，有了错误，他难辞其咎。有时候，台谏官力谏皇帝依旧无果，也会把批评的矛头转向宰相——这是有认知依据的，宰相负有与皇帝论是非的第一责任，不能及时阻止皇帝做出荒唐决定，当然是宰相的错。台谏官批皇帝，毫不留情，批评宰相更是如此。

举一个例子，宋仁宗时期的御史唐介批评仁宗，仁宗让步，但是唐介觉得让步力度不够，于是将矛头转向宰相文彦博。仁宗大怒，把唐介的奏疏丢在一边不看，扬言要贬谪唐介。唐介把奏疏拿起来，不慌不忙地读了一遍说，我为忠义所激愤，下油锅都不怕，更别说贬谪了。仁宗心里冒火，当场召集大臣开会，给他们看唐介的奏疏，说，唐介说别的事没问题，他说文彦博是靠后宫妃嫔的关系当上宰相的，这是什么话！任命宰相的大事，后宫怎么可能参与呢？文彦博就在对面站着听。仁宗说完，文彦博还没表态，唐介说，文彦博应当自省，如果真有这样的事，就不要隐瞒。文彦博什么反应呢？拜谢不已。仁宗气恼，派人把唐介架出去。唐介走了以后，文彦博对仁宗说，御史台官批评政事是职责所系，希望陛下不要治唐介的罪。仁宗怒气未消，狠狠地贬了唐介。谏官、御史继续为唐介辩护，仁宗后悔，怕引起众人恐慌，在朝堂贴出告示来，把唐介的贬谪地点改到条件好一点儿的地方。又生怕唐介半路上死了，引发群臣愤怒，便派宦官护送唐介前往，加以保全。

这样的台谏官，这样的宰相，这样的皇帝，换一个朝代哪里有？民间戏曲和业余史学爱好者，特别喜欢赞美明朝那些冒死直言的官员，比如要去劝谏皇帝之前先预备好棺材的海瑞。我们在此讲个明英宗时期的故事：大臣刘球和钟复相约共同上疏批评宦官专权，钟复被妻子拦住，刘球上疏遇害，钟复不久病死。钟复的妻子感到极度懊悔，一想到丈夫就哭着说，早知道是这样，不如让你和刘大人一起死。钟复的儿子后来做官，也因为直言极谏死在了廷杖之下。这些故事听起来的确感人，但是如果官员的不怕死只是导向了个人的惨死，而这死亡对国事又毫无改善，那么它除了让皇权更嚣张，意义何在？魏徵对唐太宗说，请你让我做良臣，不要让我做忠臣。明朝的政治文化出产的就是忠臣，将生命献祭给无所顾忌的皇权；而宋朝出产的则是良臣，他们的聪明智慧、直言极谏，会让国家机器运行得更好。

为了让台谏官能够尽职，宋朝赋予了台谏官一些特权，其中最重要的有两项：一是台谏官提交的书面批评报告，是密封直达皇帝的，中间环节既不能打开看，也不能要求台谏官提炼报告中的内容；二是“风闻言事”。“风闻”就是听说，台谏官进行批评弹劾，可以用“臣风闻”打头，而不必透露信息来源。台谏官的奏疏在直达皇帝之后，如果皇帝觉得事情实在是难以推行，可以“留中”，即留在宫里，那么外界就只知道某台谏官给皇帝上疏了，至于上疏内容是什么，只有皇帝和台谏官本人知道。如果皇帝觉得台谏官所说的事情可以讨论，那他就会把台谏官的报告下发到宰相府、枢密院或者其他有关政府部门。这个时候，政府方面才知道哪一位台谏官说了什么。这些特权对台谏官来说是有效的保护政策，在这种保护之下，台谏官才能有效批评。

在制度和文化保护下的宋朝台谏官，到了范仲淹和欧阳修的时代，终于成长为一种独立于政府之外的第三势力，所以欧阳修才能对范仲淹说出“不得为宰相，必为谏官”的话来。任何一个群体，当它被赋予了特殊权力的时候，都有可能走向反面。那么，如何防止台谏官膨胀呢？宋朝有精心的制度设计。第一，台谏官级别低，人数不多，独立于政府之外，直属皇帝。第二，台谏官是由高级官员推荐，然后由皇帝亲自选定；皇帝代表着国家，是帝制政治体制当中公正无私的天然存在。第三，台谏官的人选要避开所有大臣的亲戚。第四，台谏官任职期间，不得与大臣们交往，这叫“谒禁”。司马光做谏官，自律极严，跟老同年范镇是隔着一堵墙的邻居，也不交往，恩师庞籍退休在京，双方也只是书信往来。

可惜的是，到王安石做宰相，这些制度就开始纷纷遭到破坏了。王安石的弟弟王安国的大舅哥谢景温被任命为御史台的副长官。王安石推荐李定做谏官，遭到抵制之后，李定最终还是做了御史。负责批评政府的御史台从此布满了王安石的爪牙，这对王安石推行阻力重重的新法当然很有效。但是，台谏官成了宰相的人，宋朝的台谏制度自此崩坏。急功近利的皇帝宋神宗和宰相王安石合力，阉割了宋朝政治中最伟大的成就——台谏纠错机制。

由此以降，以至南宋，台谏制度的元气再也没能恢复到范仲淹、欧阳修时代的样子，倒是越来越像明朝。当然比明朝还是好得多，起码宋朝“不杀”。

君臣关系也有软肋

一段关系之中，什么最重要？信任。不管是君臣、父子、夫妻，还是兄弟、朋友、合作伙伴，彼此信任则内部关系简单无耗损，可以集中力量一致对外，同舟共济；一旦信任动摇或缺失，仅仅对付彼此就已经身心俱疲，哪还有力气应对外界的人和事？而在帝制时期，信任恰恰是君臣关系的软肋。举一个著名的案例，汉高祖刘邦和宰相萧何。这对君臣之间曾出现过三次信任危机。

第一次危机发生在汉三年(前204年)。刘邦还在同项羽胶着，萧何替他守关内。刘邦多次派使者来慰问萧何，萧何不明白是怎么回事。有个鲍生提醒他，大王在前线枕戈待旦，竟然还派人回来慰问丞相，这是在疑心你呀，你赶紧送人质过去吧。把萧家能打仗的子孙兄弟都派到前线去追随大王，大王一定会更加信任你的。萧何就把家里能上战场的男丁都派去了前线，刘邦大悦，这才踏实了。第一次危机解除。

第二次危机发生在汉十一年（前196年）。陈豨反，高祖亲自带兵去邯郸讨伐。萧何协助吕后守长安，帮助吕后杀了韩信。高祖得知，对萧何大行封赏。有一个明白人对萧何说，你就要大祸临头了。皇帝在外边带兵打仗，阁下留守都城，寸功未立就得到封赏，还给你弄个卫队，因为淮阴侯谋反陛下怀疑你了。你不仅要坚辞不受，还要把家里的财产都拿出来补助军需，这才能让皇帝高兴。萧何从其计，刘邦乃大喜。第二次危机解除。

萧何气儿还没喘匀，第三次危机又来了。次年秋天，黥布反，刘邦又亲自带兵上前线，同时不断派人回来询问萧何在干什么。照去年的老办法可不行，为什么呢？你现在位居相国，功劳第一。而且你在关中十多年，深得民心。那怎么办？自污，要破坏自己在关中百姓心中的形象。萧何依计而行，“贱强买民田宅数千万”（《史记》卷五三《萧相国世家》），刘邦“乃大悦”。第三次危机解除。

上述三次危机的故事，司马迁记载得很详细。显然，司马迁赞赏这种臣子生存智慧。回头细想也无可厚非，那些怀赤子之心、真诚勇敢的臣子在中国古代才真是异数，而且是要遭到批评的。比如著名的“天子之镜”魏徵，曾经有人批评他结党营私，唐太宗派人去调查，结果查无实据，纯属诬告。但是调查组长温彦博说：“徵不存形迹，远避嫌疑，心虽无私，亦有可责。”魏徵身为臣子，应当“存形迹”，都是因为他不能避开嫌疑，才招来这波诽谤。尽管他没有任何徇私情节，但还是要批评的。太宗觉得温彦博说得对，就派他去跟魏徵谈心，并且让温彦博带去一句话：“自今宜存形迹。”从今往后，还是要“存形迹”的。

什么叫“存形迹”？简单说就是要避嫌疑。比如说，臣子可以推荐人才，但是臣子推荐人才最合适的做法，是不能让被推荐者和其他人知道这是自己推荐的，要让人们觉得这都是皇帝陛下的恩典。

这番道理，年轻的范仲淹是不明白的。他很佩服宰相王曾，但是王曾好像从来不推荐人才。范仲淹的政治品格是“宁鸣而死，不默而生”，他又很敬重王曾，因此本着对王曾负责任的态度，范仲淹说，宰相的责任就是要推荐人才，大人什么都好，唯独在这一点上却不肯作为。王曾对范仲淹还是很看重的，于是就把自己的底牌亮给范仲淹看了：老夫哪里是不推荐，只是没让你们知道我在推荐人才。我都是悄悄地把人才推荐给皇帝，再由皇帝来亲自提拔，那些人就会对皇帝感激涕零。当宰相的若都希望别人对自己感恩戴德，那么谁来承担怨恨呢？范仲淹这才明白，王曾是隐藏了自己的推荐，把被荐者的感戴之情归于皇帝，这就叫“存形迹”。

魏徵不服这一套，他认为存形迹、避嫌疑，就表明君臣都有私心，顾的是自己，而不是国家，所以他跟太宗说，如果君臣上下的心里都没有了公道，一心一意只想着存形迹，那么国家恐怕就要完了。《旧唐书·魏徵传》记载，太宗一听这话，登时就明白还是魏徵说得对，赶忙说，其实我已经后悔劝你存形迹了。太宗真的接受魏徵这一套了？魏徵生前，太宗把一个公主许配给了魏徵的儿子叔玉，可是魏叔玉最终未能做成驸马，因为魏徵死后，太宗悔了婚——他还是怀疑魏徵，因为魏徵大力推荐过的侯君集竟然谋大逆了，那么魏徵是不是当初就跟侯君集勾结了？太宗觉得自己太有理由怀疑了，这时候他绝对不会想到自己当初也是看走了眼的。

皇帝的疑心病是与生俱来的，所以臣子唯一能做的就是存形迹、避嫌疑。否则信任缺失就什么也做不成了。中国历史上很多事情都毁在了皇帝的疑心病上。

比如宋朝在王安石变法之前，还有一次发生在仁宗朝的改革运动，由范仲淹领导，叫作“庆历新政”。跟王安石变法相比，我认为庆历新政才真正号准了宋朝政治的脉，抓住了病因，即官僚队伍膨胀、效率低下，官僚特权侵害了国家利益。所以，范仲淹等人开出的药方也是对的：削减官僚特权，对官僚队伍进行淘汰，正本清源。可是，庆历新政最终流产。流产的原因很复杂，但最核心的一点还是因为皇帝的疑心病。

随着改革的推进，大批昏庸无能的官僚被撤职或者调离，这批人很快聚集起来，猛烈攻击范仲淹排斥异己，发展自己的势力。这个时候，范仲淹怎样才能证明他派出去的中央巡视组罢免的都是无能之辈，换上去的都是干练之才呢？只能等待时间的检验。

而赢得时间的方法只有皇帝继续保持信任。但是在这个关键时刻，皇帝不再信任范仲淹，因为有太多人攻击范仲淹结党营私，由此触发了皇帝的疑心病。一场方向正确、路径正义的改革最终失败。

中国皇帝的疑心病和帝制建立的方式，以及改朝换代的模式紧密相关。秦始皇建立帝业靠的是武力征服。后世的朝代更替基本上还是靠武力，“天子，兵强马壮者当为之”，而英国人的做法则截然不同。读到 1688 年的光荣革命，新教徒控制的议会推翻并赶跑了詹姆士二世，竟然会请他的大女婿尼德兰执政威廉来当英国国王，因为英国人相信并尊重王位继承的正统原则，所以虽然推翻了国王，但还是得请跟国王有相同血统的人来当国王。当然，新来的国王既然是议会请回来的，他就必须好好地跟议会合作，承认国家的主权在议会而不在国王，英国从此进入君主立宪制。就这样，通过一场不流血的革命，英国建立了君主立宪制。

而在中国历史上，没有哪一个家族拥有永久统治的权力。陈胜一句“王侯将相宁有种乎？”喊出了一个新时代。从此之后，每个人都有做皇帝的可能。那么，已经手握皇权的人自然心中惴惴，随时看着有没有人来抢。所以，皇帝的疑心病与生俱来，可以消退，但不能治愈。

如此一来，信任就成了帝制时期臣子的最大软肋。“得君”方可“行道”，在这个体制框架内，任何有想法、有能力的政治家都必须获得皇帝的信任与支持，否则将寸步难行。

正因如此，帝制时期的有识之士便明确主张“一切荣耀归于皇帝”“所有功劳皆归君主”。从前的学者看到这句话就会批评说话的人软骨头，其实这才是最聪明的理论，它的目的就是替皇帝疏肝解郁，帮助皇帝摆正心态，处理好跟能臣之间的关系。帝制时期的最大特色是皇帝是世袭的，选择面很小，或者根本没有选择。正常情况下，登上皇帝宝座的人也就是中等智力与能力，而任何一位能攀上高位的文臣武将，则都是一流人物。没有过人的本领，不经过数十年的摸爬滚打，哪里到得了那个位置？如果能得到皇帝的充分信任和支持，得到合适的地位和权力，很多人足以成就大事。二流皇帝领导一流臣子，如果皇帝不把臣子的功劳当成朝廷荣耀，心生妒忌，那么功臣的命运可想而知；反之，如果臣子居功自傲，缺乏一颗谦卑的心，不把所有功劳归于君主，那么降级丢官乃至家破人亡也在所难免；若谋朝篡位搞得好，却由此给百姓带来灾难，也必将遗臭万年，遭人唾弃。由此可见，所有功劳皆归君主是君臣和睦相处，保证国家长治久安的重要基础。

帝制国家的地方治理

“六王毕，四海一”，公元前221年，秦始皇实现了长城以南广阔的农业经济区的统一，“海内为郡县，法令由一统”，以选任制的官僚取代世袭制的封建贵族控制地方，力行中央集权。秦虽二世而亡，但它所开创的官僚制、郡县制和中央集权制却成为此后两千年间帝制中国地方治理的普遍规则。两千年间，哪怕是在分裂时期，各政权所施行的仍然是郡县制、官僚制，所追求的仍然是中央集权。放眼全世界，在如此广大的地理范围之内，实现统一如此之早，统一的时间如此之长，统一的追求如此一贯，帝制中国都是独一无二的。这一事实，常常令后世惊诧。

英国思想家罗素曾经这样描述电报对人类社会的影响，他认为，由于电报的发明，“在大组织内由一个中心进行细密的控制，就比以往的情形变得更加可能得多。信息可以跑得比人更快这一事实，首先是对警察有用”，“电报的作用是增加中央政府的权力并削减遥远的附庸的主动性”。在肯定了电报对中央集权的促进作用之后，罗素反观古代，说：“而在电报发明以前，大帝国总是倾向于分裂，因为它们不能有效地由一个中心来加以控制。迄今为止，交通始终是限制各个帝国大小的主要因素。在古代，波斯人和罗马人依恃道路，但是既然没有比马跑得更快的东西，所以当首都到边疆的距离太远的时候，帝国就无法管理了。”[1]

在帝制中国，也“没有比马跑得更快的东西”，而首都到边疆的距离也并不比罗马和波斯更近。在那样落后的条件下，帝制中国的中央真的能像它所宣称的那样，对地方实现有效治理吗？对这个问题的追问，引导学者将帝制国家地方治理的研究逐步推向深处，让我们有可能看到更多面向——封建与郡县讨论中的理论思考，中央集权的制度创新与思想建设，集权于中央与维护边境安全、保持地方治安之间的冲突及其解决办法。

封建与郡县的是是非非

“封建”是中国古代本来就有的一个词，但是古人所说的“封建”跟我们今天所说的封建社会的“封建”不一样。封建作为一种国家组织形式在中国和西欧都出现过，但是，它们出现的绝对时间和相对时间差别极大。“相对时间”指的是阶段性的社会发展序列。一般认为，西欧的封建制出现在公元8世纪，到17、18世纪逐渐被资本主义制度取代，它的时间序列是“封建”然后“资本主义”。按照马克思主义五种社会形态论的指引，封建社会的后期应当出现资本主义的萌芽。这个“封建”就是今天通常所说的“封建”。再往前走一步，按照社会进化论的指引，“封

1 ［英］罗素：《科学技术的一般作用》，见罗素著，王雨、陈基发编译：《走向幸福：罗素精品集》，中国社会出版社1997年版，第516、518、519—520页。

建”就意味着落后、腐朽、堕落。

但是，这个“封建”的背后其实充满了误读，用“封建”去对译西欧的“feudal society”，这个大致没错；然而非要把中国的帝制时期当作“封建社会”，去挖掘其中的封建落后元素，那就是削足适履、南辕北辙了。这个“封建”绝不是中国历史上真实存在过的“封建”。

古人所说的“封建”指的是“封邦建国”，这是西周所开创的一种国家组织形式。公元前 11 世纪武王克商之后，周公把天下分为七十一国，大封诸侯。这些诸侯大部分是周王室的同姓，也有周王室的异姓亲戚。分封之后，西周国家的治理方式就是这样的：周天子直接管理王畿之内的土地；王畿之外，诸侯是自己封国内土地和人民的最高所有者。因此，从整个国家的角度来看，虽然在观念上“普天之下，莫非王土；率土之滨，莫非王臣”，周王是天下共主，但是周天子对各地实行的是间接统治，权力是分散的。诸侯与周天子之间靠宗法关系维系，诸侯为周天子镇守疆土、捍卫王室、缴纳贡物。在封国之内，诸侯是国家的主人，统治权世代相传。诸侯也可以把土地赏赐给下一级的臣子，彼此形成封建等级。这就是古人所说的“封建”。它有三个关键词：第一，“西周”，这是儒家政治理想中的黄金时代，开创封建制度的周公更是孔子的偶像；第二，“贵族政治”，权力世袭；第三，“地方分权”，诸侯是封国的主人，周天子不干预封国事务。

公元前 221 年，秦始皇统一六国，“废封建为郡县”，中国的封建制结束。所以，中国“封建”的时间序列是“封建”然后“帝制”加“郡县”。相应地，我们也可以为“郡县制”总结出三个关键词来：第一，“秦朝”，郡县制是和短命而亡的暴秦联系在一起的；第二，“官僚政治”，官僚的权力

图二四：南宋 宋高宗赵构书 马和之绘
《诗经·周颂·执竞》（局部）

《周颂·执竞》是《诗经·周颂》中的第九篇。该画作是宋高宗赵构和马和之书画合璧的作品之一，画面中左右两侧的乐器与正前方品类齐全的礼器摆放有序，昭王率臣子正在祭拜先祖。这是昭王时代祭祀武王（一说武王、成王、康王）的乐歌，主要追述前王功业，赞颂其开国拓疆的功绩。文中描写了当时的乐器声音，以此烘托祭祀时的庄重氛围，以礼制进一步强化宗法封建的礼乐秩序。画面左侧墨迹为："执竞武王，无竞维烈。不显成康，上帝是皇。自彼成康，奄有四方，斤斤其明。钟鼓喤喤，磬筦将将，降福穰穰。降福简简，威仪反反。既醉既饱，福禄来反。"此诗音调顿挫铿锵，语气舒缓绵长，庄严肃穆，体现了封建庙堂文化的深厚底蕴。

不能世袭；第三，“中央集权”。

秦汉之后，郡县制成为帝制国家地方治理的主流方式，封建制偶尔露头，但基本上都是作为负面因素出现，比如汉代有“七国之乱”，西晋有“八王之乱”，明朝有燕王朱棣的篡位。就政治实践而言，帝制两千年，封建制基本上是全面溃退。但是在理论上，有关郡县与封建哪一个更好的讨论却是两千年不停歇，有人主张恢复封建，也有人主张维持郡县。

关于这些讨论，教科书上基本不提。教科书上的历史叙述是一条直线下来的，不由分说。那些曾经存在的可能性，那些为追求更美好社会所做出的理论探讨与实践努力，假如后来并无回响，则会被无情舍弃。比如封建与郡县的大讨论。我们在此选择有关于此的一场规格最高的讨论，来看看辩论双方都说了什么。

为何说规格最高？因为讨论的发起者和主持人是唐太宗李世民。封建论的主辩是宰相萧瑀。对方辩友则包括礼部侍郎李百药和名扬后世的直臣魏徵。

唐太宗作为中国历史上对理论最为关注的皇帝之一，他想要解决的是帝制时期的终极问题：我希望本朝的统治能世代延续下去，江山社稷坚如磐石，长治久安，应当怎么办？

萧瑀给他的答案是恢复封建制。萧瑀的论证方式是以史为鉴。他说，历史上那些做到了长治久安的国家，都是因为实行了封建制。秦朝二世而亡，就是因为废除封建，改行郡县。汉代郡国并行，两汉加起来享国超过四百年。魏晋以后又废封建，结果都不能长久。综上所述，封建之法实在是可以遵照执行的。

这番话打动了唐太宗。史料载：“上然之。”皇帝觉得萧瑀说得很有道理，于是下令在更大范围内讨论封建制的可行性问题。

以今天的历史认识来比对衡量，萧瑀所说的有很多并不真实。

所以，唐太宗和萧瑀的历史认识是笼统的，这种历史认识方式持续至今，依旧有很大的市场。

当然，萧瑀能够打动唐太宗，靠的绝不止这么简单的一席话，而是他们有着共同的认识前提，即在封建制下，同姓为诸侯，镇守各地，可以实现对中央的拱卫，这叫“宗子维城”。这种观点在封建论者当中非常主流。封建论者认为，郡县制一切权力归中央，皇帝什么权都揽，什么事都管，把全天下据为己有太过自私。且把鸡蛋都放在同一个篮子里，反而是不安全的，奸臣从内部搞破坏，敌国从外部进攻，皇帝和中央若打不过，国家就完了。而在封建制下，皇帝怀着一颗公心，把天下分给弟兄子侄，封他们做诸侯，给予诸侯一定的自治权。这样权力分散，资源也是分散的，一旦中央遭到破坏性打击，“同姓之亲”可以起来勤王，从而帮助整个国家渡过危机。权力的分散，反而可以促成整体的安全。要做到这一点，需要手握大权的最高统治者出于公心，要舍得放权。“宗子维城”，靠血缘建立安全网络，这应该是唐太宗愿意接受封建制的最核心理由。此外还有一个理由：郡县制与暴虐的秦朝相关联，体现了统治者的自私；封建制与圣王的西周相关联，体现了统治者的公心。因此，接受封建制就意味着在道德上占据了制高点。这是太宗乐见其成的。

最终，唐太宗还是被李百药和魏徵说服，不搞封建制了。魏徵的理由主要是强调实施困难，特别是制度转变可能带来的财政困难。而李百药说服唐太宗的理由更复杂，也更具有代表性，可以归纳为四条：

第一，不能简单地拿历史说事儿。周的国运长久和秦的短命而亡，都是上天决定的，跟封建、郡县没太大关系。这一点，李百药的结论是对的，但是他把这一切全推给天就不对了。明末的顾炎武就指出："春秋之世，灭人之国者，固已为县矣。"郡县制的产生比秦帝国的统一要早得多，它是诸侯国对新占领区所实施的新的统治方式。

第二，"宗子维城"靠不住。李百药说得比较委婉，他表示，随着时间的推移，亲戚关系就远了，原本指望可以保卫中央的力量，反而会变成仇敌，各个诸侯国之间也会发生战争。这一点，从春秋战国的历史中就可以看得很明白。

第三，李百药认为，诸侯权力世袭，会一代比一代荒淫暴虐、骄奢淫逸，靠他们治理地方是靠不住的。相反，官僚是选拔上来的，可以选贤举能。而且，正因为地方官是有任期的，所以，他们和当地老百姓之间不会结成稳固的利益关系，威胁到中央。

第四，陛下的英明"生民以来，一人而已"，有陛下在，移风易俗，感化天下，何愁江山不永固？李百药对太宗的德行进行了一大长段夹叙夹议的赞美，我把它简化到这么短，基本上也表达了意思。

想必这第四条理由，太宗一定很受用。前面三条也句句在理。所以，最终太宗没有采纳封建制。有趣的是，他后来又试图实行刺史世袭制，用亲王和功臣做刺史，然后"子孙世世承袭"。当然，最终也因遭到反对没有搞成。

封建制最终不能战胜郡县制，原因何在？封建制与郡县制争论的实质是国家的组织形式和地方的治理方式，而隐藏其后的，就是唐太宗提出的那个终极问题：如何实现王朝统治的长治久安。地方治理的核心矛盾，是分权与集权的问题。郡县制的倾向是中央集权，集权会导致地方听话，但是空虚无力。封建制的倾向是地方分权，高度自治，这样的地方是有力量的，但也可能走向割据。当郡县制与封建制是一道二选一的题目时，所有皇帝当然都选郡县制。

央地关系的错喻

在中央与地方的关系问题上，我同意周振鹤教授的说法，中央与地方的关系“不是自古就有的”[1]。西周封建，周天子把土地和人民分封给诸侯，然后周天子与诸侯就“各自为政”了。诸侯管好自己的封国，按时朝贡周天子，看见烽火信号能够带兵来勤王，履行封建义务，就是合格的封臣。封建制之下，最核心的关系是周天子与诸侯之间的封建宗法关系，诸侯之国及国中之人民土地，和周天子没有关系，既无所谓中央，也无所谓地方，更谈不上所谓央地关系了。

央地关系是何时出现的？春秋战国时期伴随着郡县制的推行零星出现，到秦统一中国，“海内为郡县，法令由一统”，“全国范围内的中央与地方关系”从此全面铺开。也就是说，央地关系是郡县制和中央集权的产物。

春秋战国时期，诸侯国在新占领区实施郡县制，用任命的官僚而非世袭的贵族去统治，力图贯彻君主意志，这就是最初的央地关系。在这个关系当中，已经包含了央地关系的一些本质特征：统治权归于中央，地方政府的权力由中央授予，中央是主动的、第一位的，地方是被动的、第二位的；地方服从、服务于中央，地方利益从属于中央朝廷的利益；官僚是维系央地关系的纽带。

讲中国古代史，央地关系这条线索绕不开：时间推移，朝代更替。新王朝用武力征服群雄，消灭割据，重开一统之后，有鉴于前朝分裂之覆辙，改革制度，大力加强中央集权。具体而言，秦实行的是极端的中央集权；两汉魏晋南北朝，间有变通，终成割据；隋唐重建中央集权；唐后期藩镇林立，割据再起，北宋统一之后，建设精致的中央集权制度，彻底消除分裂隐患；元明清

1 周振鹤：《中央与地方关系史的一个侧面——两千年地方政府层级变迁的分析》（上、下），载《复旦学报》1995年第3、4期，第151—157、53—56页。

顺着宋朝所开辟的路径继续向前，中央控制不断加强，臻于顶峰。如果画一幅卡通漫画版的央地关系，可以是这样的：中央追求集权，地方渴望自由，一个追一个跑，最终中央抓住地方，牢牢地建立了控制。这条央地关系发展线，就像其他任何一条简单抽象的历史线索一样，从结果去反推过程，显得历史发展的目的性十足，总体看上去似乎没大错，可以帮助理解，但是绝不能过于迷信。

把地方简单抽象成一个追求自由，进而具有潜在分裂倾向的主体，这本身就是有问题的。多数时候、多数地方并不符合这一想象。地方合在一起构成国家，但国家并不是简单的地方集合，帝制国家自有其组织伦理。关于帝制国家中央与地方的权力与责任，我还没有看到古代思想家做过明确阐释。从历史实践中归纳，大致而言，“中央”这个概念包括皇帝和中央政府，代表着朝廷国家，它的首要责任是保卫领土安全，防止内乱，以维护帝国的稳定与延续；其次，它要维护人民生活的稳定，“不夺农时”，保护农业生产，建立粮食储备和灾荒救济制度，以备饥荒；最后，建立并维护人间秩序，这一秩序包括君臣、父子、夫妇的社会秩序，也包括时间秩序和空间秩序。地方官接受中央的任命来掌管地方事务，他的首要责任就是贯彻中央的意图，包括宣布中央政令，征收赋税，发展生产，安集流民，增加人口，等等。但地方官也不是完全被动的，一个积极的地方官会主动承担起发展教育、兴修水利等责任。当然，他所做的一切也会成为政绩，成为晋升的资本。在这种情况下，中央、地方和地方官的利益达成一致，中央的精神、地方的福祉在地方官的德政中得到实现，三方皆大欢喜。可惜，这种皆大欢喜的状态并不常有。

中央与地方之间存在矛盾，在很多时候，这个矛盾不是中央要集权、地方要分权的问题，而是利益不统一的问题。古代的思想家喜欢用人来比喻国家，他们想象中理想的央地关系是头脑与四肢之间的关系，中央如头脑，地方如肢体。头脑调动四肢，要它伸直就伸直，要它弯曲就弯曲，伸缩自如。这其实是一个很不恰当的比喻。头脑与四肢，共同构成“人”这个整体，无所谓利益区分。比如，一个登山家在征服雪山的过程中，可能会冻掉手指。伤害虽然发生在手指，但痛苦是由整个身体来承担的；登山家可以自豪地举起残手，说这是他为实现自我做出的牺牲，而不必对他的残肢感到抱歉，因为这都是“他”的。

这种同一性，中央（朝廷国家）与地方之间显然并不存在。中央代表国家，但并不等于国家。中央可以把整个国家设想成一个整体，采取某些行动。在这些行动中，中央为了达成某些高远目标，局部的牺牲不可避免，也无足轻重。但是，那些遭到牺牲的地方和老百姓就很难认同这种想法。当朝廷国家采取激进的对外扩张政策，比如秦始皇攻打匈奴，汉武帝开拓西域，隋炀帝东征高丽，宋神宗西北拓边，边境地区老百姓的利益不免要首当其冲。即便朝廷的开疆拓土取得了成就，老百姓在战争中失去的家园、土地和亲人也无法得到补偿。在这种情况之下，再用“人”来比喻国家，用头脑来比喻中央，用四肢来比喻地方，显然欠妥。正确的做法是抛开简单类比，深入事件过程，具体分析相关各方的权利、义务和责任，从而提出更符合实际、更具实践性的理论。可惜的是，古代思想家走到这一步，往往就拐向道德，去谴责暴君之暴了。这也是中国传统思想的通病，善于捕捉特殊的历史现象，却不善于从特殊中抽象一般，缺乏从特殊现象中发现普遍问题的能力。

当中央意志与地方利益发生冲突的时候，也是考验地方官和整个国家治理水平的时候。是仗义执言，甘冒获罪危险，维护地方利益，还是闭目塞听，置百姓利益于不顾，埋头执行中央政令？——地方官面临严峻考验。当地方官勇敢发出不同的声音，中央该如何应对？这也是一种考验，是对整个国家治理水平和治国理念的大考验。中央由地方构成，从长远上看，地方受损，中央也不会得利。那些拒绝执行中央政令的官员，表面上看是违抗中央，实质上却是在维护整体的利益。因此，在多大程度上允许地方官发出不同声音，把地方的实际困难汇报上来寻求解决，绝对可以反映一个朝代的治理水平。在这个问题上，宋朝就表现得相对开明。比如，北宋仁宗朝，宋和西夏在陕西开战，宋朝屡战屡败，朝野震动。中央下令各地都要增加民兵力量，而杭州知州司马池认为杭州离战场那么远，增加民兵不仅对西北形势毫无帮助，而且会给东南地区制造不安定因素，因此上疏表示反对。司马池反对的结果，没有看到具体史料，但是他并未因此遭到处分是可以肯定的。在举国为西北形势感到担忧的情形之下，一个州长敢于把自己的真实想法说出来，“虽千万人，吾往矣”，值得敬重。可惜，这样的时代在中国历史上太少了。

中央集权的理念说起来很简单。但是，中央对地方的有效控制则是一项复杂的系统工程，其中包含着丰富的技术性，也经历了不断的探索革新。

第一是制度建设。帝制中国在制度创新方面的努力绝对是值得称道的。帝制两千年，地方行政层级经历了从两级到三级的摇摆，只有县作为最基础的政区保持了长期的稳定。县以上的统县政区和更上一级的高级政区，都发生过复杂的变化，最终固定为三级制。这要感谢宋朝的制度创新。宋以前政府层级的演变，不论两级制还是三级制，各级地方政府在本辖区内都是一揽子管，所以，政区一旦过大，就有形成割据的可能。而宋朝发展出一种新的地方管理体制，最高级政区同时设置功能不同的平级机构，各管一摊，分别对应中央的主管部门，分权制衡，既保证了效率，又防止了割据。宋朝的制度创新对元明清产生了深刻影响。

第二是官僚任免。秦朝高度集权，所有地方官由中央任免。汉代以后，实行地方长官的中央任免制，中央直接任命的地方官员极其有限，而且实行避籍制度，不能在本地任官。一个外地人孤身来到当地，除了中央的权威，靠什么来治理地方？当地人才。地方政府中的其他办事人员均来自本地，由地方长官奏举任命。在这种形势下，地方豪强的力量是极其强大的。隋朝开始把地方佐官的任命权收归中央。从此之后，不管多么卑微的官员，都必须在中央的吏部获得官员认证，而他此后官僚生涯的每一次升迁，都必须由中央的人事部门审核完成。换句话说，隋朝以后，所有的官都是中央官。根据“屁股决定脑袋”定律，官员最关心的是什么？中央政令。

第三是文化认同，即所谓教化的作用。秦代靠法令，汉以后靠教化。地方官政绩中最令人瞩目的内容往往是兴办学校。宋代以后，科举成为文官选拔的主流途径。“学而优则仕”，即便走不上仕途，也学习传播了文化。同样的文字，以及由文字所承载的文化，逐渐在各地培养起一个有着相似文化血缘、互相认同的精英阶层。教化虽然跑得没有电报快，但是它的影响力比电报持久。这可以算是我们对“罗素之疑”的一个回答。

中央巡视制度的兴与衰

所有在地方政府之外，由中央派出、以搜集地方政情民意、端肃官场风气为目的的活动，都可以称为“中央巡视”。巡视使有为一时一事临时派出的，也有制度性的。制度性的巡视，又可以分为定期出巡和常驻地方两种。他们的共同特点是：第一，巡视使不是地方官，对地方事务不负管理责任，因此也就没有利益纠葛；理论上，他们应当超然独立于地方政治之外。第二，巡视使的责任是对地方官员的施政情况（而非地方事务本身）进行监督、检查，并提出弹劾；他们不是管事儿的，而是管人的，通过对人的监督达到让事情办好的目的。第三，巡视使通常具有“以卑临尊”的特点，自身品秩卑微，但是权力巨大，因为他们是“代天子巡狩”，代表着皇帝和中央的权威。中央巡视制度，就像顾炎武所说的，“夫秩卑而命之尊，官小而权之重”，其中蕴含着中国传统政治制度“小大相制，内外相维”的法宝。

中国的中央巡视制度出奇地早熟。秦代就有御史监郡的制度，由中央的御史府派御史常驻郡中，监郡御史直接受御史大夫的领导，是在地方工作的中央官，负责监督太守和郡政府的行政，每年十月回中央汇报，十二月返回地方，每两年一轮换。汉初延续了这项制度，但是后来就发生了监郡与被监者同流合污，互相包庇的现象。于是，汉文帝又开创了一项新的中央巡视制度——刺史制度。从丞相府派属员下去，按照九州的划分，共设置了九名刺史，“并督监察御史”，连监郡御史一起监督。到了汉武帝的时候，才正式废除了御史监郡制度，御史监郡与刺史制并存了五十七年。汉武帝还重新划分了刺史的监察区，由九个增加到十三个，这就是有名的“十三州部刺史”。

如果说监郡御史是1.0版的中央巡视使，那么，州部刺史就是2.0版的，监察功能有了巨大的提升。首先，州部刺史比监郡御史的巡查范围要大得多。监郡御史是一个御史监一个郡，州部刺史是一个刺史监若干郡。其次，二者的工作方式和工作状态大不相同。监郡御史是一个御史对应一个郡，御史的工作地点就在本郡。在两年任期之内，除了定期回首都向中央汇报，他的大部分时间都在本郡活动，因此，对本郡事务不可能完全不介入，很容易与地方官和地方利益产生紧密联系。监郡御史制度的失效在很大程度上就是源于这个情况——监郡御史地方官化了。而州部刺史的巡视范围是若干郡，他在地方没有固定的办公场所，“居无常治”，他的工作方式就是巡行，在巡视中采察政情民情。每年八月，刺史作为中央巡视使从京城出发，“巡行所部郡国”，“初岁尽诣京师奏事”，到年底回首都向中央汇报郡国吏治。

最后，同监郡御史相比，州部刺史的权力更大，他负责“考察地方的政情民意，对郡一级地方长官的行政能力进行赏罚，纠正冤狱”。关于刺史的职责，有明确的六条规定，叫“六条问事”，“非条所问，即不省”，在六条之外的是不管的。这六条，只有第一条是针对地方豪强势力的，重点纠察这帮人有没有严重的违规占有土地田宅、恃强凌弱、鱼肉乡里的行为，其余五条的目标都是针对地方最高行政长官——郡守，查他们有没有违背中央命令，以权谋私、侵占百姓利益的行为；有没有滥用公权，滥用刑罚，随意杀人，引发民愤的；有没有选任不公，任人唯亲，压制贤才的；有没有放纵子弟以权谋私的；有没有与地方恶势力勾结，贪污腐败，收受贿赂的。州部刺史主要针对郡守，因为汉代郡守的权力极大，基本上是以一人而治一地。

刺史的监察权力是非常大的。比如，汉宣帝时，扬州刺史何武发现部下郡守有问题，他不是秘密报告中央，而是“露章”——公开表示我要弹劾谁的什么问题。接下来就要看郡守的表现了，表示认罪的可以减免，只要免职就可以了；如果一味抵赖不肯认罪，那就“极法奏之，抵罪或至于死”。也就是说，何武的一封奏章，是可以决定郡守命运的。郡守两千石，一方长官；何武刺史，只是六百石的小官。“以卑临尊”的秘诀就在于中央的权威。首先，中央得保有这种雷霆之威；其次，中央愿意把这种权威赋予刺史。因为在整个权力结构中，刺史独立于地方利益之外，资历又相对较浅，正处在官僚生涯的上升期，因而勇于弹劾，敢于承担责任。也就是说，要保证刺史制的有效，就必须保持它“以卑临尊”、独立于地方利益之外的特点。

进入东汉之后，刺史制发生了质变。首先，它开始有了固定在地方上的办公地点，这就迈出了地方官化的第一步；其次，刺史的品阶出现了极大提升，从六百石上升到了两千石，跟地方大员平起平坐了；最后，刺史开始统兵、领郡，全面介入地方行政，逐渐演变为既成事实上的地方官员，成为郡守之上的最高一级行政长官。中央巡视制度 2.0 版也破产了，原因同样是地方官化。

可以说，秦汉时期的两版中央巡视制度当中已经包含了帝制时期中央巡视制度的两种可能形态：1.0 版，也就是秦代的监郡御史，特点是一对一，与监督对象同地办公；2.0 版的典型形态，也就是西汉的刺史，特点是一对多，从中央派出定期巡视地方。这两种形态，加上一时一事的特派专使，基本上构成了中央巡视制度的全部可能。如果我们抛开各不相同的机构职位名称，直击制度本质，就会发现，后来朝代的中央巡视制度的演变，其实就是这三种制度形态不同组合的反复出现。比如，唐代有监察御史定期出巡地方的制度，这就是刺史制的变体，而唐后期给每一个仍然忠诚于中央的藩镇配备由中央任命、由宦官担任的监军使，这就是监郡御史的翻版。而宋代则更为复杂，担任中央巡视使的官员有宦官、武官（非军人）、文官，驻在地方、同一级别中负有巡视职责的官员不止一位，大家各有分工，互相监督，总之，就是要尽可能让皇帝和中央得到更丰富的地方信息。

我们已经假定帝制时期中央巡视制度的可能形态大致如此，类似的制度在不同朝代及同一朝代的不同时期所发挥的作用也不一样，有时成功高效，有时失败低效。那么，究竟是什么决定了中央巡视制度的成败？

明初有提刑按察司（后文简称“按察司”），是中央监察机关都察院在地方的分支机构，常驻地方，对地方官员行使监察权，但是效率令人遗憾。“河南数年灾害频仍，而按察司官未尝有一人言者，坐视民病，而不留意。”在这种情况之下，明朝中央启动了巡按御史机制，由中央派监察御史定期出巡，以加强地方监察。巡按被赋予了极大的权力，“大事奏裁，小事立断”，每年一轮换。起初，这项制度的效率还是不错的，出现了一批铁面御史，比如：黄润玉出按湖广，罢免不合格官员一百二十人；江西巡按，“前有韩雍，后有陈选”，韩雍罢黜贪官五十七人，陈选罢免人数不知，史称“尽黜贪残吏”，扫干净了。巡按御史的制度形态是2.0版的，从中央派出，定期出巡，以卑临尊。但是，这项制度没过多久就开始变质了。这次变质倒不是因为地方官化，而是因为权力的膨胀。

首先，巡按御史获得对省级大员（布政司、按察司官员）的考察弹劾大权，也就是说巡按扼住了这些大官儿官僚生涯的命脉。这样一来，在地方上还有谁敢跟他叫板？接下来，巡按御史的权力开始介入地方的行政事务，甚至获得了部分军事指挥权。就这样，巡按集地方的行政、监察和军事大权于一身，权力膨胀，失去约束限制，开始走上腐败之路。人还没离开首都，私信里已经写满了走后门讲情者的姓名，到了地方上，各种请托的条子塞满了办公室。按照祖制，御史巡按，行李不能超过八十斤，骑驴以代步，吃饭不能有鹅肉。可是到了后来，驴换成了马，所到之处地方官“跪拜频仍，迎送逾境”，收受贿赂，贪赃枉法，无所不为。本来是为整肃吏治而设置的中央巡视使，反而成了地方政治定期服用的毒药。以至于穆宗朝，谭纶和戚继光整顿北边防务，要特别向朝廷提出条件，不许巡按和巡关御史来捣乱。幸好有张居正支持，谭纶的要求得到满足，我们才能看到戚继光在金山岭、古北口修筑长城、整顿防务的成就。但是，这个成就的取得是由谭纶、戚继光和张居正的私人关系保驾护航的，制度本身已经是治国理政的绊脚石。巡按御史是“代天子巡狩”，代表着皇帝和中央，而整个帝制时期的官僚集团都是对上负责的。金元以后，官僚集团集体奴化，能够匍匐在皇帝的脚下，就能匍匐在皇帝的代表脚下。

如何解决边疆问题

在传统中国，边疆是尚未或者正在驯化中的地方，所以边疆问题其实是央地关系的次生形态。

讨论边疆问题之前，我们需要先思考一个问题：帝制中国的边疆究竟在哪里？帝制中国的边疆有两种：一种存在于与异族政权接壤的领土边缘地带，帝制中国与异族政权之间存在着类似于现代国家边界的分界线；还有一种可能在领土边缘，也可能在领土内部的空洞地带。比如西南和江南地区的深山穷谷，那里生活着一些经济文化相对落后的少数民族，他们还未建立政权，对帝制中国“叛服无常”，有时候会发生武装冲突，有时候和平共处。相应地，帝制中国的边疆问题也分为两种：一种是怎样控制与异族政权接壤的边疆领土的问题，还有一种是怎样处理与周边少数民族的关系问题。

对于周边少数民族，华夏传统实行的是羁縻政策。《史记·司马相如列传》载，司马相如假托蜀地父老，反对汉武帝开拓西南夷，说："盖闻天子之于夷狄也，其义羁縻勿绝而已。"意思是天子对待夷狄的正确方针，应当是羁縻，不断绝朝贡就可以了。"羁"是马笼头，"縻"是拴牛鼻子的绳子，"羁縻"的意思就是"笼络，使不生异心"。"怀之以恩信，警之以威武"，恩威并用，把周边少数民族纳入华夏的朝贡体系中来。羁縻政策的核心是"因俗而治"，就是在少数民族承认中央王朝统治的前提下，中央王朝允许其进行有限度的自治。这其实就是传统中国的"一国两制"。

对待周边少数民族用羁縻政策，是帝制中国处理边疆问题的一种策略。这种策略当中包含着古老的华夏智慧。华夏与夷狄的分野不在血缘种族，也不在地域，而在于文化。春秋之义，"中国而夷狄则夷狄之，夷狄而中国则中国之"。意思是中国之人为夷狄文化所化，我们就要把他当夷狄来看；夷狄之人若为中国文化所化，我们就要把他当中国人来看。夷狄与华夏之间是可以转化的，界限就是文化。用羁縻以待夷狄，具有一种承认现状、寄望将来的朴素的发展观，为未来预留了同化的空间。空间中国也在"夷狄而中国则中国之"的过程中得到成长，这种成长道路就是汉化。这是西方现代民族国家的概念进入中国之前，中国所特有的发展道路。

我们再来看另外一种边疆问题：如何管理与敌国接壤的边疆地区。边疆地区往往具有如下特点：第一，它是国防前线，直接承受边防压力，遇有战争警报，需要及时应对。第二，它往往远离中央，在电报、电话等现代通信工具没有发明之前，单靠快马加鞭，哪怕是"八百里加急""金字牌不入递"的接力快跑，靠中央指挥边境战事，也有鞭长莫及之患。第三，边疆地区的经济相对落后，战争破坏是重要原因。特别是中国的北方，长期受战乱影响，经济水平持续下滑。

图二五：唐 阎立本（传）《职贡图卷》（局部）

《职贡图卷》，传为唐阎立本作，绢本设色，191.5 厘米 ×61.5 厘米，现藏台北故宫博物院。强大的中原王朝多通过羁縻政策将周边少数民族纳入华夏的朝贡体系中来，而这幅《职贡图卷》就生动地描绘了唐太宗时，数十位异域使臣与仆从前往长安朝贡的场景。他们浩浩荡荡前往长安，有的使臣骑着白马，身后仆从撑着伞盖；有的手捧奇石，有的牵着花斑羊、抬着鸟笼，有的手持象牙、珊瑚等异域奇珍……从画中我们看到，来自不同地域、不同民族的使者，他们都有着恭谨与喜悦的神态。画中人物异域特征显著，铁线描遒劲有力，体现了绘者卓越的创作功底与极高的艺术修养。

以上种种因素，都要求中央对待边疆地区的政策，应当与中央对待内地的政策有所区别。在普遍性的央地关系当中，中央追求的是控制，为了实现有效控制，在地方实行分权是最常见的做法。分权便于控制，但是可能会导致地方的无力，这种无力在内

图二六：嘉峪关魏晋墓出土画像砖《驿使图》

嘉峪关魏晋墓出土的彩绘《驿使图》，绘于公元 3 世纪前后，34 厘米 ×17 厘米。画砖底为淡米色，马的轮廓以黑色线条勾勒，马身上还有几笔红色斑块。该画客观地记录了距今一千六百多年前这一地区的邮驿情形。画面中，一个身着宽袖衣、足蹬长靴的邮驿使骑在飞奔的驿马上，手举邮递文书，疾驰而行。据说图中所绘驿使少了嘴巴，意在说明古代驿传制度的保密性。《驿使图》生动地再现了当时西北地区驿使“八百里加急”传递文书的情景，被认为是我国发现的最早的古代邮驿的图像资料。此画曾作为中国邮政的标志物，在世界万国邮政博览会上亮相。

地无关紧要，到了边疆就有可能产生严重的问题，比如可能会导致边疆地区无法及时有力地应对外来打击。在边防压力较大的情形下，帝国对边疆地区采取放权政策，给边疆地区较大的自主权，对于及时应对外来入侵是有效的，但是，边疆地区地方权力的集中，却有可能让边防大帅从帝国的长城变成帝国的敌人。从唐到宋，我们看到了两种边疆问题的解决方案，以及它们的实施结果。

第一种是唐代的藩镇模式。藩镇节度使本来是中央派出的边防统兵官，但是随着边防压力的长期存在，节度使不得不常驻地方，在原有的兵权之外，又逐渐获得了辖区的财权、人事权和司法权。节度使的辖区成了一揽子统管的军政大区，节度使势力膨胀。其结果，首先是河北藩镇在安禄山的领导下发动叛乱，给唐王朝带来八年内战。内战平息之后，唐朝由盛转衰，而藩镇的分裂倾向终于无法遏制，最终导致了唐帝国的崩解。

藩镇割据是导致唐朝灭亡的三大因素之一。作为一种边疆问题解决方案，藩镇模式宣告失败。那么，失败的原因究竟是什么？

目前的分析集中在三点：第一，前面已经讲过，在藩镇体制下，节度使的权力高度集中，军队、财政、人事、司法一把抓，俨然一方诸侯，因此很容易产生离心倾向。第二，随着藩镇制度的确立，中央与地方军事力量的对比发生了大逆转。唐前期的兵力布防是内重外轻，中央有足够的兵力制衡地方。而节度使崛起之后，就变成了外重内轻，中央根本不敌强藩。比如安禄山身兼三镇节度使，其统辖下的兵力是十八万多，而唐中央的兵力只有九万。兵力悬殊，难以对抗。第三，文化差异，具体来说就是河北地区的胡化。胡化与汉化相对立，胡化意味着接受少数民族的文化、风俗与习惯。举个河北胡化的极端例子，某人活到三四十岁，还不知道何为周公、孔子。河北的胡化是和边防军队的民族构成

图二七：唐　李昭道（传）《明皇幸蜀图》（局部）

《明皇幸蜀图》传为唐代李昭道绘。绢本，青绿设色，81 厘米 ×55.9 厘米，现藏台北故宫博物院。公元 755 年，安史之乱爆发。次年，唐玄宗携杨贵妃、太子李亨及诸皇亲国戚跋山涉水往蜀地避难。该图描绘的正是玄宗为避安史之乱入蜀的历史故事。在崇山峻岭中，一行人马自山后而来，向远处的栈道驰行。图上近处的桥前缓缓而来的人马中，走在最前的骑者身着红衣、乘三花马正要过桥，此人即唐明皇李隆基。紧随其后者是贴身护卫及诸王、妃嫔等十数骑。其中妃嫔着胡服、戴帷帽，显示出当时女性的骑马形象。图中群峰高耸，山石交错，栈道危悬，准确地绘出了难于上青天的蜀道的地理环境。作者将画面处理为游春踏青场面，从而回避了帝王逃难的史实，颇夬用心。

直接相关的。藩镇军队由胡人领导，异族军人产生了取唐朝而代之的野心；而整个地区由于胡化，对唐王朝也缺乏文化上的认同。二者合在一起，构成了离心力量。

真正决定历史前进方向的，从来都不是作为结局的历史事实，而是对历史事实的理解。在唐朝之后的宋朝，对藩镇模式失败的原因分析集中在前两条。所以，北宋人所建立的边疆问题解决方案就是一个极端的分权模式。

北宋的分权模式是一切都跟藩镇模式反着来。首先，收兵权，所有精兵收归中央，编入“禁军”，成为天子卫兵，营盘扎在首都及京畿地区，兵力布防呈现内重外轻局面。其次，在军事力量的管理上，高度贯彻“兵权宜分”的理念：将资深的禁军将领换作资浅的；边防州县需要军队戍守的，从中央派兵，并定期轮换；在边疆地区，负责组织、训练、指挥边防军的，不是禁军原有的指挥体系，而是另外一套指挥体系、另外一拨人。铁打的营盘流水的兵、流水的官，官和兵还不是一条河里的水。制度设计之精美令人咂舌。可惜的是，万事都考虑周全了，唯独忘记军队是要打仗的，军队的战斗力如何保障？不得而知。军权拿出去，州县两级地方政府就只管老百姓了，这是军民分离。基本上，边防军的将领和边防军之间、边防军和地方政府之间，都很难勾结起来形成利益集团，威胁到中央的权力。

北宋模式很安全，但对国家财政能力挑战极大，而宋朝政府的财政能力虽然叫苦不迭，也撑住了。北宋模式安全的前提是不要打仗，一旦打仗将无以为继。最终女真人打来，北宋模式宣告破产。因此，当时主战派宰相李纲曾经主张恢复唐代方镇，建立军政合一的大区，以集中力量抗击金军。南宋末期，文天祥也提出过全面恢复方镇的主张。北宋模式不灵光，就要回到唐朝的藩镇模式去，这对吗？

显然不对。北宋模式与北宋灭亡之间真正的关联，并不在于分权本身和地方的无权，而是分权之后忘记了初衷的统兵体系。兵民分离其实是一种先进的理念，如果善用，是可以建设一支强大的国防力量的。可惜的是，在宋朝政府内部，从未有人对北宋模式和藩镇模式做过系统的比较研究，他们的态度简单蛮横，不加分析，非此即彼——平时缺乏细致深入的研究，危难之际就缩回旧制，临时抱佛脚。

为什么平时没人研究？因为皇帝不需要。这不禁让我想起茅海建在《天朝的崩溃》中所提及的那杆一百六十六岁仍然在军中服役的枪。西方来的火器，在明清之际的战争中曾经起到影响战局的作用。清朝人从明朝的东北驻军那里学会了使用火器，取得了胜利，定鼎中原之后就把那些武器束之高阁，不再允许人们研究相关技术。“无敌国外患者，国恒亡”，说的就是这种缺乏战备意识的思想。可是这种思想在传统中国是经常性的。到用时方恨少，恨无，恨不知，恨无备。诚可叹惜。

帝制时期对待周边少数民族，羁縻政策显示出了智慧。而对待边疆问题，帝制中国却始终没有发展出特别优质的办法。归根

图二八：清 费莫·讷尔经额《兵技指掌图说》（局部）

《兵技指掌图说》，清道光二十三年（1843 年）讷尔经额绘。该图是直隶总督讷尔经额为训练绿营兵的兵技而绘的图解教材。它以简明扼要的兵谱形式介绍了清军演习的十四类要目：步箭练法、马箭练法、马枪练法、弩弓练法，以及抬枪练法和一百三十斤小铜炮等练法。上图所展示的，是清军在学习如何使用抬枪和铜炮的情形，图中不仅有动作演示，旁边还配有相应的解说性文字。清军曾从明朝东北驻军那里学到了火器，取得了胜利，但定鼎中原后就把那些武器束之高阁，不再允许人们研究先进的技术了，实为可惜。

结底，是对制度的优劣缺乏理性的分析研究。

上级集权下的地方狼狈

什么是更好的地方治理方式？南宋思想家叶适认为，就是要适当地放权给地方行政机构，“以一郡行其一郡，以一县行其一县，赏罚自用，予夺自专”。来自中央的监督检查是必要的，但是必须做到有度，抓大放小必须有明确规定，而且不要太频繁，以免对地方行政造成干扰。明末清初的顾炎武说得言简意赅：“有圣人起，寓封建之意于郡县之中，而天下治矣。”什么叫作“寓封建之意于郡县之中”？地方行政仍然实行郡县制，但是要给地方充分的自治权力，县一级甚至可以实行县长终身制，以及县级官员的本土化。

这两位思想家的话（或者诸如此类的先进思想的表达）应该怎么理解？首先，我们得承认思想的美好；然而更重要的是，我们得知道，这样的话能说出来，说明那个时代的地方被管得确实太死了。帝制时期是等级社会，人分等级，“官儿大一级压死人”“宰相家奴七品官”。国家机构也分等级，就像一个金字塔，皇帝在塔尖，县级政府在塔底。在这个等级结构当中，普遍存在着上级的集权。上级为达成某种目的，可以视下级的牺牲为当然；上级以下级为资源，予取予求，以便满足更上一级的要求。而直接接触老百姓的县官，正处在这个金字塔结构的最底层，有何自主权可言？顾炎武想要“寓封建之意于郡县”，建设县级自治，无异于痴人说梦，与虎谋皮。

但是，集权是否真的能够带来效率呢？一时容易，持续下去却很难，混乱几乎不可避免。我们以宋朝中央集权制下的地方财政为例来说明。

北宋初期的国家财政的确是全国一盘棋。按照功能，各地可以分为四个大区：首都核心区、东南财赋供应区、北部边境区和南方区。各个大区之间有分工，有合作，共同构成一个完整的国家财政。南方区很大，包括四川、两广和福建，它在整个财政体系中处于次级地位。

首都及其附近地区无疑是核心区，这里是政治文化中心，人口密集，消耗巨大。首都核心区的人口除了皇室大家族和官僚集团之外，主要是驻军，军人和军属甚至一度占到首都人口的一半左右；更重要的是，宋朝的军人是职业兵，一旦当兵就完全脱离农业生产，靠国家财政养活本人和家属。因此，首都核心区需要外来物资的大量注入。北部边境区包括今天的河北、山西、陕西，这个区域本身经济不够发达，又承担着国防责任，有庞大的驻军。驻军的日常开销和战争都需要国家财政的支持，北部边境区也需要外来的物资补给。

物资从哪里来？主要来自东南财赋供应区，也就是今天的江苏、浙江等省。南北朝之后，中国的经济重心已经转移到东南地区，隋炀帝开挖大运河沟通南北，建设东都洛阳，唐高宗与武则天常驻洛阳，宋朝定都开封，都是为了让政治中心离经济重心近一点儿，至少离运河近一点儿。当时有个词就叫作“就食”（接近粮食来源）。

通过运河，东南的物资源源不断地运往首都开封，又从开封运往北部边境区支援国防。这个集权体制运行正常的时候，中央的三司（也就是财政部）运筹帷幄，在各个地区之间实现物资的收集、转运和调拨，满足国家在各个方面的需要。这当中，也包括地方的需要。

有一个很有趣的例子：湖南的武冈军（一个州级单位）财政收入微薄，交完给中央的上供税额，剩下的根本不够本地开销，

图二九：北宋　张择端《清明上河图》（局部）

《清明上河图》由北宋张择端绘，绢本设色，528.7 厘米 ×24.8 厘米，现藏北京故宫博物院。作品以长卷形式和散点透视的构图法，记录了中国 12 世纪北宋都城汴京（今河南开封）的城市面貌和各阶层人民的生活状况。该画作不仅展现了北宋汴京当年的繁华景象，也生动地反映了这座城市当时的经济情况。上图展现的是连接京杭大运河的汴河上，繁忙的客运与漕运景象。该河道也成为江浙等东南财赋供往汴京都城的主要渠道。

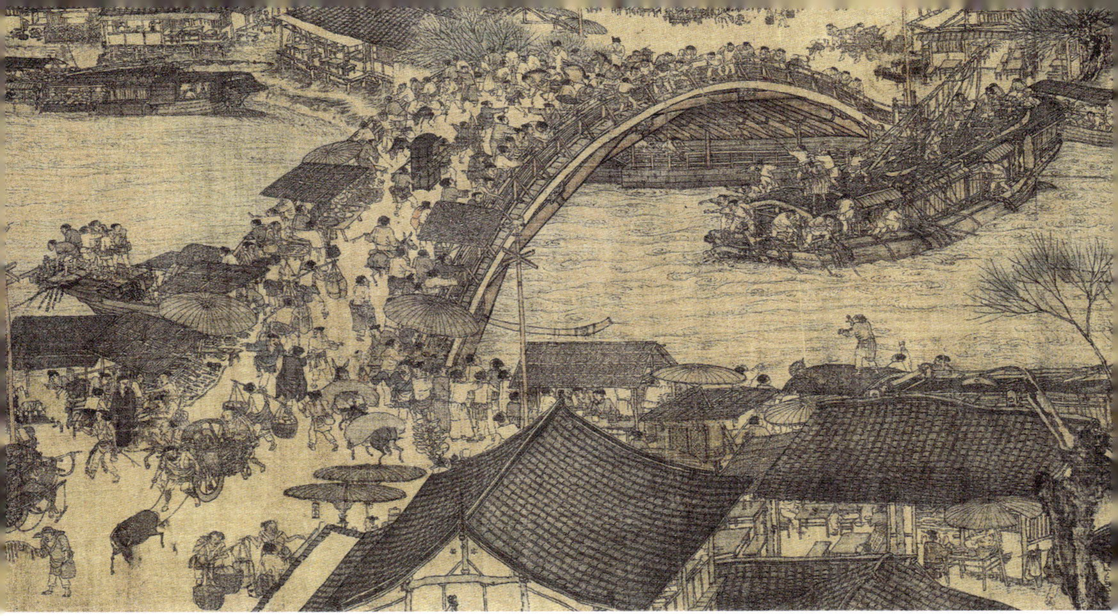

需要从临近的永州和邵州调拨。后来，永州、邵州也无力支援。武冈军办公经费不足，政府无法支撑，怎么办？还是中央出面，把永州、邵州原本给武冈军的补贴改成替武冈军缴纳给中央的上供税额，同时允许武冈军把原本向中央缴纳的上供税额截留自用。整体思路就是，武冈军虽然穷困，但是给中央的上供不能免，不管以何种名义，中央也绝不会眼看着武冈军喝西北风。永州、邵州既然离得近，那就应当替中央分忧，为武冈解难。中央是集权的，但是集权的中央会照顾到地方的利益。这才是全国一盘棋，兼顾整体利益，关照地方利益。

“全国一盘棋”要能真正灵活地运作起来，需要有一个前提，即中央的财政能力足够强大。一旦中央财政陷入困境，首先需要牺牲的就是地方。11 世纪 30 年代末，宋夏开战，中央财政困难加剧，自顾不暇，当时就有人提出，各地如果财政紧张，用度不足，“须管自擘画支赡”，也就是自己想办法解决。本地实在没办法解决的，可以从临近宽裕的地方借支，总之就是不能像从前一样，请求从京城“般请钱银之类”。这项提议，既减轻了中央的负担，也解放了地方。提议的人建议中央发文，严禁地方再向上伸手。

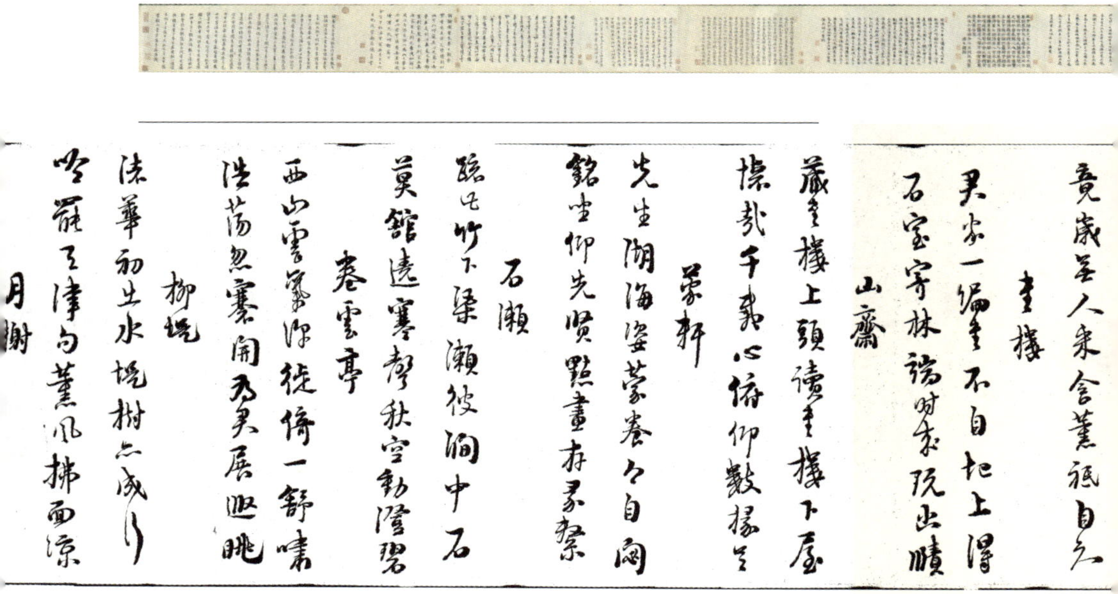

图三〇：南宋 朱熹《城南倡和诗卷》（局部）

《城南倡和诗卷》为南宋朱熹书，纸本，手卷，275.5 厘米 ×31.5 厘米，行书，共 65 行，464 字。倡和诗是朱熹“奉同敬夫兄城南之作”，此处的敬夫兄即张拭。全图引首处有李东阳篆书“晦翁手泽”，前隔水孙承泽题有“元晦夫子手泽”字样。此卷为朱熹早年的书法作品，虽行笔迅疾，但点与画都能合于书家之规矩，是朱熹书法的代表作。

倘若这样发文下去会如何？——下边的财政大员肯定不敢违抗，实在没钱花，只好“惟民是取”，从老百姓身上压榨！表面上是地方官在压榨老百姓，实际上是中央放弃了它的财政集权责任。而地方官的压榨一旦过度，可能会引发老百姓的反抗，从而导致社会不稳定。

因此，为了防止这种情况发生，许多政治家会主张节流，通过减少中央财政支出，缓解财政压力。战时无法节流，一旦战争结束，则必须亡羊补牢，比如对官僚队伍进行精简。节流才能缓解财政压力，中央的财政压力减轻，老百姓才能少受剥削，社会才能和谐稳定。

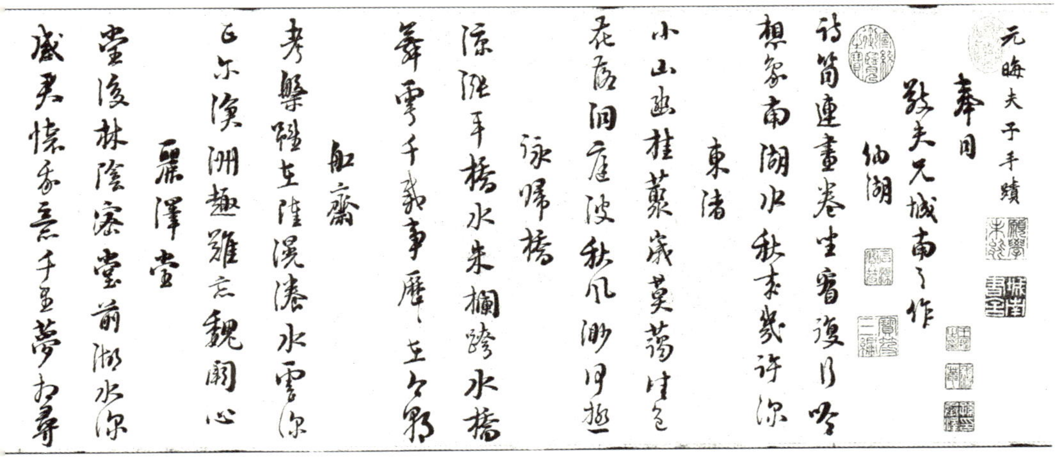

到了南宋，在强大的边防压力之下，国家财政以国防为第一保障对象，皇帝和高官的生活水准继续走高。所以，中央财政始终处于紧张状态，对地方的搜刮力度不断加大。名义上，国家财政仍然是全国一盘棋，但是中央财政却失去了融通均济的能力和功能，中央与地方的财政关系变成了单向的地方竭力供应中央。地方财政陷入了普遍性的困窘之境。

比如，北宋时，广西是个穷路，中央财政每年补贴广西 110 万贯，这样广西的日子也还是不错的。到了南宋，中央自顾不暇，不但补贴没有了，每年还要从广西调出 50 万贯。较之北宋时，广西地方财政损失了 160 万贯，每年亏空 8 万多贯。亏了这么多，地方政府也不能关门，日子还得过下去，于是“只得敛之于民”，压榨老百姓。

路一级不好过，州一级更不好过。朱熹守的南康军是个州级单位，全军每年收入租米四万六千石，其中三万九千石交中央，剩余归本军支配的七千石只够发三个月的工资，赤字是预算收入的三倍。剩下的九个月怎么办？只能自己想办法。

州长难当，县长更难当。县一级位于帝制国家地方行政机构的最底层，直接负责从老百姓手里把税费收上来，然后再交上去供应中央。根据“上级的集权”原则，最底下的日子最不好过，最没有自主权。曾巩说：“州负其强以取威，县忧其弱以求免。”意思是州凭借权势对县实行强制，县担心自己是弱势，只能唯命是从，以求免过。县长是小官，想升迁需要上级推荐，对于州里来的命令，不管是否合适，都不敢违抗造次。朱熹的学生黄干做新淦县（今江西吉安新干县）的知县时，本县实际收入六万石，上缴六万三千石，这就已经入不敷出了。但是还没完，此外，本县还要支出当地驻军的费用五千石，本县人员办公费用六千石，其他五万石，加起来一共需要支出十二万四千石，是本县收入的两倍多。

面对入不敷出的境况，解决办法只有乱收费，“则不免于二税之外，别作名色，巧取于民”。朱熹知漳州，发现下属的漳浦县“最狼狈”，有多项非法收费项目。朱熹大儒，有爱人之心，想要改革，“坐视半年，未有可下手处”，因为这些收入是维持地方政府运转所必需的。

在这种大形势之下，被压力压得变了形的地方政府和地方官哪还有力气去理会民间疾苦。本来宋朝有报灾、检灾制度，遇有大的灾荒，老百姓可以向县政府报告，县政府受理属实，上报州政府，州上报中央，根据情况减免赋税。报灾和检灾的最终结果是减免赋税，全收上来都不够中央开支，何谈减免？结果就是老百姓“上报旱涝，县不受理，州不接纳”。

那么，地方上这些开支都是哪里来的？大半来自中央，包括上缴给中央的赋税，还有中央下放到地方、要地方财政养起来的军人和官员。聪明反被聪明误，宋朝政府给自己挖了两个坑：

一个养兵政策，一个养官政策。它们扩大了统治的基础，但是毫无疑问增加了财政压力。说到底，宋朝中央政府其实是没有意愿制止地方乱收费的。上级的集权导致了下级的狼狈，中央的集权导致了全国的混乱。

盗贼之患与解决办法

这个“盗贼”指的不是小偷小摸、拦路抢劫，而是有组织的武装反政府行为。尽管当代史学界在某一阶段曾经把大规模的武装反政府行为看作推动历史发展的动力，但是目前史学界基本一致的看法是，那些大规模的武装反政府行为毕竟破坏多建设少，尤其不具备推动历史向前发展的力量，哪怕是改朝换代，也需要和其他势力结合起来才有可能。当然，多数时候盗贼规模还到不了动摇王朝统治根基的地步。可是它会带来区域性的不安，破坏生产生活的正常秩序，因此，总体而言，尽管事出有因，官逼民反，但是盗贼终归还是一种破坏性的力量。

少年时看《水浒传》，很容易把自己代入梁山好汉，看到现实中难以实现的“大碗喝酒，大块吃肉，大秤分金银”，看到那种脱出规矩礼法的舒展自在，便觉得真痛快！人到中年，再看《水浒传》，仔细想想，不寒而栗——那些酒啊，肉啊，金啊，哪一样是从天上掉下来的呢？有人得必有人失。好汉们打家劫舍，劫富济贫，号称是“替天行道”；可是富裕者未必无道，普通人家辛苦劳作、积攒下一点财富，也白白地被好汉掳去，那天道又何在呢？社会秩序的破坏力量有两种：一种在上层，是蔡京、高俅的贪赃枉法、任意胡为；一种在下层，包括宋江这样不守规矩的吏，还有镇关西这样恃强凌弱的恶霸。林冲虽好，最终却被逼上梁山，只能令人扼腕叹息。可是梁山上这一群跟东京城里的那一群比，也只是位置不同、掌控资源的能力不同罢了；他们看上去跟东京城里的达官贵人们行为差异极大，骨子里却是一样贪婪，他们反权势，反富贵，只因那权势和富贵不在自己身上。既然盗贼是破坏性的力量，所以政府从维护生产生活秩序的角度出发，就必须想办法消弭他们。

盗贼的发生在地域上是有规律可循的。他们多活动于行政区划的边缘地带，比如两省或三省交界处。因为这些地方够不着，太远了——除部分历史时期之外（比如元朝的行省曾经打破自然地理界限，人为制造犬牙交错、以北制南格局），中国传统的行政区划基本上遵循“山川形便”原则，“以天然山川作为行政区划的边界”，行政区划的边缘地带与自然地理单元的边缘重合，国家权力难以进入。在传统的交通和通信条件下，行政中心对行政区域的控制力就像水的波纹，以行政中心为圆心，呈现为一个同心圆结构，控制力向外不断减弱，边缘区域控制力最弱。因此，越是在这些行政区划的边缘地带，越容易滋生盗贼，产生治安问题。

宋代以前，解决行政区划边缘地带盗贼滋生问题的传统思路，基本是在这些地方增设新的地方行政机构。比如唐初，四川刚刚开发，梓、剑、阆三州交界之地，“四境遥遥，人多草寇”，皇甫无逸就把梓州盐亭县、剑州普安县、阆州西水县三县交界处的一片村庄单独划出来，奏请朝廷，设置了一个新县——永泰县。这是设县来消弭盗贼的，还有“置州镇压者”，比如汝、许、唐、蔡四州交界处的叶县一带，土地肥沃，人口稀疏，又远离州政府所在地，慢慢就变成了逃亡者聚居的地方，土匪横行。为了解决叶县一带的治安问题，唐朝政府专门在这里设置了一个仙州，希望能起到“镇压”盗贼的作用。

但是，增设地方行政机构镇压盗贼的做法往往不太牢靠。比如在叶县一带设置的仙州，就是屡置屡废的。因为州县自有其成规，不管是州还是县，都有一整套的机构设置和官员配置，而地方行政机构的权力特点就是它是完整制的，什么都管。古代地方行政区划的设置与人口数量直接相关，而人口数量的多少也意味着经济规模的大小。这些边缘地带之所以边缘化，就是因为它的人口数量和经济规模都十分有限。当人口和经济的规模都不够大时，专门为了维护安定而设置州、县，把一整套衙门建起来，养那么多官，反而会造成不必要的浪费。事实上，当地经济也根本养不起一个政府。所以，为了解决盗贼问题，在行政区划边缘地带“硬设”州、县，其实靠不住。边缘地带需要解决的是盗贼问题，其实设置单一的治安巡逻机构就够了。这个解决办法，我们今天看似简单，但是在历史现场，却得煞费一番周折。

这种新式的治安巡逻机构，叫作“巡检”。用巡检这种单一功能的治安巡逻机构，去解决行政区划边缘地带的盗贼问题，这个新思路出现在五代。乱世反而会出现新的治理思路——这样的事情，在中国历史上不是第一次，也不是最后一次。乱世的特点就是秩序崩解、百无禁忌。因此，乱世也是探索新方法的好时机。五代乱世，中央与藩镇都在争夺地方，虽然原有州县的那套还在，可是在有的地方已经不大起作用了，地方治安无法维持。为了加强地方治安，当然也是为了加强对地方的控制，中央与藩镇各逞其能。大家采取的策略都一样——派自己的人一查到底，越过地方行政机构，直接插手地方治安。藩镇派出的是镇将，中央派出的是巡检。镇将跋扈，巡检也会乱杀人，这两套班子在骨子里是一伙人，精神气质也都偏军人。巡检乱杀平民，皇帝虽恼火，但是巡检仍旧不撤，因为这是自己派出去的人，是中央跟藩镇争夺地方的重要力量。随着中央集权的重建，巡检逐渐遍及地方，成为网络。

到了宋朝，地方治安的维护就变成了双轨制，一边是州县，一边是巡检。州县地方政府仍然负有传统的维护地方治安的责任，但是在那些地方行政区划的边缘地带，广大乡村的密林山冈之中，则有巡检往来巡逻，专门负责捕盗捉贼。巡检的设置是不跟随州县的，巡检也不归州县管。宋代巡检的辖区有大有小，大的可以跨若干州，小的就在某一个镇上。特别是到南宋以后，随着东南经济的发展，县以下出现了不少新的商业市镇，镇一级巡检变得密集起来。

巡检的分布看上去杂乱无章，实际上有序可循。它的设置规律非常简单——哪里盗贼高发，就在哪里设巡检。一般来说，巡检寨都设在远离中心城市的要害之处。比如，福州最北边的长溪县，北邻两浙路的温州和处州，离哪儿都远，距离福州州城有七八百里，山川险隘，这里滋生的盗贼常常会向北窜入温州、处州，而北边的盗贼也会跨路跨州进入长溪县界——盗贼才不管这地方归谁管，他们要的就是这地方谁也管不到。宋仁宗时期，就在长溪县设置了沿海六县巡检，自北向南，把福州的长溪、罗源、宁德、连江、长乐、福清沿海六县合为一个巡检区，领“兵级三百人……仍造刀鱼船十只，往来海上收捕”海盗。

宋代的巡检作为专业治安巡逻机构，是非常有效的。它的有效性在于它的专业性。而专业性的维持需要两个条件：第一，巡检必须相对独立于地方行政机构；第二，巡检寨不能进城，必须安扎在盗贼出没的地方。这两个条件，随着岁月的推移都遭到了破坏。巡检的独立性毁于官僚等级文化。虽然说巡检不受州县约束，但是巡检也是官，是官就得在官僚等级文化的约束之下。州县长官大于巡检，按照小官必须拜大官的原则，长官到任或者离任，巡检就得带着手下的兵迎来送往。按照制度，巡检的工作需要地方官的支持，粮食补给要从地方上支领，巡检的工作情况需要地方官签字证明。于公于私，巡检都得伺候好地方长官。而一个巡检上面，地方长官不止一个。时日渐久，巡检就被非正式地纳入了地方官序列。到南宋后期，地方长官派巡检下乡催收赋税，变成了常见现象。本来是维护地方治安的机构，变成了恫吓乡民的打手。

伴随着巡检地方官化的，还有巡检寨的进城。宋代诗人杨万里做过广东的提刑，这是广东一路巡检的最高长官。杨万里经过实地勘察，发现惠州城外的巡检寨都已经荒芜，办公室成了瓦砾场，兵营长满了荒草，将士们都早已住进了城里。这样的巡检怎么可能发挥“坐镇荒林”“扼守险要”的功能？杨万里曾两次上书皇帝，情况却无丝毫改观——此时的中央政府已经没有这个能力了。

五代时期出现的巡检，作为单一功能的治安巡逻机构，开创了一条地方治理的新路。这条新路在北宋成熟，到南宋就已经显得力不从心。但是，地方行政机构与巡检的双规制，又的确为元明清的地方治理开辟了一条新路。明清两代接续南宋的路径，在县以下的市镇出现了大量巡检，适应了地方治理的需要。

选官与用官的那些事儿

官僚治国是皇帝制度的共生物。帝制时期的官僚是与封建时期的贵族相对而言的，原则上，贵族世袭，官僚选任；就基本的游戏规则而言，贵族是“家族决定个人”，官僚是“个人决定家族”。但是，在某些历史时期，官僚也获得了某种类似于贵族的特质。这种贵族化的官僚就是魏晋南北朝的士族。官僚的贵族化是怎样发生的，又是怎样结束的？

帝制国家选拔、任用官僚是为了治理国家，然而，作为群体的官僚一旦拥有权力，便忍不住为个人及其家族谋福利，官僚群体的利益可能会走向朝廷国家利益的反面。在唐代后期，我们看到了高级官员为自家子弟营造的“升迁高速路”，此举加剧了中央与地方之间的断裂。

北宋开启了中国历史上的科举时代，力图通过自由报名的公平考试选拔官员，政府向几乎一切人开放。但是，“开放式政府”却又面临着新的难题。

通常认为，“选任集权”是中央集权的重要组成部分和实现手段，而帝制中国的选任集权制度建设到隋朝才真正实现。那么，“选任集权”的缺席是否意味着有效控制的不足？“选任集权”入场之后，中央对地方的治理又是否得到了真正加强？

当官儿的观念与实践

做官好像是现代知识分子应该敬而远之的事情。抗战时期，历史学家蒋廷黻应蒋介石的召请，离开清华园“做了官”。1938 年 10 月底，大片国土失陷之后，蒋廷黻写过一份遗嘱，以备可能的牺牲。中间有这么几句话很有意思：

> 我虽作了几年官，我未曾直接或间接求官作。作官以解决私人的生活问题，我觉得是不对的。一个人不能解决自己的衣食问题而必须靠政府位置或社会救济，我觉得是可耻的。作官以求贯澈主张，我觉得是可以的，不过有些主张不一定要作官始可以贯澈。[1]

这段话所流露的情绪，可以代表现代优秀知识分子对做官的一般态度：第一，“求官作”是可耻的；第二，靠做官谋私利，“升官以图发财”，是不对的；第三，做官应当与更崇高的追求相关联，比如“贯澈主张”，服务国家。

今人叫“做官”，古人叫“出仕”。蒋廷黻的“做官说”可以上溯至儒家的“出仕观”。孔子所赞成的原则是“邦有道，则仕；邦无道，则可卷而怀之”[2]。出仕是为了“行道”。孟子云：“立乎人之本朝而道不行，耻也。”[3]当然，传统时期，社会分工不发达，“士”的出路狭窄，而孝道又是儒家大伦，因此，孟子为乱世风尘中的儒者做了周全的考虑——作为个人，当然向颜回学习，“一箪食，一瓢饮，居于陋巷……不改其乐”；但是，倘若有父母要赡养，那么，即便君主无道，不能实现理想，也是可以出来做官的，只是在这种情况之下，就不能谋求高官厚禄，但求有个看门打更的小差使，能养活父母，就够了。

这种“出仕观”固然崇高，却也不必过度吹嘘——如果在乱世之中，有理想有操守的人都“卷而怀之”，那么谁来拯救老百姓，谁来拨乱反正，恢复秩序，重建文明？总得有人放下姿态，投身浊流，又能在浊流之中保持清白与清醒，将手中的权力化为改造社会的力量，做力所能及之事，一点一滴，为乱世寻求重归治安的路。这样的人更难得，也更加令人钦佩。

五代时期有个宰相叫冯道，历仕四朝，侍奉过十个皇帝，甚

1 据哈佛大学威廉·柯比（William Kirby）教授访问北大时所赠之复印件录文。

2［清］阮元校刻：《十三经注疏》之《论语注疏》卷一五《卫灵公第十五》，中华书局 2009 年版，第 5468 页。

3［清］焦循撰，沈文倬点校：《孟子正义》卷二一《万章章句下》，中华书局 1987 年版，第 709 页。

至还做过契丹皇帝的臣子。北宋史家欧阳修对他无情讽刺，不惜断章取义，改动史实，夸大其词，就是要把冯道钉上历史的耻辱柱，谓“其可谓无廉耻者矣，则天下国家可从而知也”[1]。直到今天，仍有说法诟病冯道是“中国历史上最没有节操的人”。何谓没有节操？就因冯道没有把忠诚跟某个朝代、某个皇帝绑定？欧阳修这样做可以理解，因为欧阳修的时代需要重建对一姓王朝的忠诚。现代人再这么想、这么说，未免滑稽。冯道的节操就是忠诚于自己的良知。冯道为官清廉，忠于职守，爱护百姓，努力提拔后进人才。出使契丹是有可能掉脑袋的事，没人愿意去，为了国家，冯道去了。冯道有一首诗，文字浅显，道理高尚：“道德几时曾去世，舟车何处不通津。但教方寸无诸恶，虎狼丛中也立身。”[2]意思是说，不管乱世还是治世，天地之间始终都是有道理在的，就像是车在路上走，船在水里行。只要一个人心里干净，即使在虎狼丛中，也能保持人的尊严。冯道说的虎狼丛，指的是野蛮落后的统治，比如契丹。乱世之中的冯道心中有道德，方寸未乱，灵台清明，直道而行，尽力而为，绝对值得赞美，是一种更高级的做官典范。

谈完做官的原则，我们该谈谈“实在”的了——怎样才能取得官位？在不同的时代，有不同的标准。自从帝制以来，每一次朝代更替，都是一次荣华富贵的大洗牌，新王朝的开国功臣通常会获得显赫的权势地位。当然，这种权势地位能否延续，要看开国皇帝的心胸，看本朝的制度设计，看后世子孙的成色造化。这种因朝代更替带来的泼天富贵，后文中再细说，此处只说普通的——在一个朝代内部，怎样才能当官。

篇幅有限，我们用家族与个人这一最简单的标准来看“当官儿”这回事——在家族地位的浮沉和个人地位的升降中，看哪个

1 ［宋］欧阳修撰，徐无党注：《新五代史》卷五四《杂传序》，中华书局1974年版，第611页。

2 ［宋］吴处厚撰，李裕民点校：《青箱杂记》卷二，中华书局1985年版，第16页。

因素起主导作用。用这个标准衡量，我们就可以看到一个变化的曲线：

从战国到秦汉，是个人的作用不断增强的时期。西周的封建制，当然是家族决定个人的。春秋时期，变化开始了——孔子开创平民教育，给普通士人开辟靠个人努力向上发展的可能性。战国时期，我们看到相当多的游士凭借三寸不烂之舌游说诸侯，谋取富贵，个人奋斗的权重在不断增加。比如战国末年的李斯，原本是楚国上蔡的小吏，先跟随名满天下的大学者荀子学习，后来西去入秦，成为秦国的客卿，地位不断提升，最终辅佐秦王嬴政统一天下，成为帝国第一相。李斯的家族富贵也达到了顶点，儿子娶的都是公主，女儿嫁的都是公子。长子李由官至郡太守，回咸阳探亲，李斯大宴宾客，整个咸阳的达官贵人都来凑趣捧场，那是李斯人生的顶点。而这一切，都是靠李斯个人奋斗得来的。随着个人地位的上升，家族地位也随之上升；一旦个人失势，家族荣耀也将灰飞烟灭。

李斯的上升方式具有鲜明的战国特色，可以简单归纳如下：一个平民出身的人投奔名师，学得一身本领；然后东奔西走寻找明主，以主张获得青睐，以忠诚建立信任，以能力获得升迁。这是战国时期多国竞争的特殊背景下的产物。

统一的帝国建立之后，多国竞争的背景没有了。平民想要做官，一般是在本地先从小吏做起，通过工作表现获得上级的认可和推荐，步步升迁。比如秦朝沛郡丰县人萧何，因为“文无害”，意思是通晓法令，无人能比，做到了本郡的主吏掾。如果没有后来陈胜吴广起义，萧何就会在这条路上慢慢升上去。

汉代进一步发展了这种上级对下级的人才推荐制度，在选人标准上最重视儒家所推崇的“德”。当然，也并不忽略秦代以来就强调的“能力”和对法律条文的熟悉，这就是察举制。察举制之中最有名的是察举孝廉，但不止于察举孝廉。在很多环节上，都存在上级对下级的察举。我们来看两个相关的例子。第一个例子是庐江人文翁是怎么当官的：文翁从小就好学，通《春秋》，从郡县的吏做起，通过察举一步步升迁，在景帝末年做到了蜀郡的太守。第二个例子是文翁到了四川以后对当地干部的培养：当时四川还比较落后，文翁决心改变四川的落后面貌，就从郡县的小吏当中选拔了十几个聪明能干的，把他们送到首都长安去，有的跟着博士学儒学，有的学习律令。文翁自己省吃俭用，省下的钱都买了礼物送给博士（让他们好好教四川学生）。几年之后，这些四川学生学成归来，文翁对他们委以重任，又通过察举不断提拔他们，这些四川学生有的官至郡太守，有的当了州刺史。

这就是汉代的当官路。第一，要读书，在家里学习律令、儒学，具备基本的知识技能，同时人品要过硬；第二，进入地方政府做小吏，获得基层政府的工作经验；第三，通过察举进入中央，先是做郎官，郎是官职，但没有特别具体固定的职务，基本上还处在一种实习生的状态。在逐渐熟悉了朝廷的行政过程之后，郎官被放出去，就可以做县长，继而升郡太守了。

上边这两个例子当中都忽略了做郎官的过程。察举制度给汉代“先富起来的人”提供了参政的可能性，扩大了统治的基础，是双赢的。

从东汉末年到唐前期，对崇尚个人奋斗的现代人来说，是一个暗淡的历史阶段。这一时期，在家族地位的浮沉和个人地位的升降中，家族变成了决定性因素。日本学者内藤湖南、宫崎市定诸先生认为这个时期是贵族制的，中国学者则普遍认为这是一个世家大族主导的时期。田余庆先生更是指出，东晋形成了几大士

图三一：清 徐扬 《姑苏繁华图》（局部）

清代宫廷画家徐扬所绘的《姑苏繁华图》长卷，不仅反映了当时苏州“商贾辐辏，百货骈阗”的市井风貌，也可让我们从中看到金榜题名后的喜庆场景。图中有三艘船，前一艘船的灯笼上写着“翰林院”“状元及第”的字样，右边这艘船上敲锣打鼓，一派热闹非凡的情景，后面跟着的大船上是及第的状元和花轿。再看河岸边、桥头上、店铺里、酒楼上，所有人都向船上张望，被围观的新科状元，在不久的将来便会成为政府官员。“朝为田舍郎，暮登天子堂”，书念得好，个人富贵唾手可得，家族地位随之提升。画面中便是对这一情形的真实写照。

族门阀与皇帝共天下的特殊政治形态——门阀政治。就我们所说的“当官儿”来讲，规则虽简单，却也令人沮丧。如果你运气好，出生在琅琊王氏、陈郡谢氏这样的一流高门，那么生下来就注定要成为大人物。出身好的“平流进取，坐至公卿”，出身差的就只能捡他们不愿意做的苦累差事或危险职务。个人命运的大致轨迹、人生奋斗所能达到的上限，在出生以前就已经写定。

到了宋朝，中国社会再度进入一个鼓励个人奋斗的时代，科举制成为当官的最主流途径。科举最实质性的创新点还不是通过考试当官，而是“自由投考”，几乎任何一个男性，只要他肯读书，就可以自由报名参加考试，通过考试改变命运。“朝为田舍郎，暮登天子堂”“书中自有黄金屋”“书中车马多如簇”“书中有女颜如玉”，书念得好，不仅个人富贵唾手可得，家族地位也随之得到提升；反过来，家族中三代出不了读书的好儿郎，就难免要没落。想当官吗？“三更灯火五更鸡”“五经勤向窗前读”，到了开科的年份就去报名参加考试，一级一级考上去，从州府考进京，最后考到皇帝殿前，一举得中，金榜题名天下闻。中国读书人的状元梦，从宋朝一直做到了1905年。科举耽误了挺多的事，但就保持社会的流动与开放而言，自有其历史功绩。

小圈子政治的人才困境

什么叫“小圈子政治”？就是政权由若干家族构成的小圈子把持，朝廷中的重要职位均由这些家族的子弟担任，他人基本不能染指。换句话说，这些家族的子弟构成了小圈子政治的核心人才库。小圈子具有垄断性、封闭性和文化基因的同质性——这些家族尽管存在个体差异，但是骨子里都很像。生物学上有一个重要名词，叫作“多样性”，是说一个物种所包含的基因越丰富，它对环境的适应能力就越强；因此，当种群的数量减少到一定程度的时候，这个物种就濒危了。生物多样性的道理，同样适用于人类。由此可见，小圈子政治自然也长久不了，只不过人类的故事更复杂。

中国历史上最具“小圈子政治”色彩的，是魏晋南北朝时期，特别是东晋南朝的士族门阀政治。当时社会的主要人口被分为士族和庶族两大类，士族又分为高级士族和低级士族。士族享有免役特权，庶族则需要为国家服徭役，这两种人在户口登记上是有明确区分的。士族和庶族之间界限森严，不通婚，不交往。哪怕庶族通过自己的努力成了皇帝的宠臣，也很难被士族的社交圈子接纳。比如宋文帝非常欣赏中书舍人徐爰。徐爰庶族出身，宋文帝想提升徐爰的社会地位，就让吏部尚书王球跟他交往。王球出身于琅琊王氏，属于士族中的一流高门。结果王球直接拒绝了皇帝的要求。他说，士庶区别是国家的制度，陛下的命令我不敢听从。而宋文帝被拒之后什么反应呢？“改容谢焉”，顿时严肃起来，给王球道了歉。这就是当时人说的，“士庶之际，实自天隔”[1]，士族与庶族之间是天上地下的差别。

士族所享有的最重要的特权，是他们的家族门第可以“兑换”成相应的人品。最高的是“门第二品”，而它则意味着有资格担任那些三品以上的重要职位。比如陈郡谢氏的谢方明、济阳蔡氏的蔡廓两人，既出身高门，又有才干，当时就有人评价说，这两人单凭门阀就有资格做到一品官，更何况还有才干呢！高门士族家的男孩子，无论是否有德有才，甚至无论是傻是呆，满二十岁就可以直接做官，而且起家就是清闲高贵、升迁前景极好的官职。例如，著名诗人谢灵运之父谢焕，“生而不慧”，智力有问题，但是也能做秘书郎，靠的是什么？陈郡谢氏的门第。相比之下，

1 ［南朝梁］沈约：《宋书》卷四二《王弘传》，中华书局1974年版，第1318页。

低级士族出身的人想做官，就要等到三十岁了。用今天的世俗眼光来看，这些高门士族出身的人，才是真正赢在了起跑线上，一出生就甩开别人十年，而且此后的锦绣前程也早已铺就。

在官僚选任方面，门阀制度的特点就是家族门第决定个人前途，高门士族单凭门第就能飞黄腾达。需要注意的是，这不是个人的营私行为，而是国家选任制度的明确规定。当时，谱牒之学十分兴盛，就因为搞清楚谁是谁的儿子、谁是谁的孙子，是人事工作的重中之重，是起点，也是终点。

南宋学者叶适说："东晋权归王谢庾桓四族，而四族亦人才所自出。"东晋的建立是琅琊王氏与皇族司马氏合作的结果，当时就有"王与马，共天下"的说法。后来的东晋政权继续保持了这种高门士族与皇族合作的"小圈子政治"格局。那么，这个小圈子的人才发育状况如何？

举例来说。琅琊王氏的王徽之，字子猷，读书很多，说话喜欢引经据典，讨论言语的风度韵致。其父就是"书圣"王羲之。王徽之给车骑将军桓冲做骑兵参军，是专管骑兵的参谋。有一天桓冲就问他，你管哪个部门啊？看这上司已经够糊涂的了。那么下属王徽之是怎么回答的呢？他说，不知道是什么部门，常常看人牵马来，应当是管马的吧。桓冲接着问，有多少匹马呢？王徽之回答："不问马，何由知其数？"桓冲继续问，马最近死了多少？王徽之答曰："未知生，焉知死。"

王徽之的回答其实很有水平。后边两个回答，用的都是孔子的典故。马厩着火，孔子回家问，伤着人没有？不问马。这是"不问马"的出典。子路问孔子死亡是什么，孔子答曰："未知生，焉知死。"有个关于王徽之的小故事：夜里下大雪，王徽之醒了，推门斟酒，四望皎然，因起彷徨，忽然很想念友人戴安道，于是

图三二：元 张渥《雪夜访戴图》

《雪夜访戴图》是元代张渥所绘，纸本，水墨，91.8 厘米 ×39.8 厘米，现藏上海博物馆。此图描写的是东晋王徽之雪夜乘扁舟拜访挚友戴逵的故事。据说某个雪夜，王徽之突然想去拜访朋友戴逵，于是就让仆从划船前往，好不容易在天明时分到了戴逵家门前，但他突然就不想进去了。仆从就好奇地说，深夜出发天明方至，为何不进去了呢？他说："吾本乘兴而行，兴尽而返，何必见戴。"这故事反映出魏晋时期高门士族那种洒脱不羁、随性而为的性情。作者以简练的线条，刻画了人物的精神面貌，画中王徽之坐在船舱，袖手观书，神态生动。岸边苍老遒劲的古树，充分地衬托了冬夜萧瑟寒冷的意味。

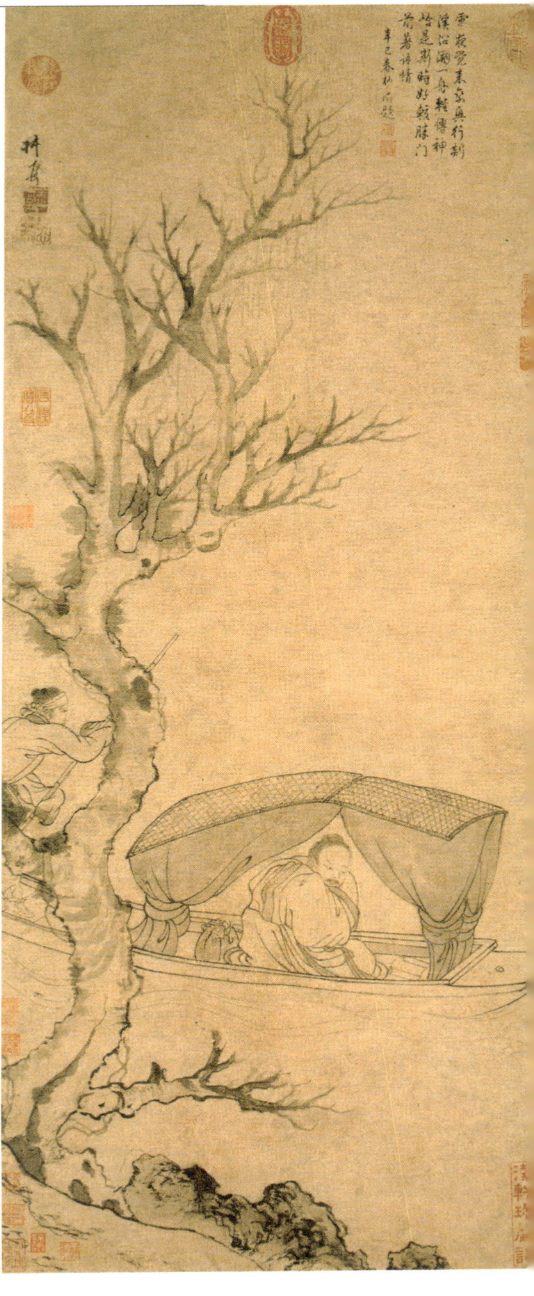

王徽之袖手观书，夜幕下观书不太可能，或借了月光

连夜乘小船出发了。天蒙蒙亮，王徽之到了戴家门口，却忽然折返。别人问，王徽之说：“吾本乘兴而行，兴尽而返，何必见戴。”故事里的王徽之具有一种任性洒脱的潇洒之美，算得上中国人物画廊中俊逸的一笔，至今仍被传为佳话。但是，这样一个王徽之，做着管马的官儿，却不知道管着几匹马、损耗多少，靠他治理天下，岂不是要坏事吗？

王徽之做官的糊涂任性绝不是个人问题，而是高门士族的风气。这种好为玄虚、不务实事的风气，在北方就已经兴起；仓皇南渡之后，不但没有收敛，反而愈演愈烈，成了高门士族的一种文化标志。玄风扫荡之下，衡量人物的标准发生了强烈变形，精明强干会办事、不怕麻烦、有责任感、遵守规矩礼法带上了负面色彩，不懂、不会、不知道、不守规矩，反而成了高级范儿。跟个别人的放荡相比，标准的异化才是最可怕的，它意味着底线的撤退，是非的倒置。后世的政治观察家，看到本朝风气滑坡，常常会大声警告，说现在有西晋的模样了，再这样下去，就要亡国了！

标准的异化导致高门士族整体素质大滑坡。琅琊王氏的王敬弘当了四十年官，一直当到宰相，竟然看不懂审案文书，还不以为耻，反以为荣。还有更荒唐的：会稽虞氏的虞啸父做门下侍中，皇帝问他，你在门下省，怎么一直没见你有什么献替呢？“献替”就是提意见，是门下侍中最基本的职掌。可是，虞啸父只听懂了个“献”，以为皇帝要让他进贡家乡的海产品，就回答说，现在天气还比较热，鱼干和虾干都还没晒好，等过些日子我肯定会献给陛下的。

高门士族人才凋零，最终导致皇权与门阀共天下的小圈子政治的破局。破局的过程一波三折：权力先向皇族回归，高门势力受到排斥；接着在高门士族的鼎力支持下，谯国桓氏的桓玄篡位，建立楚国，试图恢复小圈子往日荣光；最后刘裕推翻桓玄，建立刘宋，政权落入低级士族之手，高门彻底靠边站了。

在这个过程中，士族的致命弱点暴露无遗——他们不重视军事，鄙薄武将和军人。武将在他们眼中就是当兵的，是可以利用的小人，绝不会去尊重。至于高门自己，也可以充当军事长官，但是必须表现出一种武事虽贱，为了效力君主，不得不暂时屈尊为之的状态。比如淝水之战，宰相谢安在建康下棋，坐待“小儿辈破贼”。在前方指挥破贼的谢家儿郎谢琰，也算是有军事才干的了，可淝水之战后，便长期做文官，对军事越来越生疏，后来受命征讨，就再也没有像样的功绩了。事实上，淝水之战的胜利包含了诸多偶然因素，本来前秦内部已矛盾重重，秦兵从淝水岸边后撤的时候又发生了混乱，给了晋兵可乘之机。所以淝水之战，与其说是谢家子弟打得漂亮，不如说是苻坚乱了方寸。而陈郡谢氏还是东晋几大高门之中比较重视军事的。

高门士族还有一个更为致命的弱点，那就是格局不够大，缺乏全局意识和战略眼光，而他们本来是注定要领导国家的。东晋末年被高门推出来重振小圈子荣光的桓玄，就是这样一个没有大格局的领袖。第一，他“制作纷纭，志无一定，变更回复，卒无所施行”。就是什么都想做，但又没个准主意，老是翻来覆去，最终什么都没干成。第二，此人处事，分不清轻重缓急，为人苛刻小气，喜欢自夸……芝麻大点儿的小官小吏也要自己任命，诏令一道接一道发出去，底下管事儿的部门应接不暇，可是国家的大政方针还不知道在哪里，各地各部门报上来的案卷文书都堆在那儿不管，他却浑然不觉。第三，这个人的原则是以小我为中心，贪婪自私，都得了天下了，听说谁有好书法作品、好画，谁家的园林美、宅子漂亮，一定要假装跟人家赌博，把它赢过来，尤其对珍珠美玉爱不释手。最后还大兴土木，满足私欲，引发朝野骚动。余嘉锡先生对桓玄的评价最精当：“盖是杨广、赵佶一流人物”，聪明风流有才华，但桓玄跟这两位的角色差太远了，“但彼皆帝王家儿，适承末运”，但是杨广、赵佶都是皇帝的儿子，正好赶上了亡国之运，折腾折腾很正常，“而玄乃欲为开国之太祖，为可笑耳”，可是桓玄竟然（以如此之资质）想要做开国的太祖皇帝，实在是可笑。最终，桓玄给低级士族开了道。

桓玄的可笑就是那个高门士族小圈子的可笑。东晋 104 年，一百年四代人，到桓玄代晋才三代，就已经堕落至此。因为种群规模太小，基因单调，自我封闭，缺乏竞争，衡量人才的标准失衡，重玄谈不重实干，又享特权，默认每个男孩生下来注定要飞黄腾达，谁会努力？自取灭亡，说的就是这种小圈子政治。“门阀”的“阀”本来指功劳，“阀”与“阅”连用，指功劳和资历。一个人凭借功劳和资历得到升迁，这本来是官僚制度的规定。后来“阀”与“门”相连，变成了“门阀”，“门”就是门第，祖先的阀阅变成了子孙后代做官的凭据。门阀政治，因缘时会，可兴于一时，却不能长久，只是帝制时期官僚政治发展中的一个插曲。[1]

唐后期的升迁高速路

我们从一个王朝后期的历史里，常常会读到当时人对制度弊端的种种批评。同样的制度，在王朝的前中期运行良好，到了王朝后期忽然就“不灵”了。这种不灵，有的是因为世异时移，形势变了，制度没有跟上；有的是因为制度本身已坏——背离了它的设计意图或者初衷。比如，初衷是要防止权力跑偏的批评纠错机制，到后来却变成了权力的爪牙；又比如，初衷是要为国家遴

1 祝总斌：《试论魏晋南北朝的门阀制度》《试论东晋后期高级士族之没落及桓玄代晋之性质》，见《材不材斋史学丛稿》，中华书局 2009 年版，第 155—230、257—282 页。

选德才兼备的优秀人才，到后来却变成了按门第出身任用官员。很多时候，搞坏制度的，正是那些处在制度上层，在制度中已经享尽好处、贪得无厌的高级官僚。

这样说的前提，是我对帝制国家利益结构的基本认识。第一，在帝制中国，皇帝、官僚和老百姓构成一个朝廷国家，古人说的“江山社稷”就是这个朝廷国家。朝廷国家有它的整体利益，这个利益就是长治久安。长治久安最上层的内容是皇帝延续统治，最下层的是老百姓丰衣足食。它具有上下兼顾的整体性。第二，朝廷国家具体体现为一家一姓的统治，因此，皇帝的根本利益与朝廷国家的利益基本一致。就本质而言，皇帝没有私利。当然，这绝不是说皇帝大公无私，而是说皇帝以天下为家，大私为公。第三，官僚集团的利益与朝廷国家的利益不尽一致。官僚本应服务于皇帝和朝廷国家的利益，但是，传统社会的忠臣首先是孝子，官僚虽然不会公开宣称家族利益高于朝廷国家的利益，但是家族利益在他们的选择中始终占有极其重要的地位，而官僚的家族利益与朝廷国家的利益可能会发生冲突。因此，官僚会利用手中的权势改造制度，让制度服务于家族利益和小群体的利益，从而对朝廷国家的利益构成实际上的侵蚀。当然，能够这么做的，首先是那些有权有势的高级官员。

下面，我们来看看官僚利益如何改造制度，让它服务于家族和小群体的私利。以我做过的一个研究为例，来看看唐朝中后期的高官是怎样“因地制宜”地为自家儿孙打造一条“升迁高速路”的。

唐朝中期以后有一个很有意思的现象，出现了新旧两套职位体系。一套是原来就有的，在中央是三省六部九寺五监，在地方是州县两级地方政府。还有一套是新出现的，主要集中在军事和财政两个领域，也是中央和地方都有，它们构成了唐朝国家机器非常重要的组成部分。在新体系机构中，大家最熟悉的就是节度使，那是唐代中期以后统帅边防军、维护国家安全最重要的力量。新体系机构提供了大量新职位，比如节度使的幕府班子，人数众多。

唐后期这两大职位体系的并立，对官员个人的发展和朝廷的人事管理都提出了挑战。一方面，新体系用人制度相对灵活、俸禄待遇优厚，这在一定程度上影响了官员个人的职业选择。朝廷与藩镇之间出现了人才争夺战。有一个时期，京城里的各个衙门甚至找不到合适人选，位子空出来也无人可补，那些有才能的人都去了地方与藩镇。某人从正四品上阶的尚书左丞贬到外地去做正四品下阶的歙州刺史，明明降了一级，可是全家都很开心，只恨降级降晚了。还有幕府僚佐得罪了节度使，节度使不开心，怎么办？干脆推荐这人进京当官。出现这一奇怪状况的原因很简单，当时官员的工资待遇是这样分布的：最高的是藩镇系统，地方官系统次之，京官的俸禄水平最低。那么，政府该怎么办？

唐朝政府一方面要鼓励优秀人才“出得去”，进入新体系为国效力；另一方面又要保障这些优秀人才能够“回得来”，在新旧体系之间根据朝廷国家的需要自由流转。“回得来”的问题比较好解决，通过政策调整，提高京官俸禄，大大提升了旧体系的吸引力。只要俸禄丰厚，谁不愿意在辇毂繁华的都城工作和生活？更何况，官僚集团中的最高职位都在旧体系中。

在解决“出得去”的问题上，唐政府的做法是：给每一个进入新体系的官员一个旧体系之下的职位头衔作为级别标志。这个职位的品级要高于官员原有的职务级别，比如原本是从七品上的官员，出去的时候可以带上从六品上的头衔。这个头衔不白带，等到此人在新体系中的工作结束，奉调还朝的时候，他那个从六品上的头衔可以从优兑换成旧体系下的新职位。而且，唐王朝还给这些曾经下去锻炼的官员建立了特殊的荐举提拔制度。这项制度设计，我们可以简单地理解为“挂职锻炼”。

“挂职锻炼”成了官员升迁的加速器。在旧体系之下，官僚升迁的常规是论资排辈熬年头。新体系则不管这些，比如节度使的幕府，只要具备了基本的官员资格，节度使推荐，报中央备案就可以了。因此，一个官员通过荐举进入藩镇幕府，在服务藩镇的同时获得了较高的级别，实际上就摆脱了论资排辈，把一大票同辈甩在了身后；而当他从藩镇回归中央之时，较高的级别又可以兑换成相应级别的实际职位，等于是更上层楼。经过“挂职锻炼”的官员可以相对容易地升迁到中央政府的中层乃至高层职位。

“挂职锻炼，加速升迁”，既出得去，又回得来，实现了人才在新旧体系之间的流动，满足了国防、财政等新兴部门对人才的渴求，同时，又将新体系下人才的迁转纳入整个官僚体制运行轨道中，保证了国家用人制度的连贯性和完整性。

制度虽好，但是很快就被高级官员玩坏了。朝廷规定的是中央官挂职地方，服务满两年才可以作为特殊人才得到提拔。可是那些高级官员子弟从中央领了任命，到地方虚晃一枪，没过几个月就脚底抹油走了，到时候照样作为特殊人才得到提拔。又比如，朝廷规定，新科进士授州县佐官，任职不满两年不得入节度使幕府。但是，高级官员子弟带着州县佐官的头衔进入幕府，“两请俸料”，一个人占两个位子，领两份薪水，还要享受“挂职锻炼”的升迁便利。

高级官员集团为子弟所做的安排不止“挂职锻炼”这一条，它是一整套的，从科举就开始了。唐朝科举的录取是允许人为操纵的，还没考试，第一、第二就已经排好了。不是高官子弟或者得不到达官显贵的推荐，根本不可能考中。接下来就是“挂职锻炼”，考中科举之后，这些新进士就或真或假地下去“挂职锻炼”，镀金镀银，不走寻常拥挤路，回来就可以很快升上去，占据中央政府的重要职位，直到宰相。

于是，在唐代后期就出现了这样一条高官为自家子弟所开辟的“升迁高速路”。通过这条高速路，高官子弟仍然保持了较高官位。这些家族的权力、地位和唐中央绑在一起，更准确地说，唐中央被他们绑定了。但是，“挂职锻炼”的制度却被他们破坏了。唐中央开辟“挂职锻炼”通道的初衷，是要在新旧职位体系之间实现人才的沟通与共享，让新旧体系成为一个整体。但是，高级官员对家族利益的追求却造成了恶劣的后果，那些有办法通过“挂职锻炼”通道获得快速升迁的官员，其实多半没有“挂职锻炼”的经历，他们是假挂职，真升迁。

而那些真正在地方，特别是在藩镇老老实实服务的基层官员，却很少能获得进入中央工作的机会，完全变成了地方性的官员。比如，柳宗元提到过一位马君，做了超过四十年的官。在这四十年中，他辗转于广西、广东、江西、湖南等地，做的都是新体系下的节度使幕府僚佐，一辈子没能进入中央。马君七十岁告老还乡，深感怀才不遇，感叹说，当官当了四十年，也没混上个像样的官。这位马君的遭遇绝非个例，它具有强烈的时代特征：进入中央获得升迁的道路已经被高官占据，普通家庭出身的人，如果没有出众的文名和有力的奥援，就只能采取地方性的个人发展策略，把自己的前途和节度使绑在一起。

“挂职锻炼”制度本来是一座桥，把新旧职位体系联成一个整体，具有维护国家统一稳定的作用。“升迁高速路”的营造，

图三三：莫高窟第一五六窟壁画 晚唐 《张议潮统军出行图》

《张议潮统军出行图》位于敦煌莫高窟第一五六窟，属于晚唐壁画，描绘的是唐代敦煌地区最高统治者张议潮统军出行的盛大场面。该壁画具有颇高的艺术和史料价值。整幅画绘有两百余人，出行队伍旌旗招展，声势浩荡，显示出节度使统辖下的部队严整的军仪和威武的士气。鸟瞰全图，中间穿插了乐队与舞伎，更显画面的浩大与生动。

让高级官员集团垄断了中央职位，断绝了新体系中下层官员回到旧体系的希望。归来无望的新体系官员于是紧密地团结在藩镇势力的周围。以高官集团为核心的“中央官”与以藩镇为核心的“地方官”分裂成了两个群体。这种分裂，加剧了藩镇的割据，削弱了唐中央的统治基础。这个过程背后的推动力，就是高官集团的私心。私心凭借权势改造了制度，也为自身的灭亡挖好了坟墓——覆巢之下，焉有完卵?

当唐中央走向灭亡，那些为家族利益算计得无比清楚的高官集团也随之失去了权势。取代他们的，正是那些追随藩镇的地方官。

科举时代的中华梦

我对“中华梦”的粗浅理解是这样的：一个人，无论家庭出身多么平凡，只要他足够努力（运气也不能太坏），就可以通过某种公开、稳定、制度化的通道实现自身和家族社会地位的提升。按照这个标准来衡量，从宋朝开始，帝制中国是真有“中华梦”的，把梦想变成现实的制度通道就是科举考试。“朝为田舍郎，暮登天子堂”就是科举时代“中华梦”夸张而生动的写照。

我说的是科举时代（而不是科举制度）始于宋朝，作为新型选官制度的科举始于唐朝。有人会讲，不对啊，科举不是从隋朝开始的吗？当然，认为科举制度肇始于隋朝的说法也有，只是衡量的标准不同。说始于隋朝的是把“分科取士”，特别是进士科的出现，作为科举创立的标准。这个标准所用的指标虽然没错，但相对表面化，没有抓住科举制度的精髓。认为科举始于唐朝，则是把“允许自由投考而不是全靠地方政府举荐”

作为科举创立的标准，这个标准才真正抓住了科举制度的精髓。用考试的方法选官，汉代的察举也有。科举真正的创新之处就在于它开启了自由报名，在影响人才选拔的诸多因素中，家族门第开始后撤，个人的才学能力得以前进。

科举创立于唐朝，但是，从宋朝开始，中国才真正进入了科举时代。因为从宋朝开始，科举才有了影响、塑造甚至定义时代的意义。

首先，不论家世背景、标榜公平考试、择优录取的科举制度变成了帝国选拔官员的主流途径。较之于唐朝，科举的录取规模在宋代有了实质性的增长。唐代平均每年录取 70 人，宋代年均录取 360 人。数量增长带来的是官僚集团结构的变化。在宋代，科举出身的官员数量，虽然不能在整个官僚集团中占到绝对多数，但是他们占据着最为重要的文官职位，是国家的实际领导者，官僚集团的整体面貌由此得到改观。根据现代学者的统计，北宋有宰相 71 人，科举出身者 65 人，占 92%；副宰相 153 人，科举出身者 139 人，占 91%。曾经有文官得意扬扬地总结说，当今用人基本上都是靠文章：宰相大臣，文士也；皇帝身边的高级参谋，文士也；为国家理财的，文士也；边防大帅，文士也；天下转运使，文士也；各州的州长，文士也。这里的文士，可以简单理解为进士出身、文章写得漂亮的文官。

其次，科举开辟了一条向上的社会流动通道，个人可以通过读书应举获取功名，提升家族地位。以司马光的家族为例，虽然他们家号称是司马懿的弟弟司马孚之后，但是，堂堂西晋皇族后裔，在宋朝以前六七百年的时光里，却再也没有出过什么像样的人物，完全成了普通富裕农家。进入宋朝以后，有了开放的科举制度，司马氏才获得了新生。司马光的爷爷司马炫是

图三四：明 仇英《放榜图》（局部）

《观榜图》为明代仇英绘，卷轴，638 厘米 ×34.4 厘米，现藏台北故宫博物院。此图描绘了殿试后举子们争相观榜的场景和皇宫内举行庆典的盛况。画中人物刻绘细致，对观榜者的心理描绘入木三分：观榜者中有急迫地寻找自己的排名者，有名落孙山面露失落者，有不堪打击被人搀扶而出者，有金榜题名后按捺不住喜悦飞奔报喜者，还有只为看热闹的路人……场景刻画甚为逼真。仇英擅于观察与捕捉生活，能准确描绘出生活中生动细腻且能反映心理与精神层面的细节。全卷绘有 10 多座宫殿、房屋，500 多人，30 多匹马，1 头象。从人物着装、神情到屋梁、窗棂，画者都进行了细致描绘，把应考的文人期望中举的迫切心态刻画得极为生动。

家族中的第一个进士，可能因为去世较早，只做到了县令。接着，司马光的父亲司马池继续努力，再中进士，进入了高级官员的行列，为司马光的发展打下了深厚的基础。到司马光这一代，本来已经靠父亲的恩荫得到了一个官位，但是司马光坚持读书，考中进士，这才有了宰相司马光。如果司马光不中进士，基本上不可能有后来的成就。个人通过科举实现了自我价值的提升，家族地位也随之提高。

再次，高度开放的科举就像如今的高考一样，具有全民色彩。一定年龄段之内，所有中等以上家境的男子几乎全部投入科举——在同一个年份，有人刚刚开蒙读书，有人头悬梁锥刺股地用功，有人在赶考的路上，有人已经进入官场，正在春风得意处。受过良好儒家教育的读书人群体规模在不断扩大，他们构成了帝国更广阔的统治基础。考得上的当官，更多考不上的当老师，其余的只能在农闲时节教教村子里的顽童识字。然而，不管个人境遇如何，在这些科举相关人士有意无意的集体努力下，整个社会的识字率提高了，儒家的思想观念、行为方式也传播到了更广阔的地域和更广大的人群中，文化中国的同一性得到了增强。

最后，科举还影响到了社会生活的其他方面，比如择偶。在士族门阀政治的时代，选女婿看重的是门第。王羲之做了太傅郗鉴的女婿，传说是因为他潇洒豁达、满不在乎的态度——太傅派人来挑女婿，别人都打扮得风流倜傥，紧张得手心冒汗，唯独王羲之"在东床上，坦腹卧，如不闻"，在东床上躺着，露着肚子，就好像没听到这个消息一样。"坦腹东床"一说也对，但是这个故事有一个前提，郗太傅挑女婿是直接到琅琊王氏家里去挑的。王羲之再潇洒，若不是王家儿郎，也没机会雀屏中选。

科举时代选女婿，最看重的是科举成功。有权有势的人家从刚刚金榜题名的新科进士当中选女婿，这叫"榜下择婿"。"榜下择婿"走到极端是不管不顾的。有个笑话说，某新进士长得颇体面，稀里糊涂就被拉到某个高门大户人家。进了门，见一大官模样的人端坐堂上，问他，我有个女儿到了出嫁年纪，想要许配给郎君，不知意下如何？新进士作了一个揖，不慌不忙地说，多谢您的美意，但请容我回家跟妻子商量商量。选女婿竟然选到了已婚人士，这样的故事只有科举时代才会发生。书生赶考的奇遇，也成了中国传统故事里流传至今的非常重要

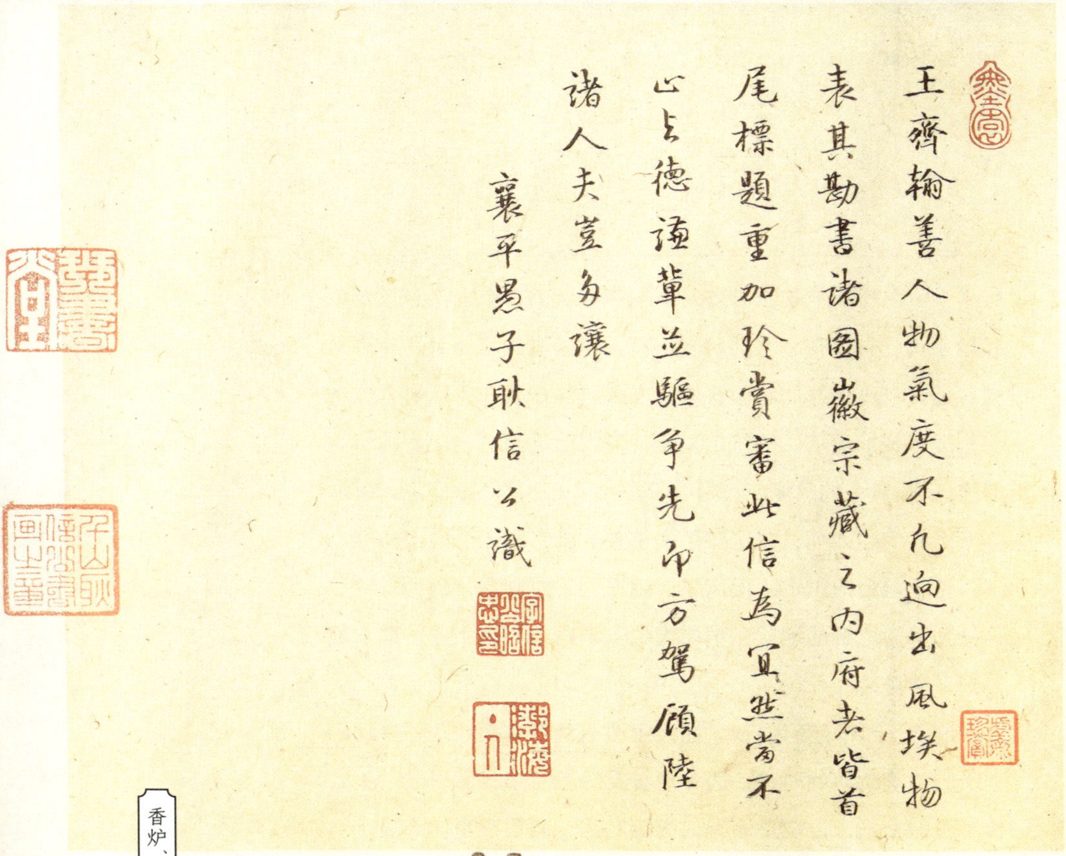

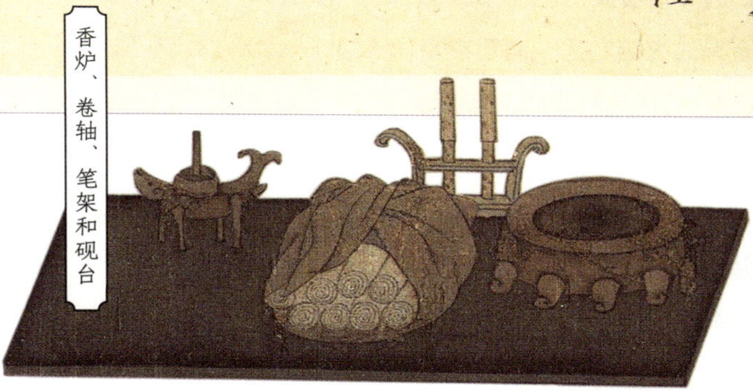

图三五：宋 佚名《槐荫消夏图》

《槐荫消夏图》，南宋佚名绘，绢本设色，28.8 厘米 ×25 厘米，现藏北京故宫博物院。“槐荫消夏”所展现的情景与“东床坦腹”有异曲同工之妙。画中高士双目微闭，一边掏着耳朵，一边将脚架在凭几上，好不惬意。旁边几案上摆放着香炉、卷轴、砚台等文房清玩，人物及背景的呈现勾勒细致。此图虽在书房里完成，却已传达出人在山水间的意境，既能让人感受到槐荫下消夏的悠然闲适，又能看出画家颇为深厚的画功。

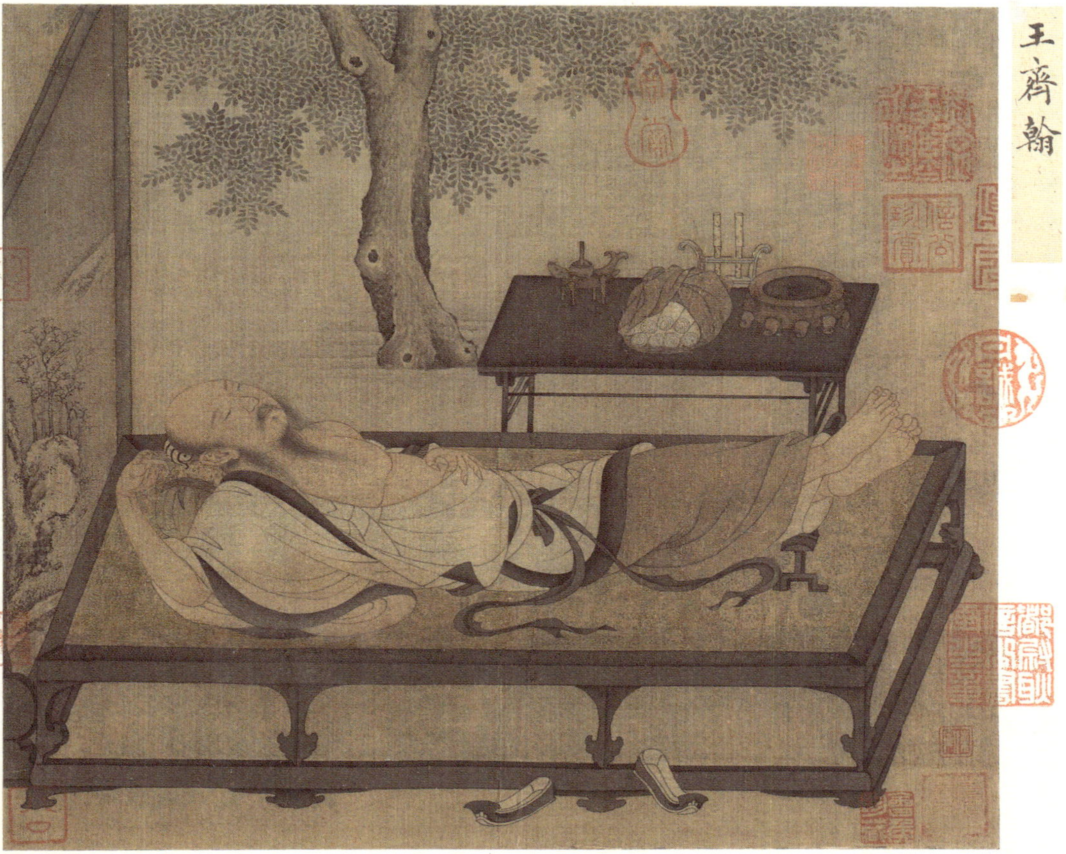

的题材。

从宋代起，科举不仅选拔官员，巩固政权，而且渗透性地影响到社会的方方面面，所以，我们才说中国由此进入科举时代。在元朝，由于蒙古统治者认识水平的限制，科举曾被暂停，但最终恢复。经元入明清，科举取士绵绵不绝，一直是帝国最重要的人才选拔制度。尽管近代以来，人们常常会责备科举阻碍了现代科学技术在中国的出现，但是总体而言，我们还是要承认科举曾经起过的种种正面作用。自宋代以来，“科举至少造就了一个无论从个人德行还是从文化素质上都相对优秀的管理阶层，个人不是通过他的血统、财富或社会关系，而是通过他的文史才能获得首次升迁”。

跟唐代相比，宋代在科举方面究竟进行了哪些制度创新?

唐朝的科举其实是荐举与考试相结合的。达官贵人的推荐、考生的名气和社会关系，在科举的录取中都发挥着重要作用。考中之后，也只是获得了一个做官资格，还不能直接做官，要想获得一个职位，不仅要等，还要求人。所以，唐代考生的必修课之一，就是拿着自己的诗文去拜谒权贵，这叫作“干谒”。杜甫那么骄傲，在屡考不中之后，也不得不加入干谒者的行列，他甚至还求过杨国忠。“朝扣富儿门，暮随肥马尘。残杯与冷炙，到处潜悲辛。”（杜甫《奉赠韦左丞丈二十二韵》）说的就是求官者的辛酸，这首诗本身也是一首干谒诗。在唐朝的制度文化中，干谒是必需的，因此并不丢人。到了宋朝，考生就完全不必拍达官贵人的马屁了，考不考得中，全靠自己一支笔。清朝人钱谦益特别同情杜甫，认为不能拿宋朝人的标准来要求唐朝人。读书人在权贵面前能够昂起头来，要靠科举的制度创新。

宋朝人在考试技术上的进步已走在了世界前列。大家今天能够想到的防止作弊的技术，宋朝就已发明出来了。第一，锁院。考官人选临时确定，任命一旦发布，立即把考官隔离起来，出题、阅卷都是在封闭环境中进行，录取名单出来，考官才得自由。第二，糊名弥封。也就是密封试卷，考卷的卷头写着考生个人信息的部分，用纸糊起来，然后编上号。若是高级别的考试，还有第三项技术誊录，糊名弥封的试卷编上号以后，交给专门的抄书手用统一的纸墨、统一的字体抄一遍，考官看到的不是原卷，而是誊抄本，所以想通过笔迹作弊，或者在卷子上做个记号，门儿都没有。阅卷完毕，确定排名，然后根据编号回到原卷，打开卷头，这才知道谁独占鳌头，谁金榜题名，谁名落孙山。欧阳修做主考官，看到一份卷子极为赏识，以为是自己的高足曾巩所作，为避嫌，特地放在了第二名，后来打开密封才知道不是曾巩，是苏轼。这样的故事只能发生在宋朝；唐朝还没开考，名次就已经定了。

制度创新使得科举摆脱人情因素的干扰，实现了择优录取。用欧阳修的话说就是，“无情如造化，至公如权衡”。但是归根结底，科举毕竟是为国家选拔官员的制度，单纯追求卷面成绩，实现了考场中的公平，却带来了新问题，比如考试是没有办法考德行的。那么科举时代，该怎样克服科举的弊病？

开放式政府的三大难题

至此，我们已经看到了帝制时期两种不同取向的人才选拔模式。一种是在士族门阀制度下，门第至上，家族决定个人；一种是在科举制度下，不论出身，考场能力至上，个人决定家族。

这两种人才选拔模式所形成的官场生态大不相同。士族门阀制度形成的是“小圈子政府”，熟人官场。官场之中，每一个人的家世渊源、家族风范，以及个人的脾气秉性，大家互相清楚，彼此知根知底。在这样的官场之中，道德约束的力量是强大的，祖先荣光、家族门楣、熟人朋友的评价，都会对一个人的行为构成约束。有个特别好玩的例子，东晋初年，刚刚南渡，高门士族的日子也有不好过的。太原王氏的王述家里很穷，就自告奋勇出来当了个县令，上任之后大肆收受贿赂，改善生活条件，被上级纪检部门查出来一千三百多条问题。宰相王导就派人去跟他说：以你这么高贵的出身，还怕没钱吗？如今屈尊管理一个小县，实在是不合适啊。王导的劝说堪称委婉的典范，给王述留足了面子。王述回答说：“足自当止。”等我拿够了，就不贪了。当时人都不信。可是后来，王述做了多任地方长官，都无比廉洁，而且还把所得俸禄分发给亲朋故旧，自己家的房子家具也没有再换，都还是当县令时用收受贿赂的钱置办的。综合王述这一生来看，他最初的贪污受贿，是生活所迫，不得已而为之的贪污，并非贪得无厌。都已查出一千三百多条问题了，王导也没有公事公办撤了王述。这样的故事只能发生在“小圈子政府”的熟人社会当中。圈子里的人在人格上彼此平等，所以要给对方留面子；列祖列宗在前，子孙后代在后，家族是要延续的，来路可知，去处分明，所以要对自己有节制。

相比之下，科举制度所形成的是“开放式政府”。它以客观公正、择优录取为最高原则，不论家族门第，全凭卷面定终身，根本不讲情面。考生之父、祖父是谁，填表时要填，但是原则上不影响录取。科举考试为官场源源不断地输入了新鲜血液，若换个角度来理解这种新鲜血液，其实就是“陌生人”。“君子不欺暗室”，只有至诚君子才能做到表里如一。对一般人在陌生环境中的道德水平，不能期望过高。

“开放式政府”“陌生人官场”，催生了许多新问题。这些问题从宋到清，贯穿整个科举时代。北宋是科举时代的开端，当时，华夏的政治文明仍然充满活力，精英阶层普遍相信制度创新的力量。在北宋，我们能够清楚地看到“陌生人官场”的弊端，也能够看到“开放式政府”为了改善人才状况所做的种种努力。

“陌生人官场”的弊端可以说是科举时代的先天不足。宋朝的科举考试，防弊技术之发达，基本上做到了“至公”与“无情”。但是，“至公”与“无情”的背面就是“不能核名实”，也就是说没办法知道这些考生的人品和其他方面的情况。考试能够考出来的只有个人的知识水平和写作能力，但是作为官员，仅仅有知识、会写文章显然不够。“不能核名实”，道德人品没着落，这是科举时代人才选拔的首要问题。

科举时代人才选拔的第二大问题，是考试内容带来的——你考什么，我学什么。考试是读书的指挥棒，功名利禄高悬的地方就是前进的方向，人性使然，古今皆未能免俗。宋初科举的进士科主要考诗赋，阅卷重点看是否合辙押韵，有没有技术性瑕疵；明经诸科主要考墨义，就是基于儒经原文和注释的问答题。两家都考贴经，就是大填空。这样一来，“士皆舍大方而趋小道”，读书人的复习重点就是背诵儒家经典和练习写作诗赋。这些知识和写作技能当然是有价值的，也的确能考察出一个人的智商和学习能力，儒家经典中所蕴含的也是治国平天下的道理和原则；但是，仅凭死记硬背与文辞华美是当不了好官的。所以，科举选出来的人，“虽济济盈庭，求有才有识者十无一二”。“不能尽人才之用”，考试所追求的不是国家真正需要的，这是科举时代人才选拔的第二大问题。

科举时代人才选拔的第三大问题，是由“开放式政府”带来的。科举打破了小圈子对官僚职位的垄断，向更广大的人群敞开了做官的机会。以开放的心胸广泛吸纳人才是科举时代的本质追求。除了自由报名政策，科举时代还对偏远地区、教育落后的边疆地区实行录取名额的优惠政策，以保障这些地区的向心力。但是，科举的录取规模一旦放开，是不能回缩的。因此，“开放式政府”必然会产生人才供过于求的问题，进入官场的官员数量越来越多，大大超过了国家机构所能提供的职位数量，出现一个工作机会两三个有资格的人排队的现象。

针对上述三大人才问题，北宋政府也提出了相应的解决措施。

第一个问题的对策是兴建学校，以学校辅助科举。按照1041年范仲淹庆历新政的改革思路，第一，在全国范围内，州一级地方普遍设立官学，县一级具备条件的也可以设立官学；第二，学籍与考试资格挂钩，规定所有考生在官学学满一定期限，才能参加科举考试，改革之前就已经投考的旧举人要学满一百天，新举人要学满三百天；第三，学籍与户籍挂钩，所有考生必须在户口所在地的官学学习。在这些规定之中，蕴含着重建熟人社会的努力。兴建学校的努力贯穿了整个北宋中后期的历史。到北宋灭亡之前，在几代人的努力下，宋朝建立了一整套教育体系，从地方州县学一直到首都的太学。北宋甚至一度取消科举，直接用系统化的学校内部分级考试来选拔官员。而这套系统的完善，要归功于著名的荒唐皇帝宋徽宗和著名的奸臣蔡京。

针对考试所追求的不是国家真正需要的这一问题，北宋在考试内容上进行了不断调整。比如最重要的进士科，先前重在诗赋，兼考背诵。庆历新政取消了背诵内容，降低了诗赋在录取中的权重，把重点放在了“策”和“论”，鼓励考生扩大阅读面，增加对现实问题的思考，把书读活，以文章经纶天下。虽然仍然是用笔墨文章取士，但是考试内容变得更灵活、更关注现实了。所谓“教以经济之业，取以经济之才”，“经济”的意思就是经邦济世、管理国家。

1040年到1050年，也就是宋仁宗朝的中后期，出现了一批既有创新思想又有非凡行动力的教育改革家。比如胡瑗，他在湖州州学任教官，把学校分为“经义”“治事”二斋。经义斋研习儒家经典，应当是所有学生的基础必修课。治事斋是专业课，分为治民、讲武、堰水（水利）、算历（天文历法）

等科目。每个学生都要选一个主要专业方向和一个次要专业方向。胡瑗的教学具有强烈的实践性，他鼓励学生走出书斋，去接触大自然和社会。他曾经亲率学生出游，登潼关，望黄河，远眺华山、中条山。他说，这才可以说是山川形势啊，学者怎么能不出来看看呢。胡瑗的做法，千载之后仍然令人神往。

前两大人才问题主要与科举考试有关，相对而言，还是比较容易解决的。第三大人才问题是供过于求，既不能直接裁人，也不能轻易降低录取规模，这是“开放式政府”所必需的。所有官员由中央管理，人多带来的第一个麻烦就是怎么管，管不过来怎么办。宋朝的解决办法自唐朝后期延续而来，很简单，论资排辈，大家一起熬年头。可是这样一来，人事管理就背离了官员选任的初衷。选任的初衷是行政效率，论资排辈的着眼点是管理上的便利，至于选出来的人是否符合职位的需要，是否合格，论资排辈管不着。论资排辈解决了人多带来的选任困难，却牺牲了行政效率。于是以荐举制来解决——所有关键性的级别升迁、重要职位的人选，必须有人推荐。

推荐信成了官僚生涯的助推器，荐举的重要又带来了新问题。对很多人来说，官僚生涯最重要的一个关口就是幕职州县官升京官，这两个作为级别标志的名词都是宋朝特有的，跟在哪儿工作没关系，大家可以简单理解为从低层升入中层。升上去，待遇、前途都能更上层楼。可是要过这一关，五封推荐信是必需的。对那些家世背景强大的官僚子弟来说，这五封推荐信简直易如反掌。但是，对那些草根出身的第一代官员来说，就比登天还难了。苏轼曾经不无夸张地开玩笑说：如今这人，为了得到一封推荐信，杀人都敢干！杀人未必敢，可是低声下气地求人是一定要的。当时人讽刺说，低级官员求人写推荐信，跟乞讨的人要钱如出一辙。要钱的人说，大爷行行好，我这孩子看病就差五个钱了！你给了他，过十日再去看，还是差那五个钱。低级官员求人写推荐信也如此：我这五封推荐信，就差一封了，还请大人成全！

倘若出于公心，推荐制度可以弥补论资排辈的不足。但是，即便出于公心，推荐制还是对有背景的人更为有利，这是千古不变的道理，不能苛责。应当追求的是制度的公平和执行的公开透明。

选任集权的利与弊

央地关系问题的一个重要内容，是地方政府人事权力的分配问题，也就是说，中央与地方，究竟由谁来掌握地方政府的人事任免权力。当地方政府的人事任免权力主要由中央掌控，这就构成了选任集权；反之，则构不成选任集权。就历史事实来看，帝制中国的选任集权其实是到了隋朝才实现的。也就是说，以隋朝为界，帝制中国地方官的选任可以分为两大阶段：隋之前的八百年，秦汉魏晋南北朝，地方政府基本上享有本地官员的人事任免权，选任集权缺席；隋之后的一千三百多年，中央基本独占了地方各级官员的任免权，选任集权在场。

通常的观点认为，中央集权是帝制中国一以贯之的统治目标，而选任集权则是实现中央集权的重要手段。所以，历史课本致力于挖掘和描述中央集权不断加强的线索。这种观点没有错，但是从根本上说，中央集权只是帝制国家的外在目标或者说治理手段，中央控制（防止分裂，保持统一）和地方的有效治理才是帝制国家的内在目标或者说永恒追求。这样一来，在讨论选任集权的问题上，我们就获得了一个新的有实际意义的观察角度——中央控制与地方治理的有效性。那么，前八百年，选任集权的缺席是否意味着中央有效控制的不足？后一千三百年，在选任集权的背景之下，是否意味着中央控制与地方治理的有效增强？

先看秦汉魏晋南北朝的前八百年。以汉代为例，这一时期典型的人事制度模式是：中央任命郡、县两级的地方长官和佐官；地方政府的其他官员均由地方长官从本地人当中选拔任用，这叫作“辟除”。1993 年，江苏连云港出土了我国最早的郡一级行政文书档案——西汉东海郡的吏员考绩簿。24 方木牍、133 只竹简上所承载的 40 000 余字，呈现了有关东海郡政府组织的珍贵的第一手资料。根据这些资料，学者研究发现，西汉东海郡郡一级政府的两大机构——太守府和都尉府加起来，正式编制 39 人，实际在职人员 107 人，超编 68 人。其中，由中央任命的职位只有 4 个，占总编制的 10.2%、实际在职人员的 3.7%。这 4 个职位就是太守府的长官太守和佐官太守丞，都尉府的长官都尉和佐官都尉丞。

东海郡的例子代表了这八百年间地方政府的人员和权力结构：由中央任命的外地人官员居于领导地位，但数量极其有限，属于绝对少数；由地方长官辟除的本地人官员居于从属地位，但占据绝对多数。在这种人员和权力结构之下，地方行政实际上实行的是长官的“元首负责制”，“无论是县令长还是郡守，都有专任一方之权，对一地事务负有全权之责”。由于越来越严格的避籍制度，长官往往是外地人，单车赴任，除了朝廷的权威，别无仗势，必须依靠“生于斯，长于斯”的本地下属进行统治。在史料当中，我们偶尔能够看到本地人下属给外地人长官下马威的例子。比如，京兆（今陕西西安）杜陵人朱博被派到山东担任琅琊郡太守。到任之后，他发现几位最高级别的属官都没有来拜见，问为什么，说是病了；再问，说是本地习俗，每当新太守到职，都要先派专人去慰问，然后这几位德高望重的才有面子出来做事。朱博闻言大怒，胡子都立起来了，拍着桌子说，我看你们齐国人还真想把这样的不正之风变成习俗吗？然后立即下令全郡属官集合，当场选拔可用之才，下状委任。那几个没病找病的高级属官统统罢免，被轰出了府门。“郡中大惊。”

朱博遇到的应当属于特殊情况。总体而言，中央委派的地方长官与本地官员之间是能够互相配合的。朱博能及时罢免装病属官，也表明了汉朝中央的权威和郡太守的权力。郡太守承担着承上启下、联结中央与地方的功能。作为中央向地方派出的最高代表，他负责传达、推行中央政令，维护中央的权威和利益。作为本郡的最高长官，太守负责选拔官员，组织政府；因地制宜，颁布地方性法规；管理司法刑狱，拥有包括死刑核准权在内的司法权；打击豪强，维护地方稳定；监督鼓励农业生产的发展。每到春天，太守都要亲自循行所辖各县，考察县政优劣，这叫作“行春”；到了年底，自县长以下的全体县官聚集郡守府，“课校其功”，进行面对面的业绩考评，成绩优异的上报中央予以嘉奖，成绩太差的，“于后曹别责，以纠怠慢也”，由本郡的相关部门进行申斥。西汉后期，丞相萧望之之子萧育担任扶风郡茂陵县的县令，年终考核排第六，漆县县令郭舜排倒数第一，应当受到申斥。萧育为郭舜辩护，扶风太守怒，说，你才排第六，勉强不受责罚，有什么脸面为别人说话？散会之后，太守下令，萧育接受申斥。萧育挥一挥衣袖，扬长而去。当然，像萧育这样有恃无恐的属于特殊情况。一般情况下，郡太守可以决定本地官员的命运，包括通过察举制向中央推荐本地人才。而这种推荐制度，开辟了地方人才进入中央的通道，实现了帝国范围之内在高层人才上的互通。

如果为汉代简单勾画一幅人才流通示意图，大致如下：在较低的郡县属官层级，人才在本郡范围内流通，本地人治本地事；在较高层级，包括中央官和州郡长官、佐官层级，人才在全国范围内流通，汉朝人治汉朝事。沟通上下两个层级的，就是察举制度。

在汉代这样的人员和权力结构下，当然无所谓中央的选任集权。由于地方长官拥有极高的自主权，地方政府又由本地精英构成，因此可以因地制宜，在不违反中央规定的前提下，制定符合本地情况的政策措施，实现高效的地方治理。那么，这种人员和权力结构，是否意味着中央有效控制的不足？从目前的研究来看，学界对于汉代中央控制的评价还是相当正面的。有学者这样描述汉代郡的功能："它虔诚地接受中央政府的各种指令，又忠实而迅速地将其传达到县乃至于乡里基层，使皇帝的旨意、帝国的政治信息，顺畅地由通都大邑传布于穷乡僻壤，从而将远离京师乃至数千里之遥的一个个乡里、一个个臣民联结起来，形成步伐整齐、完整统一、幅员辽阔的大帝国。"这种说法可能会有理想化的成分，但是它符合人们对汉代地方行政制度的总体印象。也就是说，在选任集权缺席的情况下，中央控制同样有效。

从隋朝起，帝制中国地方官的选任进入第二大阶段——选任集权时代。地方长官失去了辟除属官的权力，地方官一概由中央任免，实行任期制、避籍制，本地人原则上不得任官本地。我们以唐代为例，跟汉代做一个比较，就可以很清楚地明白选任集权是怎么回事了。唐代的州相当于汉代的郡，都属于统县政区。在郡一级，汉代的东海郡政府正式编制39人，由中央任命的官员4人，占总编制的10.2%。唐代最高级别的上州州政府的正式官员编制是76人，全部由中央任命，这就是绝对的选任集权。选任集权的出现，“乃中国政治史上中央集权之一大变革也”。

选任集权出现于隋，通常的解释是两个：一是从必然的角度说，中央要打击世族豪强对地方政权的垄断，必然要把地方官的选任权抓过来；一是从偶然的角度说，隋朝以前的北齐有个荒唐皇帝，因国库空虚就开始卖官，卖无可卖的时候，就把原本由地方长官辟除的职位也拿过来一起卖。皇帝的一时荒唐被固定成为惯例，到隋朝再用制度加以固定，就变成地方佐官的中央选任制度。这两种说法都有道理。我觉得还有另外一个原因，那就是隋王朝的性格当中具有强烈的制度建设倾向。这个短命的王朝创造了那么多的制度，比如对后世影响巨大的三省六部制、官吏分途制，以及地方佐官中央任免制。这种创造力简直可以媲美秦朝——同样短命，同样活力四射。

选任集权的确加强了中央对地方的控制，但是也带来了两方面的问题。

一方面，选任集权导致了选任制度的变质。选任集权为中央的人事部门带来了巨大的工作量，“大小之官，悉由吏部。纤介之迹，皆属考功”。大大小小的官员，都由吏部的吏部司负责选任；芝麻粒大小的业绩，也要由吏部的考功司核查。吏部成了唐代中央事务最多最繁忙的单位之一（另一个是管理财政的户部），不仅负责处理文书的胥吏数量巨大，而且整个机构都处在一种终年“笔头不倒”的状态。但是即便如此，以帝国幅员之广大，官员数量之巨大，吏部所能依靠的除了简单的面试，也只能是对文书档案的核实，很难胜任为官择人、优选劣汰的责任。为了实现选任集权的目标，维护官僚集团的稳定，选任制度逐渐发生了变质，从强调绩效、能力到强调学历、资历，论资排辈成了最稳妥、安全的选任标准。选任背离了初衷。

另一方面，选任集权导致了地方治理的日趋疲软。选任集权是和官员的任期制、避籍制联动的。官员队伍不断膨胀，职位供应越来越紧张。为了扩大职位的供应量，就不得不缩短任期，官员在地方上工作的时间越来越短。哪怕是一个有理想的官员，也根本没办法熟悉地方情况，做出符合本地实际的决定。比如宋朝的王安石，算是中国历史上最有雄心、能力最出众的政治家了。他做常州知州，刚一到任就搞了一个大型水利工程，结果怎么样？十个月之后，王安石奉调高升，工程烂尾，工地上出现了人员伤亡，老百姓怨声载道。王安石后来总结教训，抱怨天公不作美，抱怨上级、下级不配合，却不肯做一点自我检讨。实际上，在当时很多人看来，应该负主要责任的正是王安石自己，情况完全不熟悉就忙着开工。王安石有个好朋友，就曾经写信批评王安石是“初不能无意”。这句话王安石是非常在乎的，专门回信去辩白。“初不能无意”就是“有意”，“有意”什么？“有意”创造政绩。

选任集权制度下，地方官忽视地方利益，片面畸形追求政绩，成了一种新病症。原因很简单，选任集权制度下，地方官中央化了——不管工作地点怎样僻处一隅、远离首都，他们在本质上都是中央派出的官，他们的升降浮沉都是由中央所决定的。因此，在中央化了的地方官的心中，皇帝、中央、朝廷的意愿永远是第一位的，本地的利益则是第二位的。像欧阳修这样走到哪里都安

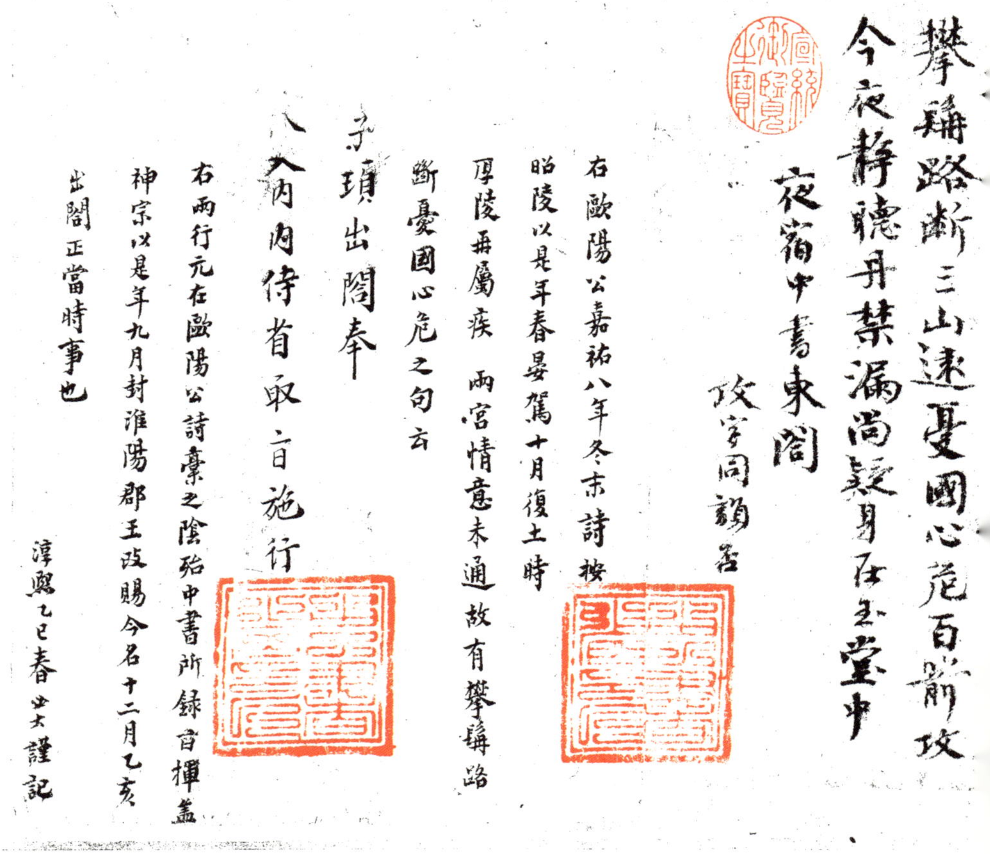

图三六：北宋 欧阳修 《行书自书诗文稿卷》（局部）

《行书自书诗文稿卷》，欧阳修书，纸本，66.2 厘米 ×30.5 厘米，现藏辽宁省博物馆。此卷诗文稿包括《欧阳氏谱图序》和《夜宿中书东阁》七律一首。从跋文可知前者作于作者四十九岁，后者作于作者五十七岁。《欧阳氏谱图序》载："自唐末之乱，士族亡其家谱，今虽显族名家多失其世次，谱学由是废绝。而唐之遗族往往有藏其旧谱者时得见之，而谱皆无图。岂其亡之？抑前世简而未备欤？因采太史公《史记·表》郑玄诗谱……上自高祖，下止玄孙，而别自为世……此谱图之法也。"后附《夜宿中书东阁》："翰林平日接群公，文酒相欢慰病翁。白首归田徒有约，黄扉论道愧无功。攀髯路断三山远，忧国心危百箭攻。今夜静听丹禁漏，尚疑身在玉堂中。"稿卷行笔轻快，笔韵流畅，虽出现多处涂改，却更显朴素自然，无丝毫雕琢之痕。

静踏实地做事，不一味地追求政绩，只管当地老百姓需求的官员，简直凤毛麟角。

当地方利益遭到了忽视甚至践踏，其实就很难说这样的地方治理是有效的了。选任集权对于地方治理的影响，恐怕还是消极面多一些。如果我们反观汉朝，在没有选任集权的时候，也能实现中央的有效控制，那么选任集权的价值就值得推敲了。但是，选任集权却持续了一千三百年。那么，追求选任集权的帝制中国是陷在了制度自身发展的惯性之中无法自拔，还是迷失了作为政权应当追求的目标？

利益配置的矮化与隔离

分类是管理制度的进步，然而，在传统中国，每一次大分类的产生都伴随着对某一群体的矮化和隔离，制度中所透露出的文化，耐人寻味。

如何对待功臣？

《史记》记载，陆贾常常在汉高祖面前赞美诗书。高祖觉得聒噪，就骂他："乃公居马上而得之，安事《诗》《书》！""乃公"就是"你老子"。司马迁叙事生动，意思是：你老子我骑在马上打下来的天下，要《诗》《书》有个屁用！陆贾反问："居马上得之，宁可以马上治之乎？"汉高祖虽然没文化，但是有见识，"不怿，而有惭色"，终于还是俯下身来，倾听陆贾总结秦亡汉兴的历史教训。[1]"马上得天下，不可以马上治之"也因此成为后世天下初定之后、文治转型之际必然要引用的典故。帝制中国历史演进的基本模式是朝代更替，朝代更替多数靠武力达成。靠武力打下来的天下，不能靠武力治理；要想实现长治久安，新王朝必须迅速实现文治转型，用文官，兴教化，修制度。问题在于，当武力集团的首领顺利登上皇帝宝座，想要"下马"治天下的时候，那些曾经为王朝的建立立下汗马功劳的武将、军人该怎么安排？这是一个有关利益配置的顶层设计问题，也是一个超越断代乃至国界的共性问题。

中国人看历史，特别重视"兴亡之际"。"际"指时间的交界。"兴亡之际"也就是新旧两个朝代、两种政治力量交替之时，是旧的灭亡、新的兴起的过程。在这个过程当中，一幕幕惊心动魄的故事接连上演，亡国之君的荒淫残暴，开国君臣的文韬武略、励精图治，你来我往的斗智斗勇，人物性格鲜明，情节跌宕起伏。

1 参见［汉］司马迁撰，［南朝宋］裴骃集解，［唐］司马贞索隐，［唐］张守节正义：《史记》卷九七《郦食其陆贾列传》，中华书局1982年版，第2699页。

所有这些，既是官修史书的叙述重点，也是民间记忆的主要内容。凡有井水饮处，谁没有看过《三国演义》《隋唐英雄》，听过《水浒传》《说岳全传》？

然而，如果仔细追究，就会发现，所有这些对“兴亡之际”的关注，其兴奋点基本都是在“兴亡之迹”上。中国人关注“兴亡之际”的历史，主要关注那些具有特殊性的人物和事迹，极少深入观察那些隐藏在表面事迹之下具有共性的东西，从中思考具有根本性的政治原则。

我这样说，定然会有人不服：谁说传统趣味不关注共性？“天道无亲，常与善人”“靡不有初，鲜克有终”“得民心者得天下，失民心者失天下”，这难道不是具有共性的政治原则吗？没错，把民心、天命与统治的合法性、王朝的兴亡联系起来，构成一个有逻辑的王朝兴衰法则，这的确是一个具有共性的总结。事实上，传统中国对“兴亡之际”的关注角度和描述方式，也多半是从这个法则生发而来。问题在于，这个总结太简单了。它用道德笼罩了一切，也遮蔽了思想，让传统的思想者很难去触及那些在思想和实践层面都极具价值的、具有共性的真问题。比如，我们在这里要探讨的王朝文治转型当中军功集团的处置问题。

凭借功劳分享权力，这是军功集团的必然诉求。军功集团又可以分为上层和下层。上层就是大家耳熟能详的开国功臣，比如明朝的徐达、常遇春、蓝玉等，人数不多，但是势力强大，在军队和国家中具有较大的权威和影响力。他们在战争岁月积累下来的各种关系盘根错节，具有抗衡皇权的力量，是皇帝格外忌惮的。这些人想要分享政权，想要世世代代的荣华富贵。军功集团的下层是广大的中下级军官乃至士兵，这一大群人通常被视而不见，但是他们存在，也希望从新政权中得到好处。

军功集团是新王朝的缔造者和核心支持力量。通常情况下，新王朝当然希望给他们一些利益，以此换取他们对政权的持续支持。新政权所能给予的大概有这四样：第一，物质奖励，比如金钱、绢帛、土地的赐予；第二，各种荣誉称号，这在古人看来非常重要，“名近虚而于教为重，利近实而于德为轻”[1]，荣誉关系教化，具有振作社会风气的功能；第三，特权，比如减免刑罚的特权、占有土地的特权；第四，官职，即允许立功者把功劳“折合”成职位，进入政府服务。

上述四样赏功利器中，官职是最具吸引力的，因为官职之中可以隐含物质、荣誉和特权，名实兼备。而军功集团最想要的，也是新政权最不能够大大方方给的，恰恰是官职。马上得天下，下马安天下，新政权已经扩大成为整个国家利益的代表，它必须建立高效的统治机构，吸收高素质的行政官员，才能快速实现文治转型。但是，大部分立功的军人文化水平较低，又缺乏行政历练和才干，显然并不符合文治转型的需要。而且政府的职位数目有限，也无法容纳所有的立功者。解决这一问题的主动权掌握在新政权的手中。当然，军功集团也不是完全被动的，他们是军人，是武力集团，就像评书里常说的“胯下马掌中枪”“都不是吃素的”。武力可以用来保卫政权，也可以用来捍卫自身的利益。文治转型中军功集团的处置问题，说白了就是军人利益与国家利益的平衡问题。那么，在王朝文治转型的过程当中，究竟怎样做，才能在国家利益与军功集团的利益之间获得平衡？这个问题不仅仅存在于文治转型期，事实上，它与王朝统治相始终，只不过在王朝初期和战争频繁的时期更为突出。所以，我们的问题也可以上升为一个更具普遍意义的问题——朝廷怎样对待军功集团分享政权的诉求。简言之：立功军人想做官，朝廷该如何应对？

1 ［唐］陆贽撰，王素点校：《陆贽集》卷一四《又论进瓜果人拟官状》，中华书局2006年版，第449页。

在中国历史上，我们看到了三种不同类型的解决方案：第一种是“魏式方案”，第二种是“隋式方案”，第三种是“宋式方案”。三种解决方案分别来自北魏、隋和北宋，代表了三种思路，这三种思路在其他朝代也有不同程度的表现。

说到“魏式方案”，就必须要提到一场轰动朝野的恶性事件。北魏孝明帝神龟二年（519 年）二月的一天夜里，近千名军人明火执仗，闯入征西将军张彝的府第，把张彝一把推倒在地，狠命地殴打，又放火焚烧了张府。张彝之子左民郎中张始均本来已经跳墙跑了，又回来为父亲请命，结果被“生投之火中”，活活烧死。张彝被折磨得奄奄一息，又过了一宿，便死了。张始均的弟弟张仲瑀则被殴致重伤。是什么样的深仇大恨，让军人们如此对待张氏父子？

这起恶性事件的起因，就是立功军人的做官问题。按照当时的制度，军人凭借在战争中斩获首级的数量建立功勋，积累做官资格。经过多次战争，大量立功军人拥堵在吏部的门槛之外。如何安置他们，成了国家的一大难题。一方面，大多数立功军人“不解书计”（不识字，不会算术），不具备起码的官员素质；另一方面，职位数量有限，根本没办法满足军人的做官需求，“设令十人共一官，犹无官可授”。在这种情况下，北魏朝廷出现了限制立功军人做官的主张，开始严格审查立功证书，借机刷掉了一些人，而张彝的儿子张仲瑀则正面提出了“铨别选格，排抑武人，不使预在清品”[1] 的建议，即改革选任制度，排斥武人，不让他们进入官员队伍。张仲瑀的建议等于要斩断军人分享政权之路，于是，愤怒的军人直接要了张氏父子的性命。

张家父子遇害后，为息事宁人，北魏朝廷不敢再改革，退回了原地。军人积累功劳当官的制度保留了下来。职位供应不足，

1 ［北齐］魏收撰：《魏书》卷六四《张彝传》，中华书局 1974 年版，第 1432 页。

大家就一起排队，先到先得——即便某个人就是那个职位的最佳人选，来得晚也不能上。这就是“魏式方案”一味求稳的思路，国家利益屈从于军人利益，牺牲整体和长远来满足部分的需求。这样的方案当然不能持久。事实上，“魏式方案”的出台就已经暴露了北魏统治的混乱与孱弱。

“隋式方案”在制度上表现出了很好的创新能力。“隋式方案”的核心是给功臣一定的政治和经济优待，但是不允许他们任实职，掌实权。比如，曾经因为参与平陈战役立下大功的麦铁杖就因为不识字，被“放还乡里”，没有获得一官半职。“隋式方案”始于文帝，炀帝又专门颁布诏书，反思用军人当官给国家治理带来的困扰，重申：从今以后，军人所立的功勋，都不能再“转换”成政府职位，文职武职都不行……若吏部擅自拟用，则由御史提出弹劾。“隋式方案”目标非常明确，就是要把有功劳、没文化的军人排斥在政府机构之外。

结果，“隋式方案”导致军功集团对隋杨政权离心离德，把军人推向了自己的对立面。隋末李密数说隋炀帝的“十大罪状”，其中第十罪就是炀帝对军功集团的背信弃义：“既立功勋，须酬官爵”，按照本来的约定，军人立功就应当用官爵来酬谢；可是隋炀帝不守信用，“志怀翻覆，言行浮诡，危急则勋赏悬授，克定则丝纶不行”[1]，危急时刻赏格高悬，用官爵来激励军人为他卖命，等到天下太平，却不肯兑现承诺。李渊也有类似的批评，他说：“隋氏吝惜勋赏，此所以失人心也……”[2]李渊、李密都是从隋朝统治集团高层里分裂出来的反隋力量，他们对隋朝的观察是相当准确的。

“隋式方案”对问题抓得很准，给出的药方也很对症——军人当官对国家行政造成了损害，我们就干脆不要军人当官；但这

1 ［后晋］刘昫等撰：《旧唐书》卷五三《李密传》，中华书局1975年版，第2215页。
2 ［宋］司马光著，［元］胡三省音注：《资治通鉴》卷一八四，中华书局1956年版，第5749页。

个方案有失厚道，有欠公平，彻底忽略了军人的历史贡献和利益诉求。就本质而言，“隋式方案”有理性而无感情，有现实而无历史，简单傲慢，唯我独尊，充分体现了隋朝聪明、激进、简单、粗暴的政治性格。所以，它也不可能长久。

关于王朝在文治转型中如何对待军功集团的问题，我们已经谈到了“魏式”和“隋式”两种方案。“魏式方案”的特点就是不分优劣，一概允许军人做官，让国家利益屈从于军人利益；“隋式方案”则反其道而行之，走向了另一个极端，试图把军人彻底排除出行政官僚群体。向右的“魏式方案”与向左的“隋式方案”都没能有效解决军功集团的处置问题，最后上场的是“宋式方案”。

“宋式方案”可以分为“上层”和“下层”两部分。宋朝对待军功集团上层的典范是“杯酒释兵权”。话说宋太祖黄袍加身之后，忽一日把老战友们召进宫来，把酒言欢。半酣之际，太祖从容坦言，担心诸位可能在下属的邪恶引导之下被迫篡权。功臣宿将慌忙请示该怎么办。太祖说：“人生如白驹之过隙，所为好富贵者，不过欲多积金钱，厚自娱乐，使子孙无贫乏耳。尔曹何不释去兵权，出守大藩，择便好田宅市之，为子孙立永远不可动之业，多置歌儿舞女，日饮酒相欢以终其天年。我且与尔曹约为婚姻，君臣之间，两无猜疑，上下相安，不亦善乎！”[1]功臣如蒙大赦，双方成交，皆大欢喜。这种欢喜融洽的关系一直保持到北宋灭亡。“杯酒释兵权”应当是有事实基础的，但它后来被附加的意义绝对超越了事实本身。它代表着宋朝国家与军功集团上层达成的双赢协议，其主要内容为功臣交出禁军兵权，承诺不干预国家治理，以此来换取带有世袭性质的特权，包括优先与皇族结亲、子孙通过特殊途径做官等特权。需要注意的是，这些优先向功臣（基本上也是外戚）子孙开放的职位，都不在掌握实权、关

1 [宋] 李焘：《续资治通鉴长编》卷二，中华书局2004年版，第50页。

系国计民生的要害部门。以特权换政权求双赢，这就是宋朝对待军功集团上层的政策。

对军功集团的下层，宋朝也有巧妙的制度安排，通过军队的专业化和军人职业化，用国家财政把军人养起来。宋朝的军人是一个特殊人群，他们具有一个最显著的外在特征，那就是脸上或者手背上有刺青。从士兵到军官，位阶可以随资历、军功增长，但是身上这个特殊的标记一直都在，一日刺面，终身为兵，全靠国家财政养活，做到衣食无忧是没有问题的。前代军人必须进入官场才能实现的分享政权的诉求，宋朝军人在军队系统内部就可以实现了。

在"宋式方案"中，军人的利益、功臣的诉求都得到了基本满足，同时功臣后裔和军人在政府中的活动受到了严格的限制。宋朝解决问题的思路与北魏和隋朝是完全相反的。北魏和隋的思路是怎样阻止军人进入政府，宋朝的思路是怎样在政府之外解决军人的利益诉求。军人的利益诉求得到了解决，也就没有进入政府的问题了。"宋式方案"既充分照顾了军功集团分享政权的利益诉求，又有效地防止了功臣干政、军人拉低行政水准问题的发生。与"魏式方案""隋式方案"相比，"宋式方案"更为务实，能在妥协中求共赢。这种妥协的智慧，在中国历史上是比较罕见的，基本上可谓"前无古人，后无来者"。

出将入相到文武分途

在传统京剧舞台上，演员上下场的门上各写着两个字，上场门上写"出将"，下场门上写"入相"。"出将入相"这个词的最早出处，可能是唐初李百药在《北齐书·清河王岳传》结尾所发的议论，“清河属经纶之会，自致青云，出将入相，翊成鸿业”。出将入相，最简单的解释就是文武资质兼备：出可为大将，统大兵，平寇乱，保家卫国；入可为良相，领百官，理庶政，经天纬地。出将入相的故事到宋朝基本上就演不下去了，因为制度已经不允许。出将入相制度的前提是，官员可以在文武职位之间自由穿梭。从宋朝开始，出现了文武分途，文官和武官各有各的品位和职位体系，文武之间泾渭分明，各自流淌，不相掺杂。

欲明从“出将入相”到“文武分途”的变化之流，必溯其源。先从一出“将相和”来看先秦时期的文与武。司马迁《史记·廉颇蔺相如列传》载：“廉颇者，赵之良将也。赵惠文王十六年，廉颇为赵将，伐齐，大破之，取阳晋，拜为上卿，以勇气闻于诸侯。”这是对廉颇的介绍，典型的武将形象，靠军功赢得地位、荣誉和信任。“蔺相如者，赵人也。为赵宦者令缪贤舍人。”蔺相如的人生起点不高，但是“不飞则已，一飞冲天”。凭借超人的胆识和出色的外交才干，蔺相如出使强秦，维护赵国利益，在著名的渑池会后，被“拜为上卿，位在廉颇之右”。于是，廉颇的内心失衡了，他说：“我为赵将，有攻城野战之大功，而蔺相如徒以口舌为劳，而位居我上，且相如素贱人，吾羞，不忍为之下。”廉颇扬言要当面羞辱蔺相如。蔺相如则主动躲避廉颇。人问其故，蔺相如说：“强秦之所以不敢加兵于赵者，徒以吾两人在也。……吾所以为此者，以先国家之急而后私仇也。”廉颇闻言大惭，负荆请罪，二人和好，结成刎颈之交。在这个故事里，通常认为，廉颇是“将”——武官代表，蔺相如是“相”——文官代表，“将相和”意指文臣与武将的团结。

这是后来人的看法。那么，当时人如何看廉颇和蔺相如的身份？蔺相如其实也可以是将军，比如廉颇负荆请罪的时候，嘴里说的是："鄙贱之人，不知将军宽之至此也。"这个"将军"指的是蔺相如。而且，如果我们再往后看，就会发现《史记·廉颇蔺相如列传》又记载："蔺相如将而攻齐，至平邑而罢。"可见，蔺相如也能统兵打仗。而廉颇这个我们认为的武将代表，后来也做过相国。

蔺相如可以为"将"，廉颇可以为"相"，这才是先秦时期文武关系的真面貌。类似的例子不胜枚举。著名的改革家商鞅，在一般的认识中应该是文官形象，但是他曾多次统兵出战。公元前 347 年左右，他由左庶长升任大良造，即"将兵围魏安邑，降之"。楚国公子春申君黄歇做过最高行政长官——令尹，看起来似乎也是颇具宰相风度的文官，但是他也有"将兵"救赵的事迹。

由此可见，先秦时期的文武区分跟我们今天所想并不一样。为了获得清晰的认识，我们把"文武之分"分为三个层面：第一，在个人的才能、气质方面，存在文武差异。文人通常有较高的文化修养和政策水平，长于治国安民；武人长于战斗，从事军旅之事，适于平祸乱，安边境。第二，在政府职位设置上的文武区分，有些职位主要为应对军事问题而设，我们叫作"武职"，有些职位则重在治民，与军事关系不大，我们叫作"文职"。第三，在人事管理方面的文武分途，文官与武官成为两个完全不同的官僚群体，各自承担着不同的治理功能。这三个层面的文武差异也是三套不同的文武区分标准。

用上述标准衡量，在廉颇、蔺相如的时代，人事管理方面的文武分途尚未展开，将相之间并无制度阻隔，可以出入无阻。才能、气质方面的文武差异，在廉颇与蔺相如身上是很明显的，这是春秋战国以来人才培养的新趋势。春秋战国以前，封建贵族的特征是文武兼修并用。春秋战国时期，伴随着官僚制的萌芽兴起，文武兼修的贵族教育日渐没落，文、武两方面的知识技能开始分化，走上了各自的发展道路，不同的知识技能训练产生了才能、气质各有偏重的人才。蔺相如、商鞅、苏秦、张仪所受的多是文士的训练，廉颇的训练则偏“武”。

就职位而言，在廉颇、蔺相如的时代，文武界限并不分明。比如廉颇为上卿，蔺相如也为上卿，二人之间应当会存在职务分工，但头衔是一样的。在上卿当中，蔺相如位居廉颇之上，因为赵王认为蔺相如的功劳比廉颇大，而蔺相如立功的场域是外交。后来廉颇被任命为相国，则应当是因为他对赵国的军功。由此可见，当时，“上卿”“相国”这一类的头衔，并不像后人认为的那样，是高级文职，相反，它们“在很大程度上仅仅是用来显示任职者的地位和权势”，“往往是君主对有功之臣或亲信贵戚的一种酬谢，任何高官都有可能担任其职”。[1]

那么，我们应当怎样理解文武职位界限的模糊状态？

文武职位界限模糊，军事与民政合一，政府组织的分工不发达，正是国家政权发育早期的普遍特征。我们讲中国史，谈到“少数民族政权”的发育，比如女真人的猛安谋克、蒙古人的千户百户、清代的八旗，往往特别强调这一特征。但是，人们会有意无意地忽视，华夏国家的政权发育也有一个从无到有、不断成长的过程。事实上，从西周到春秋战国，华夏国家政权正处于发育的早期。

秦汉至隋唐，华夏国家政权发育日渐成熟，文武职位之间从界限分明发展到序列严整。秦汉职位的文武界限已经相当鲜明。汉高祖七年（前200年），长乐宫建成，百官朝贺，分成文武两个方阵，东西对立：“功臣列侯、诸将军、军吏以次陈西方，东乡；文官丞相以下陈东方，西乡。”[2]这是职位的文武分立在朝堂上的具体表现。还有更具体而细微的立春赏赐，“武官倍于文官”“文

1 参见黄朴民、马丁：《对先秦『文武分职』问题的再考察》，载《中国人民大学学报》2004年第1期。

2 [汉]司马迁撰，[南朝宋]裴骃集解，[唐]司马贞索隐，[唐]张守节正义：《史记》卷九九《刘敬叔孙通列传》，中华书局1982年版，第2724页。

官司徒、司空帛三十匹，九卿十五匹；武官太尉、大将军各六十匹，执金吾、诸校尉各三十匹”。[1]不仅中央官分文武，地方官也分文武。汉成帝时，长安恶少年团伙谋杀官员，事先抓阄分工，“相与探丸为弹，得赤丸者斫武吏，得黑丸者斫文吏，白者主治丧；城中薄暮尘起，剽劫行者，死伤横道，枹鼓不绝”[2]。隋唐政府组织的文武分工越发细密严整。《旧唐书·职官志》云：“近代已来，又分为文武二职，分曹置员，各理所掌。”唐代的职事官明确区分为文职事官和武职事官两类。三省六部及其下属机构的职位均属于文职事官；诸卫大将军以下，诸卫、率、府的统兵官属于武职事官；卫府长史等文职僚佐仍然被归类为文职事官。

到唐代为止，人事管理方面的文武分途仍然没有出现。隋唐统治集团的上层保留着“入则为相，出则为将”，能文能武的传统，所以在平陈战役中立下大功的贺若弼才会“自谓功名出朝臣之右，每以宰相自许”[3]。不仅上层出将入相，普通官员的选任也不分文武，“随才录用”，“或自军卫而居台省，亦由衣冠而秉节旄”，“台省军卫，文武参掌”。[4]

宋朝“文武分途”出现之后，这种情况就彻底改变了。在宋朝，就人事管理制度而言，文官与武官是完全分立的，各有各的品位标志、入职方式、升迁路径和任职范围，“其迁次任使，皆不相参涉”[5]，就像是两条平行的铁轨。“文官”与“相”所代表的文职，“武官”与“将”所代表的武职，建立了相对固定的对应关系。

范仲淹身上发生过的一个故事，可以帮助大家理解什么是“文武分途”。宋仁宗时期，宋和西夏爆发战争。战争初期，宋朝屡战屡败，最终是范仲淹、韩琦、庞籍、王沿等文官坐镇，才扭转了战局。这几位都是进士出身，典型的文官，临危受命，也不辱

1 [清]孙星衍等辑，周天游点校：《汉官六种·汉官仪二卷》卷下，中华书局1990年版，第181页。
2 [汉]班固撰，[唐]颜师古注：《汉书》卷九〇《酷吏·尹赏传》，中华书局1962年版，第3673页。
3 [唐]魏徵、令狐德棻撰：《隋书》卷五二《贺若弼传》，中华书局1973年版，第1345页。
4 [宋]王钦若等编纂，周勋初等校订：《册府元龟》卷五〇八《邦计部·俸禄第四》，凤凰出版社2006年版，第5778页。
5 [宋]司马光著，李之亮笺注：《司马温公集编年笺注》卷七五《苏骐骥墓碣铭序》，巴蜀书社2009年版，第478页。

使命。仁宗于是决定把这几位的官衔从文官换成武官。一方面，大概是想做到名实相符；另一方面，武官的俸禄要高很多，这也算是对功臣的嘉奖。但是，范仲淹连上三表坚决抵制，冠冕堂皇的话都说完了，只好在最后一表中拿身体说事儿，硬生生把自己抹黑成一个头晕目眩流鼻血的病人。范仲淹为什么这么做？因为在当时的制度背景之下，他如果被换成武官，就几乎不可能再往上走，最终只能做到副宰相。在实际中，范仲淹可以统兵，但他只能是“羽扇纶巾”的儒将，永远不会戴上武将的帽子。“出将入相”的佳话到此宣告终结。

文武分途之后，国家权力的分配不是均衡的，而是“一边倒”地倒向了文官。自宰相府以下，中央最高级别的职位，最重要的权力，比如参与最高决策的权力、军事指挥权、财政权、司法权、行政监督权均由文官掌控，武官不得染指，地方权力也基本掌握在文官手里。北宋名臣蔡襄曾经宣称：“今世用人，大率以文词进：大臣，文士也；近侍之臣，文士也；钱谷之司，文士也；边防大帅，文士也；天下转运使，文士也；知州郡，文士也。虽有武臣，盖仅有也。”[1]一言以蔽之，这是一个文士包打天下的时代。武官的职责和权力被规范在极小的范围之内，比如参与军队的管理，还有基层的经济事务的管理。

因此，就本质而言，文武分途不是平等的职责划分，还带有价值分等的意义。从此之后，文官的身份地位集体居于武官之上。文官可以参与边防事务的管理，比如组织战争防御。这些功绩对文官积累资历，升到宰相高位是非常有帮助的，范仲淹就是一个例子。但是，武官却没有这个便利。武官地位遭到集体矮化。

从“出将入相”到“文武分途”，从华夏国家的政权发育角

1［宋］蔡襄：《国论要目十二事疏·任材》，见曾枣庄、刘琳主编：《全宋文》卷一〇〇三，上海辞书出版社、安徽教育出版社2006年版，第46册，第378页。

度来看，是一个进步，但它带来了武人群体地位的下降，从而导致华夏国家军事力量建设的弱化。鱼与熊掌，在中国历史上总是不能得兼，令人扼腕。

危险的兵权该怎么管？

兵权，就是拥有、组织、指挥武装力量的权力。武力、兵权是一把双刃剑。它可以保障政权和国家的安全，维护社会安定，为建设保驾护航；也可以毁灭生命、破坏秩序、颠覆政权，造成不可弥补的损失。“兵”与“国”的关系，也就是武装力量与朝廷国家之间的关系，是传统政治理论认识兵权的出发点。

《孙子兵法》曰：“兵者，国之大事，死生之地，存亡之道，不可不察也。”兵是关系国家生死存亡的重要力量，必须重视，这是《孙子兵法》对“兵国关系”开宗明义地简单概括。在简单概括之后，《孙子兵法》随即转向了围绕军事力量建设的技术探讨。此兵家谈兵，其核心关注是“术”而非“道”。

严格说来，“兵国关系”是政治家的课题。政治家谈兵，能谈得既有历史感又有政治学思考，既能具体又能深入的，当属唐代的杜佑。杜佑其人，绝对是中国传统史家中的一个异数，我们在《帝王的礼制与情感》中已经提到过，这里再进一步介绍下。杜佑生于公元735年，安史之乱爆发时，他二十一岁，亲历了八年战乱，目睹了唐朝统治所遭遇的猛烈撞击及秩序的土崩瓦解。安史之乱平定三年之后，他开始写作《通典》，同时积极地投身于唐王朝的复兴大业。杜佑长期供职于唐王朝经济最发达的浙西、淮南地区，做过十四年的淮南节度使。淮南是东南财赋集中转运、供应首都的枢纽和关键，扼守着唐王朝的经济命脉，就是在这里，杜佑完成了不朽巨著《通典》。《通典》成书两年之后，杜佑入朝为相，一直到死，一共做了十年宰相。这位伟大的时代弄潮儿耗时三十六年完成的巨著《通典》，是中国第一部制度通史。现代学者评论说："中国史学之具有自觉的和明确的经邦致用思想，当自杜佑始，当以《通典》为里程碑。"《通典》的写作与杜佑的政治实践相辅相成，它既体现了一位优秀史家的广阔视野和理性态度，又体现了一位杰出政治家迎难而上的雄浑气魄和担当精神。因此，杜佑对"兵国关系"的分析特别值得我们重视。

从大的原则上讲，杜佑延续了《孙子兵法》的说法，承认"兵"之于"国"的重要性。杜佑比《孙子兵法》更进一步，他强调兵权的处置一定要得法，"若制得其宜，则治安；失其宜，则乱危"。如果兵权处置得当，那么国家就可以治安；反之，国家就会陷入危乱。那么，怎样才是"制得其宜"？杜佑认为，在郡县制之下，西汉的做法是最好的。它分为日常兵力布防与战争动员机制两部分：在和平状态下，日常的兵力布防，采取"内重外轻""强干弱枝"策略，"重兵悉在京师，四边但设亭障"，以确保中央对地方具有绝对的军事优势，防止地方产生割据倾向，威胁王朝的统一和皇帝的统治。当国家遭遇外敌入侵，则启动战争动员机制，由皇帝临时任命将帅，临时发动军队（包括为数不多的常备兵和民兵），将帅与军队之间根据皇帝的命令临时结成统属关系。这种统属关系"咸因事立称，毕事则省"，即伴随着战争的开始而开始，结束而结束，"虽卫、霍之勋高绩重，身奉朝请，兵皆散归"，即使是像卫青、霍去病那样功勋卓著的将领，一旦还朝，手下的兵也要解散回归原地。战争动员机制的作用是两方面的：一方面，它能够集中力量抵御外侮，确保国防安全的需要；另一方面，将领对军队的指挥权依靠皇帝的诏令临时生成和解除，避免了统帅与军队之间结成利益集团，威胁到皇帝和朝廷的统治。

日常的兵力布防讲究“内重外轻”“强干弱枝”。战争动员机制强调将领与军队之间的临时结合，一切以皇帝命令为重，以中央朝廷的利益为重，这就是杜佑理想的兵权处置方案。用这套标准来衡量唐朝前期，无论是兵力布防，还是战争动员机制，都是合乎理想的。但是，这种理想状态，在安史之乱爆发之前就已经被打破。首先，边境将领与军队之间的关系发生了质变，不再是依靠皇帝诏令生成和解散的临时关系，而是长期统属，边防军完全脱离农业生产，变成了职业化的常备军。军人之间，军人与将领之间，特别是与节度使之间形成了长期互相依赖的关系，进而胶结成为军事利益集团。其次，中央与地方军事力量的对比发生了逆转。玄宗天宝年间，十个节度使的兵力总和为四十九万，其中安禄山所掌握的平卢、范阳、河东三镇的总兵力超过十八万，而驻扎在首都附近、由中央直接控制的军队只有九万，不及安禄山兵力的一半，又拿什么来震慑藩镇呢？“骁将锐士、善马精金，空于京师，萃于二统。边陲势强既如此，朝廷势弱又如彼。”最终，安史之乱爆发，藩镇走向了唐中央的反面，演变为一种破坏性的力量。在杜佑的时代，首要的政治课题就是调整“兵国关系”，重建唐中央对兵权的有效控制。

“冰冻三尺，非一日之寒。”这一历史任务的完成不是在唐朝，而是在宋朝，中间经历了晚唐五代漫长的调整。就像人的身体具有自愈的力量，人类社会也自带拨乱反正的属性，物极必反，乱世的表象之下往往蕴藏着调整改造、重归秩序的巨大潜流。经过五代乱世，进入宋朝之后，出现了帝制时期最精密的兵权分割机制。

这套兵权分割机制由禁军更戍、边防军的“双层不黏合结构”及中央的兵权分掌三部分组成。

先说禁军更戍。宋朝建立之后，将地方精兵全部筛选一遍，把个儿高的、身强体壮、武艺高强的都调到中央，编入禁军队伍。禁军就是中央军，是皇帝卫兵。这样一来，地方上就只剩下了次等兵。这些次等兵被叫作“厢军”，他们没有训练和作战任务，只管打杂，比如修城墙，挖护城河，看守草料场。宋朝禁军的军营全部在首都及其附近地区，也就是说，他们的随军家属都是在开封地区集中居住的。那么，地方没有了兵，边防只能靠禁军来守。禁军戍边，通常以“指挥”（军事单位，步军定额五百人）为单位调动，每半年或一年轮换一次，回首都来与家人团聚，这就叫“更戍”。更戍的士兵，家属都在首都，必然心向朝廷。正常情况下，士兵更戍在边疆最多待一年，根本不可能跟当地势力发生密切联系。

再说边防军的“双层不黏合结构”。禁军更戍是以“指挥”为单位的，原有的禁军组织系统因而被打破。来自不同组织系统的各个“指挥”到了防区之后，被重新组织起来，编入边防军的统兵体系。而这套边防专属的统兵体系，另有一套人马来担纲。这套人马不是脸上刺着字的军人，而是武选官。总体来看，宋朝的边防军是一个“双层结构”，下面是军人，上面是武选官，而武选官和军人之间是壁垒森严的，武选官是官，军人是兵，二者“不黏合”，武选官管理、约束军人，从而保证军队对朝廷的忠诚。俗话说“铁打的营盘流水的兵”，宋朝的边防军则不仅有“铁打的营盘”“流水的兵”，“流水的兵”之上还有“流水的官”，而这“流水的兵”与“流水的官”还不是一条河里的水，他们永远分流。这样一种“双层不黏合结构”之下的边防军，基本上不可能对中央构成威胁。

最后来看中央的兵权分掌。宋朝的宰相不统兵，另外设有比

图三七：明 彩绘本《出像杨文广征蛮传》

明代彩绘本《出像杨文广征蛮传》是根据《杨家将演义》所绘的故事绘本。此套绘本共两册，现藏于日本东洋文库。杨家将的故事在我国可谓家喻户晓，它对北宋杨业、杨延昭等人保家卫国的事迹进行演义，讲述杨家四代人戍守北疆、精忠报国的事迹。北宋抗辽的杨家将、南宋抗金的岳家军，以军纪严明、训练有素在历史上赫赫有名，可谓典型的“铁打的营盘”。文中图片展示的是在闽、粤、赣、浙流传甚广的杨文广征蛮故事。右图中杨文广与敌方在城下作战，敌方将领中计落入陷阱被俘；左图中是杨文广正在劝降被束后的敌方将领。画面着色饱满，人物表情生动。出像类小说多为单色的木刻版，此为不多见的彩绘本。

宰相低半级的枢密院专门协助皇帝统兵。枢密院有发令权，但是军队的日常训练管理不掌握在枢密院的手里，而是掌握在三衙的手里。三衙就是禁军的三个最高司令部：殿前司、侍卫马军司、侍卫步军司。任何跨越统属关系调动军队的行为，都是被严厉禁止的，哪怕救火也不行。灭火虽有功，但调动了不该调动的军队，照样是犯错误。三衙的长官直接听命于皇帝。军官的选拔每三年一次，由皇帝亲自主持，“按名籍，验劳绩而升陟之”[1]，真验真看，实为辛苦，有的年份一折腾就是十一天。

“兵权宜分”的理念被宋朝人用制度设计表达得淋漓尽致，远远超过了杜佑所赞美的西汉。但是，这只是管控的有效，是防止威胁皇权、威胁中央控制的有效，却不是军事力量管理组织建设的有效。中国人看历史，之所以不待见宋朝，很重要的原因是觉得宋朝军事上不行。其实宋朝的军事也不算太弱，关键是它遇到的敌人都太强大——当北方游牧民族实现了政治上的统一，全副武装要征服世界的时候，农耕民族其实很难招架；事实上，在全世界范围之内，抵御蒙古人时间最长的，就是宋朝了。把北方因素考虑在内，宋朝在军事上不算太差。但是，它的制度内在的消耗性太强了。这种内在的消耗性，归根结底来自中国人对武装力量危险性的认知角度。中国人从“兵国关系”的角度出发来认识兵权，把兵权当作一种可以威胁皇权的潜在力量，因此，当然要费尽心机去分化兵权，以策皇权的安全。

相比之下，英国人看兵权的角度则完全不同。一个有趣的巧合是，由职业军人构成的常备军在中国与欧洲出现的时间相差不远，中国是在晚唐五代，也就是10世纪，欧洲是在13世纪，略晚一点。但是，两方面的背景完全不同，中国是在帝制发展一千多年之后，而欧洲则是在封建社会贵族制度下。在贵族势力

1 ［元］脱脱等撰：《宋史》卷一九六《兵志十・迁补之制》，中华书局1985年版，第4878页。

强大的英国，常备军规模很小，但还是让贵族们感到不安。而他们的担心，与杜佑的担心完全不同。英国人担心的是，国王有了常备军的武力做后盾，会走向专制，忽视国会的意愿。由于这一担忧，在 1689 年光荣革命之后，英国人通过《兵变法》，规定“除非得到议会同意，否则和平时期在王国领土内维持（或招募）常备军队，是违法的”，军队置于国会的控制之下，军费需每年由国会签署法案通过。[1] 也就是说，从此之后，英国军队的合法性是通过每年一度的国会法案续约的，合同一年一签，至今如此。对于兵权，不同的历史背景产生了不同的担忧，从而催生出不同的制度。

刺青后是否有回头路？

募兵是中国历史上一个特殊的武人群体，它出现于晚唐，经五代入宋，成为宋朝武装力量的主体成分。全面的募兵制是宋代所独有的一种历史现象。从今天留下来的文字看，宋朝人对募兵制几乎没什么好感，从头到尾都在批评，批评它效率低下不能打，批评它是国家财政的巨大包袱。但是批评归批评，从头到尾，宋朝人都没有放弃募兵制。那么，什么样的兵是募兵？募兵跟中国历史上其他的兵有什么不同？募兵制的出现，对于宋朝国家和社会究竟意味着什么？为什么宋朝人批评了那么多，却仍然不能放弃募兵制？

我们首先来回答第一个问题。从个人职业生涯的角度看，募兵就是职业兵，一日为兵，终身是兵。募兵完全脱离农业生产，靠当兵为生，养活自己和妻子、儿女。募兵制之下的军人很容易分辨，因为他们有一个共同的外在特征，那就是刺字，有时候在手背上，通常是在脸上，刺字的内容是军队番号。根据史料判断，

1 参见钱乘旦、许洁明：《英国通史》（珍藏本），上海社会科学院出版社 2017 年版，第 185 页。[英] 戴维·M. 沃克：《牛津法律大辞典》，光明日报出版社 1988 年版，第 624—625 页。

军人调动升迁，从一个番号调到另一个番号，或者军队番号调整，军人脸上的字也是要随着修改的。宋仁宗的时候，提高了京东（现在的山东）地方厢军（地方部队）的训练等级，从普通厢军提升为“教阅”厢军。京东地方军政首长提出的方案是要在士兵的脸上“加刺‘教阅’字”，还好皇帝没有允许，只是在番号上加了这两个字。[1]

为什么要在士兵的脸上刺字呢？刺字又叫“涅字”，“凡兵，非涅不为兵，贵其辨于民也”[2]。脸上刺的字，遮不住，抹不掉，让士兵再也不能混同于普通农民。刺字的主要作用，是为了防止士兵逃亡，“军士或思乡里逃去，关津辄执之送所属，无不死者，其乡里亦不敢容”[3]。士兵刺青为记，是五代乱世的发明，宋朝继续沿用，招兵就叫作“招刺”。

在中国文化中，对身体发肤的有意损毁，若来自外部，是一种古老的刑罚或者羞辱，比如刺面，古称“黥”；如果是自己有意为之，那便是对正常社会关系、社会秩序的背弃。募兵在面部显著位置进行无法修复的破坏，这就等于是弃绝了平民社会的正常生活。就传统观念而言，募兵这种脸上刺着字的兵，从一开始出现便具有隔离、矮化的意味。后汉时，大将郭威发展势头极猛，篡权之意呼之欲出。竞争对手派人来试探，郭威笑呵呵地指着自己的脸说：“自古岂有雕青天子？”[4]意思是说，我行伍出身，一个刺了青的兵，怎么可能当皇帝？可是，郭威最终成了后周太祖。五代乱世通行丛林法则，弱肉强食，募兵集团凭借武力攫取资源，虽然是刀头上舔血，险中求生，但是日子还是过得比普通老百姓要滋润。在他们险象环生的军旅生涯中，蕴藏着飞黄腾达的机会，所以，乱世之中，当兵对那些具有冒险精神的泼辣生命来说，还是极具吸引力的。

1 参见［宋］李焘：《续资治通鉴长编》卷一六八，中华书局2004年版，第4033页。
2［宋］王质：《兴国四营记》，见曾枣庄、刘琳主编：《全宋文》卷五八一二，上海辞书出版社、安徽教育出版社2006年版，第258册，第319页。
3［元］马端临撰，上海师范大学古籍研究所、华东师范大学古籍研究所点校：《文献通考》卷一五二，《兵考四·兵制》，中华书局2011年版，第4547页。
4［宋］欧阳修：《新五代史》卷七〇《东汉世家·刘旻》，中华书局2001年版，第864页。

宋朝的建立彻底改变了募兵集团的生存状态。宋朝开始于公元 960 年正月的那场兵变。募兵为自己的领袖“黄袍加身”，类似的戏码在五代乱世并不新鲜。按照常规，“黄袍加身”之后还会有个“保留节目”——作为回报，领袖要允许募兵洗掠首都。这是一场事先约定的抢劫，时间可以是三天，也可以是五天。三天之内，整个城市都是募兵的战利品，任意抢，随便烧；三天之后，新政府出面恢复秩序。这就好比说，在那三天之内，新皇帝是募兵的领袖——强盗头儿，拥立他的军人是强盗，首都是强盗们的战利品；三天之后，皇帝变脸去做全体臣民的君主。然而，在公元 960 年正月，这一套彻底行不通了。进城之前，赵匡胤就跟士兵们约法三章，必须保持首都的秩序，安静地进城，烧杀抢掠一概不许；你们想要的，朕会赏赐给你们，保证丰厚，但必须由朕赏赐。然后，这支大军就纪律严明地回了开封城，“自仁和门入，秋毫无所犯”[1]。这极具象征意义的一幕，奠定了宋朝皇帝、朝廷国家与募兵之间关系的基础，从此之后，募兵只是朝廷国家豢养的工具。募兵仍然是朝廷国家依靠的力量，但是，朝廷国家绝不受制于募兵。

募兵的出现改变了中国社会的职业结构。传统中国是“四民社会”，社会职业分为士、农、工、商四个大类，而募兵非士、非农、非工、非商，单纯靠武力为生，由国家豢养，是此前中国历史上从未出现过的一个阶级群体。用宋朝人的话来说，募兵是四民之外的“第五民”。大致上，每十户宋朝人就要养活一户军人家庭。老百姓交税给国家，国家拿着这个税来养活军人，军人保卫国家安全。所以，原则上除非遭遇战争，宋朝的老百姓对国家没有直接的军事义务。对于这一点，当时最杰出的政治家有着清楚的认识。1064 年，宋朝政府要在陕西建设民兵队伍，老百

1 ［宋］李焘：《续资治通鉴长编》卷一，中华书局 2004 年版，第 3 页。

姓每户三丁选一，编入民兵。司马光六次上书极力反对，理由是：我们已经从农民那里收了租赋来养活正式的军队，现在又要征发农民本身让他们来当兵，那就等于是“一家独任二家之事”[1]，让老百姓承担双倍负担，实在是违背情理的做法。今之兵非古之兵，今之民非古之民，“名与同而实异”。政府做事要逻辑贯通，不能为所欲为。司马光的这个批评充分体现了历史学者的实事求是精神和政治家的担当。

募兵不事生产，完全靠政府养活，因此对国家财政构成了巨大挑战，宋朝人只要说到财政困难，就肯定会提到“冗兵”的问题。陈襄《古灵集·论冗兵札子》中曾记载，1065 年，宋朝禁军总数 70 万，平均每人每年钱粮赏赐共计支出 50 贯，总计支出 3500 万贯；厢军总数 50 万，平均每人每年共计支出 30 贯，总计支出 1500 万贯。禁军、厢军总数 120 万，总计支出 5000 万贯。那么，宋朝政府这一年的财政收入是多少呢？6000 万贯。财政收入 6000 万贯，养兵费用 5000 万贯，国家财政的六分之五都用来养兵了。剩下的 1000 万贯，要应付“国家百用之费”。这么算下来，募兵集团简直要把政府吃穷拖垮。

那么，募兵集团的效率如何呢？进入长期和平时期的募兵变得越来越像官僚，军人也靠积累年资获得升迁。每隔三年，皇帝按照花名册亲自检阅提拔军官，军官提拔完了就提拔士兵。不同番号的军队被划分为下军、中军、上军三个等级，从下军到上军，薪俸依次提高。同样是普通兵，上军士兵高于中军士兵，中军士兵高于下军士兵。由士兵往上的各级军官同样如此。天恩普照，利益均沾，人人都有机会，机会主要靠排队。靠这样的官僚制度培养、提拔起来的军队，能有什么战斗力？但是换个角度，如果不追问战斗力，而是追问这支军队对皇帝的忠诚，那么答案绝对

1 ［宋］司马光著，李之亮笺注：《司马温公集编年笺注》卷三二《乞罢陕西义勇第五札子》，巴蜀书社 2009 年版，第 374 页。

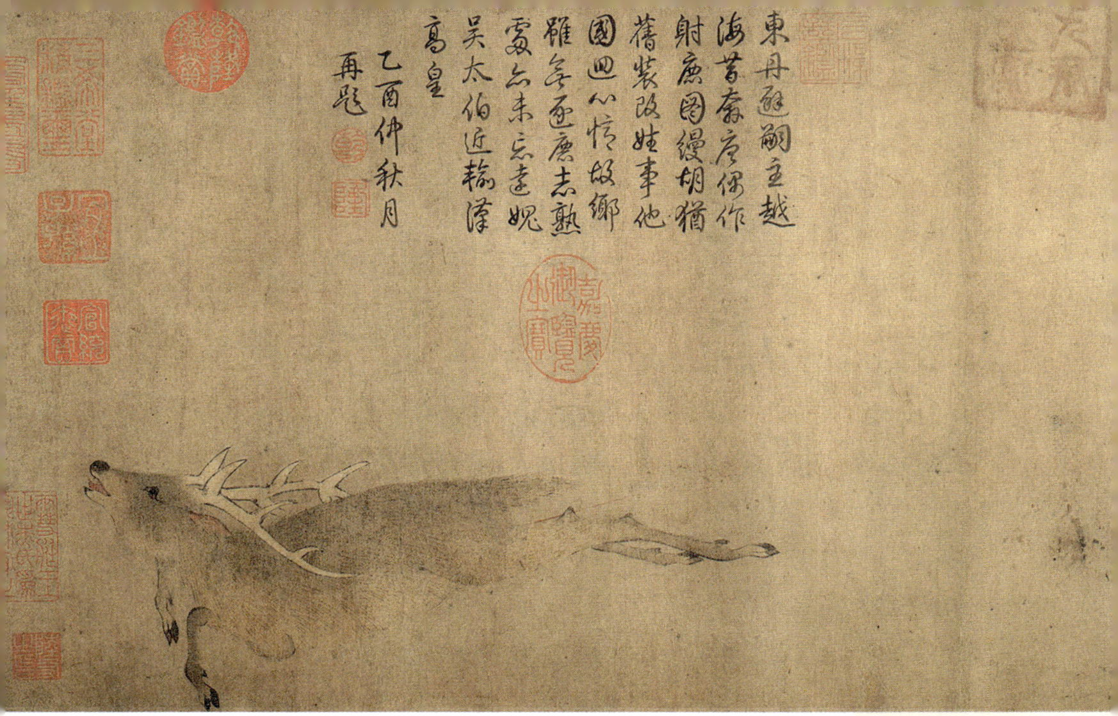

是肯定的。这就是宋朝对武力和兵权的态度。

消耗巨大且效率低下，是宋朝人对募兵的总体印象。当然，今天的人回头看历史，逆向思维，也可以说，能够维持一支规模庞大的募兵队伍，足见当时国家财政能力之强大。然而，有趣的是，批评募兵消耗国家财政的声音那么大，募兵的规模却只增不减。不断有人提出“回到兵民合一”，用民兵取代或者部分取代募兵。王安石变法则不但这么想了，而且努力去做了，这就是保甲法。保甲法将农民组织起来，利用农闲时节进行军事训练，短期目标是希望保甲农民逐渐承担起一定的军事义务，长期目标则是以保甲（至少是部分）取代募兵。但是，所有这些用民兵取代募兵的努力，除了边境地区短时间、小规模的实验，基本都不成功。

“兵民合一”呼声虽高，却回不去，除了制度的惰性，应该还有如下原因：第一，募兵制解放了老百姓，让他们可以免于兵役之苦，安心从事农业生产。第二，募兵制创造了一支更加职业化的军队，可以应对持续存在的边防压力和更加强大的敌人。宋朝的敌人从来都不是那种缺乏组织的游牧部落，而是团结统一的

图三八：辽 李赞华（耶律倍）《获鹿图》

《获鹿图》为五代后唐李赞华绘，78 厘米 ×24.6 厘米，现藏美国大都会艺术博物馆。李赞华（899—937），本名耶律倍，辽太祖耶律阿保机长子。契丹灭渤海国之后，耶律倍被册封为东丹王，统辖渤海国旧地。因在弟耶律德光即位后遭猜忌，于 931 年投奔后唐明宗，赐姓名李赞华。他熟谙汉文化，长于著文，擅画契丹人物，精通音律、医药，所绘《东丹王出行图》最是有名。此幅《获鹿图》卷前有乾隆题诗并书“获鹿图”三字，图中一骑马飞驰的猎手正追杀一头飞奔的野鹿。猎手身体前倾，左手持弓，右手似引满而发，骏马绷直后腿全力奔驰，画面充满了动感，极为传神。我们知道，鹿的奔跑速度极快，而画面中的鹿已然中箭，由此可见马背上的契丹族纵横草原、极善骑射的剽悍战斗力。

强大的草原帝国，辽、金、蒙古、西夏，每个都不好惹。宋朝的北部边境是从五代继承下来的，自从后晋石敬瑭割弃幽云十六州，中原王朝便失去了大半边长城防线，防御难度极大，因此不得不长期且大规模地在边境驻兵。靠传统的兵民合一体制，根本无法胜任。第三，宋朝的募兵制不仅仅是一种兵员补充制度，还被赋予了政治任务。每逢荒年饥岁，收成不好的时候，朝廷就要征兵，把身强力壮的男子招刺为兵，由国家财政养起来，剩下的老弱病残，再折腾也不会威胁到朝廷的稳定了。实践证明，这个办法很管用。宋朝很少出现大规模的农民反政府行为，统治基本稳定。这个办法也被看作宋朝政府维持稳定的政治法宝之一，当然不能放弃。所以，抱怨归抱怨，募兵制是不能放弃的。

总体上看，尽管募兵制对财政构成了巨大挑战，募兵制下的军队常常被诟病不能打仗（和平时期军队战斗力的问题是一个大问题，不能单纯责怪募兵制度），但是，它基本上维持了边境安全和国内稳定，保障了农时，有利于农业经济的发展。从社会职业分工的角度看，职业兵的出现是一种进步。而宋朝能够养活这样一支庞大的职业兵队伍，则从一个侧面表明了宋朝国家的治理水平，特别是它强大的税收和物资转运能力。所以，在金元明清，我们再没有看到募兵制。

进退两难的狄青

宋仁宗嘉祐元年（1056 年）七月初六，翰林学士欧阳修向皇帝提交了一封弹劾报告。弹劾报告的读者对象是唯一的，就是皇帝本人。像这样直接打给皇帝的报告，是属于绝密级的，只有在皇帝认为有必要下发之后，才会根据需要扩大读者对象。这篇弹疏堪称同类文章的典范。文章一开头，欧阳修就牢牢地抓住了皇帝的防范心理：我听说能够尽忠的臣子，不敢回避难言之事；善于驭下的人主，常常想听到难言之言。唯其如此，才能做到上下之间信息通畅，阴谋诡计无法得逞，灾祸混乱不能产生。……什么事情，如果全天下的人都知道了，唯独人主不知道，这才是莫大的隐患。我今天要说的，正是天下尽人皆知，唯独陛下不知的事情。如今士大夫不分贵贱，跟亲戚朋友们谈的，普通老百姓街谈巷议的，都是这件事。可是却没有人告诉陛下。这究竟是什么缘故呢？因为事属隐患，危害还没有暴露，所以人们也很难明说。

欧阳修说的这件莫大之隐患，究竟指什么？欧阳修的弹劾对象，这桩隐患的核心危险，是当时的枢密使狄青。枢密使专管军事，比宰相矮半级，跟宰相一样属于宋朝的中央领导集体。狄青究竟犯了什么错？——枢密使狄青，出身行伍，号称武勇，自从十几年前朝廷在陕西跟西夏人打仗，就建立了特别能作战的名声；四年以前，广西侬智高叛乱，狄青奉命讨贼，又立下了一些功劳。同样是在四年以前，狄青被任命为枢密副使。初掌机密，进入中央领导集体的行列，当时就有批评者认为不妥。如今四年过去，当然，我们也没发现狄青犯过什么显著的错误，然而这个人却不幸有深受军人爱戴的名声。

也就是说，这个莫大的隐患，就是宋朝国家的最高军事长官狄青深受军人爱戴。管理军队的人深受军人爱戴，按常理说，没什么不对。而狄青作为一个军事指挥官的综合素质，欧阳修也是非常推崇的，他如此说道：从前国家难得将帅之才，常常用文臣来担任经略招讨，可是有的不了解军队，有的不懂得训练。自从狄青担任将领以来，既能凭借自身的勇敢武力让众人佩服，又懂得训练的方法，很知道怎么用恩信来安抚士兵。

作为军事指挥官，狄青了解军人，懂军事，能带兵，有军功。而欧阳修担心的，正是狄青的如此靠谱。所有这些优点都是缺点，确切地说都是危险。狄青，山西人，少年时就喜欢骑马射箭，二十岁上下游荡到首都开封，刺面为兵，成为殿前司的一名骑兵，慢慢升到了皇帝的近卫军。1038 年，宋夏战争爆发，朝廷优选禁军派往前线，狄青中选。在陕西，狄青立功最多，又得到庞籍、范仲淹等人的赏识、培养和提拔。十年之间，他迅速成长为宋王朝最负盛名的军事人才。1052年6月，狄青奉命入朝担任枢密副使，三个月后主动请缨前往广西前线。别人都搞不定的侬智高，狄青带领西北军出马，一举荡平。1053年5月，狄青得胜还朝，被任命为宋朝的最高军政长官——枢密使。“出兵伍为执政”“起兵伍，登帷幄”，一个行伍出身、脸上刺字的大兵，竟然能有这样的成就，狄青破了天荒。然而，让欧阳修忧心忡忡、坐卧难安的，就是“狄青以武臣掌国机密而得军情”这一事实本身。

同样的一句话，欧阳修在这封弹劾报告里说了两遍，一遍是：“且武臣掌国机密而得军情，不唯于国家不便，亦于其身未必不为害。”武臣掌管枢密院又能得到军人爱戴，不仅对国家来说不方便，即使是对他本人来说也有可能造成伤害。一遍是：“但武臣掌机密，而为军士所喜，自于事体不便，不计青之用心如何也。”武臣掌管枢密院而为军人所喜爱，当然是不合事体的，不管狄青本人的用心如何。[1]

为什么？不为其他，就因为他是行伍出身，是脸上有字的士兵。因为他脸上有字，所以那些同样脸上有字的士兵会爱戴他，以他为荣，团结在他的周围。而这种爱戴与团结，很可能会形成某种危害政权稳定的力量，因此必须防患于未然。弹劾报告的最后，欧阳修建议宋仁宗罢免狄青的枢密使，把他调到外地去做一个州长。唯有如此，才能保证国家的安全，保全狄青的忠诚。欧阳修的这封弹劾报告，因为是直接给皇帝看的，所以剖肝沥胆，言辞直白。仁宗拿到这份报告，看完就默默地收起来了，并没有“降出”。

欧阳修如此对狄青，他们两个有什么私仇吗？至少从目前留下的文字资料看不出什么蛛丝马迹，而且欧阳修也算是一个心胸豁达、顾大局的人。回到当时的历史情境，我相信，欧阳修弹劾

1 参见［宋］欧阳修：《欧阳修全集》卷一〇九《奏议·翰苑进札状七首·论狄青札子》，中华书局2001年版，第1655—1656页。

狄青恰恰是为了狄青好，为了宋朝国家好。欧阳修并没有夸张，关于狄青，开封城里早已谣言四起。

这一年阴雨连绵，开封城里发了大水。狄青家的房屋也受了灾，于是狄青就搬到了大相国寺去借住。佛寺和宫殿都是高台建筑，不怕水。于是，人们就看到狄青坐在大相国寺的高台之上、飞檐之下，指挥士兵做这做那。狄青高大威猛，有大将风度，远远望去煞有气势，像是一幅画。但是，在这幅画里，有个颜色却颇为刺目，那就是狄青身上的浅黄色袄子。“唐因隋制，天子常服赤黄、浅黄袍衫。”[1] 自唐后期至北宋，黄色逐渐成为皇帝专用的服色。在大相国寺如同宫殿一般巍峨的殿宇之下，狄青竟然穿着浅黄袄子出现了，这就让某些人很自然地想到了一些不该想的东西。按照欧阳修给皇帝的报告，近日以来，谣言传得越来越厉害了。有人说狄青这个人是在图谶里有预言的，有人说夜里能看到狄青私宅上空有火光。总之，狄青不是一般人，让他继续掌管枢密院是危险的，恐怕要出事。当然，这不是因为狄青曾经有任何违背忠诚的行为，只是因为他的行伍出身，他脸上的刺青。

刺青一直是狄青最醒目的标志。他在河北担任军区司令，当地军政首脑联欢，席间有个妓女白牡丹给狄青劝酒，竟然说：“劝班儿一杯酒。”这位脸上有字的哥哥，来一杯。当着众多文官，狄青敢怒不敢言，忍到第二天才去打了白牡丹一顿。白牡丹的嚣张从哪儿来？全体文官都给她撑腰。依照宋代制度，边防最高军政首长是文官，军区司令要受他的管辖。当时狄青的长官是韩琦。韩琦要处分一个军官，狄青讲情说，这是一个有军功的好儿郎。韩琦说，东华门外，中了状元骑马游街的才是好儿郎，这人也配？说完，当着狄青的面处决了这个军官。据说，吓得

1 ［元］脱脱等撰：《宋史》卷一五一《舆服志三·天子之服》，中华书局 1985 年版，第 3530 页。

狄青站在那儿，半天都没挪一下。[1]

故事真伪无从考证，但故事所反映的宋朝文官，以及在文官影响控制之下的社会观念对武人，特别是军人的态度，是真实存在的。行伍作为一种出身，就像士兵脸上刺的字，永远都除不掉。史料记载，狄青当上枢密副使的时候，脸上的刺青还在，宋仁宗特地下令让狄青敷药去除刺青。估计去除也只是去掉颜色，疤痕是去不掉的。狄青拒绝，指着自己的脸说，陛下因为功劳提拔我，没有顾虑我的出身。我之所以能有今天，都是因为脸上的字，因为我是一个兵。我想留着它，来激励士兵为国效力。

狄青拒绝敷药，是他的透彻，也是他的无奈。在宋朝的政治文化中，军人出身就意味着低人一等。狄青被提拔为枢密副使的时候，很多人反对，反对者的理由之一就是，用一个大头兵当国家领导人，恐怕外国和周边少数民族会笑话我们。武人被挤到了边缘，军人被压到了鄙视链的最底层。后来，英宗曾想用一个叫郝质的军人入主枢密院，反对的人说，这个人还行，只是枢密院和宰相府是经邦论道、协助皇帝处理军国大政的地方，让一个“黥卒”（脸上刺着字的士兵）来主持工作，恐怕反而会让他不得安生。比如狄青当年，朝廷上下都服气，可是一进枢密院，就谣言四起，最终不得不离职，朝廷的器重与提拔反而害了他。话说得有理，郝质被挡在了枢密院外面。

说到这儿，顺便交代一下狄青的结局。欧阳修那篇骇人听闻的弹劾报告打上去没过多久，仁宗还是罢免了狄青的枢密使，派他到陈州去做知州。第二年春天，狄青在陈州“疽发髭，卒”，胡子里长了一个疮，病死了。在中国史书上，凡是“疽发”而死的，不是抑郁就是投毒。倔强地不肯洗去面涅的狄青，最终还是因为面涅遭到猜忌排挤，落下心病，才五十岁就郁郁而终。狄青

1 参见［宋］王铚撰，朱杰人点校：《默记》卷上，中华书局 1981 年版，第 15—16 页。

图三九：《狄青像》

此《狄青像》出自《中国历代名将图典》。狄青（1008—1057），字汉臣，汾州西河人。北宋时期名将。他自少入伍，善骑射，面刺字，被称为“面涅将军”。仁宗时，因战功迁延州指挥使。勇谋兼备，在宋夏之战中临敌披发、戴铜面具，所向披靡，无人敢挡。与名臣尹洙、韩琦、范仲淹等人过从甚密。范仲淹授以《春秋左传》，折节读书，通古今名将兵法，声名益显。一生历二十五战，曾八次中流矢，以夜袭昆仑关一战最著名，被拜为枢密副使、护国军节度使、河中尹。狄青赞称其：“天产英雄操大任，劳其筋骨益其能。乘时有待风云会，兰台阁上姓名登。”

死后八年，宋神宗有意对外用兵，因为狄青“起行伍而名动夷夏，深沈有智略，能以畏慎保全终始，慨然思之”[1]，向狄家索取狄青画像，亲制祭文缅怀狄青，把他树立为宋朝武人的典范。然而，即便到了“欲战思良将”的时候，朝廷给狄青的定调也没有忘记一分为二，还是要强调狄青“能以畏慎保全终始”。狄青在宋代政治文化的压抑之下郁郁而终的事实，也被涂了金，做了最后的消费。

狄青之死，欧阳修、韩琦都逃不了间接的责任。但是，这两个人若扪心自问，一定不会有丝毫歉意。因为他们所做的，是当时社会观念中最正确的事情——防范武人，特别是军人。“面涅”就意味着危害政权的潜在可能，必须压制，以防患于未然。这是一个群体对另一个群体的防范，是以天下为己任的文官士大夫对朝廷国家所承担的责任。因此，它正当而正义，是军人职业化与文武分途造成的必然后果。

官吏分途的等级差别

在帝制中国的顶层设计中，除了文武分途，还有官吏分途。什么叫“官吏分途”呢？我们仍然以西汉的郡和唐代的州做比较。西汉郡一级政府的正式编制是 39 人，东海郡实际在职人员 107 人。唐代的一个上州，总编制是 216 人。单从人数来看，从西汉到唐七八百年间，统县政区的规模扩大了一倍，很正常。

然而，深入观察就会发现，西汉东海郡的 107 人和唐代上州的 216 人之间，存在着结构性差别。西汉东海郡的这 107 人，除了 4 名由中央任命的官员之外，其余 103 人均由本地人担任。他们凭借个人的学识、能力和家族地位建立名声，脱颖而出，接受长官的辟署，成为官吏，在本地服务，勤勉工作。比如东海郡

1 ［元］脱脱等撰：《宋史》卷二九〇《狄青传》，中华书局 1985 年版，第 9721 页。

的功曹师饶，一年354天，能够在衙门安安静静坐着办公的只有87天，剩下的时间，除了每10天一次的休假，基本上都在外奔波，接受太守的差遣，处理本郡事务。[1]这些人是本地人官员中的佼佼者，会因太守推荐而进入中央，成为由中央任免的中高级官员。由太守辟署的地方基层官员与由中央任命的中高级官员之间存在上升通道，是上下一体的。

但是到了唐代，就完全不同了。唐代州政府的216名工作人员是明确区分为上、下两个阶层的。上层是“官”，共计76名，下层是“吏”，共计140名。[2]“官”与“吏”之间有一道“石头天花板”，界限清晰可见，鸿沟不可逾越，上升或者下降的通道基本不存在。

简单地说，官和吏的区分就是“有官品”和“无官品”，“流内”和“流外”。官员属于流内，无论高低皆有官品，统一由中央的吏部任免，官的“认证权力”把握在中央手里，官员实行避籍制、任期制和俸禄制，人才在全国范围内流通。吏员属于流外，没有官品，由地方政府选拔任用，吏实行终身制，通常没有俸禄。官与吏之间存在严格的身份区隔，这就叫作“官吏分途”。当然，吏也可以积累资历，通过特殊渠道上升为官，这叫作“流外入流”。但是，流外入流的官仍然会被人瞧不起，能够获得的职位及任数都严格受限。社会学家周雪光对官吏分途有着非常精到的总结：“官与吏在同一官僚机构并存共生，有着上下级关系，但同时又是互为隔绝的群体，从录用、流动、晋升到监察、俸禄诸多方面，两者有着截然不同的职业生涯。”[3]

与选任的中央集权一样，官吏分途也出现在隋朝，那个充满了制度创新精神的短命朝代。官吏分途伴随着吏的污名化。[4]隋朝平陈之后，为了羞辱陈后主，曾经有人建议让陈后主去做一个负

1 参见王俊梅：《秦汉郡县属吏研究》，中国人民大学博士论文，2008年。
2 唐代州吏的计算，得益于叶炜教授的越洋知识援助。
3 周雪光：《从『官吏分途』到『层级分流』：帝国逻辑下的中国官僚人事制度》，载《社会》第36卷，2016年第1期。
4 参见叶炜：《南北朝隋唐官吏分途研究》，北京大学出版社2009年版。

责处理文书的中央小吏。隋文帝说，陈叔宝那么糊涂的一个人，又整天醉醺醺的，恐怕不好使唤吧。可以想象，这场谈话自然是以胜利者君臣的开怀大笑结束的。吏在当时人心目中的形象就是低贱的，供人驱使的。官吏分途之初，特别是改朝换代之际，吏还有一定的上升空间。然而即便上去了，“当过吏”这件事也会成为一个人的黑历史，需要强大的心理支撑才能笑对，一般人则讳莫如深。比如唐太宗时的太子左庶子张玄素在隋朝担任过刑部令史，他自己“甚以惭耻”。有一天，唐太宗问张玄素在隋朝的任职情况，先问在隋朝做什么官，张答“县尉”；又问“未为县尉以前”，张答“流外”；再问“在何曹司”，张玄素勉强作答。等到要出去的时候，张玄素“殆不能移步，精爽顿尽，色类死灰。朝臣见之，多所惊怪”。[1] 张玄素何许人也？他批评唐太宗大兴土木，敢拿唐太宗跟隋炀帝比。唐太宗不服，反问他，你觉得我不如隋炀帝，那么跟桀与纣比呢？张玄素毫不示弱，说你这宫殿要是真的修了，那就会“同归于乱”[2]。这么勇敢的一个人，说到自己的流外出身，还是会面如死灰，腿软心虚。

在唐宋以降的观念世界中，官的基本面是“君子”，吏则是“小人”群体，“类多小人，年久长奸”“文簿繁杂，吏多奸计”。“机智官员的故事”之中，特有一类，专门津津乐道官如何与吏的恶行、恶习做斗争。比如，北宋真宗朝的浮梁县令胡顺之。州里派了个小吏下来，胡顺之听说了，就悄悄派了个人跟着，偷偷记录这个小吏的吃和住。等到这个小吏大摇大摆地坐在了对面时，胡顺之这才不慌不忙地开始发问：你一个小吏应该住公家的驿站吗？应该接受驿站的免费供给吗？应该跟朝廷命官平起平坐吗？这三个问题就像是三枚冷箭，一枚一枚都打在死穴上。到最后一枚冷箭抛出，小吏已经从椅子上滚到地上，打躬作揖地求饶谢罪了。胡

1 参见［后晋］刘昫等撰：《旧唐书》卷七五《张玄素传》，中华书局1975年版，第2643页。

2 ［后晋］刘昫等撰：《旧唐书》卷七五《张玄素传》，中华书局1975年版，第2640页。

顺之也不恼，只把小吏关在牢里，又让人在周围摆了十个粪缸，生生地沤了他十天才提审，最终打了小吏二十大板了事。从此之后，州里的吏再也不敢骚扰县政了。[1]

这种故事，笔记小说里不少。然而，只能是其姑妄言之，我们姑妄听之。“胡顺之辣手治州吏”的事迹应当是有的；“州吏从此不敢骚扰县政”的结论，恐怕不可当真。相反，欧阳修讲过他的老师杜衍的故事，倒更能反映真实情况。杜衍受命接掌审官院，这是负责人事任免的部门，权力很大。当时，有甲、乙、丙三人竞争同一个职位，杜衍问吏应当给谁。吏受了丙的贿赂，却规规矩矩地回答说，应当给甲。乙争不过甲，就接受了另外一个职位。过了几天，在吏的教唆下，丙出面告发甲曾经犯过某个错误，不应当得到这个职位。甲不应得，按顺序应当轮到乙。可是乙已经得到了其他职位，不愿意再争了。杜衍不得已，只好把这个职位给了丙。表面上看，一切都符合制度，实质上却是吏贪赃枉法的结果。作为长官的杜衍也成了吏的工具，被玩弄于股掌之间。

杜衍认真反思之后，得出的结论是：“此非吏罪，乃吾未知铨法尔。”“铨法”就是有关人事任免的规章制度。规章制度繁多，法令条文复杂，可是官员调动频繁，“居职者类以不久迁去”，而吏却长期服务于同一单位，因此，官虽然地位高于吏，但在相关信息的掌握上却远不如吏。面对吏的欺瞒，一般官员只好装聋作哑，而杜衍一笑之后，随即痛下决心，以对制度的熟悉掌握成功地摆脱了吏的干扰。杜衍任内，审官院的吏完全变成了辅助性的，人事任免的最终决定权终于掌握在了主管官员的手里。

但是，像杜衍这样个别人的努力，其实不可能改变官无法约束吏的普遍事实。杜衍在审官院的时候，有人找到小吏，奉上贿赂，请求照顾，小吏不肯接受，说，我们现在这位上司管得太严，

1 参见［宋］司马光撰，邓广铭、张希清点校：《涑水记闻》卷六，中华书局1989年版，第110页。

名声在外，他不久就会被提拔上调，你先等等吧，用不了多久的。[1]

在杜衍和吏的斗争中，杜衍所取得的只是暂时性的、偶然性的胜利，最终的、必然的胜利属于吏。因为按照制度，官员受到任期制与避籍制的约束，在哪个单位、哪个地方都待不长。官员和机构的关系，就像是飞鸟和池塘，浮光掠影，无法深入；而吏是当地人，终身甚至世代为吏，他们谙熟一切规章制度、关系和潜规则。如果把机构比作池塘，那他们就是鱼鳖虾蟹，是池塘真正的主人。所以南宋人公认“官无封建而吏有封建”[2]。

官吏分途是一种非常糟糕的制度安排，它简直是有意制造麻烦的制度。吏虽然服务于朝廷国家，却没有官员身份；名义上不拥有权力，实际上却操控权力，在某种程度上掌握着各级政府的实际运作。“士有爵禄，则名重于利；吏无荣进，则利重于名。”[3]待遇低下，上进无门，除了瞅准机会捞点钱，吏还能有什么指望？从某种意义上说，吏在道德上的“集体卑劣”得到了体制的默许，官通过对吏的批评获得了道德上的优越感和满足感，同时成功地把造成政府腐败、低效的黑锅推给了吏。通过对吏的揭露、惩罚，官向上对朝廷、向下对百姓都有了交代。这仿佛是一个“黑锅推转机制”——皇帝把“锅”推给臣下，官僚把“锅”推给吏——皇帝是好的，都是奸臣惹的祸；官员还是不错的，都是污吏惹的祸。推无可推，吏只得背锅。

当然，吏的存在价值不止于“背锅”。官吏分途与选任的中央集权在隋朝同时出现，它的出现本身就是对选任集权的一种补充。隋朝把所有地方官员的任免权收归中央，力图建立选任的中央集权。在如此广大的地域之内，全体官员由同一个机构，以相同的标准，进行选拔和任用，当然困难重重，但是在中央的强大意志和发达的文书行政传统之下，还是可以实现的。然而，地方

1 参见［宋］欧阳修：《太子太师致仕杜祁公墓志铭》，见《欧阳修全集》卷三一《居士集》，中华书局 2001 年版，第 468 页。赵冬梅：《睢阳五老中的杜衍》，见上海博物馆编：《再读睢阳五老：艺术史的维度》，2017 年版，第 114—139 页。

2 这句话出自南宋叶适的文章，但并非叶适原创，而是当时士大夫的共识。见［宋］叶适著，刘公纯、王孝鱼、李哲夫点校：《叶适集》卷一四《外稿·吏胥》，中华书局 2010 年版，第 808 页。明末清初顾炎武高度认同此说，但他错误地认为此语为叶适原创。见［清］顾炎武撰，华忱之点校：《顾亭林诗文集·亭林文集》卷一《郡县论八》，中华书局 1983 年版，第 16 页。

3［宋］欧阳修、宋祁撰：《新唐书》卷一四九《刘晏传》，中华书局 1975 年版，第 4795 页。

在地理、经济、文化发展程度上的差异却无法靠中央意志消除，中央可以统一任命官员，也可以统一制定、下发政策命令，却很难实现地方治理的一刀切。官吏分途为解决中央集权与地方差异性之间的矛盾提供了一条出路，官是正式的，吏是非正式的。“各地官员代皇帝执政，遵循正式制度的规范准则，而胥吏常常在实际执行过程中加以变通，以非正式形式落实之，导致正式制度被束之高阁或歪曲执行，甚至为非正式制度所排斥。”官的存在与活动，可以“确保‘政令自中央出’，一呼百应，维护了中央集权的象征性权威”，吏的存在与活动则“为地方因地制宜提供了灵活空间”。[1] 这变通是好是坏，可以两说，但好歹它是一条出路。

被歧视与被矮化者

把一部分人标志出来，隔离出去，这是帝制中国制度发展中的一个常见现象。贯穿帝制时期最大的隔离，莫过于宦官与普通官员之间的隔离。人为制造的生理差异，将宦官群体贱民化、工具化，彻底沦为皇权的寄生物。在宦官的簇拥、装饰、隔离之下，皇帝将自己营造为高高在上的神秘而高贵的存在。屈辱却自始至终伴随着宦官群体。不管曾经出现过多少宦官专权的极端事例，都无法改变这个群体被正常社会隔离、歧视的事实。

魏晋南北朝时期，士族与庶族之间、高门士族与低级士族之间建立了基于家庭出身的身份隔离，“士庶之际，实自天隔”，婚姻与仕途均界限分明，判若云泥。“小圈子政治”的垄断性、封闭性，以及文化基因的同质性最终导致人才匮乏，门阀政治解体，士族消亡。“旧时王谢堂前燕，飞入寻常百姓家。”不明历史真相的后来人，却把“王谢风流”错认为是那一段历史的全部。

从隋朝开始，全体官员一律由中央任免，实行选任的中央集

1 参见周雪光：《从『官吏分途』到『层级分流』：帝国逻辑下的中国官僚人事制度》，载《社会》第36卷，2016年第1期。

权。与此同时，开始出现了官吏分途。倘若只是按照职务特点把政府工作人员分为官和吏两个层级——官参与决策，需要根据不断变化的实际情况做出判断；吏只需遵循规章制度处理技术性的事务——这就是合理的分工，它有助于提高工作效率。但是，我们的官吏分途却在官与吏之间建立起严格的身份壁垒，切断了吏上升为官的可能性，进而将吏隔离成一个没有尊严、没有上升希望，也不需要廉耻的次等群体。

宋代大开科举之门，毫无家庭背景的有志青年，可以凭借自身努力，靠读书、科举进入官场，“朝为田舍郎，暮登天子堂”，实现“修齐治平”的儒家理想，中国由此进入科举时代。中外学者们无不感叹，那是一个自由辉煌的时代。但是，与此同时，职业军人（募兵）集团却被正常社会隔离出去，文官、武选官和职业军官之间也被分成了三条轨道，基本上互不相通。倘若只是简单而平等的分工，这一切的确令人赞美：文官处理国家的政治、外交、财政、司法等事务，武选官参与军事管理，分任财政税收，职业军官专心练兵保家卫国，各司其职。我们甚至可以想象，财政、司法等专业性极强的部门还可以继续细分，政府的工作效率会得到进一步提高。但这毕竟是传统中国，分类一定伴随着隔离。在整个社会的鄙视链上，文官居于顶层，武选官夹在中间，职业军官被踩在最底层，他们甚至没有完全的官员身份。与职业军官共荣辱的是募兵集团——他们都带着抹不去的面涅。文官与武选官之间、武选官与职业军官之间都存在着隔离带，下面一层的人纵然历尽艰辛爬了上来，他卑微的出身也会像青蛙在蝌蚪时代的尾巴一样，不知道在什么时候就会跳出来挡住他的去路，让他颜面尽失。

青蛙尾巴的故事是这样的。艾子泊船于海岛，听到水里有一个声音说："昨日龙王有令，水族有尾巴的都要砍头。我是条鳄鱼，害怕被杀，所以哭。你一只青蛙，又没有尾巴，哭个什么劲儿呢？"另一个声音回答说："我如今看着是幸而没有尾巴了，可是，就怕大王要追究我做蝌蚪时候的事儿啊！"

这个故事是否让你想起了"狄青之死"？一个忠诚可靠、能征善战、功勋卓著的武人，竟然会因为他的功勋卓著、能征善战而遭到危言耸听的弹劾，尽管发起弹劾的人也不否认狄青"迄今为止"的忠诚可靠，可就因为他是一个脸上刺着字的军人，即便后来他已经不再是军人，可是他的军人出身永远都在。一只伟大的青蛙，因为蝌蚪时期的尾巴，被他所忠诚于、服务于的朝廷鄙弃，抑郁而终。

分工值得赞美，隔离令人叹息。我们以文武分途为例，来看看传统中国的隔离之痛。

南宋大儒叶适有一个学生，名叫厉仲方，三十二岁考中武状元，还得到孝宗皇帝的赏识提拔，进入武选官序列，看起来前途无量。但是，他做官之后却屡次参加进士考试，希望能改换门庭，重归文官的行列。厉仲方五十四岁过世，距离他考中武状元已经过去了二十二年。叶适去祭祀学生，祭文里耿耿于怀的，仍然是厉仲方当年放弃进士，改考武举之事。叶适说，想君当年，三场文字十分工整，考中一个进士是完全可以期待的……没想到你竟然脚踩两只船，要去读兵书；即便是考中了状元又如何呢，你已经失去了文人的身份啊！[1]文人的身份比武状元和官位都重要，所以厉仲方考中武状元之后，还要想办法回去；而叶适在厉仲方的灵前，仍然要责备他二十二年前的改弦易辙。原因很简单，文官的仕途发展和社会地位都大大高于武选官。一旦进入了武选官的行列，就失去了太多的机会，比如宰相、枢密使、三司使、转运使。

1 参见［宋］叶适著，刘公纯、王孝鱼、李哲夫点校：《叶适集》卷二十二《厉领卫墓志铭》，中华书局 2010 年版，第 422 页叶适说厉仲方进入武选官序列，是因为当初意志不够坚定，考进士没考中就改考武举，“失路误入”。这样的人很多，当时，武举基本上是落第文人的备胎之选，落第之后立即转头去看兵书，顺带拉拉弓，骑骑马。国家甚至要特别调整考试时间，防止这帮对军事根本就没兴趣的文人把武举当作垫脚石。武选官好歹还是官员身份，却已经被鄙视至此。

至于脸上刺字当了兵的，那就是整个家族的耻辱。宋仁宗初年，皇太后摄政，丁谓和王曾同在相府，按制度是应该一起朝见皇帝、皇太后，一起退下的。王曾要告丁谓的黑状，需要一个跟摄政皇太后单独面谈的机会，而这个机会竟然是丁谓“主动”给他的。南宋王铚的《默记》里记载了王曾见丁谓的一段心机故事：

> 必涕泣作可怜之色，晋公问之数十次矣。一日，因问，闵然对曰：“曾有一私家不幸事，耻对人言。曾少孤，惟老姊同居，一外生不肖，为卒，想见受艰辛杖责多矣。老姊在青州乡里，每以为言。”言讫又涕下。谓亦恻然，因为沂公言：“何不入文字，乞除军籍？”沂公曰：“曾既污辅臣之列，而外生如此，岂不辱朝廷？自亦惭言于上也。”言毕，又涕下。谓再三勉之：“此亦人家常事，不足为愧，惟早言于上，庶脱其为卒之苦尔。”自后谓数数勉之留身上前奏知，沂公必涕下曰：“岂不知军卒一日是一日事？但终自羞赧尔。”晋公每催之，且谓沂公曰：“某日可留身奏陈。”沂公犹不欲，谓又自陈之。一日，且责沂公：“门户事乃尔缓？谓当奉候于阁门。”沂公不得已，遂留身。[1]

文中晋公即为丁谓封号，沂公为王曾封号。丁谓在皇帝的传达室——阁门等着王曾，等啊等，终于灵光一现，悔之莫及，跌足扼腕，然而大势已去！听取了王曾的报告之后，皇太后大怒，

1［宋］王铚撰，朱杰人点校：《默记》卷上，中华书局1981年版，第9—10页。

立即决定拿下丁谓。丁谓一时恻隐，给自己挖了坑。王曾的理由也的确找得太“漂亮”了，合情合理——副宰相的外甥当兵，这可是关系门户荣辱、朝廷体面的大事，当着众人又不便启齿，当然得跟皇太后单独唠唠。

文官—武选官—职业军官的三途分立给宋朝国家的军事建设带来了诸多问题，最糟糕的是，它造成了军事人才的畸形培养模式。

北宋中期以后，文官包打天下，甚至边防大帅也是由文士来担任的。各大军区的最高军政首长——经略安抚使由文官担任，底下是实际统兵的武选官，最底下才是职业军人，这就叫“以文统武”。宋人对此津津乐道。然而，从军事人才培养的角度看，这完全是个历史的误会。开创这种模式的文臣的确能干，文武双全，范仲淹、韩琦是最杰出的代表，得到了军人的敬重和敌人的畏惧，“军中有一韩，西贼闻之心骨寒；军中有一范，西贼闻之惊破胆”[1]。可是宋人显然没有意识到，这几位文士出身的“边防大帅”的成功带有强烈的偶然色彩。宋夏开战以后，宋朝先派武官上去，打不赢；又派文官上去，照样损兵折将；最后韩、范等人上去，打赢了。为什么能打赢呢？韩、范的胆识、能力固然高人一筹，之前的试错过程也是不容忽略的——宋朝军队屡败屡战，好歹也练出来了。因此，韩、范的成功是真实的，但是把韩、范的成功上升为统兵制度，用文士为边防大帅，以文统武，则实在是缺乏理性思考的因循之制，是朝廷的懒政。试想，那些靠读儒家经典、写锦绣文章上来的人，如果不像韩、范那样拉到战场上真刀真枪地试炼，拿什么来统兵呢？

在文官之下参与统兵的，是武选官。宋朝有一项从唐朝继承而来并且发扬光大的伟大制度发明——武举，就是通过军事理论

1 ［宋］徐自明撰，王瑞来校补：《宋宰辅编年录校补》卷五《仁宗皇帝下·仁宗庆历三年》，中华书局1986年版，第245页。

和武艺的双重考察，来选拔未来的统兵官。通常的观点认为，武举的出现，为人类在和平时期培养、选拔军事人才提供了一个全新思路，是一项伟大的发明。站在人类文明发展史的高度，可以这么说。但如果深入制度内部去观察，就会对这项发明的伟大程度打一个大大的折扣。武举虽有武名，却乏武道。武举出身的人做的是武选官，武选官虽然被文官瞧不起，但他们脸上好歹是干净的，是正经的官员，不是军人，所以这帮人骨子里极不屑于与军人为伍。按照宋朝国家的制度安排，武选官参与军队的管理，但不属于军官序列。这样一来，武选官对军队的了解程度，其实跟文官也差不太多；武进士的录取规模又小得可怜，一年十几二十个人，丢到几万武选官的汪洋大海里，一点儿声息都不见。所以，指望武举为国家培养军事人才，只能是痴人说梦，还不如指望文官来得可靠。

南宋有一个人不服气，想要改造制度，让武进士从军，真刀真枪地练起来。此人便是宋孝宗——南宋最有理想、最有抱负的皇帝。1180 年，武举从军制度果真建立起来了，孝宗承诺从军的武进士“他日可备擢用”，干得好将来一定提拔。这一年录取 44 名武进士，其中，从军者 18 人，而且这 18 个人中，包括武状元江伯虎。但是，这 18 个人请求把档案资历都保留在军队系统以外，宁可不要军人的高工资。后来政策屡经调整，一切都顺着武进士的心意来。武进士担心像军人一样遭到体罚，朝廷就明令禁止体罚从军的武进士，规定必须要“待以士礼”。最终，武进士愿意从军了，可是军队里也搁不下武进士了——谁愿意请个祖宗来供着呢？宋孝宗开创武举从军制度的同时，还禁止武进士参加进士考试，不许他们改换门庭。结果几年之后，从军等于不从，武进士改换文官的禁令也只得不了了之。前文提到的叶适的好学生厉仲方，就是在武状元及第之后频频去考进士的。在文官、武选官和职业军官三途分立的制度隔离之下，宋孝宗培养新型军事人才的努力化为乌有。

隔离的本质就是制造不平等，生产卑贱，生产歧视。隔离的文化基础是不承认平等与缺乏尊重。隔离造成与实际事务无关的等级差异，创造、强化了人际矛盾。那么，究竟是谁在制造隔离？不同的隔离有不同的原因，就宋朝文官、武选官和职业军官的三途分立而言，应当说是皇权与士大夫的合谋。皇权为了自身安全的考虑，要求对危险的权力——兵权进行尽可能的分割；而士大夫出于不自知的集体自利倾向，迎合了皇帝的需求。职业军人被框定，武选官被限制，手无缚鸡之力的书生成了国家栋梁，包打天下。可是，怎样才是军事指挥人才的做成之道？怎样才能保证军队的战斗力？和平既久，初心已忘。可叹，可叹！

结语
陛下与谁“共天下”？

在这个简单的小结里，我们谈三个问题：第一，帝制中国的“帝国”与西方的“帝国”不是一个概念；第二，君臣关系中的三种共治模式；第三，制度的破与立，应当怎样应对出了问题的制度。

东、西方帝国的差异

首先我们要辨析一下东、西方“帝国”的概念。上文中我一直在说“帝制中国”，偶尔也用到“帝国”这个词，但是我所说的“帝国”与西方的“帝国”（empire）是两个完全不同的概念。

西方的“帝国”概念，更接近于我们所理解的“打倒帝国主义”的“帝国”。比如下面这个社会学的定义：帝国是“一种社会政治结构，其中的中央政权当局……对从属的社会、民族或区域的政治（以及实质上的社会政治）进行施加、行使不平等的影响与权力”[1]。西方知识体系中的“帝国”靠军事征服建立，靠军事力量维持，帝国的秉性就是军事扩张和经济压榨。帝国的核心或者说主体与边缘之间是征服与被征服的关系，双方在种族、制度和

1［美］理查德·拉赫曼著，赵莉妍译：《历史社会学概论》第四章《帝国》，商务印书馆 2017 年版，第 55 页。

文化上差异极大。帝国对边缘往往实行间接统治，主体无意通过制度建设和文化教育改造、同化边缘，它只是想继续占领、剥削，而边缘则想要恢复自由，逃离控制，二者处在持续不断的对抗与斗争当中。最终，边缘逃离了主体的控制，帝国分裂成为独立的民族国家。这就是西方话语体系中的“帝国”的前世今生。古代的罗马和近代的英帝国是西式“帝国”的典型代表。

东、西方的“帝国”差异往往会引发双向误解。当我们用emperor来翻译“皇帝”，用empire来翻译“帝制中国”的时候，拥有西方知识背景的人会想当然地把Chinese empire和军事占领、异族征服联系在一起，提出他们的问题；而这些问题会让习惯了“天下大势，合久必分，分久必合”的中国人感到不适，觉得遭到了冒犯。

“帝制中国”与西方观念中的“帝国”显然不同。帝制中国有统一的制度、统一的法律，以及由统一的文字所承载的主流文化。帝制中国也有核心与边缘的差别，但总体而言，核心与边缘之间关系的主流不是征服与被征服。秦帝国与原属六国的东方领土之间，曾经存在着征服与被征服的关系及巨大的文化差异，秦的断裂在一定程度上正是“六国”反抗的结果。但是，从汉代起，帝制中国的核心与边缘的关系就彻底转化成了中央与地方的关系。在汉代，低级官员是本地人在本地服务，中高级官员则是汉朝人在汉朝范围内服务。隋朝实现了所有官员的中央任免制，人事任免全国一盘棋。从宋朝起，科举更成为选拔文官的正途与主流；金榜题名者源源不断地加入帝国的统治集团中去，实现个人与家族地位的提升；名落孙山者与退归乡里者，则把相同背景的教育与文化推向更广阔的地方与基层。两千年间，以强大的中央集权为后盾，以汉字为依托，帝制中国的文化整合不断推进。

"帝制中国"始于公元前 221 年秦始皇创立"皇帝"名号，开创皇帝制度，终于公元 1912 年 2 月清宣统皇帝宣布退位，存在时间 2133 年，这段时期的中国历史因此也被界定为"帝制时期"，以便区别于之前的"封建时期"和之后的"共和国时期"。

雇主伙计到合伙共利

帝制中国的推进方式是朝代更替。"朝代"给人的印象往往是时间性的，而非地域性和民族性的。这是因为，按照中国的传统思想，基本上每一个朝代都相信，本朝就是"天下国家"（或者说整个文明世界）的全部。在中国传统的历史叙述当中，"本朝"只在"继往开来"的时间线上出现，"本朝"与同时并存的其他政权之间的竞争会被有意忽略和掩盖。帝制中国体现为不同的朝代，不同朝代的地理疆域、人口构成各不相同，但基本上都会符合以下三项制度特征：第一是皇帝制度；第二是官僚政治，皇帝世袭而官无封建；第三是以集权于中央和皇帝为最高追求的各项中央和地方行政制度。

如果说制度的本质是对关系的界定，那么，帝制时期最重要的关系无疑是君臣关系。官僚制度与皇帝制度共生。皇帝应当独断，但是不能独治天下，所以要选拔官员来共治。这种共治观念开始得很早，但是它的内涵曾发生过深刻的变化，大致上，"从汉唐到宋初，所谓'共治''共理'，无论自帝王口中居高临下地说出，还是在官员著述奏疏中谨慎地表达，都不是强调士大夫作为决策施政的主体力量，而多是指通过士大夫，借助士大夫的人手、能力来治理天下，亦即原则上将士大夫的作用定位为听命于帝王，替帝王治理天下的工具"[1]。这种共治，我称之为"雇主—伙计型共治"，汉高祖刘邦的求贤诏书就反映了典型的雇主心态：

1 邓小南：《祖宗之法：北宋前期政治述略》，生活·读书·新知三联书店 2006 年版，第 417 页。

> 今吾以天之灵，贤士大夫定有天下，以为一家，欲其长久，世世奉宗庙亡绝也。贤人已与我共平之矣，而不与吾共安利之，可乎？贤士大夫有肯从我游者，吾能尊显之。布告天下，使明知朕意。[1]

这篇诏书可以粗暴地翻译为：天下是我家的。有能耐的人，谁来跟我混，我就能让他获得尊贵的地位、显赫的名声。来吧，功名利禄在这里！

宋朝出现了第二种“共治”形态，我称之为“同道共治”。“‘共治’的重心从被命执行发展到参政议政。”文官队伍的“价值追求”“崇奉的理念”，“也较此前有了明显的不同，在‘尊王’的同时，他们亦以天下自任”。[2]“共治”作为一个明确的政治观念，更成为官僚政治中不容置疑的共识。“同道共治”的核心在于“同道”二字，儒家“修齐治平”的崇高政治理想受到尊崇，君臣之间在伦理道德、治理原则等方面具有高度共识。比如，他们都在原则上同意，法度为天下公器，而非天子所独有。宋朝的臣子可以对皇帝说出：“天下之法，当与天下共之。有司守之以死，虽天子不得而私也，而后天下之大公立。”[3]而宋朝的皇帝绝不会因此勃然大怒，把这人拖出去打一顿板子。

“同道共治”破产之后，还有一种“合伙同利型共治”，这是第三种共治类型。所谓“合伙同利”指的是皇帝与官僚把政权当作谋求个人私利的工具，因此常常会在不知不觉中忽略了天下国家的长远利益，忘记了底线在哪里。在“合伙同利型共治”之下，维系皇帝与群臣关系的，只有功名利禄。“合伙同利型共治”发生在“同道共治”破产之后，君臣关系又无法回到“雇主—伙计型”，所以，皇帝往往会借助特务政治、告密等卑劣手段来控制

1［汉］班固撰，［唐］颜师古注：《汉书》卷一下《高祖本纪》，中华书局1962年版，第71页。邢义田先生对这则诏书及其所体现的『雇主—伙计型』君臣关系有着精到的分析，见邢义田：《中国皇帝制度的建立与发展》《母权·外戚·儒生——王莽篡汉的几点解释》，载氏著：《天下一家：皇帝、官僚与社会》，中华书局2011年版，第18、165页。

2 邓小南：《祖宗之法：北宋前期政治述略》，生活·读书·新知三联书店2006年版，第419页。

3［宋］许翰：《论御笔手诏不由三省而下者取旨方行札子》，见曾枣庄、刘琳主编：《全宋文》卷三一〇九，上海辞书出版社、安徽教育出版社2006年版，第144册，第291页。

群臣。但是，根据“上有政策，下有对策”的一般规律，群臣总是有办法来让皇帝的努力烟消云散。孔飞力的《叫魂》中所呈现的共治形态就是“合伙同利型共治”的生动典范。它让我们看到，当一个社会的领袖和精英放弃了理想、原则这些崇高的东西时，究竟会发生什么。

“雇主—伙计型”“同道型”“合伙同利型”三种共治模式，帝制中国曾出现过最好的，最终沦落成了最坏的。这一点，我们在“政治文化篇”中会有进一步的阐述。

滕子京谪守背后的反思

最后，我要谈谈制度的破与立。“所谓好制度，是符合公共道德伦理的制度。好的制度都有伦理建设性。”[1] 但是，没有一劳永逸、放之四海而皆准的好制度。制度与政治、文化交相为用，好制度也会变质。当一个制度变坏了，或者当我们明明知道这个制度不合理的时候，应当怎样对待它？在这个问题上，即便是最优秀的古人也没有给我们做出好榜样。

举一个例子。范仲淹做副宰相，主持朝政，他的同年挚友滕宗谅遭到了挪用公务接待费的弹劾。宋朝的公务接待费使用制度本来就是模糊不清的，存在很大的问题——制度本身不合理，或者说这项制度背后本身就隐藏着“非正式制度”。所以，大部分负责任的边州军政首长都会挪用这笔公款。滕宗谅挪用公款，的确违反了正式制度。那么，被挪用的公款，滕宗谅用来做什么了呢？犒赏士兵，笼络军心，无一钱入于私囊。滕宗谅被审查之后，范仲淹极力为他辩护，而这种辩护也成了反对派攻击范仲淹朋党的口实之一。最终，“滕子京谪守巴陵郡”，范仲淹新政流产，黯然离开政治中心。

1 张静：《制度的品德》，载《开放时代》2016年第6期，第175页。

在传统中国，滕宗谅和范仲淹的做法具有极大的典型性，他们用道德、功劳来取代规则。从骨子里说，这两个人都太灵活了，他们不尊重规则。规则构建秩序，而秩序给大多数人以安全，让社会平稳运行。如果规则有问题，就像宋朝的公务接待费使用办法出了问题，滕宗谅应该做的，不是随波逐流钻制度的空子，而是明确抗议，提出问题。滕宗谅遭到审查之后，主持中央工作的范仲淹最理性的做法，应当是按照既有制度处分滕宗谅，同时寻求制度的改造之道。可惜，这样“死板的智慧”，在我们的文化中并不存在。

步輦圖

下篇　王朝政治省思

引言
文化与历史的交错塑造

历史的影响积淀成为文化，文化影响群体的选择，最终决定现实与未来的走向。在这个意义上，过去塑造现在，并影响未来。历史中隐藏着一个民族的文化基因。那么，我们的文化究竟有着怎样的特点，这些特点又是怎样形成的?

关于中国文化，有两种特别常见的错误说法。一种是认为我们什么都好，五千年文明辉煌灿烂，各种领先，各种发达，直到工业革命或鸦片战争。这种错误说法常常让我想起我一个朋友的经历。她在二十多年前远嫁德国。“昭君出塞”去“和番”，责任重大——临别之际，老父谆谆教诲，嘱咐她一定要发扬我们中华妇女的传统美德，要勤劳，要贤惠。女友到了德国，慢慢发现，她的德国婆婆，德国大姑子、小姑子都比她要勤劳得多，能干得多。我到现在还记得，她表情夸张地说，我婆婆干净得连一块抹布都要熨。女友还大笑着爽利地做了总结：哪有什么中华妇女的传统美德啊，我比人家差远了！这话是她的经验之谈，有道理，但不够准确。准确地说，中华妇女的确有这些传统美德，但是这些传统美德并非中华妇女所独有，勤劳、勇敢、贤惠、节俭、朴素、积极进取等美德是人类所共有的，存在于任何族群的优秀分子身上。就像我在牛津的房东女士所说的“People are people”（人就是人），中国文化绝不是灿然无瑕疵的。

另外一种对中国文化的错误说法，则走向了另一个极端，认为中国的过去漆黑一片，落后保守，专制强横，摧残人性，是腐朽堕落的“封建”社会。这当然也不对。特别有意思的是，这两种完全矛盾的说法可能会从同一个人嘴里说出来。当需要对抗外来文化的时候，五千年就开始光辉灿烂、熠熠生辉了；当需要跟过去决裂、谱新曲唱新歌的时候，漫长的古代就一无是处了。同一个人，上午一个会，讲五千年文明光辉灿烂；下午一个会，谴责古代社会黑暗落后。他本人似乎也不会觉得违和，我们假定他的听众是同一批人，也很少会有人质问：你上午讲的和下午讲的，难道不是同一个过去吗?

两种说法之自相矛盾很明显，这种明显的矛盾却会被说话人和听众同时忽略。明明就在那里，可是没有人会在意，更不会有人提起警惕。这其实是一个非常有趣的现象。隐藏在这种现象背后的，是一种实用主义的态度。上午要抵制外来的东西，当然得说中华传统就是好。下午要另谱新曲，当然就要抛弃过去——不破旧怎么立新？所以，上午讲五千年灿烂是对的，因为它符合那个场合的需要；下午讲古代保守落后也是对的，同样因为它符合这个场合的需要。至于“灿烂的五千年”与“落后保守的古代”是不是同一个过去，过去的真相究竟是什么，通常无人在意。

这种实用主义的态度正是我们民族文化传统当中的一个痼疾。我们喜欢不择手段地追求成功，这其实是法家态度。儒家主张路径与目标都要符合仁义，《孟子·公孙丑上》说：“行一不义，杀一不辜，而得天下，皆不为也。”即使能得到天下，也不能杀一个无辜的人、做一件不义的事。做同一件事情，实现同一个目标，如果追求路径与目标的双重正义，不愿意偷奸取巧抄近道儿，那么必然是要绕远的，要花更长的时间、更多的精力。所以，古人说儒家“迂远”，孔子迂，孟子迂，所有纯粹的儒家都迂。

在传统中国，迂远的纯粹儒家一直都只是理想主义者的梦想，很少能成为政治思想的主流。这是由中国历史的推进方式所决定的。从封建到帝制，靠的是武力攘夺；帝制时期的每一次改朝换代，基本上也是靠武力攘夺。靠武力打下来的天下，政权稳定之后会随即推行儒家伦理秩序，宣传忠孝仁义。一个有能力存续百年以上的朝代会慢慢消除“马上得天下”的影响，逐渐建立起本朝统治的合法性，培养出官员百姓对一家一姓的忠诚。而那些比较短命的王朝，没有时间推行教化，只能放任弱肉强食的逻辑畅行。比如唐宋之间的五代，“五十三年之间，易五姓十三君，而亡国被弑者八，长者不过十余岁，甚者三四岁而亡”[1]，被欧阳修称为极乱之世。五代的人便敢于公开宣称：“天子，兵强马壮者当为之，宁有种耶。”[2]中国历史的这种推进方式，从积极意义上说，让华夏民族具有一种永不服输、力争上游的性格，人们相信“王侯将相，宁有种乎”，相信只要努力，每个人都有机会；从消极意义上说，它也让我们在骨子里崇尚势利。

中国历史的这种推进方式，也限制了中国人对“真实”的追求。新朝代“马上得天下”之后，运用天命论对前朝的灭亡进行道德解释。在由胜利者书写的史书之中，亡国之君的荒淫无道令人发指。然而，现代历史学在对史料进行层层剖析，拂去“历史书写”蒙在“历史事实”之上的层层尘灰之后，却常常会发现，亡国之君有时候不但没那么坏，反而可能是更为雄才大略的。当道德解

1 ［宋］欧阳修：《欧阳修全集》卷六〇《居士外集》卷一〇《论辩九首·本论上》，中华书局2001年版，第862页。
2 ［宋］薛居正等撰：《旧五代史》卷九八《晋书·安重荣传》，中华书局1976年版，第1302页。

释被戳穿，尴尬随即出现。这种尴尬，对传统时期的历史学来说是致命的——倘若亡国之君并非昏庸无道，那么，本朝该怎样宣称“天命”？在今天，现代中国已经跳出了朝代更替的循环宿命，当代史学也无须再为任何一个朝代代言。这种尴尬就是可以接受的真实存在了，它应当成为我们深入历史、剖析民族性格的开端。

传统中国的政治文化结构，讲的是家、国、天下；进入帝制以来，中国的社会结构是皇帝依靠官僚统治编户齐民，家是最基本的社会单位。在家与国之间，静止在一时一地看，国比家大，比家重要；若置于时间的长河中做长程观察，却是家比国大。传统的国是以朝代为单位的朝廷国家，改朝换代家仍在，家才是永恒的、第一位的。这就是中国传统的“天下国家”。“天下国家”向现代民族国家的观念转折发生在近代，草根阶层的民族主义觉醒，到抗日战争时期才出现。老舍的小说《四世同堂》里有这样一幕：日本人要打进北平，四世同堂的大家长祁老人嘱咐孙媳妇韵梅准备好粮食、咸菜和“顶大门的破缸”，躲进小院成一统，“有了三个月的粮食与咸菜，就是天塌下来，祁家也会抵抗的”，“多大的乱子也过不去三个月”。[1] 只要挨过改朝换代的乱，生活就会继续，这是祁老人从个人经历中总结出来的“国家观”，也是传统中国曾经反复发生的事实。在小说中，日本人占了北平，饿死了祁老人的曾孙女，破坏了北平人的生活方式，祁老人和他的邻居们这才彻底觉醒，明白日本人来了不再是改朝换代，而是有亡国灭种危险的民族入侵。

传统的家国观念是由中国大历史造成的。中国与欧洲的最大差别之一，是中国的统一——地理区域内的政治整合——不仅完成得早，而且持续的时间长。公元前 221 年，秦朝首次建立了统一的帝制国家，此后虽然出现过多次分裂局面，然而就像《三

1 老舍：《四世同堂》，鹭江出版社 2017 年版，第 5—6 页。

国演义》开篇所言，“天下大势，分久必合，合久必分”。每一次“分”，最终都促成了一次更大地理范围内、更充分的“合”。

中国的政治统一之所以能够长期延续，是因为伴随着政治统一的，还有不断深入的文化整合。秦始皇“车同轨，书同文”，奠定了文化整合的基础。汉字承载着文化，汉字所到之处，文化随之展开。为此文化所化之人即是中国人，中国人所居之地即是中国。而且中国很早就发展出极强的文书行政能力，统一的文字可以相对精确地把中央的指令、精神传达到各个地方，从而建立高度的文化认同。秦朝南郡安陆（今湖北）的一个小吏，墓中随葬的个人编年史，最后一笔是：“廿八，今过安陆。”[1]“今”指秦始皇，“廿八”是秦始皇在位的第二十八个年头。这个小吏的宇（空间）和宙（时间）都是由皇帝国家所主宰的。在中国人的观念中，皇帝国家一直都占据着不言自明的主导地位。

法家为统一贡献了法令制度和文书行政系统，儒家对统一的主要贡献则是教化观念。教化，最简单的理解是自上而下移风易俗，让老百姓不令而从，不靠强制，靠以身作则，潜移默化。教化的推行、文化的下移是逐步展开的：春秋战国是第一次浪潮，由于孔子的有教无类，文化冲破了贵族的垄断，开始为普通人所享有；第二次浪潮发生在宋朝，雕版印刷让书籍变得更容易获得，政府推行重文政策，科举向所有人开放，富裕平民得以“全民投入”科举，就像今天全民投入高考一样。

文化的整合巩固了政治的统一，政治统一又滋养培育出一套特殊的文化。文化在历史中形成，历史在文化中塑造。文化与历史是血肉相连的整体，难舍难分，故谓之“历史文化”。

1 陈伟主编，彭浩、刘乐贤撰：《秦简牍合集》（释文注释修订本）第1辑《睡虎地秦墓简牍》，武汉大学出版社2016年版，第11页。

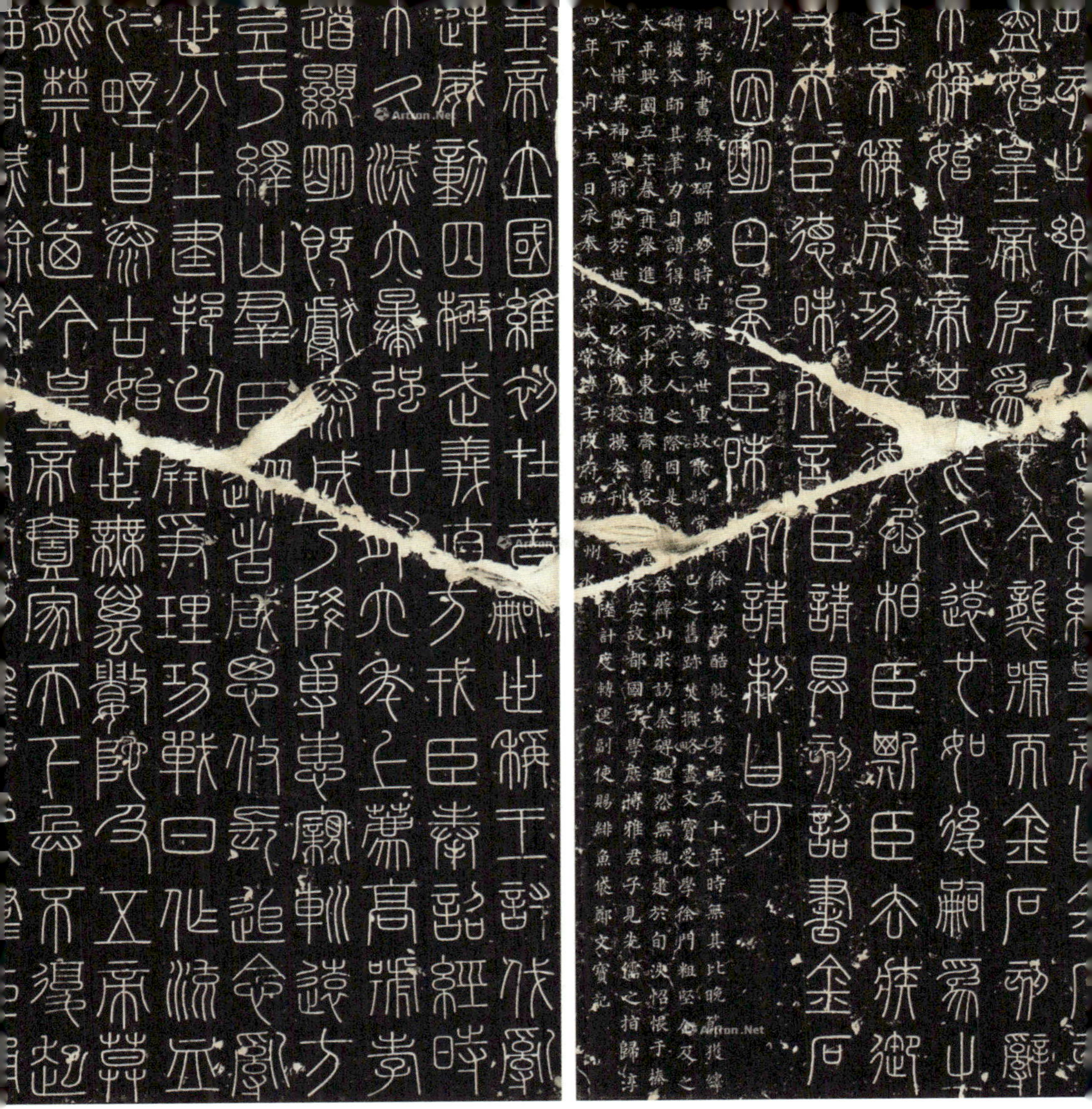

图四〇：秦 李斯《峄山刻石》（局部）

秦统六国之前，因各诸侯国长期割据一方，造成了语言文字的形状和声音各异的局面。秦始皇于是下令“书同文”，即使用标准的字体取代各地的异体字，并且将此任务交给了丞相李斯。于是李斯删芜就简，整理了一套简洁而齐整的文字，名为“秦篆”（也称“小篆”）。小篆笔意舒展，遒劲有力，秦始皇看了颇感满意，便定小篆为通行字体，下令全国使用。小篆的出现，是汉字发展史上一次颇具影响的飞跃，对后世汉字的规范化有着重要作用。上图展示的《峄山刻石》传为李斯所书，其书写的刻石除《峄山刻石》，还有《泰山刻石》《琅琊刻石》《会稽刻石》等。

观念隔膜下的古今代沟

毫无疑问，我们——今天的中国人——是中国“历史文化”的传人。然而，诚如西谚所云：“过去犹如异邦，其人行事异于本土。”若无深入研究，“我们”已经很难准确理解传统时期的人与事。

“我们”和古人之间最大的隔膜是什么？或者说，我们理解古人的最大障碍是什么？我认为，这种隔膜或者说障碍是观念。简言之，观念就是一个时代普遍相信什么，不信什么。阎步克先生在《服周之冕》的绪论里说：“今人不信不等于古人不信。”我觉得这句话对极了。观念不同，没有真交流。“以小人之心，度君子之腹”，是一句绝对贬义的话；倒过来说，“以君子之心，度小人之腹”，同样也会是南辕北辙，不能达其意。撇开君子与小人的道德分野暂且不提，“以己之心，度人之腹”，从自己的观念、见识出发去猜度别人、认识未知，却是人类认识世界的一般规则。观念是我们丈量世界、分辨对错、权衡利弊的尺子。观念不同，看见的世界是不一样的。

了解古代，最难过的一关其实是观念关。你要了解古人信什么，然后才能理解他们说的话、做的事、做出的选择。不然的话，以今人之心度古人之腹，可以说得头头是道、天花乱坠，实际上却是向壁虚构，与古代、古人毫无关系，说得越热闹，离真实越远。而现代历史学的一个重大进步，就是承认观念的时代差异性，并且力求在“那个时代”的观念之中去理解“那个时代的人”的行为。

在传统中国的观念世界中，最具笼罩性与贯穿性的，不外乎以下数端，一曰“天人之际”，二曰“孝”，三曰“忠”，四曰“真实观”。“天人之际”主要包括“天命观”与“天人感应论”两部分。

表面上说的是“天”作为冥冥中的主宰与人间统治的关系，常被骄傲的现代人斥为“迷信”，殊不知，其中却蕴藏着深刻的政治智慧。“孝”规定父子，是家庭秩序的观念内核；“忠”规范君臣，是国家秩序的观念内核；传统中国标榜“以孝治天下”“忠臣出孝子之家”。父子君臣家国天下，有着一以贯之的内在逻辑，这一点贯穿了整个帝制时期，两千年不变。然而在不同的历史阶段，“孝”与“忠”的内涵却发生过极大的变化，“愚忠愚孝”只是明清故事，以此来想象、衡量、解读明清以前之中国，必然会错误百出——此点亦不容不知。“真实观”，简单地说，就是有关“真实表达”的观念。今人默认的“真实”是“尽可能追求客观”；而这样一种“真实观”，在传统中国其实是不存在的；即便是司马迁的“实录”也不是要追求客观真实。“真实观”决定了传统时期人们对“真实”的追求与表达。

天命观——理解与共情

欲求“天人之际”，必须从西周的“天命观”说起；而要谈西周的“天命观”，则必须从“文王受命”说起。

“文王受命”是商周之际的一个重要历史事件。按照司马迁《史记·周本纪》记载：周文王当时还是臣属于商朝的一个西方小国的诸侯，称为“西伯”。西伯为人公正，诸侯有争端都找他来讲理。虞人和芮人打官司纠缠不清，于是就跑到周来。进入周界，发现周人农夫耕田会谦让田界，普通人走在路上都会让长者先行。虞、芮之人还没有见到西伯，就已经感到惭愧，相视而言说，我们争的，正是周人感到羞耻的，还去找西伯干吗呢，不过是自取其辱罢了。于是，他们就放弃争执，各回各家了。诸侯知道了这件事情，说，看来西伯就是受命之君啊！诗人都赞美西伯“盖受命之年称王而断虞芮之讼”，并且“改法度，制正朔矣”。

上文故事的核心是文王得到天命，并且称王。按照文本，“文王受命”是诸侯的判断，而诸侯做此判断的原因是虞、芮之人受到感化、不令而从的事实。“文王受命”，意味着文王得到了天的授权，有了取代商纣拥有天下的合法权利。当然，真正实现了商周革命，取商纣而代之的是文王的儿子武王。而文王则因为“三分天下有其二，以服事殷”的德行，被孔子认为是最高尚的人，子曰：“周之德，其可谓至德也已矣！”[1]

孔子并没有觉得“文王受命”有什么不妥。然而，在后世儒家越来越严格的君臣父子观念中，“文王受命”中的“称王”、改正朔等情节却构成了对文王“至德”的损害。唐代的张守节便不相信文王曾经称王，他提出了三个理由：第一，“天无二日，土无二王”，怎么可能“殷纣尚存而周称王”呢？第二，如果文王已经称王改正朔，那就是说周的功业已经完成，武王后来又怎么会说“大勋未集，欲卒父业”呢？第三，《礼记·大传》记载：“牧之野，武王成大事而退，追王太王亶父、王季历、文王昌。”由此可见，“文王”是武王给父亲追封的名号，“何得文王自称王改正朔也？”[2]沿着同一思路走下去，北宋最讲究义理的史家欧阳修一连抛出四组证据，证明“谓西伯受命称王十年者，妄说也。”[3]欧阳修的结论是，《史记·周本纪》中的相关记载是不可靠的，必须抛弃。清朝的梁玉绳做学术史，历数了自东汉应劭以下对“文王受命称王说”的批驳，认为自从欧阳修的《泰誓论》出来，“而文王之事方畅白”[4]，文王的千古奇冤才得到了洗雪。

“天无二日，土无二王”，在这样的君臣大节上，“至德”如文王，怎么可能犯错误？殷商既在，文王就绝不会称王，即便他已经得到了天命——天越是眷顾文王，文王就越是应该谨守臣

1《论语注疏》卷八《泰伯第八》，第5402—5403页。

2［汉］司马迁撰，［南朝宋］裴骃集解，［唐］司马贞索隐，［唐］张守节正义：《史记》卷四《周本纪》，中华书局1982年版，第119页。

3［宋］欧阳修：《欧阳修全集》卷一八《居士集》卷一八《泰誓论》，中华书局2001年版，第312页。

4［清］梁玉绳撰，贺次君点校：《史记志疑》卷三《周本纪第四》，中华书局1981年版，第80页。

子的本分。这就是张守节、欧阳修的“政治正确”。而司马迁竟然记载文王受命称王，那就是给文王抹黑；让这样的文字继续遗毒后人，就是对文王的栽赃陷害。

那么，文王究竟有没有称王呢？传世文献里白纸黑字写了的，欧阳修可以否认，说是写错了。可是，周原出土的甲骨卜辞中却有文王称王的铁证，比如这一条：“衣王田，至于帛，王隹田。”前面这个“衣王”就是“殷王”，后面这个“王”显然只能是文王本人。整句的意思是在问，殷王打猎到了帛地，周王要不要跟他一起呢？[1]

关于文王受命称王这件事，东汉以下至于清，人们纠结的是“称王”的部分。随着中国进入共和国时代，君臣关系解体，旧的“政治正确”终结，再也没有人会在意“称王”是否有损文王清誉。然而，时移世易，随着科学主义、理性主义的盛行，一种新的解读出现了，那就是认为“文王受命”是“装神弄鬼”“政治造势”。

比如，文王在位五十年，附近许多国家被他灭的灭了，降的降了，势力渐大的文王成了西伯。他很有政治才能，又有一众辅佐，国势日隆。为笼络人心，他装神弄鬼，说在占卜上承受了天命，将来能得天下。这是20世纪60年代顾颉刚先生说的。时隔一甲子，一篇发表于2018年的有关“文王受命”的文章说：“所谓受命，是周人为了争取其他方国和部族的拥戴而发动的一场政治造势运动。”“本来所谓受天命不过是天命论宣传的一种子虚乌有的事情，但在古代王朝更替中，天命转移对新兴政权的道义合法性而言，却不失为一种有效的说明。”[2]

“装神弄鬼”“政治造势运动”“宣传”这些词语表明，说话人（顾颉刚先生、《皇天与上帝之间：从殷周之际的天命观说文王受命》的作者李忠林）认为，“文王受命”只不过是一场虚伪的政治表演，表

1 参见高明：《略论周原甲骨文的族属》，见《高明学术论集》，上海古籍出版社2013年版，第192页。
2 李忠林：《皇天与上帝之间：从殷周之际的天命观说文王受命》，载《史学月刊》2018年第2期，第34—43页。

演的目的是要让其他人（方国、部族）相信（文王已获得天命），而表演者自己（以文王为代表的周人）却知道自己在做什么，包括“必要的作假”。这样的叙述在现代读者这里是很容易引起共鸣的，因为关于“造势”，关于“宣传”中的包装技巧、营销策略，我们不知道看过、听过多少了。“必要的作假”，其目的是要让“我们”看见。但是，在什么时候、何种情况之下，让“我们”看见什么，却是经过精心策划的。换言之，纵然本来有真的东西，但“他们”展示的方式和动机却永远都是虚伪的，以利己为唯一目的。但问题是，“文王受命”的时代是否存在以“装神弄鬼”进行“政治造势运动”和“宣传”的观念背景呢？

并不存在。在“文王受命”的时代，的确存在让现代人看上去觉得是“装神弄鬼”的行为，但是那些行为在当时人的心里却是与神明沟通、祈求超自然力量保佑的真诚行为。文王不懂什么是“政治造势”，也不懂什么是“宣传”，尽管他的行为在习惯了“造势”与“宣传”的现代人看来就是“造势”和“宣传”。

“天命观”是西周留给中国文化的重要遗产，但西周的“天命观”显然不是后世所误解的那样。综合各家说法，西周的“天命观”大致包括如下内容：第一，“天命”又称“大命”“骏命”，指统治人间的权力，由至上神“皇天上帝”（简称“天”）赋予其代理人，其代理人因而成为合法的人间统治者。第二，“骏命不易”“天命难谌”，天是能动的，当旧的代理人违背了天意，天就会放弃他，去寻找新的代理人。比如，商纣王迷信自己享有天命，“酣身，厥命罔显于民”（《尚书·酒诰》），耽于饮酒享乐，不善待人民；于是，“皇天上帝，改厥元子”（《尚书·召诰》），天厌弃了纣王，转而另寻“元子”——新的代理人，这就是周。第三，天命系于人间统治者的德，修德可以致天命，失德者失天命。这里的“德”应当理解为治理能力和治理水平，而不仅仅指私德。“上帝给予君主统治天下的时间长短（所谓‘历数’）并不取决于天，而是取决于君主自己。”[1]就像上古圣王尧对天为他选定的继承人舜所说的，“天之历数在尔躬，允执其中。四海困穷，天禄永终”（《论语·尧曰》）。第四，“四海困穷，天禄永终”。在“天命”与“人间统治者”之间，是“四海”，即被统治者或者说整个社会，“四海”的困穷或富足决定了天命的走向和历数的长短。在整个“天命观”当中，“四海”虽处下位，却可以上达“天”之听，动摇“天”之意，进而决定“天命”。

这种“天命观”是周人的伟大创造。它的最伟大之处是将“皇天上帝”塑造成一个公正无私的至上神。相比之下，殷商的至上神“上帝”或者说“帝”是商人私属的，商人相信，他们是上帝的选民。“帝立子生商”，上帝立其子契为商的始祖，所以，上帝会永远保佑商王。而周人所创造的“皇天上帝”或者“天”却是公正无私的，只保佑有德者，而不论族属。周人的“天命观”来自这个西方小国对历史和现实的观察与思考。从现实中，他们看到了殷商由强变弱、本族以弱胜强的过程；从商代的典册记载和传说中，他们又了解了殷革夏命的历史［“惟殷先人有册有典，殷革夏命。”（《尚书·多士》）］，而所有这些知识，让他们感到的不是“我幸得之”的沾沾自喜，而是上天的公正，以及德行与天命之间的正关联。于是，每次祭祀祖先时，周人都会吟诵《大雅·文王》之歌，一遍又一遍地重温：“殷之未丧师，克配上帝。宜鉴于殷，骏命不易。”对周人来说，“我不可不监于有夏，亦不可不监于有殷”（《尚书·召诰》）。殷革夏命、周革殷命这些“过去的历史”因为真实可信地证明了“天命靡常”的真理而显示出其价值，“过去”价值永恒，昭示未来。作为“历史”真

1 徐刚：《以殷周之际天命观释读〈尚书〉例》，见《语言学论丛》第25辑，商务印书馆2002年版，第301页。

以礼乐奏鸣歌颂周文王的德行与能力

图四一：南宋 宋高宗赵构书 马和之绘
《诗经·周颂·维清》

《周颂·维清》是《诗经·周颂》中的第三篇。该篇为周成王歌颂周文王之德的祭祀乐舞的歌词。诗句虽短小精悍，却在《周颂》中占有重要地位。文中说：“维清缉熙，文王之典。肇禋，迄用有成，维周之祯。”我大周朝政教清明，天下太平，皆得益于文王征伐有道，治乱有方。而正因文王有德，才受到了皇天上苍的护佑，最终开创了周朝基业，这是我们周朝吉祥的征兆。德行所在即为天命与众望所归，“文王受命”发生在西周天命观形成初期，而文王也确是得到了神明眷顾的新的人间领袖。此诗虽短小，意旨却颇为深远。画中表现的正是成王带领臣子祭祀文王的情景，笙箫钟磬齐鸣，众人上前拜谒。人物表情肃穆庄严，衣褶线条清晰，步履井然有序。

正忠实的学生，周人虽得天下，却是战战兢兢、如履薄冰，心中充满了戒惧。

“文王受命”就发生在西周“天命观”形成初期，商人的上帝正在向周人的上帝转化。作为商朝统治下一个小邦的首领，文王尊奉商人的上帝和祖先，虔诚地向他们祈祷，卜问吉凶；同时，他相信上帝是公平公正的，人的努力会得到上帝的回应。他为人公正，妥善处理本族与他族的各种纠纷，逐渐扩大自己的权威和影响力。当时的人们相信，人间统治者的美德一定会得到神祇的回应。这种回应可以表现为任何美好的事与物，包括人的行为，这就叫“格致天命”。而虞、芮来访受到感化的事例，则向诸侯证明文王确实是得到了神明眷顾的新的人间领袖。文王本人受到鼓舞称王，更加信心十足地扩大周人的势力。[1] 这是我目前看到的最接近真实的对“文王受命”的理解，而这种理解是我们透过观念的隔膜才能得到的。

在本节末尾，想跟大家分享一篇趣文——美国学者施珊珊（Sarah Schneewind）对《尚书》伪古文《泰誓》和《独立宣言》的比较研究。[2] 伪古文《泰誓》是汉人拟作的武王伐纣大会于孟津之时进行的战前动员讲话，《独立宣言》是英属北美殖民地谋求独立之时宣示权利、与乔治三世国王决裂的文书，这“八竿子打不着”的两篇文章，有什么可比性呢？施珊珊认为，《独立宣言》的主要起草人托马斯·杰弗逊应当读过并且借鉴了《泰誓》。何以言之？因为《独立宣言》的说理方式模仿了《泰誓》，即借助更高一级的秩序，去打破一个存在已久的政治关系。这个更高一级的秩序，在《独立宣言》中是天赋人权，在《泰誓》中是天命。当然，施珊珊也指出，与《独立宣言》比，《泰誓》还是有思想差距的。《独立宣言》反对任何形式的专制，而《泰誓》只

1 参见徐刚：《以殷周之际天命观释读〈尚书〉例》，见《语言学论丛》第 25 辑，商务印书馆 2002 年版，第 301 页。

2 Schneewind, "Sarah,Thomas Jefferson's Declaration of Independence and King Wu's First Great Pronouncement," in *The Journal of American-East Asian Relations*, 2012, Vol. 19(1), pp. 75–91.

是要推翻商纣王。文章的说法是否成立，我没有做过专门研究，实在不敢妄言。但是，说周人只是要推翻商纣王，我却不能完全同意——周人的心胸没那么狭隘。

天人感应的纠错功能

关于“天人之际”，第二个不可回避的问题是“灾异论”。“灾异论”是传统中国“天人感应”政治哲学的重要内容，它是汉代儒家的创造，以“六经”中的《春秋》《尚书·洪范》《周易》为基础，又吸收了民间的阴阳灾变思想。“灾异论”的主要内容，可以大致概括为如下三点：

第一，灾异示警。“灾”和“异”是两个词。“灾”指洪水、大旱、蝗灾、地震等自然灾害。“异”指异常的自然现象，比如日食、彗星、超新星爆发。“异”的属性有正面的，像超新星爆发就是瑞星——“所见之国大昌”；当然，古人不知道什么是超新星爆发，他们管这叫“周伯星见”。但是，当“异”与“灾”连在一起用的时候，指的就是那些负面的东西。“灾异论”认为“灾异”是上天对人间秩序失调的警示，皇天上帝已经感知到人间统治出了问题，因此特地降下“灾异”，对人间的统治者进行警告，这就是灾异示警。

第二，对警告信息的解读。“灾异论”认为，不同的灾异现象对应着不同的问题，这叫作“事应”。比如京城下冰雹，就表明“大臣任政，一姓擅势”，君权受到了威胁。最早试图对警告信息进行分类解读的，一个是夏侯始昌，他述作《洪范五行传》，建立了严整的灾异分类和解释体系；另一个是刘向，他作《洪范五行传论》，“集合上古以来历春秋六国至秦、汉符瑞灾异之记”，“著其占验，比类相从”。刘向的儿子刘歆对刘向的解释进行了修订和理论上的提高，班固的《汉书·五行志》收录了刘向、刘歆父子的成果。[1]

第三，认错悔改。人间统治者接到上天的警告，必须严肃对待，认错悔改。首先，在态度上一定要诚恳，要摆出诚惶诚恐的样子，向老天表明“朕知道错了”，必要的时候要勇于下诏公开认错。其次，为了了解错误的根源和程度，必须开放言路，广泛征求批评意见。最后，所有这一切努力，都是为了纠正之前的错误，重新获得上天的欢心。

简言之，“灾异论”就是一个纠错机制。它的成立有赖于两个思想基础：第一是“天人感应”，承认上天与人类社会之间存在感应关系，上天能感知人间疾苦。第二是“天命论”，承认人间统治的合法性来自上天。因此，当上天感知到人间疾苦时，就会对人间统治者提出警告，勒令改正，否则将褫夺其天命。一言以蔽之，“灾异论”是儒生套在皇权头上的一个“若无实有”的笼子。

用“灾异论”来限制皇权，有两大麻烦。第一，事应理论自身的瑕疵。事应理论很容易找到反例，而最大的反例其实来自儒家经典本身。大家都知道大禹治水的故事，那么这场大水灾发生在什么时候呢？圣王舜统治时期。舜的统治肯定是尽善尽美、无可挑剔的，为什么会遭遇如此严重的水灾？还有商汤，也是著名的圣王，然而商汤治下竟然遭遇了百年不遇的大旱。“禹水汤旱”是儒家典籍明确记载了的；可是圣王统治，什么错都没犯，上天竟然降下如此灾异，那它在警告什么呢？可以说“禹水汤旱”是对“天人感应”理论最大的挑战，无法回避，必须解释。

董仲舒解释说，这是因为特殊情况打破了阴阳平衡。按照董仲舒的说法，舜管理天下二十八年之后，老圣王尧去世。尧死之日，

1 参见陈侃理：《刘向、刘歆的灾异论》，载《中国史研究》2014 年第 4 期。

百姓如丧考妣，有三年的时间，四海之内的人陷入了深深的哀悼而不能自拔，这种悲伤的心情是属于“阴”的。哀悼导致阴气压倒了阳气，阴阳失衡，“此禹之所以有水之名也”，这是“禹水”。那么，“汤旱”呢？董仲舒认为同样也是阴阳失衡所致。商汤推倒夏桀，夏桀是“天下之残贼”，无比暴虐的统治者，商汤正好相反，是“天下之盛德”。天下除残贼，这是阳盛；得盛德大善，这是双重的阳盛，所以“汤有旱之名”。

董仲舒的解释绕的弯子实在太多了，他甚至不敢或者不愿意使用“禹遭大水”“汤遭大旱”这样的说法，而是说“禹有水之名”“汤有旱之名”，试图误导读者相信禹的水、汤的旱只是后人的错觉，不是真实的旱涝。董仲舒费了这么大的力气，最终也只说出一句：这是例外。而这个例外，恰恰是儒家经典所记载的圣王事迹，实在是太扎眼了，充分暴露了“灾异论事应说”在理论上的不能自洽。

“灾异论”的第二大麻烦，仍然与事应有关，那就是，灾异信息的解读中存在着巨大的不确定性。拿自然现象去对应现实政治，这种关联本来就是人为搭建的，没有一定之规。当然，汉代儒生在搭建对应关系的时候并不是随心所欲的，他们依靠的是“六经”和其他儒家记载。但麻烦就在于儒家的书本身就是一个大杂烩：《诗经》是诗歌总集，《尚书》是古圣先贤演讲录，《春秋》是历史记录，《易经》是占卜之书，《周礼》《仪礼》是制度之书。这些书虽然被统称为“五经”，但是“经”与“经”之间没有一贯到底的逻辑，其中不乏互相矛盾的东西。靠这样一个复杂而多义的“资料包”来建立灾异与人事的关联，本身就提供了极大的选择余地——这样说对，那样说也不错。而对灾异信息进行事应解读的，又是挣扎在现实政治当中、有着各种各样利益诉求的个人与群体，其结果必然是公说公有理，婆说婆有理，很难建立具有超越性的世人公认的事应原则。

那么，抛弃灾异说，直指德行，用德行来承接天命是否可行？唐代的柳宗元便主张：“受命不于天，于其人；休符不于祥，于其仁。”[1]人间统治的合法性的来源不是天，而是人；统治合法性的标志不是祥瑞，而是仁德，“德”才是“受命之符”。柳宗元直接扔掉“天命”和“灾异”，主张以“其人”——被统治者的意愿来决定统治的合法性，以“其仁”——统治者的德行来证明统治的合法性。事情似乎变得更简单，也更接近现代观念了。这是否可行？

坚决不行！对于柳宗元的说法，宋仁宗时的年轻思想者苏舜钦予以迎头痛击。苏舜钦担心后世之人听信柳宗元的说法，“弃天弗征，背大道以自任，颠迷无从，靡所法则，有瑞弗恭，见妖弗警”[2]，特地写作《符瑞》一文，重申“灾异示警”学说。苏舜钦不是什么重要人物，只活了四十岁，没当过大官。但他出身高贵，祖父当过副宰相，外祖父、岳父都当过宰相。对于政治，苏舜钦自幼浸润濡染，有着近水楼台的观察便利；他本人又天资聪颖，勤奋好学，博览群书，下笔成章。他的各方面条件都太好，所以一直很狂傲，但是其思想的深刻和锐利程度也是当世一流、睥睨古今的。苏舜钦一眼就看穿柳宗元抛弃“天人感应说”的恶劣后果——如果是那样，还有什么能够约束皇帝呢？苏舜钦坚持统治者必须“逢凶而惧，反躬自敕”[3]。

“天人感应说”“灾异论”是约束皇权的武器，当然不能抛弃；应当抛弃的，是“灾异论”中具有强烈不确定性的“事应说”。欧阳修严厉批评了那些专门说灾异的人，认为他们违背了“君子之畏天”的本意。欧阳修说，那些人一定要给每一桩灾异找个具体的对应事件。万一对不上，就会歪曲事实、裁剪资料来迁就自

1［宋］欧阳修、宋祁撰：《新唐书》卷一六八《柳宗元传》，引《贞符》，中华书局1975年版，第5139页。
2［宋］苏舜钦：《苏舜钦集》卷一三《符瑞》，见曾枣庄、刘琳主编：《全宋文》卷八七八，上海辞书出版社、安徽教育出版社2006年版，第194—196页。
3［宋］苏舜钦：《苏舜钦集》卷一三《符瑞》，见曾枣庄、刘琳主编：《全宋文》卷八七八，上海辞书出版社、安徽教育出版社2006年版，第74页。

己的说法，“及其难合，则旁引曲取而迁就其说”。而这样的做法，“失圣人之本意”，破坏了“灾异论”的严肃性，必将导致对天命的彻底懈怠。“若推其事应，则有合有不合，有同有不同。至于不合不同，则将使君子怠焉，以为偶然而不惧。”[1]

基于以上思考，宋朝士大夫发展出一种不同于汉儒的新的“灾异论”：

第一，他们反对柳宗元抛弃天命的激进说法，坚持天与人之间存在感应关系，而灾异是上天对人间统治的警告信号。

第二，他们反对汉儒那种对灾异信息进行过度解读的做法，否定“事应说”，主张“君子之畏天”。欧阳修说：“盖君子之畏天也，见物有反常而为变者，失其本性，则思其有以致而为之戒惧，虽微不敢忽而已。”[2]也就是说，君子对天永远保持敬畏，因此，他们看到反常的事物，迷失了本性的变化，就要去思考变化发生的原因，并且感到戒惧，即使这种反常是很微小的，君子也不会忽视它。君子之畏天，最关键的是态度，是敬畏。

第三，也是最有意思的，宋朝人成功地解决了董仲舒一直绕不出去的“禹水汤旱”难题。“灾异论”说灾异是上天对人间缺政的警告，可是圣王时代竟然也发大水，遭大旱。那么，宋朝人是怎么解决这一“千年难题”的呢？与欧阳修同时代的政治家文彦博整合儒家经典的记载，重新描述了“禹水汤旱”：禹遇大水，汤遭大旱，两位圣王都遭遇了大灾，但是，“灾不为患”，大灾之后，远远近近的老百姓面无菜色，上上下下没有离心离德，天下秩序井然，仍然是一片太平景象。由此，文彦博成功地将“灾”与“患”分解为两部分：“用‘灾’来指自然灾害，这是任何时代都无法避免的；用‘患’来指天灾作用于人类社会引起的后果，圣王在上，人事修举，‘备之有素’，粮食充足，老百姓心气旺盛，

1［宋］欧阳修、宋祁撰：《新唐书》卷三四《五行志·序》，中华书局1975年版，第872—873页。

2［宋］欧阳修、宋祁撰：《新唐书》卷三四《五行志·序》，中华书局1975年版，第872—873页。

整个社会才能呈现出向上的势头，在这样的情况之下，纵然有天灾，又能怎么样呢？‘灾’‘患’分离，不仅解决了‘禹水汤旱’这样的难题，更重要的是把灾异论从政治斗争的工具改造升华成了国家建设的思想武器。”[1]

这就是宋人的“新灾异论”。它以一种清醒的现实主义态度，抛弃了机械事应说，保留了对上天的敬畏，从而维护了士大夫通过天规劝、约束统治者的能力，同时把更多注意力转向了救荒之政，寻求让天灾不为人患的知识和方法。宋代名臣主政地方，多能体察民间疾苦，如实检灾报灾，积极救灾。比如，范仲淹在苏州实行“以工代赈”，由政府和地方富裕阶层出资，饥民出力，修桥修庙，救荒与建设并举。黄河决口，河北灾民拥向山东，富弼事先集合山东的赋闲官员、闲置房屋、公私粮食储备，分区分片，定点到人，有条不紊地接纳、收容、照料了三十万河北灾民，写下了中国救荒史上浓墨重彩的一笔。南宋的董煟则完成了中国历史上第一部荒政著作《救荒活民书》。

宋朝人抛弃机械事应说，还有一个更宏大的背景，那就是人类认识自然的能力加强了。当日食可以预测，地震变得与人事无关，这些有关大自然的奥秘，被人类探知之后，人是否就可以放弃对天的敬畏了呢？宋人说不可以，不然就没什么东西可以约束皇权了。时至今日，科学昌明，上天入地，人类几乎无所不能，那么，我们是否可以因此放弃对大自然的敬畏呢？我认为不可以。未知远远大于已知，自然是一个整体，复杂系统的复杂联系从来都不是加减乘除这么简单。知识让我们勇敢，但同时也应该让我们对大自然更生敬畏，抱有更为普遍的善意。

1 赵冬梅：《试论北宋前期士大夫对灾害信息的态度》，见邓小南主编：《宋史研究论文集》，云南大学出版社 2009 年版。

图四二：明 佚名《富弼像》（出自《耆英胜会图》）

富弼（1004—1083），字彦国，河南洛阳人，北宋名相、文学家，昭勋阁二十四功臣之一。庆历二年（1042 年）奉命出使辽国，以增加岁币为条件，据理力争，拒绝割地要求。曾与范仲淹等共同推行庆历新政，新政败后，到郓州、青州等地任知州，任内救三十万灾民。至和二年（1055 年）被拜为宰相，曾劝神宗"二十年口不言兵"。熙宁二年（1069 年），因反对王安石变法，拒不执行青苗法，被调往亳州任通判。辞官退居洛阳后，仍在请求废止新法。元丰六年（1083 年）逝，年八十，谥"文忠"。他曾多次出使辽，并对西夏动态持续关注，以智谋瓦解了辽夏同盟，使宋、辽、西夏三足鼎立的格局得以稳定。

孝的尺度与边界

当今社会认同度最高的传统观念，应该是孝道。但是，今天中国人对于传统孝道的认识，充满了误解。

在说孝道是什么之前，我们先说说孝道不是什么。《二十四孝》绝不能代表传统中国的孝之道。《二十四孝》里讲的是什么故事？故事里都是什么人呢？冷酷无情，自私自利，无心肝，反人性。比如“郭巨埋儿”，两夫妇为了奉养母亲，要把亲生的儿子埋了。老婆负责杀，老公负责埋，一边挖坑一边问“死了吧”，老婆不忍下手，说“死了”。老公继续挖，掘地一尺，挖出来一锅金子，上面竟然还留一张字条，写着：“天赐孝子之金。郭巨杀子存母食，遂赐黄金一釜，官不得夺，私不得取。”[1]鲁迅先生谈到自己少年时的阅读感受，说：“我最初实在替这孩子捏一把汗，待到掘出黄金一釜，这才觉得轻松。然而我已经不但自己不敢再想做孝子，并且怕我父亲去做孝子了。”[2]可是这样的孝子故事，至今还画在某些地方的墙壁上，每每看到，我便觉得荒唐。后来在网上翻到一篇发表于2008年的论文，其摘要如下：

> 《二十四孝》辑选了从远古到宋代民间流传的二十四个孝子孝行故事。作为传播儒家孝文化的启蒙读物，它集中体现了中华民族尊老爱老的最基本的道德要求。它所传递的传统美德至今仍值得继承和发扬。

这样的腔调，不免让我感到周身一阵发凉。

《二十四孝》的故事，最缺乏的就是对生命起码的尊重，别说今天看起来荒唐之极，就是用传统儒家的孝道标准来衡量，也是不可理喻的。孟子曰：“不孝有三，无后为大。”儒家也说“父慈子孝”，郭巨竟然要亲自动手把儿子杀掉。杀子之人

1 此版本故事的出处是东晋时期干宝所编的《搜神记》。

2 鲁迅：《二十四孝图》，载氏著：《朝花夕拾》，江苏凤凰文艺出版社2018年版，第24页。

有何颜面被称作“孝子”？

根据现存资料记载，把二十四个孝子编成一组，作为典范群体进行宣传，最早出现在晚唐五代的佛教宣传品当中。孝子人选在不同的时代略有调整，最终固定下来是在元代。其实《二十四孝》所体现的，主要是佛家（而非儒家）的孝道观念。这二十四个孝子，是经过佛教改造之后的本土孝子典型，也有来自印度的洋孝子改装成的本土故事。虽然《二十四孝》的“孝”字来自儒家，但是它所传递的精神却更接近佛家，比如故事的神异色彩，以及主人公的苦行自虐。孝子王祥在最初的故事里是“剖冰求鲤”的，就是冬天在冰上凿个窟窿钓鱼。这本来是很正常的行为，后来就变成了莫名其妙的“卧冰求鲤”，要用三十七摄氏度左右的基础体温来融化冰层，这是多么不可思议的苦行。我们今天来看“郭巨埋儿”，无疑属于蓄意杀人。从当时讲故事人的立场上来说，应当也属于自虐行为，因为那个婴儿并不被认为是一个独立的人，而是他父亲的附属物，所以郭巨牺牲婴儿也可算是自我牺牲。

《二十四孝》的故事属于一种极端病态的宣传。它不合逻辑，拒绝思考，以怪相异行博取眼球，哄骗毫无价值的眼泪。《二十四孝》的确是传统中国孝文化的一部分，却是其中最为黑暗的那一部分。如果认为《二十四孝》就是传统中国的孝之道，未免厚诬古人了。

说完了孝道不是什么，我们再说说儒家孝道是什么。按照我的理解，儒家所讲的“孝”，有两点是非常重要的：

第一，孝不是单向的，孝要求互动，要有唱有和。作为一种行为规范，儒家伦理在要求“子孝”的同时也要求“父慈”。朱熹说：“为君须仁，为臣须敬；为子须孝，为父须慈。”

第二，根据儒家伦理，“孝”绝不是子对父的绝对服从，子对父，还负有批评劝导的责任。这一条，本来是儒家孝道的重要内容，可是大多数人都不知道或者不理会，不管是鼓吹孝道的，还是批评孝道的。比如“不孝有三，无后为大”这句话，几乎尽人皆知，赞同或者批评的重点都在“无后”这件事上。那么，另外那两个“不孝”是什么呢？好像很少有人去追究。关于“不孝有三”，东汉赵岐的《孟子注》是这样解释的：“于礼有不孝者三事，谓阿意曲从，陷亲不义，一不孝也；家贫亲老，不为禄仕，二不孝也；不娶无子，绝先祖祀，三不孝也。三者之中，无后为大。”意思是，按照礼，下列三种行为是很不孝的：父母说什么是什么，不顾是非，一味顺从，让父母陷于不义，这是第一大不孝；父母都老了，家里很穷，可是也不出去谋生活（一言以蔽之：“啃老”），这是第二大不孝；不肯结婚，不能留下子嗣，断绝了祖先的祭祀，这是第三大不孝。这三大不孝之中，无后最大。

汉儒解经，谨守家法与师法，是非常老实的。关于孝子对父母的帮扶义务，《孝经·谏诤章》中有明确论述。曾子问孔子，儿子什么都听老子的，就是孝道了吗？闻听此言，孔子接连说了两句：“是何言与？”这是什么话？又说：“言之不通邪。”这显然是讲不通的啊。孔子的指示是：“故当不义，则子不可以不争于父，臣不可以不争于君。故当不义则争之。从父之命，又安得为孝乎？”

传统中国的孝之道不是单向的情感，更不是单方面的服从。儒家孝道讲究的是父慈子孝，“父”与“子”是两种不同的社会角色，有着不同的行为规范，父亲应当慈爱，儿子应当孝敬。“父”与“子”之间与其说存在着人格上的不平等，不如说存在着行为规范上的差异。孝的内涵包括生命的延续、家族物质生活与社会声望的维系，以及“父”与“子”之间在道义上的守望相助。

儿子可以越过父亲直接分辨是非，用正确的东西规谏、引导父亲，这就表明，儿子与父亲在道义面前是平等的。换句话说，在父子君臣的社会伦理之上，还有一个具有超越性的“道义”；在道义面前，“君”与“臣”，“父”与“子”都是平等的。唯其如此，当“君”与“父”背离了道义的时候，“臣”与“子”才有批评规谏的正当性与可能性。这才是原始儒家的孝道。这样的伦理关系定位，即使放到今天，我觉得也是完全可以接纳的。

说完了孝道是什么，我们再来看孝道的应用范围。传统中国的孝之道所规范的，绝不仅仅是简单的家庭关系，而是贯穿于社会伦理、政治秩序和国家的制度、法律当中。帝制国家运行成本中的一大部分都花在了官员的选任管理上面，而在官员的选任管理制度当中有相当一部分不是针对官员本人，而是针对他的家族。简单概括，这些制度包括：

第一，恩荫制度。达到一定级别的官员可以凭借官位为子孙弟侄获得做官的资格。

第二，封赠制度。官员已故的父母、祖父母甚至曾祖父母可以获得荣誉性官衔和封号，仍然在世的母亲和妻子可以获得命妇的头衔，官员甚至可以把自己应得的品阶转赠给已故的父祖以示感激。

第三，近地荣亲。帝制中国的官僚任命，讲究的是避籍原则，一般而言，不允许在本地做官。因此，容许官员担任原籍的一把手就成了莫大的恩典。比如包拯曾经两次担任老家庐州的知州，韩琦也曾担任老家相州的知州。韩琦还为此修建了昼锦堂，以表衣锦还乡之荣耀。韩琦的老乡岳飞就做过昼锦堂的保安。

第四，解官侍养。“八十者一子不从政，九十者其家不从政。”父母活到八十岁，家里必须留一个儿子，不能全出去做官；

老寿星活到九十，所有儿子都得待在家里。这本来是《礼记·王制》所设想的理想状态，到晋代已经上升到国家法令，成了强制性规定。父母年纪还不到八十的，儿子如果愿意在家里服侍，也是受到社会舆论和制度鼓励的。比如宋代的包拯，考中进士之后，因为父母年事已高，不愿意离开老家跟他去外地工作，就在老家又待了十多年，直到两位老人家都入土为安，他服完丧服，才出去做官。

第五，三年之丧，这也是大家最熟悉的。父母过世，解官服三年丧。西汉已经有这个意识，但是并未实际推行，东汉曾经短期实行。晋代以后，三年丧制才开始稳定实行，并一直延续到清末。

恩荫、封赠、荣亲、侍养、服丧，帝制国家对官员孝思的照顾是无比周到的。但是，所有这些特权都是在制度规范之内的，公开透明，有章可循。在表面的特权之下，是儒家伦理所规定的道德原则——官员在服务朝廷国家的时候，他的身份不是独立的个人，而是家族的孝子。基于这一认识，朝廷国家就必须照顾官员的家族利益。而且，特权的背后还有对官员行为的严格约束。必须为父母服三年之丧，不然就是不孝，纵然一时权位得保，也未免身败名裂，比如明朝的张居正。和平时期，当行孝与履职发生矛盾时，行孝才是第一位的。唐代的皇甫无逸在四川做官，老母亲留守长安，不幸病逝，皇甫无逸因过度悲伤而死在了奔丧路上。可是，竟然还有人批评他入蜀不带着老太太："子道未足，何得为孝？"

从孝道可以推演出约束皇帝的政治理论。举一个宋朝的例子，节度使在唐代为藩镇，在宋朝是地位尊崇、待遇优厚的荣誉头衔。大宦官王守忠自恃恩宠，向宋仁宗祈求节度使的头衔。宋仁宗这个人耳朵根子软，就去跟大臣商量。大臣庞籍一席话就给怼回来了：从本朝建立以来，就没有宦官当节度使的先例。陛下是最孝顺的了，凡是事关祭祀文物跟宗庙，没有不战战兢兢、敬畏而慎重的，这件事关系到祖宗的典制法令，又怎么能破例呢？庞籍用来劝说仁宗的逻辑是：整个国家，包括法令制度，都是本朝列祖列宗的遗产；而陛下是孝子，谨守孝道，那么必须克制私欲，尽力维护法令制度。“朝廷的职位是祖宗的职位，不可以任非其人；国库钱物是祖宗之国库，不可以赏非其功；法令是祖宗的法令，不可以罚非其罪。”作为列祖列宗的孝子贤孙，当今皇帝必须谨守祖宗基业，“慎之重之，益自儆戒”，任人唯贤，不私自赏罚，尊重法令。这就是从孝道中推演出的政治原则，皇帝必须遵守。

在传统中国，孝从来都不只是私人德行，而是关系到伦理秩序、社会稳定的基础性原则。汉代察举举孝廉，以孝道的履行程度来选拔官员。今天的人可能会觉得没道理，要反问一句：孝道和行政能力之间有关系吗？但是在传统中国，“忠臣出孝子之门”，孝是忠的基础。“夫孝，始于事亲，中于事君，终于立身。”所谓“昔者明王之以孝治天下”，孝的精神融会贯通于国家治理的方方面面。

现代人看古代，往往只见现象，不见现象之下的思想文化与制度规范。这就好像看池塘里的荷花，只见水面之上的亭亭玉立、映日红白，却不见水下的纵横交错。批评与赞美都停留于表面，又哪里谈得上继承发扬呢？传统如此，外来文明亦如此。我们生活在一个新旧伦理剧烈冲突的时代，冲突就意味着进步的可能。但是，冲突本身并不直接导向进步，导向进步的是冲突之后的反思。

愚忠是个死胡同

一说到“忠”，大多数人首先想到的可能是“忠君”“忠臣”这样的词语，接下来可能就是“君要臣死，臣不得不死”这样有毒的陈腐观念了。明朝有个叫沈炼的锦衣卫，七品小官。他喜欢喝一口，“少饮辄醉”，醉了之后会用筷子敲着碗沿打拍子吟诵《出师表》《赤壁赋》，吟罢几声长啸，以抒胸中郁气。明嘉靖三十年（1551年），沈炼越职上书，弹劾权臣严嵩，被贬到西北戍边，又调查、揭发当地驻军劫杀平民谎报军功之事。最终，严嵩父子与边防将领合谋，捏造罪名，对沈炼处以极刑。

沈炼作有《臣事君以忠论》，其中写道：“父不慈，子不可以不孝；夫不义，妇不可以不贞；朋友不孚，吾不可以不诚；而曰‘君使臣以礼，则臣事君以忠’，此儒者之误也。”意思是：父亲可以不慈爱，儿子却不能不孝顺；丈夫可以不仁义，妻子却不可以不贞洁；朋友可以不讲信誉，我却不可以不诚实。可是竟然有人为臣对君的忠设置了条件，说什么“只有君主遵循礼义来使用臣子的时候，臣才需要用忠诚来侍奉君主”，这就是儒者的不对了。他认为，子对父的孝，妻对夫的贞，自己对朋友的诚都是绝对的、无条件的，那么，臣对君的忠也理应如此。

这就是沈炼所理解、信奉并且用生命践行的绝对的“忠君”观念。即便是身处贬谪之中，他仍然一面“思亲太行道”，一面“忆主敬亭山”；一面“骂贼心偏壮”，一面“思君意未灰”。那个天天躲在西苑炼丹，偏听偏信，不理国政的嘉靖皇帝，从来没有上过沈炼心中的黑名单。沈炼只恨奸臣，不怨昏君，忠君之心，日月可鉴。这位“有明忠臣”沈炼，非常符合现代人对传统中国愚忠的认识。

朱元璋曾经创立“寰中士夫不为君用”罪，用严刑峻法打击那些拒绝与新政权合作的士人，剥夺了中国读书人隐居的自由，试图把他们都变成驯服的工具。朱元璋以强权暴力求而不得的，在一百八十年之后的沈炼这里，竟然内化成了一种信仰。只可惜，像沈炼这样真信的人不多。忠君绝对化到了这样一种完全“无我”的地步，已经背离了人性，除了一二忠臣烈士，大多数人就只能嘴上说说了，说得越响的越是不信。远离人性的，只能走向虚假，越严格越孱弱。

沈炼在那段话的最后，批评了一种“异端邪说”——竟然有人说“君使臣以礼，则臣事君以忠”。忠君竟然敢谈条件，这是哪里来的儒者，竟然混沌至此？沈炼很气愤。那么，这位儒者究竟是谁？

《论语·八佾》载：“定公问：‘君使臣，臣事君，如之何？’孔子对曰：‘君使臣以礼，臣事君以忠。’”没错，沈炼反对的这句“君使臣以礼，臣事君以忠”是孔子说的。这句话的意思没那么多曲折：臣子对君主的忠诚是要讲条件的，君主以礼待臣下，才配获得臣子的忠诚；反过来，就像南朝梁代的皇侃所推论的：“君若无礼，则臣亦不忠也。”

“君使臣以礼，臣事君以忠”，以礼义换忠诚，这就是原始儒家的君臣关系论说。这里的“忠”指的是在君臣关系中居于“臣”位置的一方的行为方式。但是，这还不是“忠”的本意。“忠”这个概念出现得很晚，甲骨文、金文当中都没有“忠”，可以确定为西周作品的《尚书》各篇以及《诗经》《春秋》中也没有“忠”。最早出现“忠”这个字的，是春秋时期的私人著述：在《论语》中，“忠”出现了十八次；其后，《左传》中有七十二处“忠”。举几个大家熟悉的例子：“吾日三省吾身，为人谋而不忠乎？与朋友交而不信乎？传不习乎？”（曾子）“子以四教：文，行，忠，信。”这里的“忠”都是它最初的含义。那么，应该怎样理解“忠”最初的意思？南朝梁代的皇侃解释说“忠者，中心也”，把忠解释成内心所秉持的。宋朝的陈祥道在皇侃的解释上加了一个动词，说“忠谓尽中心也”，也就是说，“忠”就是按照内心所秉持的原则行事，尽力而为。换句话说，“忠”所强调的，不是一个人在“关系”或者说“名分”中的外在的行为规定，而是“内向的自我修养、自我完善的彻底追求”。正是在这种自我完善的彻底追求之中，这个人才由内而外地生发出一种自觉的对他人、对社会的责任心和道德行为。这是新生的儒者在那个礼坏乐崩、新旧交替的时代对自身提出的最高要求。旧秩序在崩塌，人欲横流，儒者没有权势可以依凭，他们所拥有的，不过是过去所遗留的知识与智慧。通过对历史经验的思考，儒者自以为掌握了拨乱反正的钥匙，他们以道自任，身体力行，试图通过对自身的高标准、严要求影响感化他人，从而实现社会的改造。

“行道”是儒者的人生理想。“行道”的方式有多种，其中之一是“得君行道”，得到君主的信任，参与国家的管理，从而推行道德理想。“得君行道”让“儒者”与“君”之间发生了关系。从儒者的角度来看，“道”和“我”，或者说“我心中的道”是第一位的，“君”是第二位的。“我”以“忠”的态度“行道”，若“君”能行我之道，我则“以道事君”“事君以忠”；如若不然，我可以弃权位如敝屣，退回到我自己的世界里去，采取不合作的态度，像颜回那样，“一箪食，一瓢饮，在陋巷，……不改其乐”。

孔子曰：“君使臣以礼，臣事君以忠。”孟子曰：“君之视臣如手足，则臣视君如腹心；君之视臣如犬马，则臣视君如国人；君之视臣如土芥，则臣视君如寇仇。”这就是所谓“君臣义合”。原始儒家所主张的君臣关系是不稳定的，可以随时解除，而决定是否解除的权力在臣，而不在君。这样的主张，到了明太祖朱元璋那里就是大逆不道，是要“打了来问”，本人凌迟，满门抄斩的。所以明朝有清洁版的《孟子》，删掉了上面那些扎心之论，阉割了儒家残存的锐气与风骨，也消除了实现政治改良的最后一点可能。当然，明朝会如此，我们不能只责备朱元璋气量褊小，他虽是汉人，可受的是元朝蒙古人的教育，所继承的也是金元落后文化改造之后的文化中国。

传统的君臣关系走到明朝这里，就进了死胡同，它的后果必然是皇权无限膨胀，走向专制，臣子失去尊严，沦为精神上的奴隶，先失去自由表达的空间，继而丧失自由思考的能力。这样的君与臣，如果彼此都认同臣对君的绝对服从，倒也可以相安无事。麻烦就在于，由这样的君臣所运行的国家机器，基本是不可能有什么生机与活力的，它缺乏自我修正、应对内外变局的能力。

当然，原始儒家所说的那种自由结合的君臣关系，其实在秦汉以后已经难以为继了。春秋战国，各个诸侯国同时并立，他们彼此承认为华夏，但同时又互相竞争。所以，周游列国寻求可以合作的君主，合则留，不合则去，既有可能性，又不违反大的族群认同。随着大一统帝国的建立，“普天之下，莫非王土，率土之滨，莫非王臣”，一个国家一个皇帝一个政府，舍此之外皆异族荒蛮，“找工作”已经没得选了。秦汉以后国家制度的巨大变革彻底改变了君臣关系，用苏轼的话来说就是：“秦汉以来，士贱君肆。区区仆臣，以得为喜。功利之趋，谤毁是逃。”意思是，士人的地位下降，君主越来越张扬，臣子变得像仆人一样，得到官位就欢喜得不得了。功名利禄，趋之若鹜，哪管什么是非毁誉。

但是，即便如此，在宋朝，原始儒家那一套“君臣关系论说”在原则上仍然是有效的。朱熹曾经跟他的学生讨论“君使臣以礼，臣事君以忠”。朱熹说，从人臣的角度来说，当然不可以不尽忠。但是，君主又怎么能不遵循礼义来驱使臣子呢？如果我们只强调臣下要尽忠，却不提人主应当怎么样，那么那些无道之君听了就会说，人臣就应当尽忠，就算我无礼，他们也得尽忠。这样一来，在上位的人就会肆无忌惮了。后来的人要避君主的忌讳，大多不肯把这一层明说。却不知这样做会让君主不遵循礼义，最终导致君臣双方都不能善终，这分明是害君主啊！

在宋朝的名臣身上，我们看到的就是一种介于原始儒家和明朝那种绝对忠诚之间的“忠”。这种“忠”，又分为“大忠”和“小忠”（后者是我在《百家讲坛》讲寇准时所造之词，下文会细说）。“大忠”这个词，是范仲淹在颂扬他的前辈名臣寇准的时候说的：“寇莱公当国，真宗有澶渊之幸，而能左右天子，如山不动，却戎狄，保宗社，天下谓之大忠。”这句话的背景就是澶渊之盟，辽朝大军打过来，有人主张逃跑避敌，宋真宗略有摇摆，宰相寇准坚持皇帝亲征，最终把真宗带到了黄河前线，扭转战局，宋辽签订澶渊之盟，赢得了一百二十年的和平。在整个亲征过程中，寇准比皇帝立场更坚定、态度更坚决，最终把皇帝和国家都带到了正确的道路上。“大忠”寇准忠诚的对象，是江山社稷、天下苍生，而不是皇帝个人。在人格上，“大忠”与皇帝平等，在见识上，“大忠”可以高于皇帝；因此，他可以纠正皇帝的错误，从而保证国家的利益。寇准的政敌王钦若、丁谓的选择与寇准是相反的，他们忠诚的对象是皇帝本人。因此，当皇帝害怕的时候，他们会为他寻找逃跑的名义和路线；当皇帝因为跟“夷狄”签订合约觉得没面子的时候，他们也能敏感地捕捉到皇帝的情绪，为他寻找纾解的药方。然而，皇帝的心情舒展了，天下苍生却遭了殃。

或许有人认为王若钦、丁谓之流是奸臣，而我以“小忠”一词来概括他们。因为从学理上讲，奸臣应当有里通外国、损害或出卖国家利益的行为。王钦若、丁谓之流，主观上并没有直接损害或出卖国家利益的行为，对于皇帝本人，他们仍然是忠诚的，只是这种忠诚最终伤害了国家——这就好像皇帝本人也可能伤害国家一样。“小忠”忠于君主，也是一种忠诚。而且，如果按照明朝的统治思想来看，这才是最纯粹的忠诚。“大忠”忠于国家，对君主有要求，这样的忠诚，宋朝可以有，到了明朝就要“打了来问”——先拖出去打板子。

道德至上的真实观

真实观的问题，简单地说，就是怎样才算是“说实话”，什么样的记录才被认为是“真实的记录”。人们眼里的“真实”，不管是“实话”还是“实录”，都是主观对于客观的反映和表达。不同的时代、不同的场景，真实的标准不尽相同，如果说有什么一以贯之的真实标准的话，那就是“不造假”。在此底线以上，“说实话”其实是一个很复杂也很有趣的问题。

首先，我们来看政治实践中的真实观。宋真宗三十岁即位，副宰相王旦四十一岁，宰相李沆五十一岁，老中青三代结合。李沆主政，报忧不报喜，每天都向真宗报告各种坏消息，哪儿发大水了，哪儿干旱了，哪里又出现小股“盗贼”了，搞得真宗忧心忡忡，愁眉苦脸。王旦不理解。李沆解释说，皇帝还很年轻，正是血气方刚的时候，一定要让他知道天下事是很艰难的。不然的话，他要么沉溺女色，要么大兴土木，甚至更糟糕的是他可能会去打仗，去求神拜佛搞一些封建迷信活动了。李沆的解释，王旦当时并不完全服气。李沆过世之后，宋朝解决了长期困扰他们的北部和西北边境问题，天下太平，真宗果然就做了李沆最担心的事情，伪造天书，东封泰山，西祀后土，大修宫观，还认了一个道教天神做祖宗。这期间的宰相正是王旦。他想要劝阻，可是势所难为，力不能及；想要隐退，真宗待他又是天高地厚。王旦的内心充满了矛盾和愧疚，至死都无法安顿。这个时候，王旦想起李沆当年的话来，不禁由衷地佩服。

从真实观的角度来看，李沆的报忧不报喜，就是选择性地提供事实。换句话说，他报告了一些事实，但同时隐藏了另外一些事实。在中国传统的政治文化当中，这种有选择性的真实报告，是会受到嘉许的，比如李沆就被宋人称为“圣相”，因为他的目标是高尚的——约束皇帝。为了高尚的目的选择性地披露和隐藏事实，并不违背真实，这就是传统中国政治实践中的真实观。因为这种选择性的事实披露是与“动机之善”和“德行之美”相关联的。反之，如果这种选择性的事实披露是出于恶的动机，那么，它就不再为人所接受，而变成了“欺上瞒下”“蒙蔽圣聪”。可是，谁来判断动机的善恶与德行的美丑呢？这是一个很实在的问题，传统历史记载中有不小的篇幅就是在纠缠谁是“君子”，谁是“小人”。这种真实观，我们可以称之为“道德至上的真实观”。

道德至上的真实观不仅存在于政治实践当中，而且普遍存在于历史书写当中。我这里所说的“历史书写”指一切有关过去的有目的的记录，包括墓碑墓志等私人传记的书写。宋朝最高军事指挥官冯守信一生当中最光辉的事迹就是指挥修复黄河决口。冯守信的《神道碑》出自王安石之手，文字写得漂亮极了，翻译过来就是：当此之时，黄河在滑州决了口，皇帝忧心忡忡，问谁可以领导抗洪抢险的工作。冯守信挺身而出，毛遂自荐说，我从小就生活在黄河边上，熟悉黄河的性情。于是冯守信就临危受命，担任了抗洪总指挥。在抗洪现场，“河怒动埽，埽且陷”，黄河怒吼着冲向堤坝，堤坝好像就要塌陷了。而冯守信安坐堤上，临危不乱，指挥自若。一天工夫，决口就堵上了。

这形象是不是很伟岸？这就是我们在冯守信的《神道碑》里看到的。但事实是，冯守信治河的第二年夏天，修好的河堤又被冲垮了。而冯守信对此负有直接责任。他是把皇帝让他堵的口子堵上了，但那是远远不够的，当时就有很多人建议综合治理，可是冯守信说，皇上给我的命令就是修西南河堤，别的我管不着。

冯守信的《神道碑》作于冯守信死后三十九年。冯守信修河的不负责任及其灾难性后果，王安石肯定是知道的，可是他在作《神道碑》的时候却选择性地展现了冯守信一生中最辉煌的瞬间，给了一个大特写，然后定格于此。至于第二年发生的事情，《神道碑》绝口不提。那么，王安石为什么会做出这样的选择？我们肯定会觉得《神道碑》的记载是不真实的。然而，王安石所遵循的，恰恰是宋代社会文化中碑志书写的真实观。有学者总结说，碑志只能书写“部分的真实”，选择性地记录善行，忽略恶行。因为墓碑墓志的功能就是表彰死者的善行，为的是让后世子孙记得他的好，它遵循的就是“死者为大”“孝思优先”的原则。

道德至上的真实观会损害真实，而这种损害在当时社会思想背景下是受到默许和鼓励的。这样的损害，绝不仅仅发生在私人记载当中，官方的历史书写可以走得更远。

1038年，党项族首领元昊宣布独立，试图摆脱宋朝的控制，宋夏开战。开战之后，契丹又趁火打劫，派使者来重启边界争端，勒索财物。这两件事情对宋朝来说，都是关系存亡的大事。然而，到了1051年，年轻的史官司马光却赫然发现，当时的《时政记》和《起居注》都没有记载这两件事。《时政记》是宰相亲记的君相政务会谈纪要，《起居注》是史官记录皇帝言行的档案。这两种记载，是未来写作本朝史的基础。可是这样的大事，竟然漏记了。司马光感到震惊，他请求调阅档案，想要补全历史，还原真相，结果却遭到史馆负责人的怒拒，理由是“国恶不可书”——为了塑造本朝的光辉形象，给未来的人一个正面的教育，只能赞美讴歌，那些政治家脑子里进的水、战场上士兵和百姓流的血，那些屈辱的和谈，都必须回避。在这种真实观的观照之下，大段事实的漏略在所难免。

归根结底，这样一种真实观，是功利主义的真实观，它追求有道德的“用”，并不追求客观、全面的“真实”。这样一种道德至上的功利主义的真实观，如果再向前推的话，会演变到制造事实的地步——用书写来制造事实。

还有一个故事，主要人物有四位：一是《岳阳楼记》的作者范仲淹，官至副宰相，主持中央工作；二是宰相吕夷简，比范仲淹大十一岁，是更老一辈的政治家；三是欧阳修，是与范仲淹同时活跃在政治舞台上的同辈政治家，官至副宰相；四是范仲淹的次子范纯仁，年轻一代的政治家，后来也官至宰相。

故事梗概如下：范仲淹年轻的时候，与宰相吕夷简有过激烈冲突，并为此受到了贬官的处分。宋夏战争爆发之后，吕夷简把被贬在外的范仲淹召还，派去西北守边。范仲淹等人上前线之后，慢慢地稳住了局势，也积攒了入朝的资本。范仲淹去世之后，欧阳修为范仲淹作《神道碑》，写到吕夷简起用范仲淹时说：“二公欢然相约平贼。”也就是说，这两位胸怀宽广的政治家为大局放弃了个人恩怨。对于这个令人感动的情节，范纯仁坚决否认：“‘无是，吾翁未尝与吕公平也。’请文忠易之。”而欧阳修则坚持说这是他亲眼所见：“此吾所目击，公等少年，何从知之？”最后，范纯仁擅自修改了《神道碑》的碑文，“即自刊去二十余字，

图四三：《范仲淹神道碑》（局部）

《范仲淹神道碑》，又称《褒贤碑》。碑文由欧阳修撰写，碑额由宋仁宗亲题“褒贤之碑”四字，碑文由王洙书丹。此碑碑额与碑身由一块石料制成，尺寸为 40 厘米 ×408 厘米 ×141 厘米。出土于河南省伊川县彭婆乡。碑文共有隶书 30 行，满行为 72 个字，现在尚存 1511 字。北宋后留存下来的隶书碑文已不多，而王洙的隶书作品除此外更难寻觅。《宋史》本传载王洙“篆隶之学，无所不通”。欧阳修也曾评其写的《范仲淹神道碑》“峭劲，多带篆体，真出唐人隶书之上”，故更为珍贵。

乃入石。既以碑献文忠”。删除了二十多个字，才刻到石头上，又拿了拓片送给欧阳修。而欧阳修大怒，说这不是我的文章：“非吾文也！”所以，范仲淹的《神道碑》是有同一作者的两个版本的，区别就在“二公欢然”这个情节上。

“欢然”情节究竟是真是假？这桩公案，从北宋到南宋，一直到今天，纷纷扰扰讨论了一千多年。我个人觉得，这种感受性的东西，孝子之说应当更加真实。那么，欧阳修为什么要坚持“此吾所目击”呢？

因为他希望传递政治和解的信息。年轻的时候，欧阳修和范仲淹一起，参与了对吕夷简的攻击，也一起承受了被贬的挫折。他们不满老一代的作风，急于获得权力，渴望改造政府，所以攻击政敌不遗余力，疾恶如仇，完全不在乎是否会激化矛盾，引起分裂。中年之后，随着范仲淹庆历新政的流产和对从政经验的反思积累，欧阳修领教了治国理政的复杂性，开始认识到保持统治阶级内部团结的重要性，明白了“欢然”和解的重要性，而分裂则更容易把群臣变成皇权的工具和奴隶。所以，他坚持认为范仲淹和吕夷简应当和解，必须和解。这是基于政治反思所产生的智慧，经历了成长和进步的过程。按我的理解，欧阳修的行为，更准确地说，是在“制造事实”。他希望把吕、范之间的政治和解通过他的书写固定下来，传播出去，用文字来矫正政治风气。

这样一种用书写制造真实的努力，其实在中国传统当中一直存在。最典型的是“子作《春秋》，使乱臣贼子惧”。晚唐罗隐的《馋书重序》里面有一句话：“君子有其位，则执大柄以定是非；无其位，则著私书而疏善恶，斯所以警当世而诫将来也。”这最后一句话其实就是欧阳修的想法，他希望他的书写能干预政治风气。这番道理，年轻的范纯仁不懂。然而，到了晚年，范纯仁眼睁睁看着宋朝的政治走向进一步的分裂，甚至到了无法挽回的地步。那个时候，他一定会回忆起欧阳修书写“欢然”时的良苦用心。

用书写来制造事实，就本质而言，已经背离了客观真实。但是，在道德至上的真实观之下，则是受到默许和鼓励的，只要它是出于善的目的。而我们从现代看过去，以客观真实（是否真实发生过）为标准来衡量的话，可以说，传统中国的真实观并不追求客观真实，它讲究的是道德至上，主张说话人或者记录者可以通过自以为道德的目的选择或者（通过解释）制造事实，因此是功利主义的。真实的历史川流不息，过去、现在、未来从未间断，每个人驻足的瞬间都在成为历史。大到民族国家，小到个人，群体和个体都是带着过去走向未来的。历史书写将流动的历史微不足道的一部分独立出来，加以记录，主观性在所难免，我们要了解真实的过去，就必须接受它并不追求客观真实的客观。

主流政治文化的变迁

关的作用是隔离，防止有害、危险因素进入，以保护核心地带，“所以限中外，隔华夷，设险作固，闲邪正禁也”[1]。要想进入核心地带，必须渡关。“观念”就是我们进入传统时期思想文化的关。

渡过了“观念关”，自外而内，由夷而华，可以来谈谈帝制时期的政治思想了。这里所说的“政治思想”是“政治”中的“思想”，特指那些对政治运作产生了直接影响的思想因素。传统中国主流政治思想的形成过程，可以简单地归结为儒家对法家的改造过程和儒家的自我改造过程。自从汉武帝“独尊儒术”之后，儒家被皇权“认证”为政治思想的“正宗”。曾经为帝制贡献了

1［唐］李林甫等著，陈仲夫点校：《唐六典》卷六《尚书刑部·司门郎中员外郎》，中华书局1992年版，第196页。

思想模板的法家失去了上台资格，退居幕后，其影响则时隐时现。

迂阔下的稳健

“迂”字的本义是绕远。在现代汉语当中，“迂”是一个偏贬义的词，比如说“迂腐”“迂阔”“迂远”。在古代汉语当中，“迂”通常也不是褒义词，但是，一些纯粹的儒者却会被人批评为“迂”，而儒者也常常会以“迂儒”自嘲。那么，“迂”究竟是来自外界的嫌弃，还是儒家自带的品质？

我注意到“迂”这个概念，是在写作《大宋之变，1063—1086》的时候。年轻的皇帝宋神宗最终选择王安石来主持政局，这才有了“王安石变法”，而司马光是作为王安石的“对立面”被大众认识的。这一点众所周知，众所不知的，是王安石并非宋神宗的第一人选，而司马光也曾经是神宗看好的人物之一。当然，神宗很快就看清了司马光，他相信司马光的忠诚和正直，但同时也明白，这不是一个可以帮助他实现理想的人。神宗对司马光的总体评价就是：“光方直，如迂阔何？”司马光这个人端方正直，只是迂阔，可怎么好啊？“方直而迂阔”，这就是神宗对司马光的总评价。迂阔，迂者远，阔者疏，迂阔就是迂远不切实际的意思。宋神宗是对吕公著吐槽司马光的。吕公著的政治倾向和司马光接近，他替司马光辩护说：孔子是圣人，可是子路说他迂；孟子是大贤人，当时的人也说他迂，司马光又怎么能免得了迂呢？“大抵虑事深远则近于迂”[1]，请陛下深思。

吕公著没有瞎说。孔子之“迂”，见于《论语》。子路问孔子，卫国的君主请您去治理国政，您首先会做什么？孔子回答他“正名”——端正名义。子路听了，很不以为然地说，您可真够迂的，正名能干什么呢？孟子之迂，见于《史记》和东汉赵岐的《孟子

1［清］黄以周等辑注，顾吉辰点校：《续资治通鉴长编拾补》卷二，英宗治平四年（1067年），中华书局2004年版，第66页。

注》，孟子学成之后，“以儒道游于诸侯，思济斯民”。他先拜访了齐宣王，“宣王不能用”；又前往大梁，“孟子见梁惠王”，梁惠王劈头便问他：“叟不远千里而来，亦将有以利吾国乎？”孟子答曰：“王何必曰利，亦有仁义而已矣。”孟子转了一圈，“时君咸谓之迂阔于事，终莫能听纳其说”。[1]

子路是孔子的学生，爱真理也爱老师的那种，他说孔子“迂”，孔子就很生气地骂了回去，说子路“野”，学养不够。齐宣王、梁惠王嫌孟子“迂远而阔于事情”[2]，不肯用他，孟子就只好退回来跟学生们一起写书了。

那么，孔子、孟子是否“迂”呢？站在当时君主的角度来看，的确够“迂”的。“叟不远千里而来，亦将有以利吾国乎？”梁惠王们翘首期盼的，是立竿见影、急功近利的富国强兵、战胜弱敌，你却去跟对方谈什么遥远的“正名”“仁义”“唐、虞、三代之德”，不是“迂”是什么？

然而，绕远就一定是浪费时间、徒劳无益的吗？司马光在《迂书·释迂》中以种树为喻，证明“迂”之功效，所谓“收功愈远”“为利愈大”：一年生的树木砍下来只能当柴烧；长两年再砍，就可以当椽子使；长到五年，能够当堂屋的柱子；长足十年，可为栋梁。[3]时间是培育栋梁之材必须付出的成本，这是自然法则，没有近路可抄。在人事之中，同样也存在着必须绕的远路、通过急功近利无法实现的长远目标。质言之，儒家的“迂”所强调的，是遵循自然法则，谋求问题的根本解决，而不是快速得到结果。

面对同一个问题，法家的办法是不择手段、直奔结果；道家的做法是由他去，顺其自然；而儒家的做法是摆正位置，理顺关系，以便让关系在未来的运作中自然产生正面的结果。比如兄弟俩为争玩具打架，法家的父母是压制，厉声喝止，不听者打屁股，

1 ［清］焦循撰，沈文倬点校：《孟子正义》卷二《梁惠王章句上·一章》，中华书局1987年版，第35页。
2 ［汉］司马迁撰，［南朝宋］裴骃集解，［唐］司马贞索隐，［唐］张守节正义：《史记》卷七四《孟子荀卿列传》，中华书局1982年版，第2344页。
3 参见［宋］司马光：《迂书·释迂》，见曾枣庄、刘琳主编：《全宋文》卷一二二二，上海辞书出版社、安徽教育出版社2006年版，第56册，第199页。

打服为止；道家的父母是不干预；而儒家的父母肯定要先讲道理，“兄友弟恭”“兄弟阋于墙，外御其侮”，让兄弟俩认识到兄弟关系的本质，从而心甘情愿地成为一对团结友爱的好兄弟。

摆正位置、理顺关系，其实就是孔子所说的“正名”；而“正名”的基础是孟子所说的“仁义”。“名”是名称、名义，比如我是老师，也是母亲。“名”建立在“关系”的基础上，没有“关系”则无所谓名义。比如，“母亲”一定是在“母子关系”中存在的，“老师”一定是在“师生关系”中存在的。“名”以“仁义”为法则，规定了“角色”（名义所有者）在“关系”中的“应然”之态。“母亲”应当慈爱，她因此获得儿女的孝顺与尊敬；“老师”应当传道授业解惑，才能获得学生的尊敬和追随。

真正的儒者勇于坚持原则，不会屈从于权势利益，他们是缺乏灵活性的，因而显得迂腐。“叟不远千里而来，亦将有以利吾国乎？”说到“利”字，梁惠王必是目光灼灼的。处身战国时代，君主们想要什么，孟子不是不知道，然而他还是坚持要讲仁义。这就是儒者的迂阔固执：我知道你想要什么，但不是你想要什么，我就给你什么，而是我认为什么是对的，我就给你什么。对儒家来讲，是非高于父亲的权威，真理高于皇帝的权威。《孝经》有“谏诤章”，强调“故当不义，则子不可以不争于父，臣不可以不争于君”。子孝于父、臣忠于君的重要表现之一，是能够批评、纠正父与君的错误。

这种迂阔的儒者，在现实政治当中其实很难存活。春秋战国时期，他们基本上处于一种“在野”状态，没有纠缠到现实政治中去，不承担实际工作，只在思考中构筑理想的政治宏图。帝制的制度框架，包括抽象原则和具体制度，基本上是由法家搭建起来的。即便是在汉武帝“独尊儒术”之后，汉帝国的政治治理原

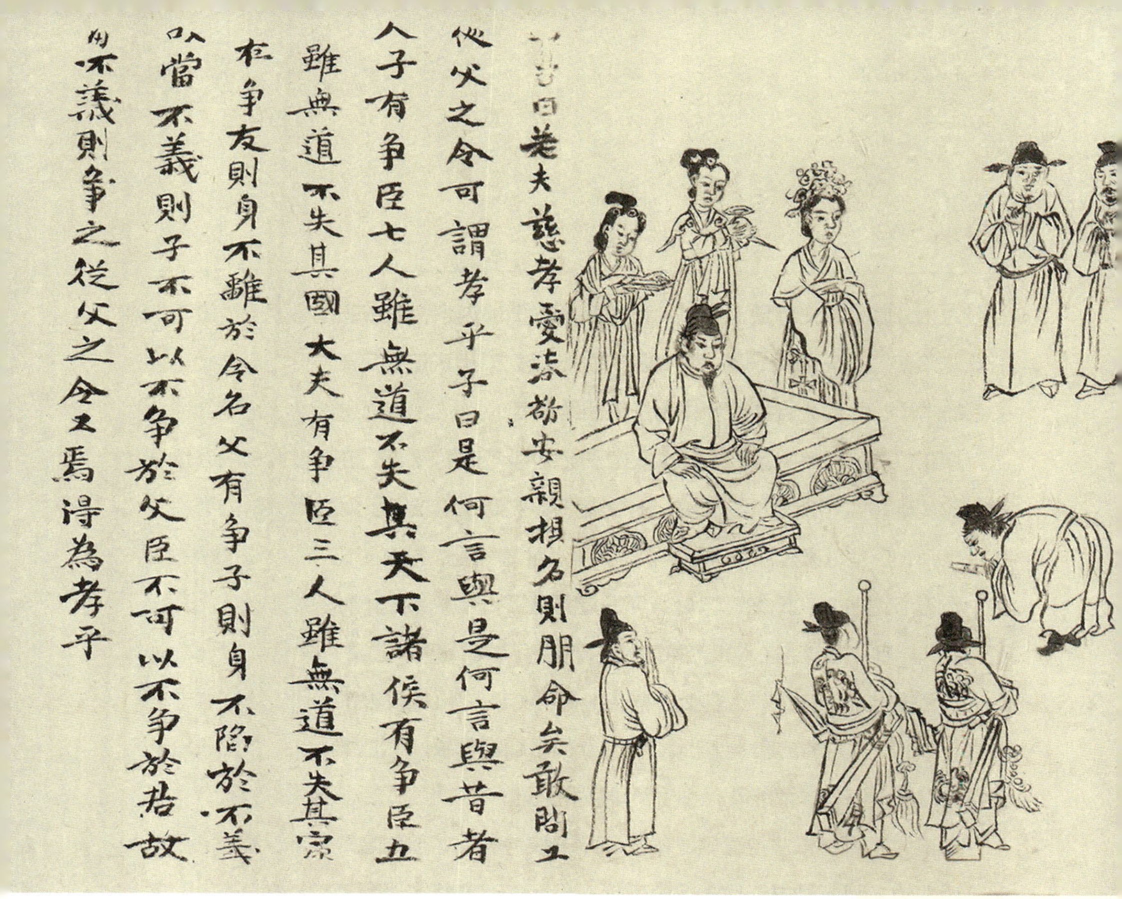

图四四：北宋 李公麟《孝经图卷》（局部）

《孝经图卷》，北宋李公麟绘，绢本，墨笔，459.9 厘米 ×21.7 厘米，现藏美国大都会艺术博物馆。李公麟被誉为宋画第一人，最擅长白描，只以线条勾勒，不施颜料，不加晕染。上图即以白描方式阐释了《孝经·谏诤章第十五》的含义：曾子问孔子，事亲是不是遵从父亲的命令而不违逆，才能称之为孝？孔子连连说，……如果有不义之事……作为人子，至情不能自已，必更加恭敬孝顺，积攒诚意以感动之……如果多次劝说还不听，就哭着跟随着他，直到他听从为止。……作为人臣，必批陈利害，及时劝止君主。如果他不听从，就要极谏，或借古喻今，或委婉地提出中肯的建议，直到他接纳为止。父亲、君主做事违背了义理，儿子、臣子要直言相劝，这才是真正的孝和忠。由此反映出古代移孝于忠与儒家迂阔耿介的性情。

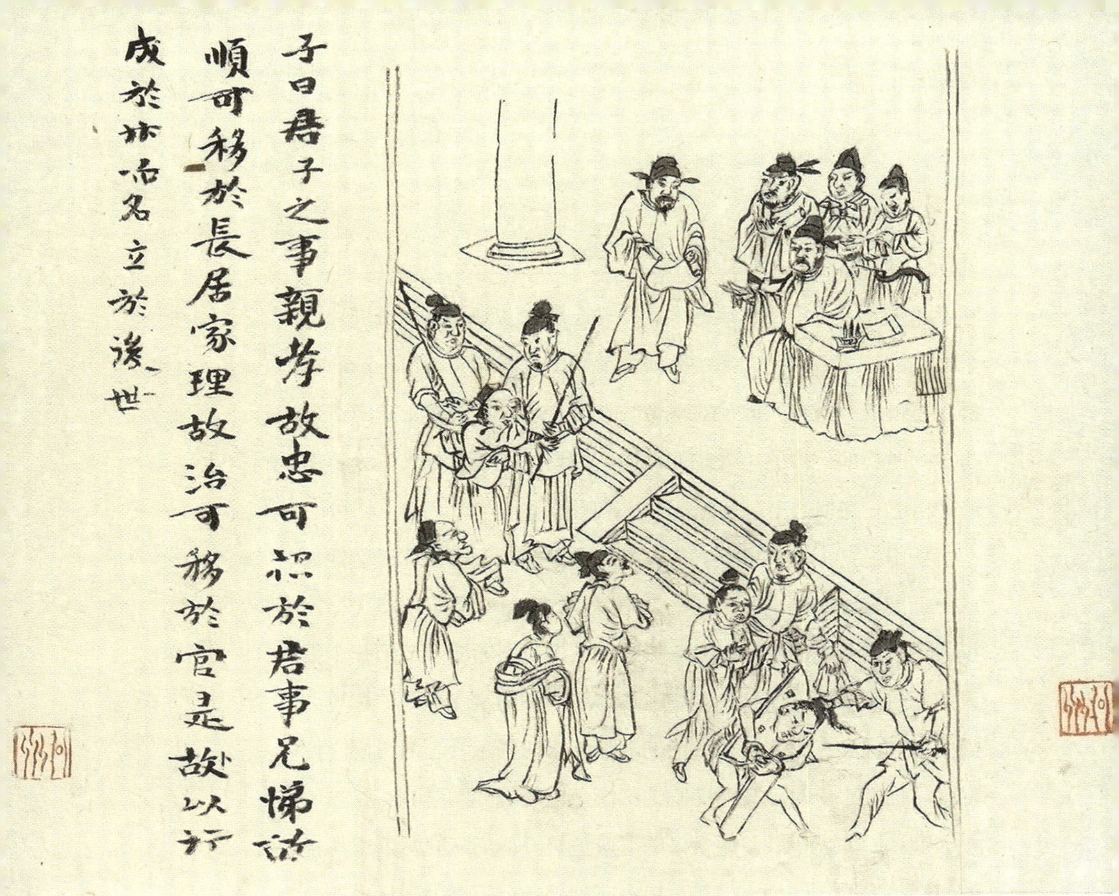

则仍然是“霸王道杂之”的。法家的宫殿庭园、黄老的运行规则，儒者借助皇权进入其中，虽然自以为怀挟真理，却难免左支右绌、捉襟见肘。

《史记》中记载了一个名叫狄山的博士，匈奴来请求和亲，狄山认为经过连年战争，“中国以空虚，边民大困贫”，不如接受和亲，休兵养民。御史大夫张汤（以深刻著称的酷吏）批评狄山是“愚儒，无知”。狄山反批张汤“诈忠”，只关心皇帝的倾向，不关心国家的命运。一句话惹恼了汉武帝。汉武帝逼问狄山：我让你去管理一个郡，能不能保证匈奴不入寇呢？狄山说：不能。武帝又问：那么一个县呢？狄山还是说：不能。武帝再逼问：给你一个亭障，怎么样？狄山估计再说“不能”就要被隔离审查了，只好咬着牙说“能”。结果狄山就真的被派去守边，过了一个多月，这个可怜的迂儒的脑袋就被匈奴人砍掉了——皇帝和野蛮人联手，杀死了一个说真话的人。司马迁是在《张汤传》里讲到这个故事的。故事讲完之后，他淡淡地总结了一句：“自是以后，群臣震慑。”还有人敢反对皇帝吗？没有了。对于博士狄山这个与他同时代的可怜的小人物的命运，司马迁没有发一句议论。然而他自己，又何尝不是另外一个狄山呢？

狄山是博士，读书人，带兵打仗非其所长。汉武帝逼着他去戍边抵御匈奴，他说“不能”无可厚非。在这个特定情境之下，汉武帝应当受到谴责。但是，如果我们把狄山的故事放到一个更大的背景当中去，就会发现儒者集体所面临的实实在在的尴尬。当儒生们被允许进入现实政治的战场，参与国家管理的时候，他们该拿什么来应对国家所面临的形形色色的现实问题呢？比如匈奴入寇，比如连年战争所带来的财政危机。他们从孔孟那里得来的原则是对的、好的，但是，只有原则是远远不够的。儒生们必须学习，必须转变，必须向下沉潜，向法家学习制度和法律。只是，如何在与现实的碰撞之中，在权势的压迫之中，仍然保持身姿的挺拔、态度的坚定，这是一个大问题。

历朝历代，皆不乏直道立朝、敢言能谏之士，然鹤立鸡群者，很难推广至一般。儒者与现实结合，问题解决得比较好的是在宋朝。进入 11 世纪以后，宋朝士大夫集体，一方面，儒学修养日益精进，出现了反思历史，审读经典，以儒家学说为核心重建社会道德信仰体系的积极努力；另一方面，他们活跃在国家治理的各个领域、各个层面，办事能力一流，足为国家之栋梁。蔡襄说：“今世用人，大率以文词进。大臣，文士也；近侍之臣，文士也；钱谷之司，文士也；边防大帅，文士也；天下转运使，文士也；知州郡，文士也。虽有武臣，盖仅有也。”这气势，简直是文士包打天下。这种气势哪里来？以本朝政治传统为底色，以制度做

图四五：元 夏永《岳阳楼图》

《岳阳楼图》，元代夏永绘，绢本墨笔，界画，扇面，25.8 厘米 ×25.2 厘米，现藏北京故宫博物院。夏永精于界画，尤擅长宫殿阁楼的界画。所谓“界画”，是指作画时使用界尺引线。画家用细如发丝的线条描绘，行笔细腻而整体气势宏伟，将巍峨的岳阳楼融绘于浩渺的自然当中。左侧为岳阳楼，右侧为留白，将“衔远山，吞长江”的气势与“气蒸云梦泽，波撼岳阳城”的诗意融合得颇为自然。画面右上方以蝇头小楷题写范仲淹的《岳阳楼记》全文，通过描绘岳阳楼的丽景与文人骚客登楼观览后的不同感情，表达了自己“先天下之忧而忧，后天下之乐而乐”的政治抱负与达观态度。

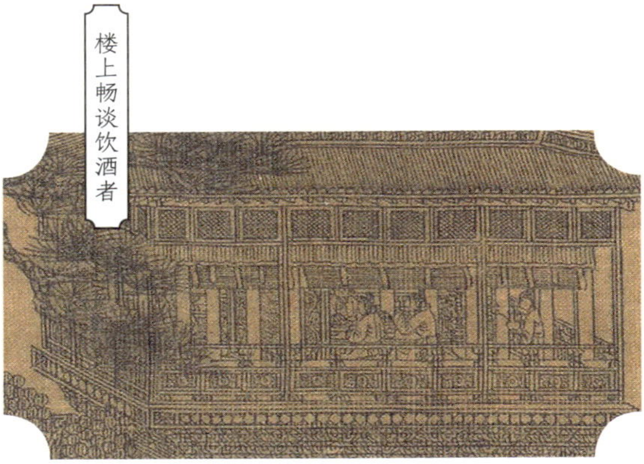

保障。正是这种包打天下的气势，给了儒者以天下为己任的心胸。范仲淹一篇《岳阳楼记》传诵千古，“先天下之忧而忧，后天下之乐而乐”，那种担当，那种襟怀，是何等开阔！这是他所处的那个时代所允许和鼓励的。

一流的办事能力，日益精进的儒学修养，给了宋朝儒者足够的底气。他们上承孔孟，以个人对儒家经典的修习直接体认真理，明辨是非，然后投身现实政治，以“大忠”之义侍奉君主，把华夏政治文化的水平提到了一个前所未有的高度。这些人敢对皇帝说：“天下之法，当与天下共之。有司守之以死，虽天子不得而私也，而后天下之大公立。”这样理直气壮地要求最高统治者尊重制度原则，纵观帝制中国，舍宋朝外，哪朝还有？

宋朝士大夫说天下国家，不是纸上谈兵，而是努力践行的。宋神宗最初的理财施政人选不是王安石，而是当时公认度最高的理财专家——张方平。张方平能力超群，但是曾经受贿，犯过错误。司马光时任御史中丞，是台谏官的领袖，专司批评。这个迂腐的儒者坚持道德至上，一票否决，坚决反对张方平的参知政事任命。为了避免矛盾，宋神宗试图把司马光从御史中丞调任翰林学士。司马光的调令要经过一个叫作银台司的机构审核，通过之后再送到阁门司，阁门司负责将调令送达司马光。按照行政程序，阁门司只是传达室，而银台司作为审核机构，则拥有一项特殊权力——“知门下封驳事”，有权驳回不符合国家利益的行政命令。银台司的负责人吕公著认为，皇帝把司马光调离御史台是错误决定，就真的驳回了。神宗不愿意硬碰，就把司马光的官诰（调令）越过银台司，直接放到了阁门司，然后写小纸条约谈司马光，让他自己去取。

宋神宗自以为这一做法既聪明又体面，干得漂亮。结果怎样？

吕公著坚决抗议，抗议不果，愤然辞职，曰：“诰不由封驳而出，则是职因臣而废，乞正臣之罪，以正纪纲。”[1] 神宗绕过银台司，通过阁门司把官诰直接塞给司马光，这种做法破坏了银台司的封驳制度。被绕过的银台司失去了审核诏令的功能，名存实亡，国家的纲纪秩序因此遭到破坏。而在吕公著看来，这种破坏是因他而起的，他必须承担这莫大的罪责。在他的观念中，个人职位得失无足轻重，重要的是制度所维系的朝廷秩序——唯有受到尊重的制度和传统，方能约束皇帝。

“大抵虑事深远则近于迂”，吕公著为司马光的“迂”[2] 辩护，他自己又何尝不“迂”？迂者远，不近于利，“眼前亏”肯定是要吃的。不迂的，闪转腾挪，上蹿下跳，能得一时之利，然而规则破坏之后，又果真能够长治久安吗？纵然过得了一代人生命的长度，就不怕“其无后乎”吗？

从高效到失效

梁惠王是一个很善于“错过”的君主。他先是错过了孟子。孟子以“仁义”游说梁惠王，碰了一鼻子灰，回去著书立说，成就了中国政治思想史上的丰碑之作《孟子》。梁惠王的错过“成就”了孟子。

在孟子之前，梁惠王还以同样的“错过”成就了一个人和一个国家。当时魏国的主政大臣是公叔座。公叔座临终，对梁惠王说，我手底下有个公孙鞅，年纪虽轻，却是一等一的人才，我死之后，大王可以用他来主政。梁惠王心想，给我推荐一个毛头小伙子，这老头怕是糊涂了。公叔座见梁惠王不说话，就屏退了所有人，说，大王如若不能用公孙鞅，就把他杀了吧。梁惠王还是不说话。梁惠王走了之后，公叔座叫来公孙鞅，掏心掏肺地对他说，你赶

1［宋］王称：《东都事略》卷八八《吕公著传》，基本古籍库转录文渊阁四库本。

2 受篇幅所限，对司马光更为透彻的解读在此不便展开。若要进行更深入的了解，另请参见赵冬梅：《司马光和他的时代》，生活书店 2014 年版。

紧逃命去吧，我向大王推荐了你，他不肯用你，必然会杀了你的。公孙鞅不为所动，说，大王不肯听你的话用我，又怎么肯听你的话杀我？公叔座死后，公孙鞅闻听秦孝公招贤纳士，于是离魏入秦，最终主政秦国，辅助秦孝公成就了一番霸业。公孙鞅被秦封为商君，史称“商鞅”。

跟儒家的迂阔相比，法家完全是另一种风格，他们灵活善变，为达目的可以随时调整姿态，变换主张。《史记》所描述的商鞅见秦孝公，充分体现了法家的灵活。商鞅与秦孝公不是“一见钟情”的，他们一共谈了四次，才彼此接纳。司马迁是一个很善于营造戏剧性场面的作者，他通过寥寥数笔，以典型细节勾画人物形象的手艺，今天的历史学从来就没有学到过，并且非常傲慢地予以“扬弃”。以下是司马迁所描述的四次“鞅孝会”：第一次，商鞅“语事良久”，秦孝公“时时睡，弗听”；商鞅离开之后，秦孝公大骂推荐人：你给我找的这是什么人啊，满嘴跑火车；第二次，情况稍微好了一点，但秦孝公还是没听进去；第三次，秦孝公觉得这个人有点儿意思，“可与语矣”，还是可以聊一聊的；到了第四次，高潮来了，秦孝公跪坐在席子上听商鞅说话，听得入了迷，不知不觉地就往前蹭，“不自知膝之前于席也”。[1] 接下来，商鞅开始一对一地给秦孝公上小课。讲了好几天，秦孝公一点儿也不觉得厌烦。

在这四次“鞅孝会”中，商鞅所讲的内容、所主张的理论是在不断变换的。他先讲的是“帝道”，然后是“王道”。这个“帝道”跟帝制没有关系，是比“王道”还高级的社会理想。“王道”是儒家常常讲的。由此可见，商鞅也懂这些高远的东西；但从后来的表现看，对于“帝道”和“王道”，商鞅虽懂而不信，之所以讲，是因为要试探对面的君主想要的究竟是什么。“帝道”“王

1 ［汉］司马迁撰，［南朝宋］裴骃集解，［唐］司马贞索隐，［唐］张守节正义：《史记》卷六八《商君列传》，中华书局1982年版，第2228页。

道”都没能进入秦孝公的心田，因为太迂远了。商鞅摸准了秦孝公的脉，便开始大讲“强国之术”，余音绕梁，三日不绝，讲得秦孝公几乎忘掉了肉味。

商鞅由魏入秦，他需要一个国家作为舞台来实现自己建功立业的理想。取得君主的信任，获得授权，这就是商鞅的目标。为了这个目标，他可以随时调整自己的方案——你要什么，我给你什么。商鞅不是不知道更高明的东西是什么，但是他能够根据对方的需要来调整自己的策略。

对强权势力的投其所好，以及对被统治者的严刑峻法，是法家的一体两面。“法律面前人人平等”这样的现代概念，从来都不是法家的主张。同儒家一样，法家要建设的也是一个贵贱有别、亲疏有分、尊卑有序、长幼有差的等级秩序。儒家和法家的区别在于，儒家在承认并维护现实的尊卑等级秩序的同时，还相信人在知识与精神层面上的平等，相信不同身份地位的人皆可以通过学习成为贤人，获得明辨是非、通达道义的能力。而法家则以现实之秩序为终极之秩序，以权力地位之不平等为人际关系之全部。在儒家这里，所有的关系都应当是相互的，比如父子之间，父须慈，子须孝；又比如君臣之间，“君使臣以礼，臣事君以忠”，以礼遇换忠诚。在儒家的人间秩序中，地位相对较低的一方，比如儿子和臣下，拥有独立思考的权利，以及在一定规范之内进行表达的自由，儿子可以批评父亲，臣下可以匡正君主。而在法家这里，关系是单向的，法家强调君主至上，强调臣子单方面的效忠、单方面的服从、单方面的牺牲，坚决反对下对上的任何批评议论。

商鞅相秦，法令已经制定，但还没有推行，首先“徙木立信”。“立三丈之木于国都市南门”，下令“徙置北门者予十金”，秦人怪讶，无人响应。赏金提高到五十，有人照办，果然得到五十金。

法令推行一年，秦民跑到首都来告状投诉法令不便的人数以千计，太子也犯法。商鞅惩罚了太子的师和傅以儆效尤，法令继续推行。法令推行十年，“秦民大悦”，从前那些说法令不便的人又有一些跑到首都来赞美法令是如何方便。商鞅说“此皆乱化之民也”，这些人都是破坏分子，把他们全部强制迁移到边城。从此之后，老百姓再也不敢议论法令了。[1]说坏不行，说好也不行——老百姓放弃思考，“不敢议令”，唯知服从，这就是商鞅想要的结果。我要你把这块木头搬到北门去，你就搬到北门去，搬了就有赏，这是我的命令，你只要执行，不折不扣地执行！为什么要在都市南门竖一块木头？又为什么要搬到北门去，这不是浪费时间吗？为什么这么个活计竟然值五十金？敢于提出质疑的，都是“乱化之民”，必须惩罚！

跟儒家相比，战国时期的法家实在是太成功了，几乎无往而不利。因为他们以君主之目标为目标，富国强兵，谋求霸业；同时又拥四种知识，能使国富兵强而霸业得成。这四种知识就是法度、农学、兵学和纵横术。今人通常以法家为一家，以农、兵、纵横各为一家。这种分类方式来自《汉书·艺文志》。殊不知，农、兵、纵横三家，“皆法家之工具也”。“农以致富，兵以致强，而纵横则为外交术，皆法家之所宜有事者。”[2]比如商鞅相秦，就是兼四种知识而用之：“内立法度”，进行法令制度建设；“务耕织”，大搞农业经济建设，提振国家经济实力；“修守战”，建设坚固的国防、强大的军队；“外连衡而斗诸侯”，通过外交改善国际环境，谋求大国地位。

相比儒家，法家的功夫更扎实，跟现实结合得更紧密，因而也获得了更多接触、解决现实问题的历练，这是个良性循环。战国以后的华夏国家制度主要是法家打下的基础。然而，“法令者，

1 参见［汉］司马迁撰，［南朝宋］裴骃集解，［唐］司马贞索隐，［唐］张守节正义：《史记》卷六八《商君列传》，中华书局 1982 年版，第 2231 页。

2 蒙文通：《法家流变考》，见《蒙文通文集》第一卷《古学甄微》，巴蜀书社 1987 年版，第 28 页。

治之具，而非制治清浊之源也”[1]。法令制度是中性的，可以为善，也可以作恶，关键是看隐藏在法令制度背后的指导思想——那些制定法令的人，他们相信什么，畏惧什么。在法家这里，是君主至上、国家第一的，无所谓“人民的福祉”，人民只是实现富国强兵的工具。所以，法家主张通过严刑峻法把人民变成驯服的工具。

法家三宝——法、术、势，“夫法刚而术柔，法显而术隐，法以齐百姓而术以驭群臣”，百姓、群臣皆工具。势为施行法、术的基础，“法、术、势三者备而法家之义尽于是也”[2]。李斯上《行督责书》，为秦二世胡亥讲“督责之术”，也就是让臣下听话的办法。李斯说：“彼唯明主为能深督轻罪。夫罪轻且督深，而况有重罪乎？故民不敢犯也。”“深督轻罪”就是轻罪重罚。“明主圣王”凭什么能“久处尊位，长执重势，而独擅天下之利”？“非有异道也”，实在没什么稀奇的办法，关键就是“能独断而审督责，必深罚”，用严苛的法律施行恐怖统治，“故天下不敢犯也”。[3]人人畏惧而“不敢犯”，统治者就能安安稳稳地久处尊位，长执重势，这就是李斯的“督责之术”。这样丧心病狂的异端邪说，李斯敢当真理宣扬，自有其不得已之处——他被赵高排挤，“乃阿二世意，欲求容”[4]；二世竟觉受用，可见是被赵高洗脑到了了无人性的地步——极端法家的精神世界，实在疯狂。二世的法律老师赵高玩过一场“指鹿为马”的游戏，看起来荒唐，对极端的法家来说，也算正常。

这样的统治能否长久呢？很难，因为人不是机器，百姓不是，官员也不是。人需要法律的约束，也需要道德、荣誉的滋养。法家的治理往往高效，比如汉代的酷吏，常能出奇招，下狠手，打击豪强兼并，毫不手软。但是，这种治理方式的长期有效性却并不乐观。对此，司马迁有着敏锐的观察：

随着王温舒等酷吏的出现，“以恶为治”变成了普遍的政治

1 〔汉〕司马迁撰，〔南朝宋〕裴骃集解，〔唐〕司马贞索隐，〔唐〕张守节正义：《史记》卷一二二《酷吏列传》，中华书局1982年版，第3131页。

2 蒙文通：《法家流变考》，见《蒙文通文集》第一卷《古学甄微》，巴蜀书社1987年版，第289页。

3 参见〔汉〕司马迁撰，〔南朝宋〕裴骃集解，〔唐〕司马贞索隐，〔唐〕张守节正义：《史记》卷八七《李斯列传》，中华书局1982年版，第2556页。

4 〔汉〕司马迁撰，〔南朝宋〕裴骃集解，〔唐〕司马贞索隐，〔唐〕张守节正义：《史记》卷八七《李斯列传》，中华书局1982年版，第2554页。

风气；法网严密，轻罪重罚，官员百姓动辄得咎，索性豁出去了，“吏民益轻犯法，盗贼滋起”，“大群至数千人，擅自号，攻城邑，取库兵，释死罪，缚辱郡太守、都尉，杀二千石，为檄告县趣具食；小群以百数，掠卤乡里者，不可胜数也”。中央政府对地方政府失去信任，转而依靠中央派出的特使，“于是天子始使御史中丞、丞相长史督之”，“之”指地方政府。事情仍然由地方来办，中央大员的责任只是坐镇监督，这是治理成本的第一次提升。

可惜，此举并不奏效。于是，汉武帝派出了第二批特使。“乃使光禄大夫范昆、诸辅都尉及故九卿张德等衣绣衣，持节，虎符发兵以兴击，斩首大部或至万余级，及以法诛通饮食，坐连诸郡，甚者数千人。”“绣衣直指御史”是由皇帝亲自抽调得力官员、调发正规军临时组成的一支武装力量。它绕开地方政府，以重兵兴击志在灭贼，又以连坐之法孤立盗贼，来势汹汹，杀气腾腾，果然取得了立竿见影的效果，“数岁，乃颇得其渠率”。这是治理成本的第二次提升。

结果怎么样呢？可以迅速起效，然而不能持久。散兵游勇往往再度聚集，形成反政府武装，“散卒失亡，复聚党阻山川者，往往而群居，无可奈何”。按照法家的思路，当然要继续加大打击力度，“于是作‘沈命法’，曰群盗起不发觉，发觉而捕弗满品者，二千石以下至小吏主者皆死”。“沈命法”规定，凡境内爆发盗贼未能察觉者，发觉而不能如数抓获者，郡太守以下至相关小吏，全部处死。督责之严，达于极致。这是治理成本的第三次提升。

“沈命法”果然奏效，只是效果适得其反。“其后小吏畏诛，虽有盗不敢发，恐不能得，坐课累府，府亦使其不言。故盗贼浸多，上下相为匿，以文辞避法焉。”[1] 小吏担心被杀头，即使发现了盗贼也不敢举报，担心万一抓不着，自己倒霉不算，还要连累上级；上级也默许这种做法。盗贼越来越多，上上下下都不说，互相包庇，一起瞒着皇帝，在文书里营造了一个太平世界。在捕盗这件事情上，大汉王朝的治理体系彻底失效了。

汉武帝的酷吏政治，从高效到失效，经历了短短的几十年，司马迁耳闻目睹，亲身经历。法家的灵活高效，可以兴于一时，不能行之长久。远不如迂阔的儒家，把关系理顺，然后自然运行出善的结果。当然，在汉代以前，纯粹的儒家其实很少得到主政的机会，那么，一旦得到机会，理想可以落地生根，儒家又将怎样迂远地建设他们美好的世界呢？

儒与法的艰难融合

秦帝国的建立，让法家的建设成就达到了巅峰；而秦的速亡，又漫画般直观地展示了法家统治的缺陷。汉代接手的是一个烂摊子——秦对六国以武力征服所造成的创伤尚未平复，秦末农民大起义又添新创，社会疲惫，经济凋敝，禁不起乱折腾。所以汉初的政治风气是属于黄老的，“治大国如烹小鲜”，政府尽量不干预社会，与民休息；然而在法令制度层面，汉帝国仍然是法家的。汉朝建立六十年之后，汉武帝立，“卓然罢黜百家，表章六经”（《汉书·武帝纪·赞》），儒家进入帝国的政治舞台。这是中国政治思想史上具有转折意义的大事件。那么，这一转折是怎样发生的？

春秋战国以至于秦，儒者一直是现实政治的边缘人物。孔子一生周游列国，志向不得伸张，“累累如丧家之狗”（《孔子家语》）。孔门弟子的就业状况也令人不愉快。《史记·儒林列传》说：“自孔子卒后，七十子之徒散游诸侯，大者为师傅卿相，小

1 ［汉］司马迁撰，［南朝宋］裴骃集解，［唐］司马贞索隐，［唐］张守节正义：《史记》卷一二二《酷吏列传》，中华书局1982年版，第3151页。

者友教士大夫，或隐而不见。”听起来还是有“有出息的”，那么，究竟哪些人做了“师傅卿相”呢？唐代的司马贞作《史记索隐》，替司马迁掰着指头数了一遍：“子夏为魏文侯师。子贡为齐、鲁聘吴、越，盖亦卿也。而宰予亦仕齐为卿。余未闻也。”[1]数来数去，只有三个，比晨星还寥落。儒家以治平天下为理想，应当不排斥服务君主，就业状况如此凄惨，原因何在？同法家相比，儒家解决实际政治问题的本领的确略逊一筹。当然，我们也可以说，儒家谋求的是根本的解决，而非表面的解决。但总体上说，在高大上的理论和错综复杂的现实之间，儒家缺乏贯通之术。而儒家对于超越性的高洁人格的追求，则让他们与急功近利的时代之间始终存在隔膜，难以真正融为一体。当法家指引着秦国吞并六国，统一天下之后，儒家的博士们参与了有关帝制初建的制度研讨，比如皇帝名号的拟议，封建与郡县的优劣，等等；可是，每一次，他们提出的建议都不能贴合统治者的心意——儒家的学者与法家的君主始终还是有隔膜的。

到了汉朝，儒家终于有了一次贴合皇帝心意的举动。“汉五年，已并天下，诸侯共尊汉王为皇帝于定陶。”在这样盛大的庆祝活动上，“群臣饮酒争功，醉或妄呼，拔剑击柱”，好像没有人注意到皇帝尊贵的存在。刘邦满心愤怒，一脸落寞。就在这个时候，儒者叔孙通找到了刘邦，告诉他，陛下需要的是礼仪。叔孙通说，我们“儒者难与进取，可与守成”。打天下我们不行，但是守天下，我们是有一套的，让我来广泛征求鲁地的诸生，让他们和我的弟子一起，为陛下起草朝会礼仪吧。刘邦犹豫了一下，问：“得无难乎？”你所说的礼仪不会太复杂难搞吧？叔孙通拍着胸脯做了保证。刘邦又嘱咐他，你做做看，“令易知，度吾所能行为之”，得让它简单易行，是我所能做到的。两年之后，长乐宫落成，

1 ［汉］司马迁撰，［南朝宋］裴骃集解，［唐］司马贞索隐，［唐］张守节正义：《史记》卷一二一《儒林列传·索隐》案，中华书局1982年版，第3116页。

汉王朝又一次举行了盛大的庆祝活动。在礼仪的规范、指引之下，整个朝见活动井然有序，“自诸侯王以下莫不振恐肃敬”；礼毕，又举行了宴会，从头到尾，“无敢欢哗失礼者”。刘邦心满意足，说：“吾乃今日知为皇帝之贵也。”[1]到今天我才知道，做皇帝是何等尊贵。

儒家初登汉朝政治舞台的身份，是礼仪专家，这一点并不奇怪。他们本来就是西周封建礼制的传人。想当初，陈胜起义，鲁国的儒生去投奔他，就是带着“孔氏之礼器”的。而刘邦跟项羽争霸，打到孔子的老家，“举兵围鲁，鲁中诸儒尚讲诵，习礼乐，弦歌之音不绝”[2]。但是，没有一个儒者会满足于“礼仪专家”这样单调肤浅的身份。他们的自我期许，是治国安邦、整顿天下秩序的人。对儒家来说，仪式、音乐、器具这些，都只是“礼”的外在表现形式，“是仪也，不可谓礼。礼，所以守其国，行其政令，无失其民者也”[3]。“礼”涉及国家统治、社会秩序的根本原则，而“仪”只是它最外在的表现形式。“仪”可以脱离“礼”而存在。刘邦对朝会礼仪的接纳，是实用主义的、浅薄的。能够往儒生帽子里撒尿、张口闭口“尔公”（你老子）的刘家老三，还能怎样呢？当然，刘季本人也从没想过要装斯文，人家不是说了吗——不要搞得太复杂，得让我能懂。

儒者的时代还远未到来。尽管如此，随着统治的日渐稳定，帝国的统治者也开始关心一些更为抽象的意识形态问题了，比如本朝的历史定位、统治合法性的基础及其表现形式。用当时的话语来说，就是“天命”的问题、“正朔”的问题、礼仪制度的问题。儒家的机会在一点一点地展现。汉文帝时，贾谊提出汉家应当为土德（而不是水德），需要改正朔，要“以礼为治”，未获实现。贾谊之后，另一位儒生公孙臣旧事重提。这一次，儒生的

1 [汉]司马迁撰，[南朝宋]裴骃集解，[唐]司马贞索隐，[唐]张守节正义：《史记》卷九九《刘敬叔孙通列传》，中华书局1982年版，第2722—2723页。

2 [汉]司马迁撰，[南朝宋]裴骃集解，[唐]司马贞索隐，[唐]张守节正义：《史记》卷一二一《儒林列传》，中华书局1982年版，第3116、3117页。

3 [清]阮元校刻：《十三经注疏》清嘉庆刊本七《春秋左传正义》卷四三《昭公五年》，中华书局2009年版，第4433页。

运气很好，“后三岁，黄龙见成纪”，黄龙是土德的标志符号。文帝于是召见公孙臣，拜为博士，让他“与诸生草改历服色事”，文帝还命令博士诸生讨论封禅礼仪。看起来老天有意兴儒，然而好事多磨。儒起源于东方的鲁，同样来自东方的，还有方术之士。儒生在西方的活动，往往与方士有关。而“天命”这一类的事情，本来就是超自然而非理性的，怎么可能少了方士的参与？最终，一个叫新垣平的方士玩儿大了，文帝发现被骗之后，兴味索然，“怠于改正朔服色神明之事”[1]，连儒家也一起冷落了。而景帝，似乎从来都不喜欢搞这一套。

汉武帝即位之后，皇帝对礼的需求才再次勃发。武帝即位第一年，他的两位丞相魏其侯和武安侯“俱好儒术”，推荐儒生赵绾为御史大夫，王臧为郎中令。又从鲁地请来了王臧、赵绾的老师大儒申培公，打算按照儒家思想改造国家，“设明堂，令列侯就国，除关，以礼为服制，以兴太平”。结果遭到了列侯的强烈抵制，“时诸外家为列侯，列侯多尚公主，皆不欲就国”，于是天天跑到武帝的祖母窦太后面前去诋毁儒家。窦太后本来就喜好黄老之言，不喜欢儒家。第二年，御史大夫赵绾提出“无奏事东宫”[2]，想把太后从权力中枢踢出去。窦太后大怒，抓住赵绾、王臧的小辫子立案审查。最终，赵绾、王臧自杀，“诸所兴为者皆废”[3]，拟议中轰轰烈烈的改革全部作废。六年之后，窦太后去世，武帝才开始了和儒家的进一步接触。董仲舒贤良对策、公孙弘打破列侯为丞相的惯例，以丞相封侯，都是这以后的事情。

儒家学说与政治的结合，是通过儒生个人与政权的结合实现的。在这个过程中，权势的诱惑与压迫相伴，个人在欲望与操守中挣扎。

有人拒绝。叔孙通自告奋勇为汉高祖制定朝会礼仪时，邀请

1［汉］司马迁撰，［南朝宋］裴骃集解，［唐］司马贞索隐，［唐］张守节正义：《史记》卷二八《封禅书》，中华书局1982年版，第1381、1383页。

2［汉］司马迁撰，［南朝宋］裴骃集解，［唐］司马贞索隐，［唐］张守节正义：《史记》卷一〇七《魏其武安侯列传》，中华书局1982年版，第2343页。

3［汉］司马迁撰，［南朝宋］裴骃集解，［唐］司马贞索隐，［唐］张守节正义：《史记》卷一二《孝武本纪》，中华书局1982年版，第452页。

了鲁地的三十余名儒生进京。有两个人不肯去，他们不太瞧得起叔孙通的为人，觉得他是个马屁精。但这还不是最主要的原因，更关键的是，他们觉得制礼作乐这样的事情，必须要积德百年然后才可以做。而汉家天下初定，“死者未葬，伤者未起”，根本就没有制礼作乐的资格。面对皇权的诱惑，这两位固执的儒者简直要捂着鼻子逃开。“吾不忍为公所为。公所为不合古，吾不行。公往矣，无污我！”[1]快走开，不要玷污了我们！

有人迟疑。汉武帝刚即位就“使使束帛加璧安车驷马”，召请大儒申培公。什么叫“使使束帛加璧安车驷马”？派专使带着尊贵的礼物，用四匹马拉的车，车轮上绑着草以降低震动，取得更为舒适的乘坐体验。申培公来了，态度却是不冷不热的。汉武帝问他“治乱之事”，申培公只简单地回答说：治理国家不在于多说，关键是看做不做得到。搞得武帝很无语。申培公当时已经八十多岁，他是老糊涂了吗？我以为不是。这位老人家，曾经与楚王刘郢同学，后来就做了刘郢的太子刘戊的家教，师生相处得很不愉快。刘戊即位之后，竟然把老师阉割了。“申公耻之，归鲁，退居家教，终身不出门，复谢绝宾客。”[2]申培公与汉家权势和楚地遗风的接触是如此惨烈，怎能不让他心生畏惧、厌恶与隔膜？这一次，他那两个一心要干大事、以为要开创未来的学生最终也被逼自杀。申培公与汉家权势的接触再次宣告失败。

有人担忧。汉武帝征召的大儒之中，还有一位辕固生，已经九十多岁了。他倒是愿意合作的，可是“诸谀儒多疾毁固，曰‘固老’，罢归之”。当时还有一位六十岁的儒生公孙弘也在被征儒者之列。辕固生既征而复罢，道路相遇，公孙弘“侧目而视固”。辕固生说：“公孙子，务正学以言，无曲学以阿世！”[3]公孙先生，请你一定要秉承学术的良心说话，不要歪曲学术来迎合世事！

1 [汉]司马迁撰，[南朝宋]裴骃集解，[唐]司马贞索隐，[唐]张守节正义：《史记》卷九九《刘敬叔孙通列传》，中华书局1982年版，第2722页。
2 [汉]司马迁撰，[南朝宋]裴骃集解，[唐]司马贞索隐，[唐]张守节正义：《史记》卷一二一《儒林列传》，中华书局1982年版，第3121页。
3 [汉]司马迁撰，[南朝宋]裴骃集解，[唐]司马贞索隐，[唐]张守节正义：《史记》卷一二一《儒林列传》，中华书局1982年版，第3123—3124页。

世事与学术之间存在着巨大的差距，而学术存在的价值，就在于它独立于现实的思考，超越世俗权势，追求和谐美好的新秩序。法家的世界权势至上，弱肉强食、急功近利、刑罚严苛。儒者迂阔，志存高远，理想宏大，却涉世未深。选择拒绝的，停留在现实之外保存了自身的高洁；态度迟疑的，身体在现实中出现，心灵却漠然不动。辕固生应召而不得行，喊话公孙弘："务正学以言，无曲学以阿世！"这表明了他心中深刻的忧惧。那些携带着儒家理想进入严酷现实的儒者，终于可以用学术来引导皇帝，服务天下国家，获取功名利禄。服务天下国家与获取功名利禄两者不一定矛盾，关键是皇帝的态度、权势的取向，以及现实的统治国家的需要。妥协是必需的，然而要妥协到什么地步才是"允执其中"的?

在美国不长的历史当中，妥协（compromise）是一个特别重要的词语。《独立宣言》要不要谴责英国国王对奴隶制的态度?杰斐逊的初稿里是有的，可是在最终的定稿中被拿掉了。因为这会伤害到蓄奴州的感情，从而破坏团结。团结起来一致对外，谋求独立，这是目标。为达此目标，必须妥协。真正有理想而善实践的人，都懂得妥协的艺术，他们不回避矛盾，善于讨论，积极调整，让各方利益达于平衡，最终获得同意，向前推进。他们也从不梦想一蹴而就，而是心中目标明确，脚下步伐稳健。这种人才是推动变革的真正力量。

这些善于妥协的人，多半都有被后人耻笑的黑历史。第一个儒生宰相公孙弘，"每朝会议，开陈其端，使人主自择，不肯面折廷争"。每次上朝议事，都只是把问题和解决方案摆出来，让皇帝自己选择，从来不肯对皇帝直言相谏，或与皇帝当面抗辩。这种态度，无比自信的汉武帝当然是喜欢的。公孙弘的从政风格，司马迁总结，是“习文法吏事，缘饰以儒术”[1]。法家的规章制度、办事方法，公孙弘都熟悉，但是他又比他们高明，能够用儒术来装饰这些东西，让它显得高大上。汉武帝当然喜欢。官至御史大夫，同样得汉武帝欣赏的兒宽，“以和良承意，从容得久，然无有所匡谏；于官，官属易之，不为尽力”。兒宽是靠着法家张汤的推荐上去的，张汤之所以欣赏他，是因为他能够“以古法议决疑大狱”，同样也是法家的馅料，儒家的包子皮。汉武帝重启封禅计划，“诸儒对者五十余人，未能有所定”。兒宽说，这种大事，只有圣主才能裁定，还得陛下自己来。“上然之，乃自制仪，采儒术以文焉。”[2]关于大儒董仲舒，后世也有负面评价。宋末元初的马端临说：“帝之驭下以深刻为明，汤之决狱以惨酷为忠，而仲舒乃以经术附会之。”此处的“帝”意指汉武帝。董仲舒“以圣经为缘饰淫刑之具，道人主以多杀”[3]。

所言皆是；然而，也正是这样一批人开启了以儒家学说改造中国政治思想的先河。“驭下以深刻为明”，“决狱以惨酷为忠”，汉代的政治伦理是简单粗暴的。在这样的背景之下，不妥协是不可能“进入”的，而只有“进入”才有改变的可能。司马迁没有回避对叔孙通的批评，但他同时也承认：“叔孙通希世度务制礼，进退与时变化，卒为汉家儒宗。‘大直若诎，道固委蛇’，盖谓是乎？”[4]而公孙弘则建立学官，开始更为系统地培养、选拔儒家人才。兒宽在皇帝身边虽然没有“面折廷争”的傲骨，但是，他治理地方的状态，却真真切切地展现出儒者官僚的新气象：“宽既治民，劝农业，缓刑罚，理狱讼，卑体下士，务在于得人心；择用仁厚士，推情与下，不求名声，吏民大信爱之。”他允许老百姓拖欠租赋，后来遇到军事征发，兒宽因为不能完成任务，评比落后，应当被罢免。属下的老百姓听说之后，“皆恐失之，大

1〔汉〕司马迁撰，〔南朝宋〕裴骃集解，〔唐〕司马贞索隐，〔唐〕张守节正义：《史记》卷一一二《平津侯主父列传》，中华书局1982年版，第2950页。

2〔汉〕班固著，〔唐〕颜师古注：《汉书》卷五八《公孙弘卜式兒宽传》，中华书局1962年版，第2630—2631页。

3〔元〕马端临著，上海师范大学古籍研究所、华东师范大学古籍研究所点校：《文献通考》卷一八二《经籍考九·春秋决事比》，中华书局2011年版，第5583页。

4〔汉〕司马迁撰，〔南朝宋〕裴骃集解，〔唐〕司马贞索隐，〔唐〕张守节正义：《史记》卷九九《刘敬叔孙通列传》，中华书局1982年版，第2726页。

家牛车，小家担负”[1]，争先恐后地主动交租。

“仁者能仁于人，而不能使人仁；义者能爱于人，而不能使人爱。是以知仁义之不足以治天下也。”[2]法家认为，仁义是没用的东西，只能害自己，不能改造别人。而兒宽的做法则昭示了“仁义”的治理功能。公元前110年，汉武帝“东封泰山，还登明堂”，举行了儒家最高级别的祭天仪式。骨子里，他还是一个法家思想深重的皇帝，但是他的身边已经有像兒宽这样的最初的儒臣。

礼治与德化的合奏

这是儒家内部的故事。“礼治”就是“以礼为治”，用规矩礼法治理天下。“礼治”所强调的是规矩礼法对于社会秩序的规范作用，汉代儒法合流之后，儒家的规矩礼法之中，也包含了源自法家的法令制度，只不过，这里的法令制度被赋予了儒家的仁义初衷。“德化”就是“以德化民”，君主、官僚，一切在上位的人用道德来感化老百姓，带动社会风气向良好的方向转化，从而臻于和谐美好的状态。“德化”所强调的是道德对人心、上对下的示范教育作用。

“礼治”与“德化”同出儒家，可以并行不悖，相辅相成。《荀子 · 王霸》说：“上莫不致爱其下，而制之以礼。”君主没有不爱老百姓的，所以要用礼来约束他们。“政令制度，所以接下之人，百姓有不理者如豪末，则虽孤独鳏寡必不加焉。”国家的法令制度，只要是跟老百姓有关的，哪怕让他们有一丁点儿不舒服的，也不要；即使是最下层、最无助的鳏寡孤独，也不能用这样的法令制度来欺负他们。只有这样，才能做到“君臣上下，贵贱长幼，至于庶人”，整个社会秩序井然、和谐美好。“以礼为治”，重视法令制度的建设与维护，始终以仁义之心审视法令制度，让法

1 ［汉］班固著，［唐］颜师古注：《汉书》卷五八《公孙弘卜式兒宽传》，中华书局1962年版，第2630页。

2 ［清］孙诒让著，祝鸿杰点校：《商子校本》卷四《画策第十八》，中华书局2014年版，第76页。

郊祭时钟鼓、管弦、笙箫齐奏的画面

陆续赶来参加宴饮的臣子的坐骑

图四六：南宋 宋高宗赵构书 马和之绘《鲁颂三篇》（局部）

《鲁颂三篇·有駜》由宋高宗书、马和之绘，绢本设色，397 厘米 ×26.2 厘米，现藏辽宁省博物馆。此诗应作于鲁僖公与齐桓公、宋桓公伐楚后。史书载，鲁国饥荒多年，到僖公时采取了一些重农措施，并与民休息，克服了自然灾害，取得了好收成。《毛诗序》：“《有駜》，颂僖公君臣之有道也。”鲁僖公举行郊祭后按礼制举办宴饮活动，祈求福泽绵长，希望以后也能有好收成，并将福泽传于后代，享祚长久。画面中僖公端坐正中，两侧为鲁国臣子，他们前面井然有序地摆放着各种食器与酒器。殿前乐队奏乐助兴，钟鼓、管弦、笙箫齐奏，一派热闹祥和的情景。

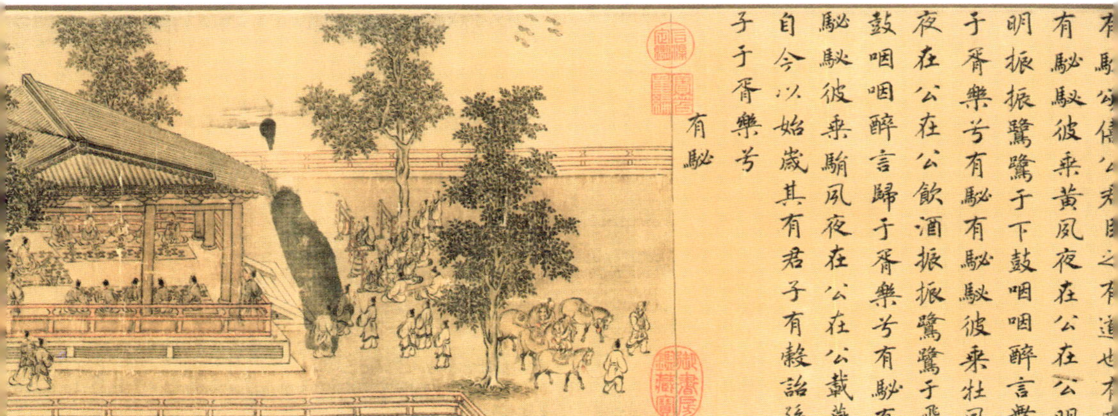

令制度体现公平公正；“以德化民”，重视君主与官僚的思想教育，加强社会风气建设，引导人民追求高尚而有德行的生活。“德”“礼”并重，允执其中，“小康”可致，“大同”不远。当然，这只是理想状态而已。

政治是一个极端强调实操性的行当，利益关系错综复杂，权力斗争波谲云诡，对人的综合素质特别是实践经验要求很高。当我们回到历史事实本身，就会发现，把政治理想诉诸实践实在是一项太过复杂的系统工程，特别是对长期滞留在政治舞台边缘、严重缺乏实践经验的儒家来说。

最早一批成功进入政治舞台中央的儒家官僚，都给人一种强烈的疏离感——人是进去了，混得也不错，但就是让人觉得还是像外人，骨子里没有“融”进去。比如兒宽，官至御史大夫，同时代人司马迁批评他“在三公位以和良承意，从容得久，然无有所匡谏；于官，官属易之，不为尽力”[1]。这段话包含两层意思。第一，对皇帝，兒宽态度温和良顺，善于逢迎，相处得融洽，官也当得牢靠，但是对皇帝的错误、朝政的缺失，没有起到应有的批评作用。上纲上线的话，可以说兒宽丧失了儒者的操守。第二，在本单位，兒宽的下属都不太看得起他，不为他尽力。对皇帝的“和良承意”，可以理解为生存策略——在汉武帝这样自以为是的皇帝手下办事，若不如此，恐怕连命都没有了，还谈什么推行理想？“官属易之，不为尽力”，则真实揭示了儒者官僚兒宽在现实政治中的尴尬——兒宽是儒者，是儒家经典方面的专家，有学问，有理想；可在当时，治理国家实际依靠的制度规范都来自法家；兒宽肯定是努力学习的，但是他再努力也不如那些长期战斗在法治一线的下属。外行领导内行，内行瞧不起外行，也属正常。类似的事情，在官吏分途之后不断上演。兒宽只能接纳，只能忍耐。

1［汉］司马迁撰，［南朝宋］裴骃集解，［唐］司马贞索隐，［唐］张守节正义：《史记》卷一二一《儒林列传》，中华书局1982年版，第3125页。

当然，也许兒宽的心中憋着一股更为崇高的劲头——我就是不用权势来压制你们，我要用我的学养来“德化”你们这些无知的文法吏，让你们看看什么是儒者气象！

这是我的猜想，司马迁没这么写——他对这些同时代的儒者政治家的感情要更为复杂。我这样想的依据是班固的记载。班固在《汉书·兒宽传》中记载了兒宽治理地方的状态：兒宽担任地方长官，鼓励农业，放宽刑罚，清理监狱，以谦卑的态度对待下属，努力让他们从内心深处感到敬服；他选拔任用仁厚之士，有功劳都推给下属，不求名声，于是官吏和老百姓都信服他、爱戴他。这些都是儒者气象，所以说，兒宽要展现的，是比法家更高级的“以德化民”。那么，“德化”的效果如何呢？按时按量地缴纳租税，是老百姓对帝制国家的重要义务，收租也是帝制时期地方长官一项最重要的职责。在兒宽之前，老百姓按照法令的约束交租，无论收成如何。兒宽放松了约束，“收租税，时裁阔狭，与民相假贷”，结果怎么样了呢？“租多不入”，收不上来了。

后来，遇到国家要打仗，调集军需物资，刻不容缓。可是兒宽拿不出来，他仍然不忍心用法家那一套去压迫老百姓。那没办法，就只好自己“下课”了。而老百姓唯恐失去这样一位好官，于是大户人家赶着牛车，小户人家担着担子，排着长队去交租，结果当地的交租水平顿时从倒数第一跃升为正数第一。班固说“上由此愈奇宽”，汉武帝因此越发注意到了兒宽的本事。或者更确切地说，是东汉的儒者官僚班固看到了兒宽的本事，这就是儒家所珍视的“以德化民”，用德行来感化老百姓。

在兒宽“以德化民”的背后，是骨子里对制度法令缺乏认同。从仁义出发，他可以用自己的官僚生涯为代价，来换取对老百姓租税的缓征，牺牲小我一时之利，以利百姓。这很高尚，却不能从根本上解决问题。假定租税额度过高，规定不合理，那么一旦兒宽离开，之前欠的租税就要追缴，短时间内，老百姓的日子会比兒宽到任之前还难过。而这个故事皆大欢喜的结局，其实也可以有两种完全不同的解释方式。第一种是班固想要的，老百姓主动超额交租，是因为被兒宽感化了——兒宽“德化”成功。第二种是我能想到的，老百姓一想到兒宽走了之后会来一个狠角色，连本带利地追租讨税，那样，大家就都没有好日子过了——想明白了这一点，当然得留着兒宽。其实，兒宽本来可以有更“仁义”的做法，比如，调整本地的赋税承担方案，又比如向中央申请减租，总之，就是从制度层面去寻求问题的根本解决方案。但是兒宽没有，他选择“德化”，忽视“礼治”。

弘扬“德化”，反对“礼治”，正是班固的时代所需要的。班固是东汉人。在东汉与西汉之间，帝制中国经历了王莽改制的政治动乱；而那场政治动乱，在当时的很多人看来，恰恰表明了“以礼为治”的失败。

西汉末年，外戚王莽篡汉自立，建立新朝，开展了一场轰轰烈烈的“托古改制”运动，最终招致豪杰并起，天下大乱。在传统中国的历史叙述当中，王莽的形象一直是伪君子、阴谋家，白居易就作有脍炙人口的诗句云“王莽谦恭未篡时”。近代以来，开始有人从“勇于改革”的角度赞美王莽，比如胡适说王莽“是一个大政治家，他的魄力和手腕远在王安石之上”[1]。翦伯赞说王莽的改革“正是对症下药”，“可惜用非其人”，招致“商人地主之激烈反对”，终于惜败。胡适是新文化运动的代表人物，有思想启蒙之功，翦伯赞以史学名家；然而两位对王莽的判断，都有点儿不顾史实的一厢情愿，并不能令人苟同。吕思勉说，“新莽之所行，盖先秦以来志士仁人之公意”[2]，倒是贴近王莽时代的

1 胡适：《胡适品人录·王莽》，华文出版社 2014 年版，第 18 页。原文发表于《努力周报》附刊《读书杂志》1922 年 9 月第 1 期，题为《王莽——一千九百年前的一个社会主义者》。

2 吕思勉：《秦汉史》第七章《新室始末》，吉林出版集团 2017 年版，第 185 页。

真知灼见。[1]

王莽的改制措施，有很多在现代人看来就像是文字游戏，在名义上做文章，完全是凌空虚构，与政治实际毫无关系。比如，他改汉代为火德，新朝以土德承火德，又把古代圣王的后代找出来，让他们来奉祀先王，这就好比是在人间把想象中的天命传承搞了一个火炬接力，日常上演。王莽改制的依据是他和身边儒生所理解的儒家经典的文本记载：“昔周二后受命，故有东都、西都之居。予之受命，盖亦如之。其以洛阳为新室东都，常安为新室西都。……州从《禹贡》为九，爵从周氏有五。诸侯之员千有八百，附城之数亦如之，以俟有功。”[2]

王莽的出发点，不是直面国家所面临的实际问题，寻求解决方案，而是从儒家经典出发，根据儒家经典的记载制定礼乐制度，“治礼作乐”。胡适、翦伯赞称王莽为政治家、改革家，实在是一个误会。王莽是一个儒生，支持他的人也是儒生，王莽改制的思想逻辑是（礼乐）“制定则天下自平”。他们所追求的，正是“以礼为治”，或者更直白些说，是“以礼代治”。

汉初，叔孙通自告奋勇为刘邦制定朝会礼仪，征求鲁地儒生进京。有两位儒生明确拒绝前往，核心理由是：“礼乐所由起，积德百年而后可兴也。”也就是说，“制礼作乐”这种高尚的行为，需要一个国家的统治者积德百年才能胜任。这是先秦儒家的原始逻辑：先有天下太平的成绩，然后才能制定礼乐制度。对于这两位的选择，叔孙通嗤之以鼻：“若真鄙儒也，不知时变。”[3]叔孙通不鄙，自己做了太常。王莽就更不鄙了，他竟然能将想象中的西周那一套落地成为现实，可是这有用吗？“以礼为治”真的能改变现实吗？当然不能。所以，到了东汉，开始强调“德化”。

但是，王莽那一套真的是“以礼为治”吗？显然不是，他只

1 有关王莽的评价，参见刘小萌主编：《世纪存疑·历史考古卷》之《如何看待王莽》，山西人民出版社2001年版。

2 ［汉］班固著，［唐］颜师古注：《汉书》卷九九《王莽传》，中华书局1962年版，第4128页。

3 ［汉］司马迁撰，［南朝宋］裴骃集解，［唐］司马贞索隐，［唐］张守节正义：《史记》卷九九《刘敬叔孙通列传》，中华书局1982年版，第2722—2723页。

是在偷换概念。传统儒家说，天下太平然后可以制礼作乐；王莽说，我来制礼作乐，然后，你们看，天下是不是就太平了？这是“营销”，不是建设。可是这样的政治营销行为却是史不绝书，比如历朝历代的封禅泰山。

不管怎么说，王莽的失败被东汉官方定性为“礼治”的失败，于是东汉倒向了“德化”，成绩斐然。东汉末年的党锢之祸，面对宦官外戚的迫害，儒士们表现出来的凛凛气节，令人肃然动容。然而强调德行强调得过了头，培养出来的人才则难免有才能不足的缺陷。曹操发布“唯才是举”的命令，就是这个道理。倘若让“礼治”回到荀子时代，重视制度以解决实际问题，“礼治”与“德化”并重，岂不美哉！可惜，人类智识的进步从来都没有那么简单。

兴亡反思下的帝制梦魇

我曾有机会近距离观察美国的高中历史教育，有两个印象非常深刻。第一是内容之丰富——课本已经相当厚了，因为在课文之外还附了大量的原始材料；而教师在讲述的过程中，又会补充丰富的阅读材料。第二是内容选择缺乏“为亲者讳”的自觉——哪一国的课本都有“教化”功能，要培养民族认同，美国的中学课本当然也不排除主流意识形态的灌输；但是，它并不回避美国历史上那些“不光彩的瞬间”，比如 1692 年至 1693 年间萨勒姆村的猎巫事件。

1692 年 2 月，在马萨诸塞殖民地的萨勒姆村，三个小姑娘突发怪病，医生诊治无效，于是疑心有人施行巫术。喜欢给孩子们讲鬼怪故事的印第安女奴蒂图巴第一个遭到怀疑，为了解脱，蒂图巴编造了魔鬼撒旦来访的故事。牵扯进来的人越来越多。为加快审理，总督下令设立特别法庭。整个村庄陷入了一场歇斯底里的猎巫狂热。在不到一年的时间里，这个只有五六百人的小村庄，有两百人遭到巫术指控入狱，十九人被绞死，一位八十一岁的老人因为拒绝接受审判，被用石头砸死。

阅读材料完整叙述了猎巫事件的全过程，简单介绍了信仰与知识背景。之后，引用学者研究指出，在萨勒姆村的猎巫狂热之下还隐藏着非常现实的原因，比如精英们要推卸对印第安人战争失利的责任，村庄两大家族之间的权力争夺、商业竞争，以及普通人之间的妒忌与仇恨。所有这些普通社会生活中难以避免的“恶”，借助猎巫这样一个冠冕堂皇的理由，集中爆发，抵于顶点。这样的一堂课，肯定会给学生留下深刻印象。

作为史学同行，通过美国高中生对萨勒姆村猎巫事件的学习，我看到了一条清晰的关系链，这就是历史事实、史学研究者、（包括高中生在内的）公众与现实生活之间的关系。通过学者的研究，部分历史事实得以凸显，被赋予意义，抵达公众视野；公众因而获得了有关过去的知识，以及在此知识基础上进行反思的可能，而这种知识和反思可以帮助他们理解现实生活中可能发生的同类事件。在教师所发的阅读材料中，所有涉事人员，不管是指控者、被判决杀害的人，还是总督、法官、神父，都有名有姓，是一个个活生生的人。那一个个有名有姓的普通人给我留下了无比深刻的印象，他们作为个人，而不仅仅是某个狂热运动中的一分子接受了历史的审判。这会提醒读者，个人虽小，不可作恶，个人虽卑，生命可贵。这是在我们的传统历史叙述中不容易看到的东西。

历史学者的工作，就是通过研究和写作让历史事实“被看见”。仅仅“发生”而没有“被看见”，没有得到历史反思的历史事实，是很难对现实产生任何积极意义的。但是，你不能说这样的历史事实没有价值。纵然不“被看见”，那些造成危害的因素仍然潜伏在那里，就像病毒一样，一旦条件合适，就会跳出来，导致瘟疫爆发。可以说，是严肃的研究和反思赋予了历史事实照亮现在和未来的意义。

过去已经发生，历史事实客观存在，却不一定被看见。人们能够看见什么，习惯性地看不见什么，取决于历史观，也就是看历史的方式。传统史学强调“以史为鉴，以知兴亡”，为治国理政提供教训；又以史学为经学之羽翼，经学直接表述真理，史学用生动的事例来证明经学的正确性。传统史学用力最勤的主题就是盛衰之迹，特别是改朝换代之际。秦始皇贡献给传统中国的，除了皇帝制度，还有一个万世一系、长治久安的梦，“朕为始皇帝，后世以计数，二世、三世至千万世，传之无穷”。这是秦始皇的梦。按道理说，这个梦至少比长生不老的梦容易实现。但是，直到 1912 年帝制终结为止，这个梦却是在不断地破灭，没有一个王朝实现了万世一系，朝代更替因而成为帝制中国最为显见的历史演进特征。为什么帝制中国没能走出朝代更替的循环？这个问题，讨论的人已经很多了，此处我想试着从历史反思的角度来谈一谈。对前朝灭亡教训的思考往往会奠定新王朝的基调。在传统的兴亡反思当中，他们看到了什么，漏掉了什么？

大致而言，兴亡反思做得比较好的是以下这三组王朝——汉对秦、唐对隋、宋对唐五代。

从秦到汉是帝制中国的第一次兴亡易代。秦以华夏边缘的落后小国吸收法家智力，与本土文化传统相结合，富国强兵，迅速成长，吞并六国，混一天下，建立帝制，“海内为郡县，法令由一统”，创造了华夏文明史上的空前成就，其影响历两千年而不衰。然而秦帝国作为政治体的存在只延续了二世，短短十五年。覆亡之速，与成就之大形成鲜明对照。

关于秦二世而亡的原因，汉人的基本看法，用贾谊的话来说：“仁义不施而攻守之势异也。”法家统治严苛，一味压制，用来对外扩张是可以的，用来保守天下就不行了。所以，汉初的做法基本上是反着来的，大的法令制度框架保持不变，但整体作风趋向放松，政府对社会的干预减少，减轻人民负担，让老百姓得到休息，自由发展，“文景之治”就是这一思想指导下的产物。文帝、景帝的朝廷国家是极其克制的，很少折腾。除了对秦亡教训的吸取以外，还有一个原因是国力不行，折腾不起。

武帝上台以后，经过七十年的积蓄，国力恢复，武帝就开始折腾了，打匈奴，开拓西域，通西南夷。针对这种状况，有识之士开始重温秦亡教训，试图让历史照亮现实。比较有代表性的，是徐乐提出的“土崩／瓦解理论”。徐乐把威胁帝国统治的危机分为“土崩”和“瓦解”两种情况。“土崩”指国家与社会之间的矛盾所导致的危机——国家对社会过度压榨，导致双方矛盾加剧，“民困而主不恤，下怨而上不知，俗已乱而政不修”，老百姓生活困苦而君主不加体恤，人民怨恨而君上不知，社会风气已经败坏而国家治理能力不断下降，最终导致民众对君主和政府失去信心。“瓦解”指来自统治集团内部的反叛，属于上层的权力之争。

徐乐举例说，何谓土崩？秦之末世是也。何谓瓦解？七国之乱是也。土崩导致了秦帝国的灭亡，七国之乱却最终被平定，并未威胁到汉帝国的统治。基于以上事实，徐乐得出了如下推论：“臣闻天下之患在于土崩，不在于瓦解。”[1]“天下诚有土崩之势”，灭亡就只是时间问题了。因此，徐乐指出，治理国家最重要的是搞好内政，不要穷兵黩武，让皇帝—国家的扩张欲望破坏老百姓的生产生活，造成土崩之势。正在用兵兴头上的汉武帝当然听不

1 〔汉〕司马迁撰，〔南朝宋〕裴骃集解，〔唐〕司马贞索隐，〔唐〕张守节正义：《史记》卷一一二《平津侯主父列传》，中华书局1982年版，第2956页。

进去徐乐的意见，然而武帝晚年发布轮台诏，罪己改辙，也未必没有徐乐的功劳。

汉对秦的兴亡反思总体上来讲比较简单。今天的历史学所提供的解释要比这复杂深刻得多，比如西方的秦和东方的六国旧地之间的东西文化差异。但是总体而言，汉人的反思仍然有效。

唐对隋的反思主要体现在唐太宗和他手下的名臣魏徵、房玄龄、杜如晦等人身上。唐初最高级别的政治思想论坛——“贞观君臣论治”几乎是不间断召开的，其间金句迭出。唐玄宗时，吴兢将论坛成果编成了一部“太宗治国理政思想精粹”——《贞观政要》。唐太宗君臣的历史反思，激活了华夏传统中很多优秀的因素，比如“民本”“节欲爱人”的思想。即位之初，太宗与群臣讨论如何平息盗贼，“或请重法以禁之”，主张严刑峻法以弭盗。这正是李斯教导秦二世的“督责之术”，也是司马迁目睹汉武帝犯过的错误。“太宗哂之”，不以为然，说：“民之所以为盗者，由赋繁役重，官吏贪求，饥寒切身，故不暇顾廉耻耳。朕当去奢省费，轻徭薄赋，选用廉吏，使民衣食有余，则自不为盗，安用重法邪！”[1]进而，唐太宗又对君臣关系进行了更为深刻的省思，说：“为君之道，必须先存百姓，若损百姓以奉其身，犹割胫以啖腹，腹饱而身毙。”[2]这些真诚的历史反思，直接催生了“贞观之治”。当然，相对于隋朝的经济发展水平来说，贞观之治仍然处于大病后的休养恢复阶段，唐朝真正超过隋朝，要到“开元盛世”。然而“盛世”之中，却已经在酝酿着忧患，距离安史之乱的“渔阳鼙鼓动地来”已经不远。

就帝制时期的兴亡反思来说，“贞观君臣论治”达到了一个相当高的水平。但如果我们吹毛求疵的话，就会发现，唐太宗的兴亡反思，基本上围绕着亡国之君隋炀帝展开，总让人觉得有一

1［宋］司马光著，［元］胡三省音注：《资治通鉴》卷一九二《唐纪八》，中华书局1956年版，第6025—6026页。

2［唐］吴兢著，谢保成集校：《贞观政要集校》卷一《君道第一》，中华书局2009年版，第11页。

图四七：清 姚文翰《唐太宗真像》

《唐太宗真像》出自清代画家姚文翰奉敕所绘的《历代帝王真像》，该画集共 44 帧，绘就于乾隆五十三年（1788 年），绢本。唐太宗李世民（598—649），唐高祖李渊次子，史上杰出的政治家、军事家、战略家，在唐朝的建立过程中战功显赫。公元 626 年，李世民即位，改元“贞观”。李世民知人善任，虚怀纳谏，“去奢省费，轻徭薄赋，选用廉吏，使民衣食有余”，他又对君臣关系进行深刻省思：“为君之道，必须先存百姓，若损百姓以奉其身，犹割胫以啖腹，腹饱而身毙。”这些真诚的历史反思直接催生了“贞观之治”，也成就了唐太宗知人善用、虚怀纳谏的一代英明君王的形象。

点树立反面典型以抬高自己的意思。

宋对唐五代的兴亡反思，逻辑上其实很简单，确定唐五代的兴亡教训，然后反其道而行之。宋太祖是黄袍加身，以禁军将领的身份被军人拥立篡位的。那么，宋太祖就要把有可能被黄袍加身的老伙计们招来，逼问一句“一旦以黄袍加汝身”，你们该怎么办？还能怎么办呢？我们先把兵权交出去啊。唐朝亡于藩镇割据，藩镇之所以能成为抗衡中央的分裂势力，是因为它控制着数州之地，集兵刑钱谷（军队、司法、财政大权）于一身。怎么办？分权制衡，各州之间不相统属，军队与地方分离，在州以上层级，分别增设专门机构，分管财政、司法，各管一摊，条条对块块形成制衡。若论分权制衡，宋朝制度称第二，就没有其他朝代敢称第一了，地方与部门各种分权与制衡，一切权力向皇帝和中央集中。宋人对此无比得意，捋着胡子点头赞美：“唯本朝之法，上下相维，轻重相制，如身之使臂，臂之使指。”[1]

宋对唐五代、唐对隋、汉对秦，这三对历史反思，应当说都是积极有效的。其中又有区别，大致而言，汉对秦、唐对隋，制度上基本继承，改变的主要是思想方法和政治作风；宋对唐五代，主要的转变似乎是在制度方面。但就思想方法而言，总体上说，传统的兴亡反思是一种时间线上的纵向对比，他们看到的是传统的“朝代”，反思的对象是具体的人、事和制度。因此，他们得到的教训往往集中于帝王的道德操守、朝代的政治作风这一类现象。如果我们用今天的学术标准来衡量，那么，传统的兴亡反思所采取的多半是历史学的思考方式，相对而言，缺乏抽象功夫，不能从兴亡起落的朝代故事中抽象出“国家”政权的概念，然后从这个概念出发去思考一些所有国家政权都可能面临的问题，比如内政、外交、军事等。从这个意义上说，传统的兴亡反思的水

1 范祖禹：《转对条上四事状》，见曾枣庄、刘琳主编：《全宋文》卷二一三七《范祖禹二三》，上海辞书出版社、安徽教育出版社2006年版，第98册，第145页。

平是很有限的，它本身是朝代更替的产物，同时又甘心做朝代更替的注脚。

就思想根源而言，兴亡更替本身就是“朝代”这个概念的题中应有之意，说“朝代”就必然有“兴亡”。“三王之道若循环，终而复始。”[1]天道轮回，天命转移；天命转移，朝代更替。这是儒家内心深处所信仰的。蜀汉的后主刘禅降魏，乐不思蜀，至今被传为笑柄。其实，当时蜀汉政权的很多人都主张投降，因为他们相信这是上天的安排，劝降主力大儒谯周说：先帝名备，意思是完全，后主名禅，意思是禅让；就好比是说刘家的天下到先主这里已经完备了，到后主这里就应当让给别家了。[2]这样的内容，历史课是不会讲的，因为以今天的标准衡量，这是彻头彻尾的迷信。的确是迷信，但是古人信。古人既然信，自然就很容易接受改朝换代。

帝政兴衰的北宋故事

“忆昔午桥桥上饮，坐中多是豪英。长沟流月去无声。杏花疏影里，吹笛到天明。二十余年如一梦，此身虽在堪惊。闲登小阁看新晴。古今多少事，渔唱起三更。”

这是宋朝诗人陈与义在南渡之后作的一首《临江仙·夜登小阁忆洛中旧游》。上片写北宋末年清平世界里古都洛阳的风雅闲适，下片从仓皇南渡后战乱孑余之人的悲凉心境写起，末句“古今多少事，渔唱起三更”则将视野从两宋之际扩展到整个中国历史——古往今来，有过多少兴亡故事？既然如此，开封、洛阳的陷落，朝廷的南渡，个人在过去二十年间的遭际又算得了什么呢？

1〔汉〕司马迁撰，〔南朝宋〕裴骃集解，〔唐〕司马贞索隐，〔唐〕张守节正义：《史记》卷八《高祖本纪》，中华书局1982年版，第393—394页。

2参见〔宋〕王钦若等编，周勋初等校订：《册府元龟》卷一八二《闰位部·名讳》，凤凰出版社2006年版，第2024页。

这样想来，胸中所有的悲伤、惆怅就都释然了，但觉江风拂面，渔歌悠扬。

“古今多少事，渔唱起三更”是传统时期中国人在朝代更替的尘埃落定之后的典型态度。朝代更替是帝制时期最鲜明的历史演进模式，帝制时期的中国政治是王朝政治，以朝代为单位向前推进。在这种演进模式当中，改朝换代并不改变国家体制——前朝后代皆中央集权之帝制国家，不同朝代之间存在结构上的共性；而任何一个延续时间较长的朝代，其政治兴衰都是一个自成一体的“生命”过程；远观概貌，每个朝代的兴衰轨迹基本类似，仿佛同一个故事的不断重复。从这个意义上说，若要深入了解帝制时期王朝政治的内在逻辑，把一个朝代的故事讲透，比一遍一遍模棱两可地重复各个朝代的故事，更能揭示本质。

然而，贴近观察，朝代更替又绝非同一个故事的简单重复。不同朝代的政治文化倾向与治理水平之间存在巨大差异。或者我们可以这样说，大一统的较早实现与长期维持，让帝制中国基本上失去了产生“国际竞争”的环境；相反，王朝政治的优劣是以“朝代竞赛”的形式展开的。若论王朝政治之水平，我以为，北宋中期曾经出现“帝制时期儒家政治的最好成绩”，南宋转向内在，金、元以降，北方落后观念进入，与华夏政治文明旧有之负面因素相结合，近代之前中国政治文化的基本面貌由此形成。

北宋在帝制时期的王朝政治发展史上占有独特地位。在“皇帝制度”和“儒家思想”这两大前提规定之下，北宋抵达了王朝政治的巅峰。其政治成就主要体现在以下三方面：第一，分权制衡原则贯彻到国家政权建设的方方面面，基本从制度上消除了威胁皇权稳定、不利于中央集权的因素。从内政角度来看，皇权、政权趋向安全稳定。第二，以皇帝和大臣为核心的上层统治集团对国家的整体利益有概念，懂得“同舟共济”的道理，比较尊重社会的利益诉求。第三，士大夫集团有能力约束皇权，批评风气盛行，纠错机制运行有效；这就意味着问题、矛盾有可能在萌芽状态就被解决、消灭或缓解，而不会演变到无法调和的地步，出现“土崩”之势。这种“王朝政治的最好状态”出现在北宋中期。

最好状态的出现，让帝制国家似乎出现了走出朝代更替的曙光，然其结果，却如彗星划过天际，没有带来持久光明。北宋后期，政治文明的发展水平和国家治理水平就走了下坡路。时间不回头，大河向东流，但历史回环曲折，并不总是勇往直前。

白居易诗云“世间好物不坚牢，彩云易散琉璃脆”，帝制时期的政治好景为什么会成为易碎品？在这一小节，我们聚焦北宋，讲了帝政兴衰的北宋故事，接下来则要说说金元以后中国政治文化的走向。

这是最好的时代？

近年以来，有不少人对宋朝的态度发生了一些重大转变。比如，北宋首都东京汴梁开始成为热门的穿越目的地。在二十年前，这是完全不可能的事情。20 世纪以来，中国人所热爱的朝代是汉唐，或者更确切地说，是汉武帝前期的汉和安史之乱之前的唐，因为那是华夏民族最具扩张力的时候。“犯强汉者，虽远必诛。”[1]“将军三箭定天山，战士长歌入汉关。”[2]这样的句子，激荡着强烈的民族情绪，读来令人血脉偾张。在汉唐的穿越想象中，穿越者给自己所设定的角色其实多半是皇帝，至少也是将军，是“一将功成万骨枯”[3]中的那“一将”。汉唐的穿越想象中，看不见“万骨”，更看不见“可怜无定河边骨，犹

1 ［汉］班固著，［唐］颜师古注：《汉书》卷七〇《陈汤传》，中华书局 1962 年版，第 3015 页。
2 ［后晋］刘昫等著：《旧唐书》卷八三《薛仁贵传》，中华书局 1975 年版，第 2781 页。
3 ［晚唐］曹松：《己亥岁二首》其一：『泽国江山入战图，生民何计乐樵苏。凭君莫话封侯事，一将功成万骨枯。』见［清］彭定求等编：《全唐诗》卷七一七，中华书局 1960 年版，第 8237—8238 页。己亥岁，为唐僖宗广明元年（880 年）。

是春闺梦里人”[1]的蚀骨悲情。穿越的热门目的地从汉唐转向宋，表明中国人看历史的心态开始摆脱鸦片战争以来的不平之气，趋向平和，开始关心个体的命运，欣赏优雅、沉静、细密的和平之美。

愿意选择宋朝作为穿越目的地的朋友，不再执着于“万国来朝”的天朝想象，而是接纳“天有二子”的事实，以平和的心态看待宋辽、宋夏之间和平共处、友好往来的事实。宋朝穿越者的自我角色设定多半是读书人，可以是寇准、范仲淹、韩琦、包拯，可以是欧阳修、司马光、王安石，可以是“二程”，可以是“三苏”，可以是苏黄米蔡，也可以是柳永、晏几道。宋朝的疆域不能与汉唐媲美，但是宋朝士大夫的天地与心胸并不因此而坍缩。他们“先天下之忧而忧，后天下之乐而乐”，立朝仗义，可执国柄、却强敌，“开口揽时事，论议争煌煌”[2]，当仁不让君与师。他们治民有道亦有术，修渠凿井以便民，以工代赈以救荒，兴建学校，推广教育，以利民为政绩。公务之暇，退闲之后，贬谪之中，他们诗词唱和，书画怡情，以茶以酒，或阐释经义，或著作史传。东京梦华，令人神往。

当代青年的穿越梦想与民国学者陈寅恪的宋朝观遥相呼应。陈先生曾言：“华夏民族之文化，历数千载之演进，造极于赵宋之世。后渐衰微，终必复振。”[3]而陈寅恪先生的宋朝观则可以上溯至元代学者欧阳玄对宋朝的赞美：“三代而降，考论声明文物之治，道德仁义之风，宋于汉唐盖无让焉。”[4]关于欧阳玄的话，余英时先生有精到的解读，他说：“宋代在政治史上虽不能和汉唐争辉，但在文化史上则有超越汉唐的成就。”余先生所说的“政治史”，指的是传统政治史中最看重的“国力强盛、疆域开拓之类”[5]，而他所说的“文化史”正与本书所标举的“政治文化”相契合。

1 ［唐］陈陶：《陇西行四首》之二：『誓扫匈奴不顾身，五千貂锦丧胡尘。可怜无定河边骨，犹是春闺梦里人。』见［清］彭定求等编：《全唐诗》卷七四六，中华书局1960年版，第8492页。

2 ［宋］欧阳修：《镇阳读书》，见《欧阳修全集》卷二《居士集》，中华书局2001年版，第35页。

3 陈寅恪：《邓广铭〈宋史职官志〉考正序》，文末自署『一九四三年岁次壬午一月二十七日陈寅恪书于桂林雁山别墅』，原载1943年3月《读书通讯》第62期。见《陈寅恪集·金明馆丛稿二编》，生活·读书·新知三联书店2009年版，第277—278页。

4 ［元］脱脱等著：《宋史》卷三《太祖本纪三·赞》，中华书局1985年版，第51页。

5 余英时：《朱熹的历史世界》，生活·读书·新知三联书店2004年版，第189页。余先生的『政治史』指向，请见该书185页。

若论个人的读史感受，我以为，11世纪中期，北宋东京曾经出现了帝制时期儒家政治所能取得的最好成绩，如《宋史·仁宗本纪》所言：“吏治若偷惰，而任事蔑残刻之人；刑法似纵弛，而决狱多平允之士；国未尝无弊幸，而不足以累治世之体；朝未尝无小人，而不足以胜善类之气。”官僚队伍的效率并不怎么高，但是没有残忍刻薄的官员；刑法的执行似乎很松弛，但是法官大多公平正直；朝政不是没有弊端，但是不足以败坏大局；朝臣之中不是没有小人，但是不足以压过良好的风气。这是一种并不纯净整齐的中庸的美好，它容纳了人性的复杂，因而是真实的，按道理讲，应该也是可以长久的。

“这是一个最好的时代。”这一点，不仅是我的读史感受，也是宋朝人的感受。华夏第一政治通史《资治通鉴》的作者司马光把截至宋朝的华夏历史分为“王政”和“霸政”两个时代，他观察到，自从平王东迁进入“霸政时代”以来，“上下一千七百余年，天下一统者，五百余年而已”。而这五百余年中间，又有着数不清的小动乱，并不太平；唯独本朝，自从979年太宗平定北汉，完成统一大业之后，基本上做到了“内外无事”。通过历史比较，司马光得出如下结论：“三代以来，治平之世，未有若今之盛者也。”[1]差不多同时，大儒程颐表达了同样的“本朝自豪感”，他说：“尝观自三代而后，本朝有超越古今者五事：如百年无内乱；四圣百年；受命之日，市不易肆；百年未尝诛杀大臣；至诚以待夷狄。此皆大抵以忠厚廉耻为之纲纪，故能如此，盖睿主开基，规模自别。”[2]

在北宋中期，人们普遍相信，“这是一个最好的时代”，超越古今，在帝制时期的“朝代竞赛”中独占鳌头，“三代而后”属第一。但是，北宋人对本朝政治的批评，却可能是华夏政治史

1 [宋] 司马光：《进五规状·保业》，见曾枣庄、刘琳主编：《全宋文》卷一一七八《司马光七》，上海辞书出版社、安徽教育出版社2006年版，第54册，第218页。

2 [宋] 程颢、程颐著，王孝鱼点校：《二程集·遗书》卷一五《伊川先生语一·入关语录》，中华书局2004年版，第159页。

上最为密集、激烈和尖锐的。

淳化五年（994 年）上元节，宋朝的第二代皇帝宋太宗在端拱楼举行盛大的上元招待会，发表了题为“理乱在人”的重要讲话。讲话首先追忆了五代战乱给社会造成的创伤，特别是四十四年前后周太祖郭威篡汉纵兵掳掠开封那悲惨的一幕，“夫否极则泰来，物之常理。晋、汉兵乱，生灵凋丧殆尽。周祖自邺南归，京城士庶，皆罹掠夺，下则火光，上则彗孛，观者恐栗，当时谓无复太平日矣”。“追昔”当然是为了“抚今”，太宗最后总结说：“朕躬览庶政，万事粗理，每念上天之贶，致此繁盛，乃知理乱在人。”天下的治理和混乱都取决于人的努力。宋太宗的话，虽然有自我吹嘘的嫌疑，终究还是有感而发、情真意挚的。皇帝讲完，按理就该轮到群臣山呼万岁，高喊“陛下圣明”了。然而，宰相吕蒙正却是这样回应的，他“避席曰”——从充满了喜庆气氛的丰盛筵席间走出来，严肃地说：“乘舆所在，士庶走集，故繁盛如此。臣尝见都城外不数里，饥寒而死者甚众，不必尽然。愿陛下视近以及远，苍生之幸也。”京城集中了全国的精华，才会有眼前的繁盛。城门之外，不出数里，就有冻饿而死的人。愿陛下把目光伸向远方，看到广袤土地上的芸芸众生，这才是天下苍生的幸运。上元是一年之中最重要的节日，在这样普天同庆的喜庆场合，宰相却拒绝配合演出、粉饰太平，皇帝虽然一时尴尬，“变色不言”[1]，却也只得听纳。这就是宋朝政治。

1040 年初，由于宋夏在陕西开战，百姓负担加剧，南方的一些州军出现了小股盗贼，规模其实并不大，但是，盗贼白昼入城公然劫掠，造成了巨大恐慌。庆历三年（1043 年），朝堂之上，有人指责朝廷墨守成规，“只守弊法，不肯更张”，为照顾官僚利益而损害国家利益，“惟恐不才不贤者怨恨，不早罢去，故以

1 ［宋］李焘：《续资治通鉴长编》卷三五，中华书局 2004 年版，第 765—766 页。

州县委贼残害”。义愤所激，此人甚至说出这样的话来：“若以朝廷自来处置次第，早合贼满天下……若朝廷依旧避人怨恨，不早更张，臣恐盗贼愈多。窃据州县，或称将军，或称太尉，或称帝王，兵戈四起，所在僭伪。事到如此，生灵如何？社稷如何？朝廷守此一城，还得安稳否？”[1]这样激烈的批评之词，出于何人之口？枢密副使富弼。他的听众是谁？仁宗皇帝。接下来的庆历新政，一项很重要的措施就是对地方长官进行甄别裁汰。有问题就要面对，唯有直面才能解决。这是宋朝政治。

嘉祐六年（1061年），又有人这样尖锐地批评皇帝与朝政。他首先批评皇帝缺乏未雨绸缪的远见：“古之圣人，无事则深忧，有事则不惧。夫无事而深忧者，所以为有事之不惧也。今陛下无事则不忧，有事则大惧，臣以为陛下失所忧矣。”接着，他又严厉地批评了皇帝的施政与个人作风对国家财政、政治风气和社会民生所造成的危害——“陛下择吏不精，百姓受害于下，无所告诉”；“陛下赋敛繁重，百姓日以贫困，衣不盖体”。他质问皇帝：“吏之不仁，尚可以为吏之过；赋敛之不仁，谁当任其咎？”那么，陛下的钱用到哪里去了呢？官吏俸禄、军费开支、外交开支这三样，是不当省也省不下的，“臣独怪陛下内有宫中赐予玩好无极之费”，“凡今百姓所为，一物以上，莫不有税。茶、盐、酒、铁，关市之征，古之所无者，莫不并行。疲民咨嗟，不安其生。而宫中无益之用，不为限极，所欲则给，不问无有”。宫中宠姬上千人，国家财政困难，老百姓日子愁苦，宫中赏赐却从无节制，财政主管不敢争辩，宰相等臣子不敢劝阻，底下人奉宫里的条子办事，比处理军机要务还要麻利。“臣恐陛下以此获谤，而民心之不归也。”[2]这简直是在诅咒皇帝了，是谁发出了这样尖锐刺骨的批评？年轻官员苏辙，批评的对象包括仁宗皇帝、宰相府和三司（财政部）。

1［宋］李焘：《续资治通鉴长编》卷一四三，中华书局2004年版，第3451—3452页。
2［宋］苏辙著，陈宏天、高秀芳点校：《苏辙集》卷一二《策一道·御试制策》，中华书局1990年版，第1349、1352—1353页。

苏辙的文章其实是考试答卷，命题作文，言辞慷慨，但是严重跑题，说得也不全对——他太年轻，无法理解皇帝人生的无奈。然而，被他批评的人，包括皇帝、宰相、三司使都承认，这个年轻人指出的问题的确是存在的。经过一番讨论之后，苏辙还是被录取了，因为这一场考试要寻找的，正是“贤良方正能直言极谏”的人，宋仁宗说：“求直言而以直弃之，天下其谓我何！”[1]这就是北宋前、中期的政治状态。

在那个时代，没有人认为批评会损害本朝的伟大。司马光以历史学者的严谨，论证了本朝是“三代以来仅有”的治平之世。但同时，他也是一个最称职的批评者。司马光做了四年零三个月的谏官，共上谏书一百七十多道，平均每个月三至四道，差不多是最勤奋的谏官。被他批评过的人，首先是“今上”，然后是后宫的宠妃、傲娇的公主、弄权的宦官、膨胀的外戚，再然后是以宰相为首的文武百官。在司马光的眼里，朝廷的长治久安是第一位的，任何人的任何行为，只要危害了朝廷的治安，都必须予以纠正。批评错误与赞美成就，是司马光忠诚于宋朝的方式，这是“大忠”之爱，他忠于江山社稷而非皇帝个人。

南宋赵汝愚编有《国朝诸臣奏议》，专收批评文字，几乎所有宋朝官员的现存文集之中都有对朝政的批评文章。在宋朝的政治制度中，存在着专司批评的官员——台谏官。而台谏官绝非唯一的意见群体。通过不同的制度渠道，在不同的场合，以不同的方式，各级各类官员人等的意见都有可能“上达天听”。“防范壅蔽”，保持皇帝和朝廷的信息通达，是宋朝政治的重要目标。在宋朝的政治传统当中，批评被认为是保持政治机体健康的法宝，他们相信“国事成败在宰相，人才消长在台谏”[2]。

御史台和谏官并非宋朝的创造，也非宋朝所独有，然而纵观

1 ［宋］李焘：《续资治通鉴长编》卷一九四，中华书局2004年版，第4711页。
2 ［元］脱脱等撰：《宋史》卷四一一《欧阳守道传》，中华书局1985年版，第12364页。

中国历史，监督与批评如此成功地发挥着帝国政治纠错功能的，似乎唯有北宋东京。原因何在?

帝制时期，大的政治结构都是君—臣—民。让朝代与朝代拉开距离、时代与时代发生变奏的，第一是开国之君的见识、襟怀与格局——本朝传统，从这里开端。第二是守成之主的性格、心理与教育——皇权本质是至高无上的，没有强制性的约束，因此，守成之主是否受到良好的儒家教育，他的性格如何，心理状况怎样，会深刻影响王朝的政治走向。第三是官僚集团的整体状况，最重要的指标是是否出现分裂。选拔的方式决定了官僚的平均素质，杰出人物的标杆作用塑造官场风气，而官场风气会决定大多数平庸之辈的精神面貌。皇帝的好恶在很大程度上会影响谁能脱颖而出，成为杰出人物。但是，官僚对于皇帝并非不能制约。先儒的教导赋予他们引导皇帝的精神特权，然而在现实之中，要想对皇帝进行教导，官僚集团必须在大面上保持团结，不能出现恶性分裂。一旦官僚集团出现恶性分裂，陷入小群体的利益之争，官僚集团便会跌下道德制高点，失去教育引导皇帝的资格，沦为皇权顺从而谄媚的奴仆。而皇权在得到奴仆的同时，却失去了“同道共治”的助力，愈专制，愈危险。

以上述标准衡量，北宋政治得天独厚。用程颐的话来说，本朝立国百年，之所以能够取得“三代而后”的治绩，必须归功于开国皇帝的智慧，“此皆大抵以忠厚廉耻为之纲纪，故能如此。盖睿主开基，规模自别”。宋太祖赵匡胤开国时只有三十五岁，身体强健，心态平和豁达。他军人出身，经历过生死考验，对生命和“人心”都有一种特别的珍惜。就像王安石在《本朝百年无事札子》中所说的，太祖爱民，一切政令“以安利元元为事”。继任皇帝太宗，在宋朝历史上具有“第二开国皇帝”的意味。他大开科举之门，提拔新进士，开创了宋朝“以文官包打天下”的政治格局。再接下来，真宗保守太祖、太宗留下的基业，能够听得进不同意见，在关键时刻起用了自己有所忌惮的能臣寇准，以务实的澶渊之盟奠定了宋辽之间一百二十年的和平，后来大搞神圣崇拜运动，造成了巨大的财政消耗，功过相抵，不算败家。第四位皇帝仁宗性格温和，敬畏天道人心，克制私欲，坚持和平的对外原则，没有滥用民力；在统治集团内部，他维护言路畅通，不偏听偏信，保持了谏官、御史制度的有效。

从开国之君太祖到守成之主仁宗，就像程颐所说的，“四圣百年”，皇帝的人选基本靠谱。所以，才有了司马光所说的“三代以来数第一”的成就。当然，这个时代也不是没有问题的，如《宋史·仁宗本纪》所说，官僚队伍的效率并不怎么高，但是没有残忍刻薄的官员；刑法的执行似乎很松弛，但是法官大多公平正直；朝政不是没有弊端，但是不足以败坏大局；大臣之中不是没有小人，但是不足以改变良好的风气。这四个句子，句式特点相同，都用“而”（但是）将两个小句子联系起来。“但是”之前是委婉的负面意思，“但是”之后是直接的正面。把负面意思联起来，就是百年统治之后宋朝的主要（并非全部）问题了：官僚队伍效率不高，刑法松弛，朝政存在种种弊端，大臣良莠不齐，君子小人杂用。

这是最好的时代，也是问题重重的时代，两者并不矛盾。未来是更好还是更坏，取决于人们的选择。

养子即位的大转折

如前所述，帝制时期，决定王朝政治走向的，是三大因素，一是开国之君，二是守成之主，三是官僚集团。开国之君是一次性因素，发生之后就不再变化；守成之主和官僚集团都可能出现变化。其中，皇帝更容易出现变化，最高权力的交接风险重重。北宋政治史充分证明了这一点。

第五个皇帝宋英宗的上台，给北宋政治带来了强烈的不安定因素。英宗不是仁宗的亲生儿子。按照传统的宗法秩序，“大宗无子，取于小宗以为子”，皇帝没有儿子，过继一个侄儿继承皇位，是很正常的事情。同样正常的，是仁宗强烈的不甘心。他四十岁以后，后继无人就成了国家的头等大事。四十七岁时，仁宗中风，侥幸活命；此后六年，他搏命生子，可惜宫中所诞皆为女孩；五十四岁，仁宗含恨离世。在距离过世七个月的时候，仁宗正式过继英宗为皇子。但是直到英宗即位，仁宗的后宫之中还有一个待产的龙胎——后来的事实证明，这一胎只是乌龙，那里面除了欲望什么都没有。仁宗用生命告诉我们，一个有皇位要继承却没有儿子的男人，内心是多么地荒凉凄惨。

仁宗最终亲自选定英宗为继承人，为最高权力的平稳交接迈出了决定性的一步，避免了可能的混乱。从这一点上说，仁宗的确是把仁义坚持到底了，他是一个顾全大局的皇帝。但是，他的不甘心和挣扎却直接导致了英宗心理的压抑扭曲。英宗四岁时曾经以“招弟”的名义进宫生活，是被皇帝抚养过的男孩，因而在一众宗室之中脱颖而出，身份矜贵。随着时间的推移，仁宗始终没能诞下子嗣，英宗更被包括他自己在内的大多数人视为最有可能继承皇位的人。为了不辜负可能的重托，英宗一直过着严格自律的生活。然而，获得认定的过程却是如此漫长曲折，其中还不乏凶险。三十一岁，英宗被正式收养为皇子，而不是皇太子——他的命运仍然是不确定的。仁宗的后宫丝毫没有掩饰她们的忌恨，对新皇子态度冷漠，英宗一家入宫之后甚至出现过衣食不周的状

图四八：清 姚文翰《宋英宗真像》

《宋英宗真像》出自清代画家姚文翰奉敕所绘的《历代帝王真像》，该画集共 44 帧，绘就于乾隆五十三年，绢本。宋英宗赵曙（1032—1067），原名宗实，宋仁宗堂兄濮王赵允让之子。宋仁宗晚年膝下无子，遂将赵宗实过继为嗣。宗实幼年既被接入宫中抚养，嘉祐七年（1062 年）被立为太子，改名赵曙。次年，即帝位。即位初，体弱多病，由曹太后垂帘听政。治平元年（1064 年）赵曙开始亲政，而后任用韩琦、文彦博、曾公亮等保守派人物，不求改革，与辽、西夏没有发生过战争。英宗在位四年，主要做了两件事，其一生病，其二认爹。前一件他是被动因应，后一件却是他偏执于恪守孝道的主动折腾。治平四年（1067 年），赵曙驾崩，享年 36 岁。赵曙谥号宪文肃武宣孝皇帝，庙号英宗，葬于永厚陵。

况。三十二岁，英宗正式即位，但是后宫仍然掌握在仁宗一系的手中。

漫长的即位过程，让仁宗与英宗成为一对在内心深处“抵死互不相认”的非亲父子。英宗即位的第四天，就突发怪病，不能临朝。仁宗的皇后曹氏因而暂时取得了垂帘听政的权力，她甚至表达过皇位易主的想法。幸好，以宰相韩琦为首的官僚集团坚定地站在英宗这边，最终以近乎强制的手段迫使曹太后撤帘归政，让宋王朝顺利渡过继承危机。但是，渡过了即位危机的英宗却始终没有走出即位给他带来的心理阴影。英宗在位四年，基本上只做了两件事，第一件是生病，第二件是认爹。前一件他可能是被动因应，后一件却是他主动折腾。英宗的诉求很简单，他要在公开场合叫自己的亲生父亲濮王一声“父亲”。按照礼制，英宗既然已经出继大宗，做了仁宗的儿子，他和亲生父母之间的名义关系就已经发生了改变，公开称“亲”，于礼不合。这番道理，英宗怎么可能不知道？他之所以把这个议题抛出来，骨子里还是出于对仁宗的怨恨——仁宗的这个儿子，他做得太憋屈了。

英宗的“称亲”诉求，在开封政坛引发了旷日持久的激烈讨论。官僚集团分为两大阵营，“皇父派”和反对派。耐人寻味的是，这两大阵营基本上是按照代际和职位来划分的：以宰相韩琦、副宰相欧阳修为首的老一辈官员支持“称亲”，给予了皇帝更多的同情和理解；以台谏官为主的中生代官员，则从礼制出发，坚决反对“称亲”。皇帝生父的名义争夺战演变成了台谏官与宰相之间，或者说两代政治人之间的对峙。台谏官弹劾宰相奸邪，以辞职为要挟，表示“甘与罪人同诛，耻与奸臣并进”，要求皇帝罢免宰相。宰相针锋相对，毫不退让。欧阳修说，如果陛下认为我们有罪，那就应当挽留御史，如果认为我们无罪，那么，请陛下自行决定。

英宗当然选择站在宰相这一边。最终，英宗为他的生父赢得了父亲的称呼。

这场胜利实在是得不偿失，它败坏了英宗的形象。假定英宗得享天年，像他的养父仁宗一样做了四十年皇帝，后来又有许多英明的作为，那么，"称亲"事件就只不过是一桩小事，并且会获得大多数人的同情。可惜的是，英宗的生命过于短促，只做了四年皇帝，根本没有时间展现他的抱负和心胸。英宗的历史形象就这样定格在那里，不了解他内心委屈的人，会把他看作一个任性妄为的人——仁宗给了他继承皇位的权力，他却拒绝出席仁宗的祭祀典礼，反而像一个不懂事的孩子一样哭着喊着为自己的父母争取本不属于他们的荣誉，这一切对英宗乃至他的血统的影响是恶劣的。须知，英宗原本只是普通宗室，按照血缘，跟他拥有同等继承权力的宗室可是一抓一大把。仁宗选择了他，肯定是觉得他有过人之处，没想到却是这样——人们有理由质疑英宗的即位。

英宗的统治时间很短，但是影响很长远。北宋政治转向的根源，就是在这四年里埋下的。在英宗的身后，还站着一个不服气的少年，那便是他的长子，后来的神宗。神宗聪明、勤奋、有气性。父亲即位之前在宫中所遭受的冷遇，让他不平；父亲即位之后所表现的不堪，又让他尴尬。而神宗从来都不是一个可以随便屈服、向命运低头的人。父亲与（名义上的）祖母——仁宗皇后曹氏之间明争暗斗，关系恶劣，神宗就懂得行动起来，去讨好老人家，修补裂痕。他十九岁即位，获得了主宰天下的大权。这个少年怎么可能容忍外界对他血缘的质疑？成为一个伟大的皇帝，证明自己，进而为父亲洗雪荒唐的形象，是神宗所认定的使命。

那么，如何才能成为一个伟大的皇帝？开疆拓土，制礼作乐。

怀抱着特殊使命的年轻皇帝上台，宋王朝这艘大船必须转向，开足马力向前。这就是王安石变法之前的历史——守成之主英宗和神宗即位的故事。这段故事常常被忽略，而我恰恰觉得，是它真正改变了宋朝的政治走向——这是帝制时期——撇开皇帝，无所谓王朝政治。

立场差异下的大变法

作为英宗之子，神宗必须为父正名。他要向宋朝的列祖列宗、全体宗室和子孙后代证明，他和他父亲都是当之无愧的大宋天子；他要改变宋朝建国以来在对外关系上的被动局面，开疆拓土，建立超越列祖列宗的丰功伟业；他还要制礼作乐，以兴太平。

年轻皇帝的欲望，像咳嗽和爱情一样遮掩不住。他第一次接见老臣富弼，就“问北边事，条目甚悉”。而富弼当即告诫神宗不要生事：“二十年未可言兵，亦不宜重赏边功，干戈一起，所系祸福不细。”[1]皇帝的欲望要转化为国家意志，进而变成政策，推动国家机器的齿轮高速运转，最大的障碍倒不是一两位老臣的反对，而是现实的财政困难。

财政困难是老生常谈了，造成财政困难的因素可以分为长期因素和短期因素两种。长期因素主要有三项：第一是养兵政策造成的巨额常规军费开支，宋朝的兵是职业兵，全靠国家财政养活，而且数量巨大；第二是官僚的俸禄支出，宋朝的高级官员待遇之优厚，空前绝后，中下层官员虽然收入不算高，但也能养活一大家子人，官僚和军人一样，数量众多，开支巨大；第三是给辽和西夏的“和平维护费”，给辽的叫“岁币”，给夏的叫“岁赐”，名目不同，代表了国家间关系的不同等级，但在本质上，都是宋朝政府为了维护和平向其他政权支付的保护费。短期因素包括真宗

1 宋元之际佚名编撰，汪圣铎点校：《宋史全文》卷一一《宋神宗一》，中华书局2016年版，第638页。

的神圣崇拜运动、仁宗对西夏作战的军费开支，以及皇帝的葬礼。到神宗上台的时候，宋朝国家“四年之中，连遭大丧”，连续为仁宗和英宗两个皇帝操办丧事，雪上加霜，“公私困竭”。[1]

财政困境是真实存在的，如何缓解？当时主流的主张很简单，就是“节流”。比如说，关于英宗的葬礼，财政部门的建议是：“至于诸色用度非所急者，不以小啬为无益而弗为，不以小费为无伤而不节。”[2]一言以蔽之，能省就省！对于财政的困境，以及“节流”的方针，神宗是了解和接受的。他下令削减了英宗的皇陵预算规模和对遗爱的赏赐额度，甚至还替父亲当年的浪费做了解释，说：“仁宗之丧，先帝远嫌，不敢裁减，今则无嫌。”[3]先帝是仁宗的过继之子，要避嫌疑，不敢裁减葬礼规模，如今朕为先帝亲生之子，就没那些顾虑了——该裁的裁，该省的省！

葬礼开支可以省，理想怎么办？必须找到那个善于理财的人。谁呢？神宗的第一人选是张方平。张方平其人，是经过实践检验的财政专家，有着一流的行政执行力。他做过两任三司使（财政部部长）。张方平第一次做三司使，疏通汴河，整顿漕运，卸任之时，为京城积攒了足够三年食用的粮食，以及足够六年使用的马料。等他第二次到任的时候，由于前任工作不力，京城粮食只够一年半的，马料才够一年使用。而张方平就任之后，不到一年，京城就有了五年的粮食储备。张方平不但有行政执行力，而且对国家的理财大计有通盘考虑。仁宗朝，他上有《漕运十四策》，主要阐述改善漕运的十四项方针。宰相富弼为仁宗朗读这“十四策”，读了足足十刻钟，也就是一百五十分钟。旁边的侍卫站都站不稳了，而富弼读得投入，仁宗听得入迷，“太息称善”。富弼说，这可不是一般的奏疏，它关系到国家财政的根本。这“十四策”后来全部得到了落实，京城的粮食供应因而得到根本性改善。张方平

1 参见［宋］李焘：《续资治通鉴长编》卷二〇九，中华书局2004年版，第5075页。
2［宋］李焘：《续资治通鉴长编》卷二〇九，中华书局2004年版，第5075页。
3［宋］李焘：《续资治通鉴长编》卷二〇九，中华书局2004年版，第5076页。

图四九：北宋 张择端《清明上河图》（局部）

上图反映的是《清明上河图》中的一个小局部。我们看到，在十千脚店门口，有一辆独轮车，车上摆放着一串一串的钱串，一旁有两个人正往车上放脚店当天的流水，也就是营业所赚的钱。他们通过这辆独轮"运钞车"将收益运往钱庄去存放。由此可见脚店的生意不错，也可侧面反映出北宋社会安定、天下太平的一面。朝廷通过行之有效的理财措施，而非一味地靠增收税费来压榨老百姓，真正做到"藏富于民"，才会出现《清明上河图》中所反映的繁荣街景。

的奏札甚至成为仁宗中后期国家财政的指导性文件，“朝廷每有所损益，必以公奏为议本”[1]。

张方平的理财有两个特征：第一，它是保守主义的改革，张方平有能力在不大刀阔斧进行机构改革的情况下提高旧有机构的效率，让它高效运转，因为他了解宋朝财政组织的运行状况，而且有改善的良方。第二，他是儒家的，和当时的主流一样，张方平同样主张“节流”，反对一味地靠增收税费来压榨老百姓。

神宗给了张方平参知政事的头衔——王安石后来就是用这个头衔来主持政府工作，推行新法的。张方平是王安石的前辈政治家，他对王安石印象极差。如果张方平能够主持神宗朝的政府工作，那么，也许就没有王安石变法了。偶然因素改变了事件的发展方向。张方平刚刚就任参知政事，还没来得及大展身手，他的父亲就过世了。按照儒家的礼制，张方平丁忧守制，暂时退出政坛，后来也没能再回到舞台中央——因为王安石已经在那里了。

王安石的理财思路完全不同，他走的是法家的路线。王安石宣称“善理财者，民不加赋而国用饶”[2]。如司马光所言，这是汉代法家桑弘羊的做法。“四民分业，士农工商”。所谓“民不加赋”，只是不向四民之一的“农”加赋。桑弘羊实行盐铁专卖，要求商人、手工业者申报财产以便征税，一辆小车、一条小船都要交税；财产申报不实者，发配边疆，没收财产；还鼓励揭发告密。桑弘羊又实行均输平准之法，贱买贵卖，以政府代行大商人角色。从“国用饶”的角度来看，桑弘羊的确是成功的。但是，如果把皇帝、政府和包括士、农、工、商在内的社会视为一个整体，追求整体的和谐共荣与帝国的长治久安，那么，桑弘羊就是失败的。他的经济政策损害了商人和手工业者的利益，扰乱了经济秩序，造成整个社会的不安，最终引发民间的反抗。

1 ［宋］苏轼撰，［明］茅维编，孔凡礼点校：《苏轼文集》卷一四《张文定公墓志铭》，中华书局 1986 年版，第 450—451 页。

2 宋元之际佚名编撰，汪圣铎点校：《宋史全文》卷一一《宋神宗一》，中华书局 2016 年版，第 642 页。

现代人对王安石理财政策的常见误解，是认为“民不加赋而国用饶”就是发展生产。伴随这一误解的，还有对司马光的鄙视，司马光说：“天地所生货财百物，止有此数，不在民间，则在公家。”[1] 这句话通常被理解为司马光不承认社会财富的可增长性。生活在21世纪的中国人鄙视司马光，是很可以理解的。我们亲身经历、耳闻目睹了社会财富的飞速增长。四十余年间，小到个人、家庭，大到城市、国家，财富的增长规模和速度是前所未闻的。“天地”还是这个“天地”，其间的“货财百物”，却早已不知翻了几番。所以，我们很容易会觉得司马光真是太保守了。现代人以今度古，鄙视司马光，可以理解，但并不公平，也不科学，因为“北宋之中国”绝非“改革开放以来之中国”。用过去四十年的发展逻辑来衡量、判断数千年前的历史是非，实在是很欠考虑的。过去四十年来，财富增长的动力来自哪里？制度革新、科学发展、技术进步、资金投入，同时，我们还有一个早已走在前面的西方文明的引领与示范。而这些因素，在司马光与王安石讨论“天地所生货财百物”的时候，都没有发生。没有上述革命性的因素，又怎么可能出现社会财富的革命性增长？而如果财富总量不增长，那么，理财的问题归根结底还是一个分配问题，不在公家就在民间，是“富国”与“富民”孰先孰后、如何协调的问题。司马光所言，诚为不谬。

事实上，王安石也有过类似的说法。王安石曾经写文章反对奢侈，提倡节俭之风。其中警句有：“天地之生财也有时，人之为力也有限，而日夜之费无穷。以有时之财，有限之力，以给无穷之费。若不为制，所谓积之涓涓而泄之浩浩，如之何使斯民不贫且滥也？”[2] 大自然对财富的生产受制于日夜季节，人力所能做的也同样有限，可是耗费却可以无日无夜，无穷无尽。以受到时

1［宋］司马光：《八月十一日迩英对问河北灾变》，见曾枣庄、刘琳主编：《全宋文》卷一二二三《司马光五二》，上海辞书出版社、安徽教育出版社2006年版，第56册，第227页。

2［宋］王安石：《风俗》，见曾枣庄、刘琳主编：《全宋文》卷一四〇五《王安石四三》，上海辞书出版社、安徽教育出版社2006年版，第65册，第11页。

间限制的财富和有限的人力，来供应无穷的消费，倘若不加节制，则积累如细流涓涓，泄散如大水浩浩，又如何能让老百姓免于贫穷困顿呢？王安石此说，与司马光“天地所生货财百物，止有此数，不在民间，则在公家”，何其相似乃尔！然而当“必欲大有为”的皇帝表现出对财政困乏的焦虑时，王安石却说：“善理财者，民不加赋而国用饶。”

王安石的法家色彩是毫无疑问的。法家和儒家的区别在哪里？法家是皇帝朝廷至上的，它把朝廷国家的目标放在第一位，视人民福祉为必要之牺牲而无丝毫之同情。儒家则试图在朝廷利益与百姓福祉之间寻求平衡，反对扩张性战争，反对横征暴敛。法家是霸道的，为达光明盛大之目的，不惜动用无耻下作的手段；儒家追求王道，认为只有通过正义的手段才能达到正义的目的。法家讲究法制，不承认老百姓的能动性，主张以严刑峻法压迫老百姓服从。儒家讲究礼制，主张每个人都可以通过学习成为贤人，从而实现社会的改造。法家便捷实用，在短时间内就能产生高效率。儒家迂远，从人心到社会，那是一条漫长的路。神宗如何等得？

王安石与神宗的遇合，被当时政坛与后世史家惊为天意。苏轼责备宰相曾公亮不能阻止青苗法，曾公亮说：“上与安石如一人，此乃天也。”[1]神宗与王安石“如一人”的原因很多，最重要的，是这两个人有着相同的法家底色。神宗还是颍王的时候，有一天忽然拿出来一本自己新抄录的《韩非子》，让王府僚属去校对。他的老师孙永知道了，很不以为然地说，《韩非子》“险薄刻核”，违背儒家经典中的帝王之旨，愿王不要在这上头花心思。听了孙永的话，年轻的颍王辩解说，我抄这个，只是为了充实王府的藏书啊，我不喜欢它。[2]这个解释实在是欲盖弥彰，以颍王的地位和北宋开封便利的购书条件，充实藏书，何必要手自抄录？

1［宋］李焘：《续资治通鉴长编》卷二一五，中华书局2004年版，第5238页。

2 参见［宋］苏颂：《资政殿学士通议大夫孙公神道碑铭》，见苏颂著，王同策、管成学、严中其等点校：《苏魏公集》卷五三，中华书局1988年版，第799—800页。

自从即位以来，人人都喊“节流”，神宗的伟大理想藏在心里，不得伸张。唯有王安石告诉他，财政困难“非方今之急务也”，实在没什么了不起的，只是因为没有得到善于理财的人，“善理财者，民不加赋而国用饶”，开疆拓土的理想可以实现，而又不会干扰老百姓的生产生活，两全其美，得其所哉！

神宗与王安石一见倾心。从此之后，王安石负责理财，神宗主持开边，宋朝的政治主题正式发生转移。变法的初衷就是这样，那么，变法的结果如何呢？

王安石变法是成是败？

“王安石变法”是一个“危险”的题目。在我们的社会中，有不少这样的人——他们知之甚少，却无比笃定地相信，自己所知道的都是真理；一旦谁说出不同意见，或者提醒他们其实这件事还有其他可能的解释，他们便会气得脸色发青、指节咔咔作响，在键盘上敲出一连串血腥的语句，像连珠箭一样射向假想的敌人。而“王安石变法”正是这样一个有可能引发无名之火的题目。他们相信，王安石变法就等于改革，等于进步，等于正义；而司马光反对王安石变法就等于反对改革，反对进步，是死硬的顽固派。因此，任何对王安石变法的否定性说法，以及对司马光除史学成就之外的任何肯定，都是应当被唾弃、被打倒的，包括说话的那个人。

“横看成岭侧成峰”，衡量标准不同、观察立场不同，观感当然不一样。所以，首先我们要明确一下衡量标准与观察立场。

第一，“评价王安石变法，主要是依据言论，还是依据行动，是依据动机，还是依据效果，这应是个根本的原则问题”。[1] 毫无疑问，王安石是一个伟大的思想家，他的经学造诣、思辨水

1 王曾瑜：《王安石变法简论》，载《中国社会科学》1980年第3期，第131页。

平和知识广度皆高出一般，文章更是写得漂亮。但是，王安石变法不是坐而论道，而是国家政策，是政策就必然要对国家和社会发生作用。所以，看王安石变法，最重要的不是看他说了什么，动机怎样，而是看他和他的政府做了什么，对国家与社会产生了什么样的作用。

第二，我们站在哪里看历史？看历史当然要看长远、看大轮廓，但是，也要看当时，关心那些生活在当时的、受到王安石政策影响的个人和群体。没有“人”的历史是不会有生命力的。

第三，还要修正一个传统观点。传统观点关注对立，认为社会上层和下层的利益是绝对冲突的。上层指官僚、地主和商人，下层指普通农民，所以，传统观点赞美王安石变法对社会上层利益的削减，好像这样社会下层就会得到好处。其实不然，损有余未必补不足。社会的上层和下层当然有矛盾，但是在强大的国家机器面前，社会是一个整体，有它的整体利益。而这个整体利益与皇帝的诉求、朝廷国家的利益之间未必能保持一致。破坏这种一致的，往往是皇帝和朝廷国家。

综上所述，我们观察王安石变法的标准和立场如下，第一看实施，第二看当时，第三考虑社会整体。

这里需要做一个简单说明，神宗朝十九年，王安石前后两次主政，共计七年，王安石退居金陵之后，神宗本人亲自掌舵十年。我认为，“王安石的七年”与“神宗的十年”之间在政策路线层面并无本质差别。“后十年”之中，虽然王安石离开了朝廷，但他所开创的政治模式和各项政策都在继续主导着开封政坛。因此，我倾向于把“神宗的十年”看作王安石变法的延伸，作一体观。王安石变法的政策涉及面很广，包括役法改革、青苗贷款、保甲法、保马法、农田水利法等等，在宋史研究领域是很大的一片园地，专家众多，著述如林。在这里，我无意也无力介入具体问题的讨论，只想通过一个例子，管中窥豹，来看一看新法的精神实质。

这个例子就是程昉淤田破坏民田案。淤田属于农田水利法，简单地说，就是把河堤打开一个口子，人工制造洪水，借水力把河底淤泥输送到岸边洼地，以期改良土壤，制造良田。可是，洪水哪能那么听话？宦官程昉在滹沱河流域淤田，被人告发"堤坏水溢，广害民稼"。官司打到中央，惊动了神宗皇帝。程昉解释说，淤田是老百姓自愿请求的。怎么证明呢？程昉说，他在淤田之前，先派出官员征求当地意见，拿到了淤田"知情同意书"。那么，程昉拿到的究竟是由谁签署的"知情同意书"呢？逼问之下，程昉承认，他拿到的是"诸县乞淤田状"，也就是各县的县政府请求淤田的状子。换句话说，程昉并没有挨家挨户去取得老百姓的同意，属于强制性淤田，并且确实损害了当地百姓的利益。

程昉淤田违反了新法所标榜的自愿原则与利民主张，所告属实。神宗因羞耻而愤怒。王安石说："淤田得差去官及逐县官吏状足矣，何用户户取状？"也就是说淤田这个事情得到中央淤田专员和各县官员的请愿书就够了，哪儿用得着挨家挨户取得老百姓的同意呢？这句话干脆利落地否定了淤田行动的实施前提——百姓自愿，从而间接否定了新法所宣称的目标——利民。紧接着，王安石又说，程昉为朝廷出力淤田数额达到了四千多顷，因此，"假令奏状称人户乞淤田一句不实，亦无可罪之理"。就算是在"知情同意"这个问题上说了谎，也没有怪罪理由啊！

神宗随即转怒为喜，然而尚存犹疑，说："若果淤田有实利，即小小差失，岂可加罪？但不知淤田如何尔？""实利"指朝廷国家通过淤田所得的经济利益，与之相比，老百姓的无辜受损就只是微不足道的"小小差失"了。一言以蔽之，王安石和神宗真

图五〇：清 周洽、李含渼 《黄河图》（局部）

《黄河图》由周洽、李含渼绘于清康熙年间，绢本彩绘，1260 厘米 ×80 厘米。黄河被中华民族称为“母亲河”，它从古至今灌溉滋养着华夏民族，但也常会泛滥成灾，为害周边的良田村落。黄河曾在东汉、北宋年间改道入渤海，袭夺了滹沱河。滹沱河深受黄河影响，随着黄河摆动，下游河道不断变化。王安石变法中的淤田法，是在河堤上开个口子，使河水倾泻而出，借水力把河底淤泥冲到岸边洼地，以此法改良土壤。可洪水不会那么听话。最终，宦官程昉在滹沱河流域淤田，造成“堤坏水溢，广害民稼”。从上图也可看到，黄河水气势汹汹奔涌而前，两旁皆是良田与村落，一旦决堤，洪水必然不会按人们的设想流淌，后果必为害于民。

正在意的是“实利”，而非“利民”。

关于淤田，还有一个小故事可以一说。郑州原武县有一拨老百姓，对淤田不满，结伙到开封告状。老百姓前脚出发，后脚就被县政府给追回来了。追回之后，要打板子。这帮人也的确是“刁民”，一看要挨打了，“好汉不吃眼前亏”，眼珠一转，计上心来，说，我们不是去告状的，我们是想要到首都去，向皇帝表达我们对朝廷、对淤田使者大人的感激之情。淤田使者听了，很愉快地说，好啊，既然你们要感谢我，那干脆搞一个书面的感谢状吧。感谢状很快出炉，两百多个老百姓在上面签了名，各回各家。淤田使者派两个公差把感谢状送到了中央。“安石大喜，上亦不

知其妄也。”[1]“喜”自然是真喜，“不知”是不是真“不知”，就不得而知了。上面提到的那个程昉，也有一封来自漳河流域老百姓的感谢状，来历如何，我亦不知。

增加政府财政收入，才是王安石新法的追求，至少是它的短期目标。比如受到批评最多的青苗法，也就是政府向农民发放的季节性小额借贷，打着救荒济贫和限制高利贷的旗号，号称“凡此皆以为民，而公家无所利其入”[2]。实际上怎么样呢？首先是利率其实并不低。青苗钱一年两次发放和回收：春天贷的夏天还，夏天贷的秋天还。政府规定利率 20%。听起来不高是吧？然而这只是半年利率，所以，它真实的利率水平不是 20%，而是 40%，甚至更高。贫苦农民借了还不起怎么办？好办，拉上富户一起借，互相担保，穷人还不起，富人帮帮忙。青苗法最初宣称是自愿借贷，结果在地方官的执行中却变成了强制贷款，等于是新增税费。

再比如免役法。役是老百姓对朝廷国家所承担的义务，通常以无偿劳动的方式进行，分为兵役和劳役两种。宋代军人职业化，老百姓免除了兵役负担，只服劳役，比前代自由了不少。免役法规定，老百姓不再身体力行亲身服役，而是出钱来换取自由，政府拿这个钱向市场购买所需要的服务。役分很多种，穷人有穷人的役，富人有富人的役，富人愿意花钱买自由，穷人没钱可是也要出钱免役。正式的免役钱之外，还有“免役宽剩钱”，这个钱干什么用？多收出来以备政府不时之需。而且，按照原来的役法（差役法），有相当一部分条件太困难的群众是彻底不服役的，现在也要交助役钱。总而言之，只要能增收，名义可以创造。王安石新法所创造的这些敛财方式，听起来非常“先进”，处处流露着创新气息。但是，你要深入进去，看

1 ［宋］李焘：《续资治通鉴长编》卷二四九，中华书局 2004 年版，第 6074 页。
2 ［清］黄以周等辑注，顾吉辰点校：《续资治通鉴长编拾补》卷五《神宗・熙宁二年》，中华书局 2004 年版，第 235 页。

看当时人的感受，就并非如此了。

过去权威的说法认为，王安石变法因为遭到大官僚、大地主阶级的阻挠而失败了。其实王安石变法根本就没有失败。如果我们理解到新法真正的目的是增收，那么，你就会发现它太成功了。神宗驾崩以后，他的儿子哲宗即位，户部尚书李常算过一笔账："今天下常平、免役、坊场积剩钱共五千六百余万贯，京师米盐钱及元丰库封桩钱及千万贯，总金银谷帛之数，复又过半。"总计达一亿贯以上，多么惊人的数字！而且，这个数字是在神宗对西夏用兵开疆拓土长期消耗之后剩下来的钱。王安石和他的团队的确是理财的天才。

在王安石变法之前二十七年，宋朝还进行过一次改革，那就是范仲淹领导的庆历新政。庆历新政的改革方案确实对症下药。宋朝当时最大的问题是官僚集团的高消耗和低效能，因此，庆历改革的核心次序是首先整顿吏治，然后发展生产，富民，最后才是强国。二十七年间，宋朝并没有发生翻天覆地的变化，问题还是那些问题。但是，这些问题在王安石变法中都没有体现。王安石不关心这些东西，他关心的是理财。他的理财是为了满足神宗开疆拓土、制礼作乐，成为伟大皇帝的梦想。当然，王安石的理想比理财要大得多。但是，他实现得最好的还是理财。在司马光看来，王安石的所作所为不仅违背了他自己的平生所学，而且害民祸国，对宋朝政治将造成不可估量的损害。

宽容政治为何会终结？

从理财的角度看，王安石变法的成功是毋庸置疑的。理财的成功为神宗开疆拓土、制礼作乐提供了雄厚的财力支持。但是，由神宗亲自主导，也是他最重视、投入精力最多的西北拓边事业，却一败再败，损兵折将，消耗国力、民心，看不到希望的终点在哪里。最终，骄傲的皇帝在心力交瘁中抑郁而终，只活到三十八岁。

神宗朝过后的北宋政治，就像是被暴风雨洗劫过的果园，红色的果实稀稀朗朗，损伤已经造成，而且很难逆转——王安石变法改变了北宋前期两项最重要的政治原则。

第一是国家与社会的利益平衡原则。国家治理，包括各项政策的制定和推行，都要综合考虑朝廷国家和社会的利益，在国家与社会之间寻求平衡，“出政发令之间，一以安利元元为事”。也就是说，中央发出的每一条政令，制定的每一项政策，都必须是要对老百姓有好处的，使老百姓得安定，得利益。这条原则是如何被打破的，我们在上一节中已经讲过了。道理其实很简单，当国家政策以理财增收为第一目标，“安利元元”就只能是虚伪的幌子了。

第二是统治集团内部的相处原则。要允许并鼓励不同意见的表达，容忍“异论相搅”，让不同意见在朝堂上充分表达，互相激荡，形成思想的竞争。皇帝兼听而独断，充分听取各方意见后做出符合朝廷国家整体利益的决定，这就是宽容政治原则。宽容政治原则是利益平衡原则得以维持的基础。利益平衡原则体现在具体的政策措施上，单独来看的话，打破之后似乎不难修复，只要调整政策就可以了。相比之下，宽容政治原则却是破坏容易修复难。因为在皇帝制度之下，皇权至高无上，只要不打破君臣秩序，就没有任何一种力量可以对皇权实施强制性约束。宽容政治的实现，归根结底靠的是皇帝的思想觉悟和道德自律，而要把皇帝的思想和道德维持在一个相对的高位，则需要统治集团，特别是它的高层对宽容政治的高度共识。说白了，宽容政治原则就是一个由理性编织的无形的笼子，其目的就是防止皇权的野马脱缰。而王安石变法则把皇权从这个无形的笼子里放了出来。

关于王安石的指导思想，有著名的“三不足”之说。所谓“天变不足畏，祖宗不足法，人言不足恤”，这可能并非出自王安石之口，但很难说是对手的诬陷之词，因为它的确反映了王安石推行新法的决心，也与我们所能看到的王安石的言行一致。“三不足”的意思，可以进一步解释如下：第一，“天变不足畏”，是说天地和人了不相关，日食、月食、地震这些，都有规律，不值得畏惧。第二，“祖宗不足法”，是说祖宗留下来的传统和制度，不一定都好，能改就改，不值得遵循守护。第三，“人言不足恤”，是说平庸的人喜欢墨守成规、畏惧改变，跟他们只能分享成果，不能共同谋划创造；他们的议论，不足采纳。

这听起来好像很有道理，然而一旦诉诸政治实践，将会创造一个无所畏惧、恣意妄为、张牙舞爪的权力怪物。在皇帝制度之下，士大夫能够用来约束皇帝的，只有天意人心、祖宗法度和儒家思想这三样无形武器。而不管是天意人心、祖宗法度还是儒家思想，都要靠“人言”表达，靠批评发声。让皇帝摆脱对天意人心和祖宗法度的敬畏，再给所有批评意见都贴上“流俗”的标签，嗤之以鼻，那么，还有什么能够约束大权在握的皇帝呢？

我们来看王安石是怎样引导神宗打消畏惧，一步一步走向无所畏惧的。青苗法是遭到批评最多的新法。神宗私底下向王安石表达了犹豫，他问王安石这样做是不是会丧失人心，也曾希望王安石对青苗法加以调整，“以合众论”。王安石的反应是什么？他斩钉截铁地告诉神宗，所谓得人心，是因为合乎天理公义……所以，只要我们的做法合乎天理公义，就算招致四国叛乱，那也不能叫作丧失人心；相反，那些不符合天理公义的做法，哪怕有全天下的人歌功颂德，也不能算是得人心。一句话，只要我们做的是对的，哪怕全世界都反对，又有何妨？王安石又说："陛下方以道胜流俗，与战无异，今少自却，即坐为流俗所胜矣。"道，就是真理、正义，是正确的路线。陛下正在用道与流俗决胜，这就跟打仗一样。今天我们稍微退后一点点，那立刻就会坐以待毙、被流俗打败了。真理与流俗之间你死我活的战斗，怎么可以退缩呢？一步都退不得。

对王安石和神宗的作风，司马光痛心疾首，他在给王安石的信里、给神宗的言事书里，反复讲过一个故事，这就是"子产不毁乡校"。春秋时期，子产在郑国主持国政，改革的力度极大，郑国人很反感他，聚集在乡校里批评他。有人给子产建议：拆了乡校得了，省得一帮人叽叽喳喳天天在那儿挑毛病。子产说："……其所善者，吾则行之；其所恶者，吾则改之。"意思是他们所赞成的，咱们就继续推行；他们都反对的，咱们就修订改正。乡校里的人是咱们的老师，为什么要拆了学校呢？子产明白，"作威以防怨"，诉诸暴力来拆毁学校，制止批评，肯定是会立竿见影的。但是子产更明白，老百姓的怨气就像是洪水，一直堵着它，不让它释放，早晚会出现大规模的溃堤，而大规模的溃堤造成的伤亡损失是无法弥补的；因此，"不如小决使道"，平时就开出口子来疏导它。乡校的批评议论，子产是"闻而药之"，把它当作治病的药来服用的，良药苦口利于病。

"子产不毁乡校"是宽容政治的典范。以王安石之博学，这个故事他当然是知道的。而且，就在王安石执政前六年写就的《虔州学记》中，也曾经用到这个典故，批评那些刚愎自用的统治者。他这样说：周道衰微，秦朝君臣不懂得屈己以学的道理，而乐于自以为是。厌恨批评者，于是烧诗书、杀学士，扫除天下的学校，可是反对者越来越多，秦终于不能取胜。这是为什么？王安石又自问自答说：“先王之道德，出于性命之理，而性命之理，出于人心。《诗》《书》能循而达之，非能夺其所有而予之以其所无也。”对这句话，我们做最简单的理解：《诗》《书》指儒家经典。儒家经典所记载的是真理，而真理来自人心，儒家经典既是真理的载体，又是通往真理的道路。秦烧了诗书，背弃了真理，可是人心对真理的渴求还在，所以，秦最终被人心抛弃。王安石又说，有这样想法的，不止秦朝君臣，早在孔子的时代，就有想要拆毁乡校的了。“子产不毁乡校”的故事就这样出现在了王安石笔下，他关注的正是那些建议拆毁乡校来压制批评的人。而他自己大权在握之后，却对神宗说那些反对的声音都是流俗，并告诉神宗，真理掌握在我们手中，陛下要拿出战士的勇气来，坚决反击一切反对派。

有一个问题，神宗没有问王安石，但是我们可以帮他问一问：你怎么知道我们所掌握的就是真理呢？从王安石的文章中，我们大致能够推断出他的逻辑。圣人用心体悟真理，制定政策，治理国家，圣人的思想被忠实地记录在经书之中。通过经书，王安石体悟圣人的思想，获得真理，制定政策，治理国家。王安石的思想和政策都来自经书，因而是无比正确的，应当用它来统一整个国家的思想。后来，神宗也的确把王安石主持制定的儒家经典新解释——《三经新义》统一下发到官学，作为科举考试的考试标准，统一了读书人的思想。既然王安石的思想是正确的，那么，所有反对王安石思想的人就都是错误的，是没有必要理会的“流俗”。那么为什么秦朝的时候烧诗书、杀学士、刚愎自用，就错了呢？因为他们烧的是诗书啊，背离了诗书，就背离了真理，背离真理还不肯听纳批评，当然是自取灭亡。而我们，既然真理在握，又何惧流俗，虽万万人，吾往矣。

对批评者，王安石和神宗的打击是毫不容情的。相对于后来赤裸裸的政治清洗、政治迫害而言，神宗时代对反对派的打击还算是温和的，基本上是赶走了事。但是，专制主义的蛮横任性却已经清晰可见。王安石推荐李常为谏官，本来是希望他为新法鼓与呼，结果李常却对青苗等法提出了尖锐的批评。吕惠卿私下找到李常，威胁他说："君何得负介甫？我能使君终身不如人。"这样近似于流氓的威胁，至少在我看到的文字记载上，是北宋政治中的第一次。斯文扫地了。跟王安石本来就有过节的开封知府郑獬想要面见皇帝，挑战王安石的法令，结果趁两个宰相不在家，王安石自己动手，越俎代庖，签署了郑獬的调令，釜底抽薪，没等郑獬开口就把他拿掉了。前任宰相富弼，因为拒不推行青苗法，竟然在退闲之后遭到贬官处分。为了平息反对的声音，首都设置了"逻卒"，"察谤议时政者收罪之"。开封变成了一个不能随便说话的城市。北宋政治进入"危辱时代"。

新政治迅速培养了一批"新官僚"，他们服从、高效、没心肝，只关心上之所欲，不关心下之所苦。王安石和神宗是把官僚们当作纯粹的工具来对待的，只要他们听话，能够忠实地执行中央政令。曾经有人建议神宗谨慎地选择州县长官。神宗回答说：天下州长县令一千多人，怎么选得过来啊。只有我们在朝廷立法，让他们下去遵照执行。符合法令的就算对，违背法令的就算错。用这个法子，才算有准儿。听起来真有道理，但是，神宗显然忽略了一点，各地的情况差别那么大，怎么可能什么都靠朝廷立法呢？官员，特别是地方长官，是应当有他自己的施政空间的。神宗特别指示，反对地方官员的主动施政。汉代有一个著名的儒者官员黄霸，非常善于治民，能够积极主动地想办法解决问题。黄霸为颍川太守，"治为天下第一"。神宗却说，像汉代的黄霸这样的官员，妄为条教，以干名誉，这是应当治罪的，汉代反而给他提级赏赐，这是不对的。“夫家自为政，人自为俗，先王之所必诛。”黄霸在颍川的做法，跟王安石当初在鄞县（今宁波鄞州区）当县令时的做法，是多么相似！王安石兴修水利，发放低息信贷，有哪一项是中央政令规定了的呢？又有哪一项是中央政令能够规定得了的呢？可是在当时的政治中，王安石却能够受到上级的褒奖，得到提拔。北宋前期的宽容政治成就了王安石，但是王安石却联手神宗破坏了宽容政治。

司马光对新法最为痛心疾首的，除了害民，还有害政。害政这一条，在司马光的心里是更为深刻的痛，然而却常常被研究者忽略。神宗驾崩之后，哲宗即位，太皇太后当政，司马光还朝主政，获得了修复宽容政治的可能性。然而，司马光主政十八个月，不但没有扭转政局，反而加剧了矛盾，宽容政治终于不可挽回。为什么会这样？

司马相公是不是合格的政治家？

就像河流不能决定自己的流向，历史也无法决定前进的方向，就算它知道什么是更好。在很多时候，是大大小小的“偶然”决定了历史河流的走向。比如神宗最初选择的理财人选是张方平，张方平应该会走一条更为平衡的路线，可是其父在张方平刚当上副宰相的时候驾鹤西游了。又比如，在王安石之后，被选中出来收拾局面的人偏偏是司马光。

神宗驾崩之后，在洛阳闲居了十五年的司马光第一次重返开封，受到首都军人、百姓的热烈欢迎。守卫宫殿的士兵认出他来，手拍额头说：哎呀，这就是司马相公啊！几千名开封百姓在街上拦住他的马头，齐声高喊：相公不要回洛阳了，留下来辅佐天子，给百姓寻一条活路！这些记载都出自苏轼的笔下。我有足够的理由相信，苏轼没有夸张。司马相公是众望所归的。饱受王安石—神宗政策之苦的人们盼望他，希望他能够把宋朝国家和社会带到一条不同的路上，带他们回到仁宗朝；王安石—神宗路线的支持者虽然不愿意，但是也认为，司马光必定会主政。这应当是当时的朝野共识。可是，恕我直言，司马光真的不是那个合适人选。在他生命的最后十八个月，司马光获得了宋王朝实际掌舵人太皇太后的高度信任，得到了改造宋朝政治的机会，然而这十八个月却是一场彻头彻尾的失败。

司马光没有完成历史赋予他的任务。他急不可耐、不加区分地一股脑儿推翻了王安石的新法，却没有拿出解决问题的更好方案，有破坏而无建设，“寥寥然无一实政之见于设施”（王夫之《宋论》）。不仅如此，司马光还丢失了他一向所珍视的宽容政治作风。苏轼反对司马光的政策调整，两人当面讨论，争执不下，苏轼大喊：从前您做谏官，宰相有错误，您据理力争。“岂今日作相，不许轼尽言耶！”难道说你今天做了宰相，就不许我说话了吗？苏轼给司马光取的外号“司马牛”更是尽人皆知。在司马光执政的十八个月当中，官僚集团的分裂不但没有得到弥合，反而在不断加剧，王安石的追随者被赶出了政府，仇恨在延伸。王安石向左，司马光向右，他们从不同的方向撕裂了北宋的官僚集团。然而，王安石是求仁得仁，他骨子里就反对宽容。司马光正好相反，他在思想上仍然主张宽容，努力谋求和解，只是他的所作所为却最终导向了分裂。这听起来像是一个种瓜得豆的荒唐故事，然而它的确发生了，而且这样的故事在政治史上绝非仅有。所以特别值得我们仔细分析。

作为一名政治领袖，司马光对于他所面临的政治局面的复杂性认识严重不足。司马光的政改方案，可以归结为两点：第一，他在政策上的诉求是推翻王安石—神宗的新法，罢青苗法、免役法，废除保甲法，给农民减负；废除市易法，政府从经济领域后退，恢复工商业的活力。斥退聚敛之臣，表彰爱民之官。停止对外扩张的政策，与周边政权恢复和平交往；约束宦官，不让宦官统兵，以免引发祸乱。第二，在政治风气上，司马光希望和解，重返多元宽容。“除苛察之法，以隆易简之政；变刻薄之俗，以复敦朴之化。”而为了实现上述目标，人事调整是必须进行的。

司马光对王安石本人和在王安石—神宗路线下成长起来的神宗旧臣均无恶意，他对王安石身后事的处理是大度得体的。按照朱熹的理解，司马光甚至想要团结部分神宗旧臣共同改造神宗的政策。然而这谈何容易？司马光远离开封十五年，在这十五年之中，北宋政治已经发生了彻底的变化，从宽容走向了专制。神宗与王安石共同确定了以“国是”为核心的专制政治模式。所谓“国是”，就是唯一正确的路线。“国是”可以由掌权者改变，然而一旦确定，则不容置疑，从此之后，一切用人、施政均围绕“国是”展开，路线方针、具体政策和人事是捆绑联动的。司马光想要在不引发人事地震的情况下进行政策调整，梦想改变“国是模式”，重返宽容政治，他实在是把情况想象得太过简单了。

司马光面临着诸多难题：他需要论证变革的思想基础，我们为什么、凭什么要改变先帝的法度？只有这一步理清楚了，才有可能统一思想，避免官僚队伍的动摇和分裂。为了统一思想，他需要一支舆论队伍，掌握舆论的台谏官在这些大的理论问题上是能发出尽可能一致的声音来的。新法破坏了国家与社会之间的利益平衡原则，但是它对国家有利，广大官僚队伍也是新法的受益者。要改变新法，又要保持官僚队伍的稳定，该怎么做？新法推行之前，国家所面临的最大问题是财政困难，新法的推行有效地增加了政府的财政收入，那么，如今要推翻新法，财政收入必然减少，该怎样应对这个问题？所有这些问题，都不是拍拍脑袋就可以解决的，它需要强大的行政和政治经验，需要财政专家、行政专家的支持，需要对国家财政运行状况充分了解，还需要足够的耐心。而这一切，司马光都欠缺。

我们为什么要改变先帝的法度？这是司马光作为思想和政治领袖必须解决的问题。请注意，这是在皇帝制度之下。司马光作为宰相，可以是政治变革实际的主导人，但是在理论上，只有小皇帝哲宗才是唯一有资格主导政治方向的人。因此，改变先帝法度的问题实际上是“当今圣上”和“先帝”父子之间的问题，它关系到“今上”对“先帝”的孝道，也关系到“今上”与打着他的名义实施变革的臣子之间的关系。当哲宗成年之后，他如果不能接受司马光的说法和做法，是很可能引发新的政治动荡的。关于这个问题，可以有多种解决方案。最聪明简便、不易引发混乱的做法，是从先帝的言辞中找寻“悔咎”“欲改”的蛛丝马迹，从而把政策调整转换成“继承先帝遗志”的孝道行为。这个解决方案最滑头，也不是没有隐患。而司马光所采取的，却是直截了当地承认先帝犯了错误，而“今上”作为先帝的孝子，发挥“天子之孝”，有责任改变父亲的错误，把国家重新引上正确的道路。这符合孝道的规定和儒家经典的教导，叫作“干父之蛊”。司马光引经据典，充分论述了“干父之蛊”的合理性，最后又画蛇添足地加了一句，如今是太皇太后实际当家，儿子有错，母亲改正它，又有什么不可以呢？这一句画蛇添足的话却被广泛引用，司马光的理论因而被称为“以母改子”。老实说，“以母改子”的说法是非常荒唐的，儒家经典并未赋予母亲这样的权力。这不是司马光的论述重点。但是，不管“以母改子”还是“干父之蛊”，都严重地伤害了小皇帝宋哲宗的感情，为哲宗亲政以后的政治迫害埋下了苦果。在这个问题上，我认为，除了“以母改子”这段蛇足，从理论上讲，司马光没有错，但是他太方正，不肯折中。这也正是司马光的人格特质所决定的。

关于财政的问题。司马光显然也想得太简单了。在王安石新法之前，财政本来就困难，司马光当时的思路很简单，就是减支。而王安石的解决办法是增收。在王安石—神宗路线指引下，政府规模、官僚的人数和特权都是不必削减的。王安石—神宗路线对社会造成了一定程度的损害，加剧了社会矛盾，治安问题突出的“重法地”变得越来越多。司马光上来之后，废除新法，等于是大规模减少了政府的财政收入。他似乎完全没有意识到，政府的运作是一个实实在在的事情。在不裁员、不减支的情况下减收，政府怎么支持？撑不下去的。所以，最被诟病的青苗法才得以废了又复。司马光临死之前不足一个月，听说青苗法又恢复了，扶病上殿，疾呼“不知是何奸邪，劝陛下复行此事！”殊不知，恢复青苗法的却是司马光最信任的范纯仁。为什么？钱不够花！曾经有人劝司马光，神宗留下的财赋还是很丰富的，应当首先清点国库，看看还有多少钱，然后再通盘考虑国家的财政安排。可惜，这样的建议，司马光没能听进去。他对国家行政的运作，实在是缺乏源于实际经验的认识。

司马光的身边也没有可以依靠的人才队伍。爱戴他的人很多，但是这里边，第一缺乏财政、行政专家。财政行政专家都是王安石—神宗培养出来的。比如说司马光要废除王安石的免役法，竟然要请户部尚书曾布制定细则，曾布回答说：“免役一事，法令纤悉皆出己手，若令遽自改易，义不可为。”司马光为什么要请曾布帮忙，因为他这边没有专家。实践出真知，行政事务专家一定在行政机构里，财政专家在户部。第二，司马光对于爱戴、追随他的人没有约束的意识，他从宽容政治的传统出发，情愿他们根据自己的判断来发声，所以，司马光提拔起来的台谏官是可以批评他的，所以，苏轼可以当着他的面喊，你当了宰相，凭什么就不让我说话了！苏轼能喊，就说明司马光是让他说话的。然而这帮台谏官的政治格局太小了。司马光和宰相等大臣想要和解，他们却忙着揪斗，把王安石路线的追随者揪出来斗，赶出政府。而司马光身边也没有一个帮手像吕惠卿帮王安石那样出面去整饬“不听话”的台谏官。作为政治领袖，司马光干净而无力。

对于政治同盟，他缺乏必要的沟通；对政治上的敌人，他缺乏应有的警惕；应当互为臂助的台谏官，他推荐的人选，在政治上却并未与他保持一致。邵伯温说：“温公不立党。”他真的了解司马光。司马光批评王安石“足己自是”，“有人与之同则喜，与之异则怒，喜则数年之间，援引登青云；怒则黜逐摈弃，终身沉草莱”，以权势压迫官僚集团实现自己的主张。而他自己的做法却是正好相反的，他不要同盟，不要打手，不要算计，而梦想靠高尚的道德、严格的自律来感化、影响其他人走上正确的道路。这种一厢情愿充分暴露了司马光在政治上的幼稚。

凝聚开封军人、百姓期待的“司马相公”不是一个合格的政治家。而历史却选择由他来解决神宗死后错综复杂的政治问题，这就注定了结果的悲剧性。在神宗的两个儿子哲宗和徽宗的时代，儿子对父亲的私人之爱压倒了皇帝对江山社稷的责任，皇帝私欲的魔鬼从瓶子里冉冉放出，无限膨胀，奢侈腐败、任人唯亲，无节制的战争与好大喜功的政治表演交叉上演。王安石的追随者重掌大权，仇恨爆发，赤膊上阵对付反对派的政治迫害，文字审查、政治黑名单一一上场，官僚集团出现“恶性分裂”，道德破产，北宋政治耗尽了它残余的理性，彻底偏航。幸好，开国以来所形成的精致细密的分权制衡的国家制度仍在，内部的问题虽然大，但还不至于形成颠覆势力，从内部推翻赵宋统治。社会以其自身的韧性在国家的剥削压榨下顽强生长，国家凭借强大的搜刮能力积聚了海量财富，具有艺术家气质的皇帝在首都建造了天堂般的艮岳。大晟钟——徽宗亲制的乐器，现代学者认为是音准器，统一了标准音高，与世界现行标准音高相同——把悦耳的音乐从开封传向整个宋朝社会。太学“三舍法”试图以学校分级教育取代科举，穷人公墓“漏泽园”让孤独的亡魂得到安顿，“居养院”实现了“老吾老，以及人之老；幼吾幼，以及人之幼”的社会愿景，这一项项具有创造力的新事物营造出一个“大同新世界”。然而，这个花团锦簇的“大同新世界”背后，却是越发无耻的政治与越发无序的统治。这就是北宋末年的总体图景。虚弱的东京梦华，禁不起风吹雨打，更何况是女真兵马。这应当就是北宋灭亡的真相，也是北宋政治的结局。怎能不让人叹息！

传统政治文化何去何从？

北宋曾经出现了帝制时期儒家政治的最好成绩，政策追求国家与社会之间的利益平衡，批评纠错机制运行有效。这种政治生态，在神宗朝王安石变法之后逐渐消失，国家挤占社会，专制取代宽容，批评纠错制度犹在，却已经沦为权势的利爪尖牙。建炎南渡之后，宋朝国家在北方政权的强大军事压力之下艰难图存，生存与安全成了南宋政权的第一追求。尽管宋高宗亲自定调，把北宋灭亡的原因一直上溯到王安石变法，但是，王安石对南宋政治的影响却是实实在在的。原因很简单——王安石能解决问题，在理财方面特别有一套，而南宋比北宋更需要钱。

南宋政治表面上与王安石决裂，骨子里却是王安石—神宗政治的延续。皇帝与权相结合，把普通官僚的参议朝政空间挤压到近乎无的地步。皇权的专制加强，理财之臣得到重用，官僚的工具性继续增强，更加理想主义和讲究道德的士大夫，比如朱熹和他的弟子，在政府中找不到位置，无可奈何地转向了思想的沉潜与社会的改造，由此造成了一个“因祸得福”的连带结果——高雅文化进一步下移，向民间社会推广。这一过程发生在南方。

与此同时，北方则经历着完全不同的历史过程。女真人所建立的新政权接受了华夏传统的王朝政治模式，却使它从文质彬彬走向了野蛮残暴。一百年之后，蒙古崛起，以“塞外野蛮精悍之血”注入华夏文明的古老躯体，实现了帝制中国版图前所未有的扩张，合南北东西为一国。政治上的北方征服南方，让华夏政治文明继续向着北方落后民族的方向倾斜——在对朝廷国家性质和君臣关系的认识上，元朝出现了两大倒退。就国家性质而言，华夏传统视“天下”为整体，名之曰“江山社稷”，主张“以一人治天下，不以天下奉一人”；元朝则以天下为皇室家族之私产。华夏传统之君臣关系，在地位的不平等之上承认某种抽象的平等，主张“君使臣以礼，臣事君以忠”；元朝的臣子则自称奴婢，并以之为荣耀。明初君臣终究是蒙古治下的臣民，虽然号称是华夏的复归，然而在政治文化的核心精神上则上承元朝。“不为君用”一度成为罪名，廷杖之下倒也出了几个“不怕死”的英雄，然而士大夫集体在精神上的自尊与独立却遭到了彻底阉割。明朝之后，清朝入主中原，以少数统治多数，以落后统治先进，满族统治者对待汉人及其文化的心态复杂，防范之心始终不减，政治中的专制与猜疑继续加强，直至近代。这就是金元以降，帝制中国政治文化的大致走向。

金：政治的残暴化

来自东北白山黑水之间的落后民族女真建立的大金政权，在短短十余年间席卷整个中国北方，消灭北方草原霸主辽，又把北宋赶出开封，赶到了秦岭—淮河以南。女真人这种摧枯拉朽、横扫一切的力量，大约只有一个世纪以后的蒙古人才堪媲美。按照文明发展水平，金既落后于辽，更远远地落后于宋。金对辽、对宋，是野蛮对文明的征服。

我学宋史，所以常常有人问我，为什么宋打不过金。其中原因当然很复杂，但有一点需要特别强调，那便是，在冷兵器时代，倘若游牧民族是组织良好的、团结一致的，尤其是当游牧民族旭日初升的时候，那么，农耕民族几乎无胜算——拿锄头的打不过骑马的。

当然，宋朝自有其问题。比如，它的兵权分割设置太精美，以至于丧失了初衷，忘了军队本来的作用是打仗；它的武力集团在整个社会价值评判体系中的地位始终低于文官集团，这就限制了优秀人才向军事领域的流动。又比如，宋朝其实是一个缺乏长期战略规划的国家，北宋置身于多政权并立、互相竞争的国际态势之中，但在诸如国际关系、武装力量建设等问题上却并未予以持续性的深入研究。宋朝人处理这类问题的方式，一方面是得过且过的被动应付，一方面是急功近利的小打小闹。穷兵黩武会伤害国家和社会，然而一个国家在战略上只有眼前的苟且，没有远方和未来，才真是一件可怕的事情！居安思危，在和平时期

图五一：金 杨微《二骏图》

《二骏图》由金代画家杨微所绘，绢本设色，81 厘米 ×25.2 厘米，现藏辽宁省博物馆。该画作描绘了一位女真族牧马人驯马的情景。画中的女真骑士和两匹骏马刻画得流畅生动，重点突出了人和马的紧张气氛，刻画形象，动感逼人。从牧马人打补丁的坐垫这一细节也可看出，来自白山黑水间的女真民族经济相对落后，但其建立的大金政权，却在短短十余年间席卷整个中国北方，消灭了北方草原霸主辽，又把北宋赶到了秦岭—淮河以南。女真人这种摧枯拉朽、横扫一切的力量，大概只有一个世纪后的蒙古人才堪媲美。从画面中，我们仿佛能感受到他们在马背上骁勇剽悍、纵横驰骋的气势。

飘逸且极富造型的马鬃
打补丁的坐垫

尊重武力，保持对敌国外患的警惕，加强国防建设，这才是长治久安之道。可惜的是，不止宋朝，传统中国的各个朝代几乎都没能做到这一点。其中原因，我认为，可能与我们民族传统中不善分析的思想方式有关，传统的中国人不太能区分国防力量的建设与穷兵黩武这两件事情，而是把它们混为一谈，所以在实践上则体现为两个极端，要么谈兵色变，要么穷兵黩武。

金把宋朝赶到南方，占领了秦岭—淮河以北的广大地域，其中包括汉唐宋的古都长安、洛阳和开封，还有孔子的故乡山东。在中国历史上，这不是少数民族第一次入主中原。南北朝时期，拓跋族建立的北魏政权也曾统一北部中国。但是，“这一次”还是有它非常特殊的地方。南北朝时期的北方民族，在入主中原之前，大多长期生活在华夏边缘甚至内地，受华夏文明影响较深，对华夏文明具有较高的理解力和接受力，所以才有北魏孝文帝的迁都、改汉姓、易汉服、娶汉女。而女真人的情况则完全不同，他们原本臣服于辽，生活地域与宋并不直接接壤，在入主中原之前，女真人对华夏文明的了解主要是通过辽，而辽本身是一个汉化程度比较低的王朝。所以，女真人对华夏文明的认识是非常肤浅的，理解和接受的能力都相当有限。而女真文明刚刚走出原始社会，自身的发展程度是非常落后的。女真人以武力定天下建立统治，又凭借政权的力量按照自己的理解改造了北方的政治文化。这就是北方所经历的过程。

那么，这个过程是怎样发生的呢？我们选取几个具有代表性的历史瞬间，来观察女真人对华夏政治的改造过程。

第一个历史瞬间发生在1122年，女真人打下了辽的南京（今北京）。刚刚进入燕京皇宫的时候，金朝的开国皇帝完颜阿骨打“与其臣数人皆以次坐于燕之内殿上，受燕人之降。且上询黄盖有若干柄，意欲赐功臣皆张之”[1]。“上”指阿骨打，他问有多少把黄罗伞盖，打算跟几位功臣一人来一把。这个段子让宋朝人笑了很久。这是一个老文明对一个新文明的嘲笑。倘若从夏朝建立开始算，到宋朝为止，华夏的政治文明已经三千多岁了。而女真人刚刚走出原始社会，他们落后而淳朴，贵族之间还是相对平等的。我们从历史书上看到，1115 年阿骨打称帝建国，那么，大家可知道阿骨打最初的政治中心怎么称呼？上京会宁府？正确答案是皇帝寨。除了皇帝寨，金朝初期还有国相寨和太子庄。皇帝寨一直到 1123 年才升为会宁府，建为上京。

“山寨版”的女真皇帝对华夏政治文明中的君臣等级，明显缺乏认识。金朝的贵族们曾经对第二任皇帝完颜吴乞买实施杖刑——打屁股。这个段子也是宋朝人讲的。金国设置仓库收集储存财物，誓约“惟发兵用之”。可是，皇帝本人却“私用过度”，诸勋贵大臣决定惩罚“国主违誓约之罪”。“于是群臣扶下殿庭，杖二十毕，群臣复扶上殿”，各位大臣又向皇帝“谢罪”。[2]在宋人的眼里，这是一个非常滑稽的瞬间：群臣把皇帝从宝座上扶下来，打了二十板子，又扶回殿上，赔礼谢罪。完颜吴乞买就是灭亡了北宋的金朝皇帝。这个段子不知道宋人是否还笑得出来。此时的女真皇帝仍然是贵族群体中平等的一员。政治的原始状态与国家版图的扩张，已经严重脱节。原始的平等适用于规模较小的政治体，要治理一个庞大的国家，女真人必须引进先进的国家制度。

挨了打的完颜吴乞买开始吸收辽制和宋制，建设集权于皇帝和中央的国家制度。到了第三代皇帝金熙宗，“出则清道警跸，入则端居九重”[3]，已经具备中原皇帝的一切威仪。当然，在宋朝士大夫洪皓看来，金朝对中原文明的吸收是徒有其表的。“在‘中朝制度’的门面之下不改野蛮贪残的风气，而腐化堕落却随着文

1［宋］徐梦莘：《三朝北盟会编》卷一二引《北征纪实》，上海古籍出版社影印许涵度校勘本，1987 年版，第 86 页。
2 参见［宋］徐梦莘：《三朝北盟会编》卷一六五引赵子砥《燕云录》，上海古籍出版社影印许涵度校勘本，1987 年版，第 1194 页。
3［宋］宇文懋昭撰，崔文印校证：《大金国志校证》卷一〇《纪年·熙宗孝成皇帝二》，中华书局 1986 年版，第 151 页

明的进程日甚一日。”[1]1129 年，洪皓奉命出使金国，遭到扣留，直到 1143 才获释归宋。洪皓在金居留十五年，亲身经历了金朝政治文化的巨大转变，他感受到的主要是野蛮、落后。

金熙宗所颁布的《皇统新律》，“大抵依仿中朝法律，间有创立者”，比如“殴妻至死，非用器刃者不加刑”——殴打正妻至死，只要没有用兵器就可以免于处罚。为什么要如此规定？因为女真贵族小妾众多，唯恐正室妒忌。这一条，与华夏传统“妻者，齐也”的原则是完全对立的。当时汉人莫不唾骂，认为按照这个法律，做人家老婆连个奴隶都不如了！ 1139 年，金朝主要仿照唐制建立了新型的国家机器，“首建官于台省”。洪皓发现，在金朝新建的国家机器中，谏官、御史都是“备员”，徒有虚名，“不弹击，鲜有论事者”，很少有讨论政事的。地方上也没有监督监察机制，所以，官吏贪赃枉法毫无忌惮，有权有势的女真贵族更是横行霸道，民不堪命。华夏民族以三千年政治智慧创造出来的批评纠错机制，还处在文明幼年的女真人根本无法完全领会，只学得皮毛，不能得其真髓。

崇尚暴力与野蛮的民族，仍然习惯用野蛮的暴力方式来解决问题，女真统治者对待官僚的态度如同对待奴仆，动辄施以鞭杖之刑。金朝第四代皇帝海陵王曾经对大臣宣称：“古者大臣有罪，贬谪数千里外，往来疲于奔走，有死道路者。朕则不然，有过则杖之，已杖则任之如初。如有不可恕，或处之死，亦未可知。汝等自勉。”[2]1169 年，南宋的楼钥出使金国，到临淮县（今江苏盱眙县附近），听说临淮县尉被鞭八十；到相州（今河南安阳），又有一位校尉向他诉苦说：“此间与奴隶一等，官虽甚高，未免棰楚，成甚活路。”[3]官虽甚高，与奴隶一等，这是华夏文明中前所未有的。1169 年是金世宗大定九年，金世宗是金朝历史上最

1 江湄：《从出使辽金行记看宋人『华夷之辨』》，载 2017 年 4 月《文汇报》。
2［元］脱脱：《金史》卷七六《萧玉传》，中华书局 1975 年版，第 1735 页。
3 曾枣庄、刘琳主编：《全宋文》卷五九七三《楼钥七四 · 北行日录中》，上海辞书出版社、安徽教育出版社 2006 年版，第 265 册，第 88 页。

出色的皇帝，号称“小尧舜”。小尧舜治下，尚且如此——在女真的政治思想中，野蛮是理所当然、毋庸置疑的。就像开国之初，诸位勋贵大臣可以打完颜吴乞买皇帝的屁股，如今皇权独尊，皇帝当然可以打大臣的屁股，长官自然也可以打下属的屁股。官员失去了完整独立的人格，又怎么可能行使对皇帝、对上级的批评谏诤之权？

金朝治下的北方政治，崇尚暴力，强调服从，走向了野蛮化、残暴化。相比之下，南宋的皇权虽然专制，但是文明的风骨还在。通常情况下，如果硬打，文明是打不过野蛮，而一旦进入和平交往状态，文明对野蛮还是会有榜样和引导的作用。但是，南宋似乎并未很好地发挥华夏文明的榜样作用。一个可能的原因是，就国家地位而言，南宋长期处于下风。宋朝习惯于用财物换和平。北宋给辽的叫“岁币”，这是完全对等的关系。给西夏的叫“岁赐”，这是不平等的关系。宋在上，夏在下，宋作为一个天朝上国给夏赏赐。根据1141年签订的宋金绍兴和议，南宋给金的叫作“岁贡”，这是另外一种不平等，宋在下，金在上，宋是附属国，金是宗主国。这种关系通过1164年的隆兴和议得到了改善。总体而言，宋对金，虽然文明程度、经济文化发展水平都先进得太多，但是，在文化竞争中，宋对金影响有限。金朝逐渐发展出一种本朝认同，认为我们大金所拥有的才是华夏正统，你看，就连孔子的故乡不也在我们的治下吗？而蒙古人的崛起、元朝的建立则彻底实现了北方文化对华夏文明的统一和重新定义。

元：政治文化的两大倒退

我先介绍一幅17世纪末18世纪初的法国博韦制毯厂（Beauvais Manufactory）制作的挂毯，如今珍藏在美国洛杉矶盖蒂博物馆。画面描绘的是：在花园的大树下，有一宝顶凉亭，凉亭里摆着一张不大的圆桌，一男一女围着圆桌相对而坐，周遭环绕着跳舞的侏儒、弹奏七弦琴的侍女，以及服侍酒食的仆人。男主人身材微胖、鼻梁高耸，头戴红色毡帽，帽子下缘以皮毛装饰，脑后则是一大坨孔雀翎，耳垂上还挂着水滴形的耳坠。他坐在金色的靠背高椅上，手举高脚金杯，似乎在向对面的女主人祝酒。同样，大眼高鼻且身形丰腴的女主人则凝视着男主人，右手前举，左手低垂在裙侧，手上握着一把精致的折扇，金色的披纱从头顶一直垂到腰际。那么，现在问题来了，画面上的这一对，究竟画的是谁呢？——大清的顺治皇帝和皇后。很显然，法国人想象中的大清帝后，是以法国的王室贵族为原型，加了一点异域元素制造出来的。

人们在认识、描述未知世界的时候，所能用的尺子一定是自己所熟知的一切。类似的故事，还有晋惠帝近乎痴人说梦般的“何不食肉糜”，以及鲁迅笔下20世纪初农村妇女想象中的皇后娘娘。农村妇女认为柿饼是难得的美味，以己度人，推想皇后娘娘那么尊贵，一定是想吃多少柿饼，就可以吃多少柿饼，所以在村妇的想象中，当皇后最惬意的事情，莫过于一天劳累之后，倒卧于竹床之上，懒洋洋地说：太监，拿个柿饼来！晋惠帝的脑子可能是不太灵光的，但他有一种本能的善良，他想象着老百姓没饭吃一定很苦，所以，他很自然地说，那他们为什么不吃肉糜呢？对于一个在深宫里长大、娇生惯养、没见识过人世艰难的皇帝来说，吃肉糜已经是退而求其次了。

熟悉的世界让人感到安全，有舒适感；未知的陌生世界则让人感到危险，产生恐惧感，越陌生越恐惧。因此，成年人的常见做法，就是用已知来丈量、判断未知，尽可能把有关未知世界的新知识修修剪剪，想办法塞进已知的框架里。首先是“以己度人”，然后是“削足适履”，把陌生改头换面，强行变成熟悉来认识，这样会大大降低对未知的恐惧，获得心理安慰。但是，这样做，可能会让我们丧失认识未知的能力——如果你都不承认这是不一样的新东西，又怎么可能真正认识它？

传统史学对于像元朝这样的北方民族政权的认识，最常犯的一个错误就是“以己度人”“削足适履”，以华夏为尺度去度量和评判异族统治，单方面地强调“汉化”，选择性地忽视统治民族自身的文化特色和其他思想文化资源的影响。这就让我们很难厘清北族政权对华夏文化的实际影响——完全不同的因素不但进来了，而且在某些方面彻底改变了华夏——变化实实在在发生了。但是，如果你连北族政权是不同的都不愿意承认，那又怎么可能认识到变化是怎样发生的？

承认不同，看到差异，然后才能明了变化。

蒙古族统治下的元朝，自有其思想、文化和制度基础。“蒙古建国后除汉文化外，还受到吐蕃喇嘛教文化、中亚伊斯兰文化乃至欧洲基督教文化的影响，对本土文化贫乏的蒙古统治者来说，汉文化并不是独一无二的药方。”相反，对蒙古人来说，汉文化的接受难度可能是更大的，原因有二：第一，蒙古是游牧民族，而汉文化是发展成熟的农耕文化，游牧与农耕之间存在着巨大的文化差异，配型不同，必生排异。第二，元朝统治的核心是强大而保守的草原游牧贵族集团，他们所坚持的是草原本位政策，对汉文化的接受意愿本来就不高。比如选定今天的北京作为元朝的政治中心，在很大程度上就是为了方便与北方草原保持联系。而后来的历史也证明，蒙古人最终还是从大都退归了大漠草原，没有重蹈之前女真、契丹、鲜卑等民族彻底消融于华夏的宿命。不管在当时的汉人、南人看来蒙古文化多么落后，但是作为统治民

图五二：元 赵雍《蒙古马戏卷》（局部）

《蒙古马戏卷》为元代赵雍所绘，绢本设色，172.7 厘米 ×26.7 厘米，现藏美国大都会艺术博物馆。赵雍为赵孟頫之子，书画继承了家学。从画面中可看到，在骏马飞驰的过程中，骑者或独脚立于马背上，或侧身飞出马背，或斜倚在马背上，或倒挂在马背上，骑姿百变，惊心动魄，令观者大开眼界。由此也表现出蒙古草原民族极为精湛与娴熟的马技。他们游牧迁徙，居无定所，逐水草而居，这种来自北方草原的粗犷剽悍的性情，构成了元朝统治的核心文化。

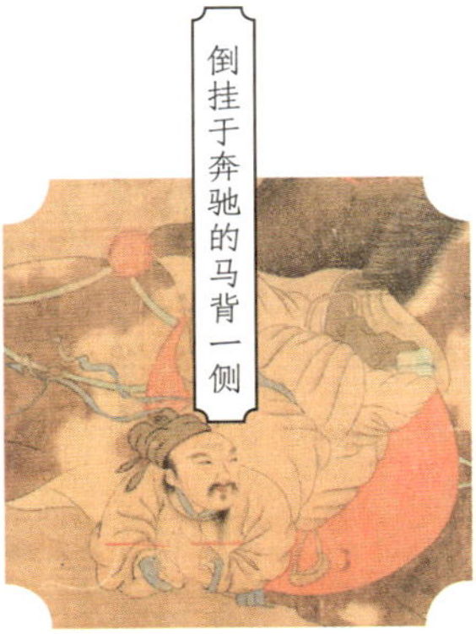
倒挂于奔驰的马背一侧

巾帼不让须眉

手牵缰绳，单脚立于疾驰的马背上

族的文化，这种来自北方草原的文化仍然构成了元朝统治的核心，并且对华夏文化产生了深刻的影响。

有学者认为，元代文化包容有度、气象宏大，重视技术型知识，假以时日，必将大成。只可惜，蒙古统治中国只有短短的百余年，这样的文化“大成”，并未出现。就政治文化而言，我们今天能够看清楚的，来自元朝的影响还是负面居多。就华夏政治文明的发展而言，元朝时期发生了两项重大倒退，影响恶劣，必须清算。

第一是在国家性质的认识上，出现了大幅倒退。蒙古人信奉的是更为原始的家产制国家观，他们相信蒙古国家是成吉思汗家族的私有财产，“一切东西都掌握在皇帝手中，因此没有一个人胆敢说这是我的或是他的，而是任何东西都是属于皇帝的；不管皇帝和首领们想得到什么，想得到多少”[1]。这种认识与华夏的天下国家观念是格格不入的。天下国家观念的一个重要认识前提，是皇帝、朝廷国家与天下苍生构成了“江山社稷”，而“江山社稷”是一个整体，有它的整体利益。一姓王朝的统治权力来自上天对其德行的承认，而这种承认体现在“天下苍生”，也就是老百姓的感受上。因此，皇帝和朝廷国家必须顾及老百姓的利益，在朝廷国家利益与社会利益之间寻求平衡。比如，对待王朝统一过程中的新占领区，按照华夏传统，新疆与旧土之间可能会存在政策差异，但是这种政策差异持续的时间不会太长，因为在理论上，华夏的政治原则是“普天之下，莫非王土，率土之滨，莫非王臣”，新疆与旧土之间是平等的，应当受到同等对待。

这些东西，蒙古人哪里懂得？在他们看来，新占领区的土地和人民都是蒙古人的战利品。初入中原之时，曾经有蒙古贵族向窝阔台汗建议：留着这些汉人也没什么用，不如都杀了，让大地草木畅茂，用来放牧牛羊！除了打仗以外，畜牧是蒙古人最熟悉

1 这是方济各会修道士约翰·普兰诺·加宾尼的观察。1245年，加宾尼奉教皇英诺森四世的派遣出使蒙古汗庭。[法]加宾尼：《蒙古史》，见[英]道森编，吕普中译：《出使蒙古记》，中国社会科学出版社1983年版，第27页。参见屈文军：《论元代君臣关系的主奴化》，见汤开建、马明达主编：《中国古代史论集》（第2集），上海古籍出版社2006年版，第68—80页。

的经济方式；汉人的生命在蒙古贵族眼里是一文不值的，既然没用，统统杀掉也是可以的。最终，是汉化了的契丹人耶律楚材阻止了这场大杀戮。那么，耶律楚材是怎样劝说窝阔台汗的呢？他一句儒家的大道理都没有讲，而是直接给窝阔台汗算了一笔账，告诉他留着汉人收税，每年可以收到“五十万两银子、八万匹绢和四十万石的小米”。这笔账算下来，果然就打动了窝阔台，窝阔台说：“诚如卿言，则国用有余矣。卿试为之。”[1]耶律楚材劝说窝阔台的方式，充分表明他对蒙古文化及蒙古上层认识水平的熟悉程度。

说到这里，我想起一个有趣的话题——腐败。之前曾经有著名作家声称：宋朝最腐败，影响巨大。我因学宋史，故常被追问：宋朝真的最腐败吗？我没做过比较研究，不敢确指哪个朝代最腐败，只能回答说，从逻辑上推断，帝制中国最腐败的王朝绝不可能是宋朝——政治文化在那儿摆着，底线是有的。后来读到元史专家李治安先生的说法，深合我心。李先生认为，元朝的腐败程度，在中国历史上是空前的。这是一种前所未有的全面腐败，从地方到中央，“居官者习于贪，无异盗贼，己不以为耻，人亦不以为怪。其间颇能自守者，千百不一二”[2]。元朝的腐败有两个非同一般的特色：第一，华夏王朝的腐败通常发生在王朝末路，而元朝的腐败从一开国就风气甚烈。第二，前代宰相级别的高官爱惜羽毛，希图留名后世，所以较少有腐败发生；而元朝的宰相不但贪腐成风，而且涉及金额巨大。1303年，元成宗因为一起腐败案，惩处了八名正副宰相，占到宰相人数的82%，几乎全烂了。[3]

元朝之空前腐败，原因何在？俸禄微薄、官员素质低下、最高统治者的徇私，这些都是合理的解释，然而最根本的原因还是蒙古人对国家性质的认识存在问题。他们没有华夏传统“江

1 宋子贞：《中书令耶律公神道碑》，见李修生主编：《全元文》卷八，凤凰出版社1998年版，第171页。
2 吴澄：《赠史敏中侍亲还家序》，见李修生主编：《全元文》卷四七六，凤凰出版社1998年版，第85—86页。此序作于『至顺庚午』，即元文宗至顺元年（1330年），上距元朝灭宋五十一年，下距元朝灭亡三十八年。
3 参见李治安：《论元代的官吏贪赃》，载《南开大学学报》2004年第5期，第32—41页。

山社稷”的概念，不懂得皇帝国家和社会是一体的，有着共同的整体利益需要维护。在宋朝，台谏官批评、监督、弹劾是受到鼓励和包容的，皇帝、宰相就算心里不愿意，大面儿上也得过得去，因为批评对江山社稷有好处，这是共识。而在元朝，御史台弹劾皇帝信任的高官，皇帝会说：以后谁再说这事，朕肯定饶不了他。高官出了问题，皇帝所想的，不是要核查问题、处置高官，而是处理揭发问题的人。这脑回路，实在是清奇无比。何以至此？因为这国家是朕的家产，而大臣是朕的家奴。朕愿意抬举他，与外人何干？

元朝时期政治文化的另一个全面倒退发生在君臣关系上——从前是君臣，从此变主奴。君臣之间在政治权力和社会地位等诸多方面当然是不平等的，但是在人格上，君臣之间存在着某种抽象的平等——“君使臣以礼，臣事君以忠”，君臣之间，以礼遇换忠诚；“天下有道则仕，无道则卷而怀之”，臣子有不合作的权利。这种“抽象的平等”到蒙古人这里宣告终结。蒙古人更看重的是做皇帝的奴仆。草原旧俗，大汗最信任的人是他的斡脱古·孛沃勒（世袭奴隶）。成吉思汗初兴，木华黎的父亲把木华黎送到成吉思汗身边说：“永远做奴婢者”，“若离了你门户呵，便将脚筋挑了，心肝割了”。木华黎家族在元代世代高官，但是他们“认为最贵、最足以骄人的是‘老奴婢根脚’”。在元朝文化当中，世袭奴隶是最高贵的出身。成吉思汗所建立的怯薛制度，就是以大汗的贴身宿卫充当国家的管理者。怯薛分管大汗的冠服、弓矢、饮食、文史、车马、帐篷陈设、府库、医药、卜祝之事，世代相传为大汗服务，才可以接受大汗的指派去处理政务、治理国家，当到宰相，地位显赫之极，“然一日归至内庭，则执其事如故，至于子孙无改。非甚亲信，不得预也”[1]。对蒙古贵族来说，没有什么比作为奴婢服侍大汗或者皇帝更光荣的事业了。

家国不分的状况，在华夏国家政权的发育早期，以及后世王朝的政权发育过程中，都曾经出现过。比如从晚唐五代到宋初，也曾经出现过皇帝用家臣来伸张皇权、加强中央控制的情况，但是，华夏政治文明的成熟度足以让当时的皇帝认识到这是不正常的，一旦国家长治久安，家臣——不管是宦官还是其他——都应当退出政治舞台。而这种意识，显然是蒙古人所缺乏的。他们走了相反的路，在统治中原之后，草原上的世袭奴隶制度扩大到一般的君臣关系当中。而当臣子的地位下降到奴隶的地步，哪还有批评与纠错的余地呢？

我们接纳元帝国在华夏版图上的开拓之功，但也不应忘记元朝统治给华夏政治文化带来的两大倒退，在国家性质的认识上退到以天下为皇室家族之私产，在君臣关系上退到以奴婢为荣耀。

明：朱元璋的无知与恐惧

传世的朱元璋画像有两个版本，一个是红袍、马脸的异人相，一个是黄袍、方面大耳的标准帝王相。历史学者对于朱元璋的评价也分为两派。一派认为朱元璋是个伟大的皇帝，他的伟大体现在两点：第一，“得国最正”，取得政权的方式最正当，“匹夫起事，无凭借威柄之嫌；为民除暴，无预窥神器之意”，苦孩子、农民起义军领袖出身，江山是靠自己打下来的，而且投身革命的本意是为民除暴，当皇帝只是上天的安排。第二，朱元璋有“拨乱反正”再造华夏制度之功，“当元尽紊法度之后，一切准古酌今，扫除更始，所定制度，遂奠二百数十年之国基”，元朝把中国法度搞得乱七八糟，全靠朱元璋清理再造。[2] 另一派

1 ［明］宋濂等撰：《元史》卷九九《兵志二·宿卫》，中华书局 1976 年版，第 2524 页。

2 参见孟森著，何孝荣、张慧导读：《明史讲义》，四川人民出版社 2018 年版，第 32 页。

图五三：清 姚文翰《明太祖真像》

《明太祖真像》出自清代画家姚文翰奉敕所绘的《历代帝王真像》，该画集共 44 帧，绘就于乾隆五十三年，绢本。明太祖朱元璋（1328—1398），明开国皇帝，卓越的军事战略家。幼时家贫，曾以为地主放牛为生。及成年，参加红巾军反抗元朝。1356 年定集庆（今南京），而后朱元璋采纳谋士朱升“高筑墙、广积粮、缓称王”的建议，实力逐日壮大。1368 年，朱元璋击败各路农民起义军，于应天府称帝，国号大明。其后，明军进逼北京，结束了元朝统治。明朝建立后，朱元璋废宰相，加强中央集权；打击贪官污吏；垦荒屯田，减轻赋税，使明初经济得到了较好发展。传世的朱元璋像有两个版本，一是身穿黄袍、阔面大耳的帝王相，一是身着红袍、面部呈马脸的异人相，文中展示的即为第二幅。画像中，朱元璋双目有神，耳朵肥厚，长脸圆颌。史学考证，较之其实际相貌，此画像略为夸张。

则认为“明代是中国传统政治之再建，然而恶化了。……这是明太祖一人的私意。一人的私意，不足以统治一个天下，只会使明代的政治，走上歧途”[1]。

我属于后一派。朱元璋所建立的朝代的确存在了277年，堪称长治久安，然而明朝政治文化的水平实在谈不上高明。明朝虽然是汉人政权，但是就政治文化而言，明朝在元朝的延长线上，华夏制度恢复工作大多流于表面，元朝政治文化的野蛮基因却在明朝统治者的血脉里倔强流淌。不高明而能长久的原因，有待思考。这里我想重点谈一谈“明太祖一人的私意”是怎样“使明代的政治走上歧途”的。

朱元璋嗜杀。他解决功臣问题的方案就是“杀”，他解决贪腐问题的方案也是“杀”。肉体上消灭，解决得很彻底。中国人口基数大，成千上万地杀人，在历史书上一点儿不罕见。读多了会让人麻木，只见数字不见人，感觉不到痛。从前学唐史，学到武则天杀李唐宗室和忠臣。老实说，这并不影响我们对武则天的评价，因为上层的杀戮与老百姓无关。朱元璋杀人，老百姓看，杀的是官；小官看，杀的是大官。总之，杀的是别人，与我无伤。不仅如此，官比我大的，比我富贵的，也都有今天，我虽得不着实际的好处，心理上的满足还是有的。“眼看他起高楼，眼看他宴宾客，眼看他楼塌了”，岂不快哉！然而，这样任性的杀戮真与普通官员和百姓无关吗？

还是有关系的。朱元璋的杀人，多半属于法外酷刑。皇帝一人凌驾于法律制度之上，独裁专制，任意用刑，法律的尊严荡然无存。比如说“空印案”。地方政府派官吏到户部核准钱粮军需事宜，因为道路遥远，往返不便，所以事先会准备好盖了印的空白文书，遇到吏部驳回，便就地修改，换新文书交上去。严格按

1 钱穆：《国史大纲》（修订本），商务印书馆1996年版，第665、669页。

图五四：明 张居正编《帝鉴图说·纵酒妄杀》

《帝鉴图说》是明代内阁首辅张居正所编，供幼年的明神宗阅读的教科书。为了让年幼的万历皇帝快速掌握治国理政的方要，张居正以历代经典的正反面治国案例为素材，编撰了这套类似绘本版《资治通鉴》的图书。全书分上、下篇，上篇“圣哲芳规”讲的是历代帝王励精图治的故事，下篇“狂愚覆辙”讲述历代帝王逆施倒行终招致亡国之祸。文内插图为线条简明的明代木刻版画彩绘。《资治通鉴》卷一六六载，北齐文宣帝高洋统治末期嗜酒滥杀，“尝作大镬、长锯、锉碓之属，陈之于庭。每醉，辄手杀人以为戏乐”。宰相杨愔不忍无辜者被杀，就将死囚犯列庭帐内，称“供御囚”，备高洋纵酒戏杀。由此反映出帝王嗜杀、滥杀的暴行，以此劝勉幼年的明神宗。

杨愔正劝醉酒的齐宣帝以死囚替代无辜者

规定抠，这样做肯定不对。可是，大家都这么做，“空印文书”的存在已经成为一种“非正式制度”，地方上做，户部知道，大家心照不宣。忽一日，“帝疑有奸，大怒”，万钧雷霆之下，数百名地方官员杀的杀，流放的流放。有人抗议，说：“且国家立法，必先明示天下而后罪犯法者，以其故犯也。自立国至今，未尝有空印之律……今一旦诛之，何以使受诛者无词。”[1]先立定罪名，昭示天下，然后才可以追究那些犯法的人，这是自有成文法以来的治国通例。可是到了朱元璋这里，想讲道理，门儿都没有！当一个人的意志凌驾于法令制度之上，其他人是否有罪、何时得罪、怎样判罚，都要看此人的心情了。

朱元璋杀得最多的，除了功臣，就是读书人。他最恨的就是读书人不合作。改朝换代之际，读书人忠于前朝，不愿出仕新朝，在华夏政治文明中是得到默许的。蒙古人统治中原一百零九年，对文化虽然不重视，但是干预也少，自由空间留得大。所以，还是有人愿做元朝的“遗民”。对于这种不合作的态度，朱元璋零容忍。苏州有姚叔闰、王谔两个书生，朱元璋“欲擢用，分理庶务，共造民福”，可是这俩人不识抬举，竟然买通官府编造理由，死活不肯进京。事发之后，砍头，抄家！朱元璋仍然觉得不解恨，亲自撰文鞭尸，说：“‘率土之滨，莫非王臣。’成说其来远矣。寰中士夫不为君用，是外其教者，诛其身而没其家，不为之过！”寰宇之中士大夫胆敢不接受君王的任用，分明是自外于教化，砍他的头，抄他的家，一点都不过分！

“寰中士夫不为君用”，这是朱元璋新创的罪名，史无前例。华夏传统从来都是允许士大夫不合作的。皇帝拥有政统，凭借政治权力统治国家；道统则靠孔门弟子一脉相承。读书人在政权之外传承、探求修齐治平之路，“仕而优则学，学

1［清］张廷玉等撰：《明史》卷一三九《郑士利传》，中华书局1974年版，第3997页。

而优则仕”，来去自由。“道不行，乘桴浮于海！”“天下有道则仕，无道则卷而怀之。”这都是被允许的。秦始皇统一天下之后，“海内为郡县，法令由一统”。没有了多国竞争，读书人只能服务于唯一的政府，不合作的自由成了传统读书人最后的独立空间。到朱元璋这里，“寰中士夫不为君用”成了重罪，这最后的空间也没有了。这条罪名虽然没有正式入律，但是作为“皇明祖训”——开国皇帝的教诲，它就像是紧箍咒一样，一直都在，任何时候念起来都会让人瑟瑟发抖。一百多年以后，朱元璋的后嗣中格外荒唐活泼的正德皇帝在位，宦官刘瑾专权。王云凤为母服丧完毕，升任国子监祭酒，接到任命，想要坚决推辞。友人写信告诉他，当政的人可是正在念叨太祖爷那句“寰中士夫不为君用者当杀身灭家”呢，你要小心啊。王云凤的爹一听就吓软了，说，我老了，你打算让我怎么着啊？王云凤无可奈何，收拾平生诗文付门生周朝著藏之，“于是乃泣而就道”。当个国子祭酒竟然要哭着上路，如赴死一般。这样的景象，哪一朝有？

朱元璋要读书人出来做官，并不是说他有多重视知识，而是他不能容忍读书人不合作。相反，那些合作了的读书人官员，在朱元璋的眼里，都是德行可疑、随时会作奸犯科的贪婪之徒。比如说，对于地方官，朱元璋制定了一项无比奇葩的规定，禁止官吏下乡。按道理讲，地方官下乡是了解政情民意的重要渠道，“日高人渴漫思茶，敲门试问野人家”，所描述的就是苏轼做徐州知州时下乡的情景。可是，朱元璋却认为地方官吏下乡，就是去“扰吾良民”了，因此，他屡屡下诏，加以禁止。洪武十七年（1384年），福建布政司右布政陈泰因下乡扰民，“拿赴京师，斩首于市”。朱元璋趁机再次重申不许下乡的禁令，并且宣布，如果还有“贪娄之徒”“不畏死罪，违旨下乡”，那便允许“民间高年有德耆民率精壮拿赴京来”。[1]

在朱元璋的眼里，好官凤毛麟角，贪官比比皆是。洪武十八年（1385年），他说：朕自即位以来，提拔了很多官员，希望他们能够忠诚廉洁。用久了就发现，俱系奸贪。朕于是明白地向他们展示法令制度和刑责的不可饶恕。可是内外官僚，守职唯难，能得善终的少，杀头抄家的多。已经杀了那么多人，惩罚不可谓不严，然而还是“能得善终的少”，为什么呢？难道朱元璋赶上的就真是一个官僚“俱系奸贪”的坏时代吗？

朱元璋鼓励老百姓揪斗官员。他把自己亲自抓的大案、要案精选成集，亲自加上批示，印发全国，这就是《大诰》，犯罪者会背《大诰》可以减刑。洪武十九年（1386年）三月二十九日，有农民手持《大诰》进京告状，遭到了途中镇寨巡检、弓兵的刁难和勒索。朱元璋下令将涉事弓兵枭首示众，巡检剁去双足枷号示众。但是，如果你以为朱元璋就相信老百姓，那就大错而特错了。在朱元璋看来，这些来告状的，还有地方上有势力的耆老，都是刁民。他的做法，只不过是让刁民看着奸官。

朱元璋唯一相信的是他自己，他有一种奇特的“以一人而治天下”的偏执。朱元璋操心的事情，亲自制定的法令，绝对超过中国历史上其他任何一个皇帝。比如，他竟然亲自制定了地方官的《到任须知》，一共三十一条，事无巨细，一一规定；并且在前言中以一种传播邪教的口吻，威胁加诱惑，要求官员勤读此纲领：“若人懒于观是纲领，虽是聪敏过人，官为之事，亦不能成。若能喜读勤观，则永保禄位，事不劳而疾办。此书所载，学生及野人辈，皆可预先讲读，以待任用。”[2]朱元璋的这个《到任须知》，实在是太细了。相比之下，宋真宗御制的文臣七条，才真正是言

1 参见［明］朱元璋：《大诰续编》，『官吏下乡第十七』『民拿下乡官吏第十八』。

2 赵毅、马冲：《明太祖的皇权专制与『皇权下县』——以地方官员〈到任须知〉为中心》，载《河南师范大学学报》2018年第6期，第81—85页。

简意赅，提纲挈领，从根本上下功夫："一曰清心，二曰奉公，三曰修德，四曰责实，五曰明察，六曰劝课，七曰革弊。"[1]第五条"明察"要求勤察民情，第七条"革弊"涉及对地方政治的纠错改良，都需要地方官亲自下乡，考察民间疾苦——这样的自主权，朱元璋怎么可能交给那些"贪婪之徒"呢？他只要他们老老实实做工具，亦步亦趋，按照他的指令行事。

朱元璋的《到任须知》和宋真宗的《御制七条》，最根本的区别在哪里？——是否相信人是有道德、可以自律的。宋真宗信，朱元璋彻底不信。朱元璋是一个安全感极度缺乏的人，对人性缺乏最起码的信心。"人心叵测，至诚者少，不诚者多，暂诚者或有之"，这是朱元璋批示中的话。"有能者或面从志异，有德者或无所建明，中材下士，寡廉鲜耻"，这是朱元璋御制策问中的原话。总之，普天之下除了"予一人"，就没有德才兼备、讲究廉耻的人。这样的皇帝，外表有多膨胀，内心就有多荒凉。

朱元璋"取天下于群盗，救生民于涂炭"，可以说"得国之正，非唐宋所及"。有学者认为，正是这种"得国之正"赋予了朱元璋肆无忌惮地伸张君权的合法性。然而，这种"以一人而治天下"的荒唐，恐怕只说"得国之正"是不能解释的。朱元璋缺乏政治家的见识和学识，他从下层崛起，在坎坷中成长，历尽人间险恶。他在成长中所经历的官员也好，耆老、读书人也罢，可能真的是坏人居多，这让他怀疑一切。他又自认是高尚的人，所以特重私德，过于强调生活细节。他对待外部的人和外部世界的方法就是用暴力压服，而凑巧，作为皇帝，他拥有最强大的暴力。朱元璋的暴力统治，"不究其习之所由成而徒用其威，必终于威竭而不振也"。"就颁行《大诰》本身的社会效果而论，由于朱元璋所倡导的是

1 司义祖整理：《宋大诏令集》卷一九一《政事四十四·诫饬二·文臣七条》，中华书局1962年版，第701页。

无视正常法制的、无区别的和无节制的大行诛戮，因而人心不服，收效有限，流弊很大，难以持久实行。也就是说，未能达到朱元璋的预期目的。”[1]

明：廷杖下的士大夫之气

明朝政治文化的一大特色是廷杖。清人所修《明史·刑法志》云：“刑法有创之自明，不衷古制者，廷杖、东西厂、锦衣卫、镇抚司狱是已。是数者，杀人至惨，而不丽于法。踵而行之，至末造而极。举朝野命，一听之武夫、宦竖之手，良可叹也。”[2]这几样创造，实际上并无法律规定可以遵循，可是明朝人“踵而行之，竟于末造”，甚至到南明小朝廷风雨飘摇了，还舍不得放弃，的确令人叹息。然而我不打算叹息，我想分析。

首先，为什么说廷杖是明朝的创造？吴晗说：“廷杖打的是大官，喝打的人，却是皇帝或太监，打的地方，就在殿廷，这就叫廷杖。”言简意赅，不是很准。比如“大官”就不太准，实际上六、七品官最多。因此，我们需要给廷杖一个更为明确的定义。

明朝的廷杖有四个特点：第一，行刑的对象主要是中央官员，特别是中级官员和言官。有学者从明朝史料中搜集到姓名、事迹相对清楚的廷杖受刑官员 157 人，进行了简单的数据分析，发现占比最高的是专司批评弹劾的科道官（六科给事中和都察院的监察御史），占 43%；占比名列第三的是翰林院官员，占 10%。翰林院官员同样以言责自负，科道官与翰林院官两项合计占到了 53%。也就是说，超半数的受刑官员是言论官，因言获罪。占比名列第二的是六部官员，占 24%。[3]六部负责具体政务运行，六部官员遭受廷杖，应当主要是在具体政务运作中不能顺承君命，逆了龙鳞。中央官因为得罪皇帝直接受责，这是廷杖的第一大特点。

1 杨一凡：《明〈大诰〉研究》，社会科学文献出版社 2016 年版，第 136 页。
2 [清]张廷玉等撰：《明史》卷九五《刑法志三》，中华书局 1974 年版，第 2329 页。
3 张靖胤：《明代廷杖研究》，西北大学硕士论文，2014 年。

第二，行刑的地点在壮丽的宫城殿宇之间。学者考证，廷杖最常用的地点是午门前的御路东侧。虽然《明史·刑法志》说廷杖“不丽于法”，但廷杖其实是有一套特定规矩的，并不是“拖出去就打”。通常，廷杖的程序包括：皇帝下令，司礼监出文，厂卫拿人，锦衣卫行杖。各位以后再去故宫，路过午门，可以驻足几分钟，闭上眼睛想象一下当日“盛况”。

第三，廷杖的行刑具有强烈的仪式性。“每廷杖，必遣大珰监视，众官朱衣陪列。左中使，右锦衣卫，各三十员，下列旗校百人，皆衣襞衣，执木棍。”大珰就是宦官，众官就是受刑者的同类。首先要宣读圣旨，“宣读毕，一人持麻布兜，自肩脊下束之，左右不得动”，也就是将受刑人从肩膀到后背捆结实了，另外有一人把受刑者的脚捆起来，这样就不会乱动了。就这样，受刑者从上到下，都被捆好，只露出大腿接受杖刑。行刑者用绳子从四面牵拽固定受刑者。每打之前，必先呼“打”，“每喝，环列者群和之。喊声动地，闻者股栗”。廷杖的行刑规模，大多数是一两个人，“正德年间明武宗创过一百零七人同时受杖的纪录”，这个纪录很快就被打破，“嘉靖皇帝同时廷杖一百二十四人，其中十六人当场死亡”。很多人被当场打死，打不死的，非得把坏肉剜下来，躺几个月才能痊愈。[1] 政治中的仪式是权力的表达。有学者专门从仪式的角度讨论廷杖，认为它是一种有关“控制”的仪式，其目的是“重建受到挑战的皇权”。[2] 我则认为，这种说法真是太客气了。果真如此的话，我们只能认为，明朝的皇权太脆弱了。

第四，在当时以皇权为主导的政治文化中，廷杖被认为是合理合法的，已经成为明朝的政治传统，不容置疑。

以上是我们粗略总结的明朝廷杖的四大特点：第一，打的是中央官，特别是言论官；第二，行刑地点在辉煌的殿廷；第三，

1 参见［清］魏禧：《魏叔子集》，见［清］胡承谱：《续只尘谈》卷上《廷杖故事》。
2 参见李为香：《关于明代廷杖的仪式解读》，载《求是学刊》2012年第3期，第137—142页。

廷杖具有强烈的摄人心魄的仪式感；第四，它是当时政治文化中的合理存在。

按照这四个标准衡量，“廷杖之法”的确是明朝的独创。金元皇帝打杀过官员，也不觉得打杀有什么不对，但没有这么制度化、仪式化。华夏皇帝，东汉明帝、北周宣帝、隋文帝、唐玄宗也打过，唐玄宗甚至有“决杖朝堂”的行为。但是，他们的相关行为，在当时的政治文化中都是被否定的不正当行为。

比如说，隋文帝“……每于殿庭棰人，一日之中，或至数四”。有一次，因为负责打人的人棒子挥舞得不够有力，隋文帝大为光火，“即命斩之”。宰相高颎等人劝谏“以为朝堂非杀人之所，殿庭非决罚之地”。文帝不纳，高颎等以辞职相威胁。文帝很不高兴，但还是改了，“令殿内去杖，欲有决罚各付所由”。[1]被唐玄宗宣布“决杖朝堂”的臣子，按记载有三例：洛阳主簿王均，是宰相张嘉贞为了灭口，直接让人将其打死的；秘书监姜皎，三品高官，死在了流放途中；监察御史蒋挺，“决杖朝堂”的诏旨已经下达，遭到了宰相张廷珪的抵制，理由是“御史有谴当杀，杀之，不可辱也”，“士大夫服其知体”。广州都督裴伷犯罪，张嘉贞援用姜皎的例子，劝玄宗对裴伷“决杖朝堂”，张说表示坚决反对，说：这是不对的。“刑不上大夫”，因为他们靠近君主；“士可杀不可辱”。从前姜皎得罪，官至三品，而且有功劳，如果犯罪当死就应该直接判死刑，唯独不该当廷羞辱，用对待大兵的态度来对待大臣。按照唐律，勋贵在“八议”之列，普通罪行可以获得刑罚减免。往事不可追，姜皎的事儿也就算了，但是裴伷绝不能再这样羞辱，那就滥了！玄宗本来就对姜皎感到抱歉，于是表示同意。张嘉贞很生气，于是张说对他说了下面的话：“宰相时来则为，非可长保。

1 ［唐］魏徵、令狐德棻撰：《隋书》卷二五《刑法志》，中华书局1973年版，第713页。

图五五：明 张居正编《帝鉴图说·览图禁杖》

《览图禁杖》与上文的《纵酒妄杀》皆出自明代张居正编撰的《帝鉴图说》。据《新唐书·刑法志》载，贞观四年（630 年），“太宗览《明堂针灸图》，人五脏之系，咸附于背。诏自今毋得笞囚背”。一天，唐太宗看《明堂针灸图》，内有一图形，说人的心、肝、脾、肺、肾这五脏的系统，皆附贴于脊背，太宗顾虑到打人脊背，则五脏震动，有可能致命，于是下诏，令自即日起不许仗责囚犯脊背。上图呈现了两幅画面：上半部分描绘的或为唐太宗览《明堂针灸图》后，命臣子传旨下去禁止仗背；右下角画面衔接官员在接到皇帝命令后，摆手禁止行刑者仗背的情景；画面中间以大片云朵在场景上做了隔离。张居正通过《览图禁杖》规劝明神宗向先贤学习为明君之道，既要体恤百姓，又要适当减少仗责，可见其良苦用心。

若贵臣尽杖，正恐吾辈及之渠不为天下士君子地乎？”[1]意思是说，宰相这高位，运气到了才能当，倘若高级官员都被皇帝打了板子，只怕有一天会打到你我头上啊，为什么不为天下的士大夫考虑考虑呢？

“刑不上大夫”语出《礼记》，东汉郑玄注曰：“刑不上大夫，不与贤者犯法，其犯法，则在八议轻重，不在刑书。”按照唐代孔颖达的解释，“不与贤者犯法”就是“不许贤者犯法”。士大夫之所以有辅助君主治理国家的资格，是因为他们是贤者，是有道德操守的一群人，尽管士大夫同样会犯法，但是，作为一个整体，君主要承认并尊重他们集体人格的高尚。因此，即便其中的某些成员发生了犯罪行为，也要本着尊重其集体人格的精神，予以特殊关照，不能像对待普通老百姓那样直接适用普通法律。“廉耻节礼以治君子，故有赐死而亡戮辱。”[2]张说劝说张嘉贞“为天下士君子地”，还有一层意思，就是在强大的君权面前，“天下士君子”是一个整体，保护“天下士君子”的尊严，为“天下士君子”存体面，就是保留劝谏皇帝、维护江山社稷稳定的力量。

类似于“为天下士君子地”的话，宋朝名臣范仲淹也说过。范仲淹、富弼主持庆历新政，阻力巨大。碰巧高邮知军晁仲约严重违纪，以错误的方式做了一件对辖区老百姓有好处的事情——他组织人去慰问了土匪，然后那拨土匪就绕过高邮军去祸害别的地方了。富弼坚决要求杀了晁仲约。范仲淹坚决反对，说：“祖宗以来，未尝轻杀臣下，此盛德之事，奈何欲轻坏之？……他日手滑，虽吾辈亦未敢自保也。”[3]争论的结果是，范仲淹说服了仁宗皇帝，保住了晁仲约的项上人头，以及宋朝不杀大臣、不杀言事官的厚道风气。

追寻明朝以前廷杖来源的学者，常常会有人提到宋朝也有“杖”或者“杖杀”的事情。举的四个例子，有一个是北宋太宗朝，“中

1 [宋] 欧阳修、宋祁撰：《新唐书》卷一二七《张嘉贞传》，中华书局 1975 年版，第 4442—4443 页。
2 [汉] 班固撰，[唐] 颜师古注：《汉书》卷四八《贾谊传》，中华书局 1962 年版，第 2254 页。
3 [宋] 李焘：《续资治通鉴长编》卷一四五，中华书局 2004 年版，第 3498—3499 页。

书令史李知古”受贿，擅自修改刑部所制定的法条，“杖杀之”[1]，被杖杀的“中书令史”不是官员，是吏，官、吏地位天差地别，做不得数。一个是南宋孝宗朝，“参知政事龚茂良以曾觌从骑不避道，杖之”[2]，曾觌是孝宗身边的红人，地位不高但是很嚣张，龚茂良是副宰相，按照规矩，龚茂良的仪仗队在大街上走，曾觌的人得让道，可是曾觌的随从竟然不让，于是龚茂良让人打了他（们），龚茂良“杖之”的是官员家仆而非官员本人。这两个都可以排除，跟明朝的廷杖一点相似之处都没有。还有两个，太宗朝“詹事丞徐选坐赃，杖杀之”[3]。詹事丞是级别很低的小官，犯了贪污罪，被杖杀。太祖朝，“宗正卿赵砺坐赃，杖，除籍”[4]。宗正卿的级别比詹事丞高，但也不是什么高级官员，赵砺犯的也是贪污罪，在杖刑之后被开除出官僚队伍。这两个例子跟明朝的廷杖也没什么相似之处。可以肯定地说，宋朝没有类似于廷杖的行为，宋朝对大臣最不地道的行为是杀害岳飞。但总体而言，宋朝为士大夫存了体面。

那么，我们应当怎样理解某个特定阶层所拥有的尊重与体面？必须承认，这跟现代“人人平等”的观念肯定是没法比的。但是，我们今天所说的这种不分性别、不分种族的“人人平等”，正是从某个特权阶层的权利伸张开始的。13 世纪初，通过《大宪章》，英国的贵族伸张了自己的权利；17 世纪，约翰·洛克宣布自然状态下的人是平等而独立的，拥有自己的生命、自由和财产；18 世纪，洛克的思想被写进美国《独立宣言》，然而《独立宣言》所宣称的“人人生而平等”的“人人”一开始只是白人男性，不包括有色人种和女人。黑人的平等权利要到 19 世纪美国内战以后才用文字写了下来，而跨越性别的政治平等观念则要到 1920 年才出现。

尽管并不同步，传统中国也经历了类似的文化、观念的下移

1 ［元］脱脱等撰：《宋史》卷四《太宗本纪一》，中华书局 1985 年版，第 59 页。
2 ［元］脱脱等撰：《宋史》卷三四《孝宗本纪二》，中华书局 1985 年版，第 663 页。
3 ［元］脱脱等撰：《宋史》卷四《太宗本纪一》，中华书局 1985 年版，第 59 页。
4 ［元］脱脱等撰：《宋史》卷一《太祖本纪一》，中华书局 1985 年版，第 17 页。

和扩散。从西周的贵族到秦汉的官僚；从东汉的世家大族、东晋的门阀政治，到宋朝的科举士大夫；从北宋的精英在中央在政府，到南宋的精英回乡建设地方社会。掌握文化的群体在扩大，文化也随之下移、扩散。中国君主专制的特点是，出现得格外早，而且稳固，其下没有可与之抗衡的贵族。在这样的专制皇权面前，士大夫这个特定阶层所拥有的尊重与体面是格外重要的。按照中国传统的看法，元朝是北狄统治，水平有限，元朝对中国文化的破坏是可以理解的，因为它特殊，不正常，随着蒙古人的离去，他们的影响理应消退。但是明朝不一样，这是一个汉人所建立的“得国之正”远远超过唐宋的王朝，根红苗正。按道理说，明朝所发生的一切影响都会被视为华夏传统，包括廷杖这样野蛮的东西。

第一个被打的人叫茹太素。洪武九年（1376 年）闰九月，“五星紊度，日月相刑”[1]，发生了星变，也就是天相的异常，这属于“灾异”。按照华夏传统，灾异发生，乃是上天示警，人间统治出现了缺失，当此之际，应当广开言路。朱元璋于是顺应天心，下诏求直言。刑部主事茹太素上了一封万言书，指责朱元璋用人不明。朱元璋大怒，把茹太素叫来当面斥责，“杖于朝，以其书示廷臣”。几乎所有人都说茹太素“大不敬”“诽谤圣上”。只有宋濂说了一句实话：“彼尽忠于陛下耳。陛下方开言路，恶可深罪。”朱元璋竟然肯听纳，第二天晚上又让人给他读茹太素的万言书，竟然发现了四件可行的事情，于是他愤愤地说，我求直言，是想让他谈现状，这家伙写这么一大篇，把我都弄糊涂了。茹太素说的事情，五百个字不就搞定了吗！于是，朱元璋下令“中书定奏对式，俾陈得失者无繁文”。朱元璋怎么会犯错误呢？这个茹太素后来当御史，又犯了错误，

1 ［明］薛应旂撰，展龙、耿勇校注：《宪章录校注》卷五《洪武九年丙辰至十年丁巳》，凤凰出版社 2014 年版，第 65 页。

跟十二名同事“俱镣足治事。后竟坐法死”。[1]

廷杖摧毁了士大夫的精神世界。廷杖淫威之下，出现了“以冷淡的和不够关心的态度从事他们的职业”[2]的大多数，以及不怕死、讲气节的极少数。可即便是后者，对于江山社稷也并没有什么实际的用处。“他们……敢于慷慨陈词；……对于其时之政局并无深入之了解，亦缺乏政治运作之能力，……而且由于他们持道德理想以衡量一切，往往也就混同道德之是非与事理之是非，并无助于问题之正确解决。”[3]贾宝玉就说：“人谁不死？只要死得好！那些个须眉浊物，只知道文死谏，武死战，这二死是大丈夫死名死节。竟何如不死的好！必定有昏君他方谏，他只顾邀名，猛拼一死，将来弃君于何地？必定有刀兵他方战，猛拼一死，他只顾图汗马之名，将来弃国于何地！所以这皆非正死。”[4]可惜，这些“须眉浊物”，至今还有很多人把他们当英雄。

孟森先生以清朝与明朝相对照，却说：“至明之廷杖虽酷，然正人被杖，天下以为至荣，终身被人倾慕，此犹太祖以来，与臣下争意气不与臣下争是非所养成之美俗。清则君之处臣，必令天下颂为至圣，必令天下视被处者为至辱，此则气节之所以日卑也。”[5]我是学宋史出身，读明史到“廷杖”一节，深为华夏政治文明的堕落而痛惜。孟森先生是前辈大家，执清以观明，竟然看到了“美俗”，我只有徒呼奈何了……

清：盛世的狭隘

在我们的历史书上，清朝的历史是割裂的：1840 年以前，按照王朝史的脉络讲“清史”；1840 年以后，讲的是中国近代史——清王朝还在，但历史的叙述线索却从一姓统治的盛衰变成

1 参见［清］张廷玉等撰：《明史》卷一二八《宋濂传》，第 3787 页；卷一三九《茹太素传》，第 3987 页。
2 ［美］牟复礼著，［英］崔瑞德主编，张书生等译：《剑桥中国明代史》，中国社会科学出版社 1992 年版，第 590 页。
3 罗宗强：《明代后期士人心态研究》，南开大学出版社 2006 年版，第 471 页。
4 ［清］曹雪芹：《红楼梦》第三十六回，人民文学出版社 1996 年版，第 480—481 页。
5 孟森：《明清史讲义》，商务印书馆 2011 年版，第 85 页。

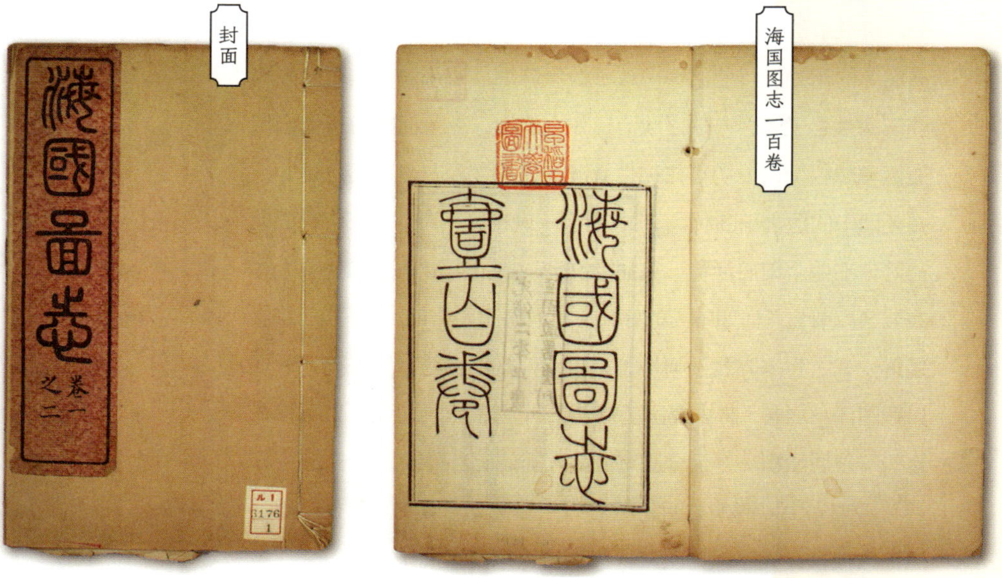

图五六：清 魏源《海国图志》书影

《海国图志》是新思想的倡导者魏源于1842年编写的一部介绍西方国家的科技和世界地理、历史等知识的综合性图书。1841年，中英《南京条约》签订不久，魏源受林则徐之托，根据《四洲志》译稿及中外文献资料，整理编定了《海国图志》。全书共50卷，系统且详细地介绍了世界各国历史、地理、政治、风土人情和科技知识。序言中，魏源提出“师夷长技以制夷”的中心思想，主张学习西方国家坚船利炮和养兵练兵的技术。《海国图志》的出版开阔了国人眼界，是一部具有划时代意义的巨著。

了中华民族的兴亡。1840年以前的清史，有所谓“康(雍)乾盛世”的说法。那么，究竟何为“盛世”？谁的“盛世”？又是谁、站在什么样的立场上、以何种情感在说“盛世”？

康熙、乾隆两朝都有盛世的自我认知，这两位皇帝的自吹和当时臣下的颂歌，我们就不提了。说一个大家都熟悉的人——“开眼向洋第一人”、林则徐的好友、《海国图志》的作者魏源。魏源特别感慨的是，康、雍、乾三朝“府藏之盛”，也就是国家财政的充盈。魏源说：“国家极盛于乾隆之六十余年，版舆生齿倍雍正，四夷宾服逾康熙。”魏源的盛世指标包括“府藏”“版舆”“生齿”“四夷宾服”，也就是国家的财力、版图、人口和国家地位四项。后来说“康(雍)乾盛世”者，也基本上是围绕这四项做文章，特别强调康雍乾时期开疆拓土的成绩，强调清朝对统一的多民族国家的奠定之功。这些当然值得肯定。

魏源和大多数“康(雍)乾盛世”论者所持的，是国家主义立场。这对他们来说，是很自然的选择。比如魏源所处的时代，清朝刚刚经过鸦片战争，堂堂天朝大国，竟然败于远方夷狄、蕞尔小国。在对“康(雍)乾盛世”的赞美之中，魏源所抒发的是对现状的不满和对未来的期许。至于老百姓的生活是否愉快，社会经济是否有活力，士大夫是否有自由思考的空间，思想文化是否仍具创造力，在国家主义的立场之下，这些都无关紧要。倘若我们换一个角度，把社会的进步和人民的福祉考虑在内，那么，所谓的“盛世”，不过是满洲统治者的独自狂欢。

放到帝制中国朝代更替的漫长历史中去看，所谓“盛世”，自有其必然之理。一个新的王朝进入稳定统治之后，倘若没有大灾，经过两三代人的努力，几十年之后，必然会出现繁荣——人口增殖，土地垦辟，国家积累大量财富，皇帝得以开疆拓土，治

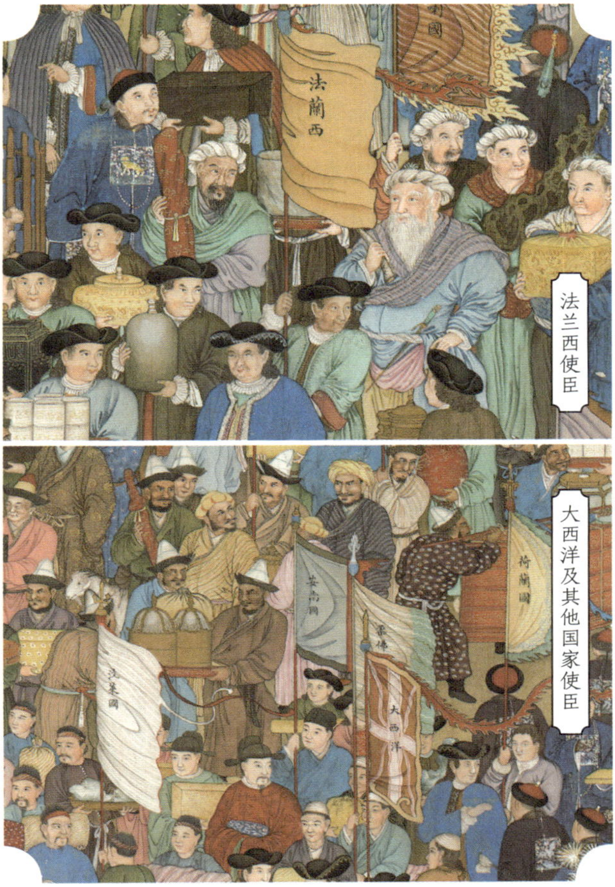

图五七：清 佚名《万国来朝图》

《万国来朝图》由清代宫廷佚名画家所绘，绢本设色，299 厘米 ×207 厘米，现藏北京故宫博物院。画卷描绘的是清乾隆时期，国外使臣与藩属国使者在新年伊始，身着华丽服装，携带奇珍异品，云集在太和门外，等候乾隆皇帝召见的情景。作者以鸟瞰视角，将紫禁城中主要建筑依次呈现，整个画面层次丰富，主次有别，宏伟壮丽。我们看到，画中包含了西方诸国如英吉利、法兰西，周边诸国如日本、朝鲜，以及众多远到而来的小邦的使臣。为展现“四夷宾服、万国来朝”的繁荣景象，乾隆授意宫廷画家绘制了多幅为大清国讴功颂德的画作。由此，我们对清朝沉浸于天朝上国的迷梦，以傲慢自居的心态可见一斑。

礼作乐，四夷来朝——“盛世”于是乎在焉。在朝代更替的治乱循环之中，所谓“盛世”，不是顶峰，也不是终结，是必然会出现，也必然会消失的一个环节。在地理中国的范围之内，这就是人们所认可的时间演进的合理方式。因为除此之外，中国人没有见过其他方式。

然而，“康（雍）乾盛世”的命运显然不同，在这一段百年盛世的尾声，西方现代文明已经叩响了中国的大门。1793 年，英国国王乔治三世派马嘎尔尼伯爵出使清朝，带来了英国人引以为傲的工业文明的结晶，以及希望中国开放市场、改善贸易的请求。乾隆皇帝接受了所有礼物，拒绝了所有要求，包括合理的和不合理的。而这个时候，距离 1842 年《南京条约》的签订，只隔了不到五十年。鸦片战争让中国成为“中国”，而不再仅仅是清朝，朝代更替的历史演进模式终结，中国被迫加入由西方所开创和主导的国际秩序，一切重新开始。

面对历史，后来的人曾经特别喜欢问一个问题：中国为什么没有自主发展出以科学技术为基础的现代文明？这是一个旧问题，它的前提是现代文明必然发生。但如果现代文明是偶然的呢？如果它以偶然的方式发生，然后被证明是一种更具竞争力的人类生存方式，从而被其他民族主动或被动地接纳，那么，更现实的提问方式恐怕应该是，当现代文明来到面前时，大清王朝的统治精英为什么没能认出并接纳它？

我们的机会来得真心不晚。1793 年，在英国使团赠予乾隆的礼物中，甚至还有英国最大军舰“君主号”的模型，这艘军舰装备了一百一十门大炮。但是，乾隆说：“天朝抚有四海……种种贵重之物，梯航毕集，无所不有……然从不贵奇巧，并无更需尔国制办物件。”你们的东西，我们不稀罕。这是清朝第一次拒绝现代文明。1905年，日俄战争期间，日本打败俄国，清朝朝野上下莫不以为，日本的胜利“非小国能战胜于大国，实立宪能战胜于专制”，清政府也承认唯有立宪可以保皇位永固，然而却死活都不肯交出权力，最终武昌起义爆发，中国进入共和时代。这是清朝最后一次拒绝现代文明——它贪恋权力，结果丢了天下。

正确的路在哪里，他们是知道的，但是最终，他们总是选择错误的那一条，因为他们贪图当下的容易，总是心存侥幸，因为他们对现代世界规则的无情一无所知，还因为他们自私、贪婪，对人民充满了怀疑和恐惧。如果说明朝政治的坏，坏在朱元璋的偏执，他梦想“以一人而治天下”，最终造成了明朝政治的野蛮和死气沉沉，那么清朝政治的坏，则坏在清朝统治者的自私和被迫害妄想上，他们总是在担心会遭到颠覆。

同样是外族入主中原，清朝统治者与元朝统治者对华夏的认知是完全不同的。对于华夏的历史文化，蒙古人不懂，也不太关心；满洲人懂一点儿，只懂一点儿，却自以为很懂，然后，他们根据自己的理解采取了自以为正确的立场。

早在入关之前，清朝就对统治中国心怀忧惧。随着清朝国力的增强，明朝的防线在不断退缩，“诸王、贝勒或谓明朝时势已衰，正宜乘此机会，攻取北京”。而皇太极始终持保留态度。他的保留，一方面来自现实，如何统治明朝那样一个庞然大物，清朝完全没有经验。辽阔的疆域，众多的人口，迅速发展的经济和文化让他们望而生畏；另一方面则来自历史，皇太极是懂一点儿历史的，他知道，五百多年前，他们的祖先曾经建立大金，入主中原，可是最终入主中原的那一支女真人，却消失在了华夏的茫茫人海之中。在给明军统帅袁崇焕的信里，皇太极这样说过：我的父亲努尔哈赤认为，当初辽、金、元不在自己的土地上居住，非要进入汉地，经过几代之后，都沾染了汉人习俗，（结果都亡了）。因此，我父亲的理想是，让汉人住在山海关以西，我们住在辽河以东，满汉各自为国。那个时候皇太极想要的，仍然是明朝对满洲政权的承认，他愿意做辽东的王。随着形势的发展，清朝的入关、统一中国已经如箭在弦上，然而皇太极还是一刻都没有忘记，“昔大金曾亦一统，今安在哉？”他曾经对满洲贵族集体训示：朕看金太祖、太宗法度详明，可垂久远，只可惜，熙宗和海陵王完颜亮把这些祖宗留下来的好东西全废了，耽于酒色，享乐无度，效法汉人的陋习……后来的皇帝，越来越松懈，忘记了骑射，到了哀宗的时候，社稷倾危，国家因此灭亡……我说这番话，实为子孙万世之计也。在我这儿，怎么可能会变更满洲习俗呢？就怕后世子孙遗忘旧制，荒废骑射，以效汉俗，这就是我为什么常常会感到担忧。

如果我们从满洲人角度来看，则不得不承认，皇太极有一种高度的民族文化自觉。他认为，满洲政权的存亡系于满洲人的存亡，而满洲人的存亡系于满洲文化的存亡——只有说满语、着满洲衣冠、保持满洲骑射习俗者，方能称其为满洲人。按照皇太极的逻辑，满洲人彻底汉化之时，即满洲国家灭亡之日。皇太极的这套逻辑是从他所认为的金朝灭亡的历史教训中简单推导出来的，并不反映历史真实，却指导了他自己和此后的清朝政治。皇太极曾经把当时后金政权沿用的汉语官名一律改为满洲话，比如，沈阳改称“盛京”，总兵改称“昂邦章京”，并且规定，“仍称汉字旧名者，是不奉国法恣行悖乱者也，查出决不轻恕”。

殊不知，用这种思想去统治中国，是狭隘而危险的。皇太极对历史只知其一，不知其二。他不明白，中国历史的演进方式，是改朝换代。相较于统治者的族属，老百姓更在意的，其实是政策本身能否给他们带来好处。明朝的统治已经烂透了，大失民心，李自成逼死了崇祯皇帝，清朝人进来先为崇祯发丧，其实是很得民心的。清军入南京，南明的弘光皇帝被清军抓了当成俘虏，从街上过，“百姓唾骂”。明末江南百姓，饱受重税之苦。清兵一入苏州，苏州士民即相约“具呈本府及总督军门，请减吴郡重赋”。这都是接纳清朝统治的姿态。然而，清朝统治者却颁布剃发令，强行挑战汉民族的文化习俗，逼迫江南百姓在个体生命与文化习俗之间做出抉择，瓜熟蒂落的“改朝换代”瞬间转换成野蛮的民族征服，激起了江南民众的激烈反抗。剃发令大大延缓了清王朝统一全中国的时间。“清兵从入关到进入北京才二十余日，从进入北京后西征打败李自成转而南下取南京，前后时仅一年，但在下南京以后到征服东南、西南统一全国，却历时二十年，而且战争进行得极端残酷，对江南经济造成了极大破坏。”站在统一战争的角度看，剃发令可以说是“清初决策者的一个重大错误”。[1]但是，站在清朝统治者的角度看，剃发令却是必然的选择，唯其如此，才能确保中国成为满洲的臣民，而不是满洲被中国淹没。

清朝统治者表面上高度汉化，骨子里却对汉人充满了猜忌与防范。满汉是对立的，要提防汉人颠覆满人政权；老百姓与清朝国家是对立的，要提防老百姓颠覆清朝。这种提防心态，让清朝统治者始终不能理顺国家与社会之间的关系，对社会的发展总是抱持警惕的态度。举一个例子，电影《敦刻尔克》生动地展现了1940年敦刻尔克大撤退的历史情景。九天之中，三十四万盟军被撤回了英国本土，保存了世界反法西斯的力量。敦刻尔克大撤退的完成，在很大程度上依靠了民间的船只，包括渔船、客轮、游艇和救生艇。民船在战时可以成为海军力量的补充，这就是正常的逻辑。这种逻辑，中国古代也是承认的，比如说南宋就用民

1 参见陈生玺：《明清易代史独见》（增订本），上海古籍出版社2006年版，第311页。

船来协助水师捍御海面。可是清朝的做法就完全不同。清初统一台湾、重开海禁之后，海疆大臣担心的是什么呢？“水师战船按制度，每三年一小修，五年一大修”，战斗力根本无法保障。“而沿海新造贸捕之船，皆轻快牢固，炮械全备，倍于水师战舰。”民船战斗力超过了水师战船，这是由于落后的海军舰只维护制度。那么怎么办呢？改善海军舰船维护制度？怎么可能！清朝的选择是限制民船的吨位、武器配备，甚至食物、淡水的携带量，总之就是要把民船的航海水平往下拉，而不是把战舰的制造维护水平往上提。为什么呢？因为在清政府的头脑中，这些民船都是潜在的反政府力量。清政府中也不是没有明白人，但是明白而敢说话的人太少了，因为皇帝就是那么想的，“欲弥海盗，先严渔船”。

1793 年，马嘎尔尼带着六百箱礼物来了，为磕头与不磕头的事折腾了一番，又走了。他带来的有关现代文明的消息，“盛世之主”乾隆不屑一顾。英国人从欧洲历史中得到的印象是，“政府应当促进商业”，但在清朝这里，这些一文不值。

结语
历史并不永远向前

按照时间顺序把本篇内容连缀起来，你会发现，我在这里所讲的，其实是一个有关倒退的故事——帝制中国的政治文化，在北宋抵达最好状态，然后一路下行，节节倒退，直到 1911 年。

我所采用的衡量帝制时期王朝政治优劣的标准非常简单，它来自秦始皇那个万世一系的梦——凡是有利于本朝统治长治久安的，就是好的，反之就是坏的。长治久安的最高目标又可以分解为三部分：第一，是整个社会生产与生活秩序的基本稳定；第二，是朝廷国家的统一与安全；第三，也是最重要的，是皇权的稳定与安全。为实现上述目标，王朝政治应当追求：第一，在国家制度的设计上，要尽可能防止地方专权，对其他一切机构、群体和个人实行分权制衡，以确保皇帝和中央的集权；第二，在政策制定上，要避免对社会的频繁骚扰和过度压榨，以"不扰"为善政，以确保社会生产、生活秩序的稳定；第三，在政治运作中，皇帝应当保持其超越性，克制私欲，不受制于任何利益群体（比如后宫、外戚、宦官、权臣、勋贵、强藩），并具有良好的判断力，兼听独断；士大夫要能够有效地辅助皇帝治理国家，这种"有效地辅助"

不仅仅是作为行政官员承担治理功能，更重要的是要及时纠正皇帝的错误与缺失，提醒皇帝统治中可能存在的治平隐患，防患于未然，弭患于已发，消除小矛盾，避免大冲突。

以上述标准衡量，截至仁宗朝的北宋政治，已接近于理想状态，取得了帝制时期王朝政治的最好成绩：国家制度设计精美，近乎完美地实现了分权制衡，基本消除了强藩、宦官、权臣、外戚等因素对国家统一和皇权稳定的干扰，做到了“百年无内乱”。朝廷国家在政策的制定上能够顾及社会的承受能力，在国家利益与社会利益之间寻求平衡，避免过度扰民，真正做到了“出政发令之间，一以安利元元为事”。更为重要的是，截至仁宗朝，北宋政治中一直存在着实施有效的批评、纠错机制，其中包括复杂精密的舆论、监察、信息沟通制度，以及包容批评的思想基础和政治风气。

然而，从北宋神宗朝开始，我们看到的几乎都是破坏。

最初的破坏发生在宋朝本身。王安石变法彻底改变了北宋政治，增收成了朝廷国家的第一政策诉求。雄才大略的宰相和年轻有为的皇帝互相支持、互相鼓励，造成了排斥异己的新风气，正常的舆论批评被斥为“流俗”，优良的政治传统遭到蔑视。新政策、新风气培养出来的“新官僚”，服从、高效、没心肝，只关心上之所欲，不关心下之所苦。对于这种变化，司马光痛心疾首，却没有能力改变。在司马光身后，士大夫集团走向恶性分裂，皇权膨胀，腐败加剧。到了南宋，朝廷国家长期承受巨大的边防压力，财政支出持续走高，理财之臣得到重用，皇帝与权相结合，继续挤压普通官僚参议朝政的空间，官僚的工具性不断增强。

宋朝政治的败坏，暴露了皇帝制度的死穴。尽管那一段历史转折通常被称为“王安石变法”，但真正的转折动力其实来自神宗皇帝——他要开疆拓土、制礼作乐，大有所为，以证明他本人及其血统的光荣与正确。当皇帝决心冲破制度与传统的约束，唯一能够阻挡他的，是整个官僚集团，特别是其上层的团结一致的集体行动。然而，总会有政治人物与政治势力对皇帝的欲望加以迎合——我不否认王安石有属于自己的更为远大的政治理想，然而，当他把皇权从儒家经典、祖宗法度和天意人心的束缚中解脱出来时，就已经破坏了宋朝政治的根基。当然，哪怕到了南宋，华夏政治文化中一些原则性的基本共识仍然是存在的。尽管在实践上不断背离，但是在理论上，这些原则性共识仍然被认为是正确的、不可动摇的，这就是底线。

这些原则性的基本共识包括三点。第一，“江山社稷”的概念。皇帝、朝廷国家与天下苍生共同构成“江山社稷”，皇帝与朝廷国家承认并尊重“江山社稷”的整体性，承认朝廷国家与老百姓之间存在共同利益，承认并敬畏天下苍生所具有的“可载舟亦可覆舟”的集体力量。第二，“人格平等”的概念。君臣之间存在着抽象的人格平等，“君使臣以礼，臣事君以忠”，皇帝承认并尊重士大夫的集体人格，承认他们对儒家思想的解释权力，不以“政统”而灭“道统”。第三，皇帝承认批评和监督的有益性，对批评采取相对开放的态度，接纳来自士大夫的劝谏。

金元以来，北方落后民族入主中原，野蛮征服文明，这些原则性的基本共识开始遭到破坏。金朝皇帝挥舞鞭杖，对待官僚如同对待奴仆。元朝实现了长城南北大中国的统一，对帝制中国的版图，以及境内各民族的交流融合，有开拓之功；然而在元朝治下，政治文化却发生了两大倒退：在国家性质的认识上，从“江山社稷”天下国家倒退为家产制国家，元朝国家成了成吉思汗家族的私产；在君臣伦理上，从具有抽象人格平等的君臣关系变异为

图五八：清 姚文翰《元太祖真像》

《元太祖真像》出自清代画家姚文翰奉敕所绘的《历代帝王真像》，该画集共 44 帧，绘就于乾隆五十三年，绢本。孛儿只斤·铁木真（1162—1227），蒙古帝国可汗，号称“成吉思汗”，我国历史上著名的军事家、政治家。1206 年，铁木真在斡难河畔举行大聚会，建立大蒙古国。在成吉思汗统率下，蒙古先后攻金灭夏，统一了中国北方，并持续西征，建立了四大汗国，打通了亚洲和欧洲的陆路交通，为元朝的建立做好了奠基工作。他虽然军事才能极为卓越，但其征战带有野蛮与残暴的特点，大规模屠杀征服地的居民和毁灭征服的城镇，具有极大破坏性。元朝建立，成吉思汗被追加庙号为太祖。

主奴关系。

从天下国家倒退为家产制国家，等于否定了皇帝一朝廷国家与天下苍生之间存在整体利益，天下苍生彻底沦为蒙古贵族奴役、剥削、压榨的对象。在这种思想的指导之下，元朝国家不可能再费心寻找和维持朝廷国家利益与社会利益的平衡。在宋朝的君臣关系之中，君臣人格平等，臣子依靠儒家经典、祖宗法度和天意人心，可以获得引导、劝谏皇帝的权力；在元朝的主奴关系中，奴婢对主人只有服从的义务、服侍的责任，绝无批评的可能。传统君臣关系从“君臣”到“主奴”的变异釜底抽薪，打碎了士大夫通过批评约束皇权的基础。华夏政治文化中那些原则性的基本共识遭到了彻底的动摇和瓦解。

接下来，明太祖朱元璋又“以一人而治天下”的奇特偏执塑造了明朝政治。这个安全感极度匮乏的皇帝对人性缺乏最起码的信心，他用野蛮的廷杖击碎了士大夫的集体尊严，又剥夺了他们不合作的自由，再以功名利禄相诱惑，最终把士大夫变成了驯服的工具，“忠君”变成了单方面的绝对服从。皇权无限膨胀，继而走向专制，臣子沦为精神上的奴隶，先失去自由表达的空间，继而丧失自由思考的能力。“上流无用”与“下流无耻”交相为用，上流者空言道德，下流者专事私利，道德虚伪化，政治空心化。

到最后，清朝入关，挟私心以治中国，对占人口绝大多数的汉人士大夫和中原百姓始终心怀猜疑，不能同心求治。君主与臣子之间越来越多地通过私人关系，而不是共同的高尚追求来强化忠诚。朝廷国家看老百姓永远像在看可能的反贼，当他们意识到民船的运力和武器装备可能会超过水师战船，第一反应是拆毁民船，限制其发展。而在南宋，我们看到的，却是政府对民船运力的合理利用。

金元明清，一路下行，华夏政治传统中的原则性共识荡然无存，或者说名存实亡。在实践中所形成的，是一种新的更为虚伪、更为野蛮的政治文化。而这就是中国在迈入近代门槛之时的政治文化的基本面貌。慈禧太后会用海军经费来修颐和园，在这个政治文化当中，是一点儿都不稀奇的，因为这个老妇人缺乏“江山社稷”的基本概念。

以上就是我讲的有关倒退的故事。讲出来的是这样一个故事，我也感到沮丧。在沮丧中，我列出了一些有待思考的问题，比如：明、清的长期稳定统治究竟是靠什么延续的？是专制的效率，还是制度的作用？又或者说当一定疆域内的文化整合完成之后，它自身就具有相对的稳定性？又比如：我们应当怎样看待政治上的不同意见？在中国的传统政治文化当中，是否存在着一种普遍的幼稚病，对异议缺乏包容，对抗争缺乏耐受？这些问题我暂无答案，请大家一起思考。

当然，在这个有关倒退的故事当中，还是存在积极成分的，那便是我们华夏传统的政治文化绝不只有金元明清一个面相，还有宋朝那种最好的状态，尽管脆弱，但毕竟曾经存在。

外篇　中国古代史读书笔记

写作缘起与延伸阅读

本书的写作，始于我为喜马拉雅 FM 所做的音频讲座“北大赵冬梅讲中国史”（后文简称“冬梅讲国史”）。2018 年 6 月开讲，7 月，我就陷入了矛盾之中。我平生最得意的，就是按照自己的节奏做自己认为有价值的事，不追趋，不攀附。一本书写七八年，一篇论文写完了搁在电脑里两三年，这是我的风格。而喜马拉雅的节目节奏太快了，而且我在后台还能看见“今天卖了几份”——“结庐在人境”的五柳先生在集市上摆摊卖菊花，也难免患得患失。这种感觉不是很好。然而，停又停不得。“欢然酌春酒”之后，我做了一个决定，就把它当作“我的中国古代史读书笔记”，就当读者是老师与同学，我读书，做笔记，跟老师与同学分享，“奇文共欣赏，疑义相与析”，岂不快哉！说服自己后，我便愉快地做完了喜马拉雅的节目，在不到一年的时间里，完成了近四十万字的读书笔记，即为本书草稿。

不到一年成四十万字，速度的背后是学史三十年、教书二十年的学术积累。北大中国古代史“分邦建国”的方式是按断代来的。比如我，专业领域是宋史，本科、硕士、博士论文一路写下来，始终在960年至1279年之间打转。当然，教书就不能只教宋史了，我校的“中国古代史”课，以隋朝为界，分上、下两段，宋史方向的老师教后半段，从隋一直到1840年以前；“中国史学史”则是由一个老师从先秦教到清。我留校的时候，“只有博士才能在大学教书”已经成为硬性规定。教书需要“通人”，知识面应当宽；而“博士”其实是小领域专家。博士教书，这才开始“读书”——之前只是“作论文”。相较于“作论文”，读书是散漫而快乐的，像是林中漫步；唯一的毛病是没效率，除了增加讲课的自由度和自信度，几乎没有任何产出。我就这样读了十几年，直到遇到“冬梅讲国史”，有了外在约束，才开始写起来。

读书人挟问题向他人的研究寻求答案，在阅读中实现与其他研究者的知识和思想交流，并最终形成自己的看法，形诸笔端，就是我所说的读书笔记。如果说“作论文”的要义是与史料直接对话，那么，读书笔记的要义则是广泛求教于他人。毫无疑问，读书笔记一定带有读书人的主观性。主观性是任何写作都无法避开的，因为是人在写。我唯一能做的，是诚实分享所见，期待平等讨论，和更多的读书人一起探寻有关过去的真理。我始终相信，一本好书，应该启发而不是终结思考。

此外，我已在内文脚注部分提供了文内引文出处，有兴趣的读者可以“缘溪行”，说不定会误入哪个桃源新世界。当然，脚注中所提到的论文和著作只是我所读过的很小的一部分。为方便外行读者继续深入，我将提供一个“私房推荐书目”和“八部论著解读”。“私房书目”和“八部解读”的选择，都出自主观。该书目的选取，力图覆盖所有断代，以便读者自行补给，建立自己的通史观；但不求面面俱到，只选我读过的“好的历史著作”。其标准，可以参照杨奎松先生的说法：“一是要有充分的史料支撑和出处清晰的引证；二是对历史的复杂性及各个方面要有充分的同情与理解；三是要能够给今人以启发和深入思考的空间。”

“帝制时期中国史”私房推荐书目

我提供的这个书目，其特点是“私房”，且无意声称任何权威性。我参考了张帆、叶炜、党宝海三位同事给历史初学者的书目，并根据所筛选书目的特点，对部分书籍做了简单介绍。对三位学者的慷慨，我不胜感激。

张帆：《中国古代简史》
北京大学出版社，2001 年版、2007 年插图版

葛剑雄等：《历史学是什么》
北京大学出版社，2002 年版

邢义田：《天下一家：皇帝、官僚与社会》
中华书局，2011 年版

此书为作者的秦汉史论文集。书中围绕皇帝的内容，包括三篇综论：《中国皇帝制度的建立与发展》《秦汉皇帝与“圣人”》《从比较观点谈谈秦汉与罗马帝国的“皇帝”》，以及《汉武帝在马邑之役中的角色》《母权 · 外戚 · 儒生——王莽篡汉的几点解释》《东汉光武帝与封禅》三篇具体研究。作者自述：“秦汉以皇帝为核心的官僚体制如何出现？又如何运作？是我长久关注的主要课题。”而这本书有关社会的内容，则颇为生动有趣。

田余庆：《秦汉魏晋史探微》
中华书局，1993 年版、2004 年版、2011 年版

此书为作者的秦汉魏晋政治史论文集。作者聚焦于重大转折、重要人物和主要政治势力，主要议题有《说张楚——关于“亡秦必楚”问题的探讨》《论轮台诏》《李严兴废与诸葛用人》《孙吴建国的道路——论孙吴政权的江东化》《北府兵始末》《论东晋门阀政治》等。胜义纷呈，精彩连连。比如《说张楚——关于“亡秦必楚”问题的探讨》一文，深刻揭示了秦末历史的复杂性——武装反秦势力以楚为最，故陈涉首义，必以“张楚”为号。“张楚”引发诸侯竞起，战国之势重现，“帝业回归于王业”，又有倒车之虞。如何“再造帝业”，化秦为汉，遂成新的历史课题。通常被一带而过的秦汉之际由此展现出“历史关头”的真实意义。马王堆帛书、《史记》和《汉书》对“张楚”地位的不同处理，仕秦的楚公子昌平君、昌文君的易帜反秦，在田先生笔下，豁然得显。前辈史家的钩沉索隐之力、烛微察远之功，令人赞叹。

李开元：《秦谜：重新发现秦始皇》
北京联合出版公司，2015 年版

如作者所声明的，“这本书，不是一本常规的历史著作，而是一本大胆的历史推理作品”。作者主张“历史是基于史料对往事的推想”，“有一分材料说十分话”。“推想”二字，以及“说十分话”的主张，我都不敢苟同，怕给后来者错误的引导。当然，像李老师这样受过良好学术训练、功底扎实的成熟学者，“推想”一下，多说几分话，文字又写得漂亮，我则乐见。“谁是秦始皇的父亲？”“秦始皇有始皇后吗？”这样的问题，问一问，想一想，蛛丝马迹，雪泥鸿爪，颇为有趣。

顺便推荐李老师的《汉帝国的建立与刘邦集团——军功受益阶层研究》，生活 · 读书 · 新知三联书店，2000 年版。这是一本“规范内”的著作。

陈苏镇：《〈春秋〉与“汉道”：两汉政治与政治文化研究》
中华书局，2011 年版

具有强烈的个人风格的两汉政治史，线索清晰，观点明确，内容翔实。这本书的主题是围绕两汉时期巩固帝业所展开的理论探索和政治实践。战国以至秦末，东西发展不平衡，秦的核心区域——关中占据政治、军事优势，关东占据文化优势。汉初“承秦”，“再建帝业”，同时承认差异，清静无为，“东西异制”。武帝尊儒更化，采纳《春秋公羊传》

的“以德化民”说，援儒入法，以关东文化改造关中制度，开启了文化整合的伟大事业，东西文化对立和冲突得到缓解，“文化上的战国局面宣告结束”。这一过程被武帝的开拓战争所打断，“承秦而来的军国主义体制和法制传统”更适合战争的需要，因而抬头。宣帝以后，朝廷政策重心重归内政，《春秋穀梁传》之学大盛，主张“以礼为治”，出现托古改制运动。其后，以《左氏春秋》为核心的古文学兴起，壮大了改制运动的理论基础。王莽托古改制，遭遇惨败，证明“以礼为治”之路不通。东汉定都洛阳，跳出西汉格局，进一步摆脱军国主义体制和法治传统束缚，公羊家“以德化民”的主张悄然占据主导地位，最终形成一套以“太平”为理想、以“礼法”为手段的教化理论。书名中的“汉道”指汉朝治国、治天下之道，《春秋》是儒家经典中的经典，亦是“汉道”的重要理论依据。

唐长孺：《魏晋南北朝隋唐史三论：中国封建社会的形成和前期的变化》
武汉大学出版社，1992 年版

这本书所讲述的，是魏晋至唐五代这七百多年间社会经济（人口分布、土地占有、商品经济、赋役制度）、阶级结构（士族门阀、科举官僚）、武装力量的补充方式（士家制、府兵制、募兵制）和学术思想（玄学、经学）的变化，最核心的观点是“唐朝的南朝化”——东晋南北分裂，各自走上不同的发展道路，南方直接继承汉末魏晋传统，北方受到少数民族影响，走上了一条特殊道路：“从更长的历史视野来看，唐代的变化和对东晋南朝的衔接，即唐代的南朝化倾向，绝非偶然，乃是封建社会合乎规律的必然发展。”

解题：“封建制的实质就是地主作为土地所有者对佃农进行地租剥削，和地主对佃农具有一定的人身占有关系，这些就构成了封建社会的主要形态特征。”

阎步克：《波峰与波谷——秦汉魏晋南北朝的政治文明》
北京大学出版社，2009 年版

李凭：《北魏平城时代》
上海古籍出版社，2014 年版

该书主要讲的是北魏孝文帝迁都以前，以平城为政治中心的北魏政治史。是一部创见迭出的精心结撰之作，以丰富的文献和考古资料，结合实地考察获取的大量第一手资料，描述了拓跋鲜卑的汉化过程。

侯旭东：《北朝村民的生活世界》
商务印书馆，2005 年版

黄永年：《六至九世纪中国政治史》
上海书店，2004 年版

这本书讲述的是北齐至中唐（截至宪宗朝）时期的政治史。按照作者所认同的历史分期理论，此期为“从封建领主制至地主制的转型期”，“此后唐、宋两朝可以说是进入了成熟的封建地主制社会”。“此种封建地主制社会在世界上似为我国所独有”，宋代的文明成就是“封建地主制”的产物。具体而言，唐代政治史是该书主体，北齐是唐代在发展方向上的前驱。作者以“中央权力争夺”和“如何对付周边的少数民族”作为唐代政治史的两条线索，按照时间顺序对重要事件、人物和制度做了梳理和解释，对包括陈寅恪等前辈学者在内的不同说法做了辨析。作者所持之“对有学问的人是既尊重而又不迷信”的态度，值得学习。

方诚峰：《北宋晚期的政治体制与政治文化》
北京大学出版社，2015 年版

这本书就宋哲宗、宋徽宗两朝政治进行研究，围绕“士大夫政治”主题，探寻政治理想在政治实践中逐渐异化的过程。

[美]刘子健著，赵冬梅译：《中国转向内在：两宋之际的文化转向》
江苏人民出版社，2012 年版

这本书揭示了南宋异于北宋的特殊性，以及南宋在后世中国的延续性，试图从文化视角解释中国未曾走向现代的原因。

包伟民：《宋代城市研究》
中华书局，2014 年版

这是一本让宋代城市研究超越《东京梦华录》的作品。书中更加真实地展示了宋代城市化过程中的问题、挑战与应对。书名虽略显平庸，但内容扎实，富于创见。

朱刚：《苏轼十讲》
上海三联书店，2019 年版

到目前为止，了解苏轼最好的书，即为《苏轼十讲》。学历史的人看文学史研究，最尴尬的是看不到历史。该书既有历史场景的人物与事件，又有相关作品的分析，内容充实而好看。

萧启庆：《内北国而外中国——蒙元史研究》
中华书局，2007 年版

罗宗强：《明代后期士人心态研究》
南开大学出版社，2006 年版

这本书分为七章，主要包括《皇权之不受制约与谏臣之传统心态》《思想家之拯世情怀》《徘徊于入仕与世俗之间的士人》《改革者之拯世情怀》《心学另类之人生悲剧》《自我回归之适意与迷惘》《末世拯救者希望之失落》。各章选取代表性士人，做个案分析，比如，“谏臣”章讲述韩邦奇、杨爵、杨继盛、沈炼的故事，“入仕与世俗之间”说文徵明、唐寅、祝枝山，“改革者”说高拱、张居正。失去制约的皇权傲慢专制，肆意践踏士人尊严，构成时代的底色；谏臣、思想家、改革者仍然保留着“以天下为己任”的理想，然而世道已变，终归是一场空。

这本书故事生动，分析鞭辟入里，“史家常以一种极崇敬之心情，论晚明士人之气节。……末世气象，意气易于发泄，士之内心，亦往往易于显露。气节之士固有之，而宵小之徒亦所在多有……且人数之多，足可令人惊心，而叹有士之无耻如是！此一时段实为了解士人传统性格优点与弱点之最佳研究样本”。末世拯世者“对于其时之政局并无深入之了解，亦缺乏政治运作之能力，因之他们之种种努力，并无切实之收效。而且由于他们持道德理想以衡量一切，往往也就混同道德之是非与事理之是非，并无助于问题之正确解决。……毕竟是书生！……”

姚大力：《蒙元制度与政治文化》
北京大学出版社，2011 年版

这本书也是论文集，特别值得重视的是《论蒙元王朝的皇权》一篇，揭示蒙古人主奴关系对华夏政治伦理的影响，充满了思想的创造力。后来的很多有关帝制时期君臣关系变迁的论述，都多多少少地受到这一篇的影响，包括这本书。

陈生玺：《明清易代史独见》
中州古籍出版社，1991 年版；上海古籍出版社，2006 年版

此书为作者的论文集。内容聚焦明清易代前后的东北战局、清兵入关、蒙清关系、陈圆圆本事、李岩存没、李自成下落、毛文龙之死、剃发令等问题，论从史出，实事求是，新见迭出，正如作者所言："书中偶与前贤所见相同者并非苟同，而大异者亦非矜奇立异，均为笔者经过一番苦心研究所得之独立见解。"

曹雨：《中国食辣史》
北京联合出版公司，2019 年版

这是一部历史社会学科普著作。作者以翔实的材料揭示了自明后期以至当下，辣椒在中国人味觉世界里攻城略地的过程。小册子，大文章，文字生动有趣，观点鲜明动人。

八部论著解读

下面这八部作品在学术界有着相当的公认度，但此处为什么选择这八部，而不是其他？这只是我的读书的一个主观选择。这其中有对我的学术成长影响巨大的，有我认为堪为某一方面楷模的，有我佩服得五体投地的。下列各篇按照所研究朝代的时间顺序排列，分布并不均匀，本书下篇中用力较少的清朝有三篇，或可补其不足。

祝总斌：《两汉魏晋南北朝宰相制度研究》
中国社会科学出版社，1990 年版、1998 年重印

这本书的学术贡献主要有四点。第一是首次正面定义了“宰相”，从而使得“宰相制度”成为一个有着清晰边界、可以进行严肃学术讨论的现代史学议题。在祝先生之前，宰相是一个人人都“大概”知道，但从来没有谁加以定义的概念。中国第一部制度通史《通典》的作者、唐代的政治家杜佑甚至这样说：“自魏晋以来，宰相……无有常官。”怎么可能呢？正史职官志提到宰相的时候，通常会说它是“佐天子而理大政”的，再具体的职任规定就没有了。而祝先生则明确提出，宰相必须同时拥有议政权和监督百官执行权，这两个条件必须同时具备，缺一不可。祝先生引用《后汉书 · 陈忠传》的记载，说“议政权”就是“入则参对而议政事”，按制度享有进宫谒见皇帝，共议国家大事的权利；而“监督百官执行权”则是“出则监督而董是非”，也就是说“经过皇帝与宰相商议，形成决定之后，还得由宰相监督百官执行。这里包括百官执行后的考课，以及由此奏行的黜陟、赏罚等”（第 5 页）。

祝先生对“宰相”的定义，受到了学界的广泛认同，我讲宰相制度，也是按照这个标准来讲的。正是按照这个标准，我们认为，明清两代是没有宰相的，因为内阁和军机处自始至终都没有稳定地获得监督百官的执行权，只有议政权。

这本书学术贡献的第二点是根据“宰相”的定义明确指出，两汉的宰相“始终是三公”，魏晋南北朝的宰相“始终是尚书令、仆射或录尚书事”。（第 6 页）这是全书的核心内容，但在这里恰恰是不便展开的，有兴趣的读者可以自己去读。

这本书的第三点学术贡献，论述了皇帝身边的秘书咨询机构发展壮大，是逐步转化成新宰相机构并取代旧宰相机构的过程。这个过程是不断进行的。（第 364 页）汉代的尚书，本来设于宫城之中，接受皇帝的咨询，参与议政；到魏晋南北朝，便演变成宰相，取代了原来的宰相——三公。这是秘书咨询机构第一次取代宰相。尚书取代三公之后，皇帝身边又出现了新的秘书咨询机构，这就是门下和中书，“到隋唐，门下、中书长官也演变成为宰相，只不过在新的历史条件下，不是取代尚书省，而是‘并相’”。（第 364 页）这是秘书咨询机构第二次取代宰相。

这本书的研究时段到这里就结束了，但是秘书咨询机构升级、宰相换代的过程仍在继续。唐五代新出现的两套秘书咨询机构，一套是翰林院，一套是枢密院。翰林院以起草文书为主，实用性较强，因而在入宋之后继续保留了秘书咨询的功能；枢密院参掌机务，是五代皇帝赖以处理军机要务的主要帮手，入宋之后演变成为外朝军政首长，与原有的宰相机构——中书——对掌文武大政。中书和枢密院合称“二府”，形成了按文武事务分工的新型的宰相机构群。

那么，我们应当怎样理解这种秘书咨询机构升级、宰相机构“迭代”的历史现象？或者说，宰相机构“迭代”背后的动力究竟是什么？

传统的解释，“一般都把宰相制度变化的主要原因归结为君主与宰相的权力之争，即（认为）君主感到相权发展过重，‘威胁’自己，于是有意采取措施，削夺相权，从而导致了一系列制度的变化”。（第 13 页）隐藏在这种解释背后的，是片面强调对立冲突的历史观，它倾向于把君和相看作利益冲突、信任缺乏、恒处于权力竞争之中的一对关系。这种历史观基本上主宰了我们的历史书写，也高度影响了受此历史书写教育的我们的人生观和世界观，让我们在观察一对关系的时候，很容易看到对立的一面，看不到或者说很少看到关系中双方互相依存、利益与共、和谐共生的一面。而祝先生认为，这种片面强调君相对立的说法，“有一定道理，也符合某些历史事实，但恐难说反映了宰相制度变化发展的本质”。（第 13 页）

在实证研究的基础上，祝先生提出了自己的解释：“宰相制度的发展变化，是为了在新形势下更有效地进行统治。在这发展、变化过程中，君主、宰相的协调、统一是基本的；二者的权力之争确可导致某些变化，但归根结底，仍要以是否有利于整个统治作为标准来衡量，决定坚持、调整或废除（既有的宰相制度）。”（第 17 页）相对于传统的“君相矛盾对立说”，祝先生的解释更强调君相配合谋求有效统治的一面，可以称为“君相协调合作说”。“君相协调合作说”抓住了君相关系的本质，提供了认识君相关系和宰相制度发展动力的新视角，也提供了一种更为符合真实的温和而理性的历史观。这是祝先生这本书的第四个学术贡献。

这种历史观的掉转，对我来说，比具体知识更重要。祝先生这本书，是从他老人家所讲授的“两汉魏晋南北朝政治制度史”中有关宰相制度的部分整理、扩充而来的。（第 367 页）我大概是在“中国古代政治制度史”课上初次听到这些观点的，当时一下子就被打蒙了——原来君主和宰相之间关系的主调竟然是协调统一的，这怎么可以呢？跟我们以前学的都不一样啊！但仔细想一想，好像这才是事情应有的真实面貌——保障国家的安全、社会的稳定和统治机器的运行平稳，是包括帝制国家在内的任何正常国家的要求。倘若国家机器之中，两个最高级别的权力主体——皇帝和宰相之间关系的常态是相互冲突和斗争的，那这个国家怎么可能平稳运行得下去呢？按照帝制国家的制度安排，皇帝享有至高无上的权力，平衡各方利益，对一切政事做出最后决断；而帝位世袭，选择余地极小，因此，绝大多数皇帝都是中才、下才。这样一来，宰相的设置就成为必需的。宰相通过“尚贤使能”的选拔制度产生，是资深政治家。宰相的存在可以“弥补、调剂、平衡”君主世袭的缺陷，“从而保证整个统治的质量和效率”。（第 14 页）所以，皇帝需要宰相的配合。而宰相作为皇帝的臣子、国家的官员、能力超出一般的人才，有幸获此高位，“佐天子而理大政”，当然也希望配合皇帝实现治国安邦的目标。而历史上的绝大多数宰相都是积极辅佐皇帝的，尽管有的力有不逮，有的（跟皇帝一起）走错了方向，但在大多数情况下，皇帝与宰相关系的基本面是协调一致、相互配合的。

既然如此，皇帝不断提高自己身边的秘书咨询机构的作用，并且最终造成了秘书咨询机构升级取代旧宰相成为新宰相，其原因究竟是什么？

具体问题具体分析，回到当时的历史情境，死磕史料，挖掘细节，才能见得真实。这是祝先生教我的历史学的解题思路。比如说，祝先生指出“曹魏初年设立中书省（作为皇帝的秘书咨询机构），就是因为当时三国鼎立，战争不断，各地（特别是边地）统治不很稳定，形势迫使皇帝‘政自己出’，要对某些重大政事迅速做出决定”。（第 16 页）曹操雄才大略，做决定是没有问题的，秘书只负责起草文书就可以了。但是曹操的儿子和孙子——魏文帝曹丕和魏明帝曹叡就做不到了，而且他们也没有曹操那么勤快，所以常常会拿不定主意，需要求助于身边人。中书的作用就从单纯起草文书的秘书开始向提供咨询谋议发展，权力不断伸张。简单地说，“皇帝‘政自己出’而又力不胜任，正是中书监、令（中书机构的长官）权力得以膨胀的最基本原因”。（第 319 页）

祝先生的书里，常常有很多非常朴实的道理，比如中书的来源是汉武帝时期的中尚书，顾名思义，是用中人（宦官）来充当尚书往来奏事。汉武帝为什么要用宦官奏事呢？因为汉武帝的活动范围更多地转到了后妃居住的后宫区域，这个区域，虽然在当时也有士人出入，但是用宦官更方便。而武帝雄才大略，宦官不敢弄权，只能老老实实地跑腿传信。这样的论述非常平实，就是大白话，人之常情，可是像这样常识性的东西，在现在的学术性文字中却变得越来越稀罕了。我们正处在一个新时代的边缘，希望这个新时代是一个进一步回归常识的时代。

田余庆：《东晋门阀政治》
北京大学出版社，1989 年版、1991 年版、1996 年版、2005 年版

这是一部以特殊线索贯穿起来的东晋政治史。它起于公元 317 年司马睿在江

南称帝，重建司马氏政权，止于公元420年刘裕篡晋，建立刘宋政权，基本囊括了这一百零四年间中国南方政权东晋的重大政治事件和重要政治人物的兴衰沉浮。这段历史的核心线索就是“门阀政治”。田先生认为：“门阀政治，是指士族与皇权的共治，是一种在特定条件下出现的皇权政治的变态。它的存在是暂时的，它来自皇权政治，又逐步回归于皇权政治。……严格意义的门阀政治只存在于江左的东晋时期，前于此的孙吴不是，后来的南朝也不是；至于北方，并没有出现过门阀政治。”（自序第1页）也就是说，门阀政治与东晋政权相始终，自东晋始，在东晋终。

那么，什么叫作“士族”呢？士族出现在魏晋时期，“是历史地形成的一个社会阶层”。（第324页）属于这一阶层的家族，其子弟天生享有按家族门第高下以不同的起家官职进入仕途的特权。当然，家族门第赋予个人的只是一张入场券，它所决定的是一个人仕途发展的起点，至于这个人能发展成什么样，还要看能力，看运气。正是在这个意义上，士族不同于封建贵族，他们仍然是皇帝的官僚。士族是皇帝赖以统治国家的主要政治力量。士族掌握着思想文化。士族之外的普通良民称为“庶族”，士族与庶族之间不通婚。这个“历史地形成”的社会阶层，进入隋唐以后又“历史地消亡”了——首先失去的是政治权力，然后是进入仕途的特权，最后剩下一点承自祖先的惨淡荣光，以及在现实世界中的虚弱骄傲。到唐代后期，经过黄巢大起义的涤荡，这一阶层基本上烟消云散。当然，这都是后话。

东晋时期的士族正处于其巅峰期，以五大家族为首的士族中的高门和司马氏的皇帝，共同掌握着东晋的国家政权。或者更确切地说，正是在司马氏皇族与高门士族的相爱相杀之中，在高门士族内部各大家族的竞争之中，东晋政权抵御了北方胡族政权的军事压力，跌跌撞撞、摇摇摆摆地度过了艰难的一百年。决定东晋政治走向的，有三大要素：第一是司马氏皇权，第二是高门士族，第三是流民武装。流民指的是那些避乱南来的低级士族和普通老百姓，他们被迫滞留于长江以北，身负国仇家恨，又处于最前线，不得不自己武装起来，保家卫国。流民的首领被称为“流民帅”。大家都熟悉的“闻鸡起舞”的祖逖就是一个流民帅。他率领“亲党数百家”南奔，曾经一度过江，居于京口，但最终还是被东晋政府赶回了淮北。祖逖中流击楫，发誓“不能清中原而复济者，有如大江”的情节，就发生在受命北归的路上。

东晋政府给了他奋威将军、豫州刺史的头衔，但是一兵一卒、一杆枪、一副铠甲都没给他。像祖逖这样的流民帅和他们所率领的流民武装，是东晋政权的外围，当高门大族和皇权发生争斗时，他们是东晋政权“唯一可用的兵力，可又是朝廷不能完全信赖的兵力”。（第 47 页）正常状况下，三者的关系是“皇帝垂拱，士族当权，流民出力”。（第 343 页）司马氏皇权虚弱，不绝如线；士族门阀居于舞台中央，是最耀目的一群，虽内争不断，作为一个整体却始终掌握着政权的方向；流民帅在舞台边缘，像工具一样为人所用，没有自己的方向。然而事态演变的最终结果却是：士族近亲繁殖、人才凋零，渐见衰朽；流民力量不断壮大，终于发现自我，踢开司马氏皇帝，取而代之。东晋结束，历史进入南朝；门阀政治终结，皇权政治恢复。这就是田先生所描述的东晋门阀政治的大致轮廓。

风流水转，门阀士族中的当权门户先后是琅琊王氏、颍川庾氏、谯国桓氏、陈郡谢氏和太原王氏。琅琊、颍川等，指的是这些家族的籍贯。琅琊王氏就是出身琅琊郡的王氏家族，这个家族的成员包括女性都清清楚楚地录在家谱之中。家谱的用途，一方面是政府在录用和选拔官员的时候用它来辨别出身，另一方面是士族之间结婚的时候来判定门户是否相当。在这个家庭出身决定个人命运的时代，家谱是一门重要的学问。

东晋门阀政治以琅琊王氏开端，以太原王氏收尾，简直把“王与马，共天下”的奥义发挥到了极致。（第 254 页）而“王与马，共天下”的本意，说的是琅琊王氏与司马氏皇权的相维共生关系。“王”指琅琊王氏，“马”指的是司马氏。西晋灭亡之后，在琅琊王氏的王导、王敦兄弟的辅助下，司马睿在建康即位，在江南延续了西晋的皇统。王导居中辅政为丞相，王敦统兵在外为都督。六百年之后，宋太祖说：“御榻之侧，岂容他人酣睡。”皇帝的独尊地位不容挑战。然而，在正月初一的大朝会上，司马睿以皇帝之尊，竟然“引王丞相登御床”，要跟王导共享至尊宝座，“名器相予，御床与共”。（第 3 页）司马睿这种反常的“大方”表明，司马氏皇帝与琅琊王氏之间在权力分配和尊卑名分上与一般君臣关系不同。司马氏皇权已沦为“门阀士族政治的装饰品”，“皇帝是士族利用的工具而非士族效忠的对象”。（第 26 页）当然，士族之中，哪一家、哪一个人想要推翻司马氏的皇权，也会受到其他士族的牵制，由此维持了一种不稳定的动态平衡。琅琊王氏在外掌兵的王敦发兵谋逆，正是借助流民武装的力量才得以平定。而流民帅代表出身的郗鉴也因此立了大功，实现了地位的提升，跻身江左门阀政治之中，他的家族高平郗氏也逐步上升为第一流士族。（第 52 页）郗鉴所采取的发展策略，是谋求大局的稳定——一方面固守京口，固守流民武装势力；一方面积极支持王导，其表现之一就是与王家结成儿女亲家。成语“东床快婿”说的就是郗鉴要在王家儿郎中选女婿，王导让他“往东厢任意选之”，郗鉴选中的就是那个袒腹坐东床，好像没事儿人一样的王羲之。（第 61 页）

士族门阀家族地位的维系，需要人才辈出，出将入相都得有自家儿郎。王敦死后，王导地位如日中天，然而王家兄弟子侄死丧殆尽，已无力支撑家族门户。在这种背景下，颍川庾氏的庾亮对王导的地位发起了挑战。幸赖郗鉴维护，琅琊王氏才得以保全。不久，王导、郗鉴、庾亮相继过世。（第 72 页）在颍川庾氏之后进入舞台中央的是谯国桓氏的桓温，桓温势力的发展遭遇了来自其他士族的阻力，并不顺利。换句话说，各大家族之间力量的对比出现了短暂的均势。这种均势带来了二十几年难得的安定局面。永和九年（353 年）春，王羲之兰亭雅集，曲水流觞，写下了一段风流佳话。但是，对以王羲之为代表的永和名士，在书法以外的历史评价并不高。同样是谈玄，他们跟玄学前辈相比，在学理上没有创造，而且多半言行不符，嘴里说的是归隐，心里想的却是做官敛财。（第 174 页）玄谈是获得士族社会认可的重要手段。这也是门阀政治的一个特点。尽管当时人有名教与玄学“将无同”的说法，但是，只讲儒学是不受欢迎的。儒学强调的是君君臣臣、父父子子的伦理秩序，它的主旨是尊君的，这与士族门阀追求家族利益的目标不相吻合。在这一阶段，儒学是皇权和士族门阀争斗的工具。

另一个斗争工具是北伐。掌握军政大权的士族门阀北伐或者声称北伐的真实目的，往往是争夺军事重地，实现势力范围的调整与整合，以及打击政敌。桓温三次北伐，前两次获胜，声望大增，地盘未改。第三次北伐败于枋头，望实俱损，（第 183 页）然而却趁机取得了徐州和豫州，扫清了进入首都建康的障碍，得以控制中枢政局，但是也没力气实现改朝换代了。桓温废了东晋的海西公，另立简文帝；简文帝死，孝武帝立。这本来是桓温取而代之的大好时机，却被几家士族作梗，不得如意，郁郁而终。（第 192 页）桓温死后，陈郡谢氏接棒与司马家共天下。谢安执掌中枢政局，又利用抵御前秦入侵的机会，任命侄子谢玄出镇广陵。谢玄在广陵重组流民武装北府兵。淝水之战中，谢安在石头城下棋，故作悠闲，知“小儿辈已破贼”，激动得把木屐的齿都撞掉了。这时候，谢家的势力、声望、功业都如日中天。然而，随着敌情的解除，皇室和士族对谢家的猜忌也越加明显。谢安功高不赏，不久去世，谢玄也因北伐失利和身体原因离开广陵，第二年去世。谢氏门户由盛转衰。

太原王氏最后一个登场，但是，太原王氏既无兵权，也“没有足为时局所重的人物”，所以，“只能是依附而无力超越于皇帝（孝武帝）或相王（会稽王司马道子）的权威而起作用”。孝武帝与司马道子君相不合，各自支持太原王氏的一支，分据荆州和广陵，昏君、乱臣两位司马氏的斗争演变为两位太原王氏的军事势力争夺，占据广陵的王恭被杀之后，流民武装北府兵落入将门出身的下等士族刘牢之之手。谯国桓氏桓温的儿子桓玄趁乱起兵，消灭了一切对手，篡晋立楚。最终，桓玄又被刘裕击败，这一仗“可以视为次等士族对主宰东晋政治百年之久的门阀士族的决定性胜利”。“终于要导致朝代异姓和易制。所谓‘易制’，就是刘裕把东晋孝武帝企图恢复而未成功的皇权政治真正付诸实现。”（第 286 页）刘裕造宋，门阀政治彻底终结。

当然，此时距离“旧时王谢堂前燕，飞入寻常百姓家”——士族作为一种社会阶层的消失，还需要很长时间。这就是东晋门阀政治的内容简介。田先生还用了不小的篇幅讨论了皇权政治与门阀政治的理论，辨析了南北战争在不同阶段的性质判定，有兴趣的朋友可以自行检读。

邓小南：《祖宗之法：北宋前期政治述略》
生活 · 读书 · 新知三联书店，2006 年版、2014 年修订版

这部书的书名是主副结构，副书名“北宋前期政治述略”表明“北宋前期政治”是这本书的研究和叙述对象，而主书名“祖宗之法”则是作者对“北宋前期政治”

核心内容的提炼。北宋前期指的是宋太祖、太宗、真宗三朝和仁宗朝的前期，具体的时间起点是公元 960 年陈桥兵变，赵匡胤黄袍加身，改周为宋，结点是 1033 年刘太后辞世，宋仁宗亲政。作者认为，这七十三年间的北宋政治最核心的内容就是“祖宗之法”的确立。“祖宗之法”从此成为贯穿两宋历史的“纽结”，也是我们今天认识宋代历史的一条重要线索。“离开对‘祖宗之法’的深切认识，就难以真正透过表层问题揭开宋代政治史的奥秘，同时也难以真正把握宋代制度史的精髓。”（第 9 页）

那么，什么是“祖宗之法”呢？“宋人心目中的‘祖宗之法’，是一动态积累而成、核心精神明确稳定而涉及面宽泛的综合体。”（第 9 页）“核心精神明确稳定”与“涉及面宽泛”是“祖宗之法”的两大特点。“祖宗之法”的核心精神是“以防弊之政，为立国之法”，“事为之防，曲为之制”，聚焦内政，一切制度设施服务于政权的稳定和皇权的安全。“祖宗之法”包括限制宗室、外戚、宦官权力，权力的分立与制衡，与士大夫共治天下，不杀言事臣僚，提倡“忠义”气节，后宫皇族谐睦俭约等令宋人自豪、后人称赞的正面内容，以及相当多的负面内容，比如过度重视内政、防范武装力量危害政权稳定造成的国势不振，过度强调制约带来的行政效率低下，等等，负面内容的丰富程度丝毫不亚于正面内容。“在宋代，信守‘祖宗之法’不仅是一种政治行为模式，同时也是一种思想文化模式。”（第 13 页）而“涉及面宽泛”则使得政治立场完全对立的双方都可以高举“祖宗之法”的大旗，在特定的问题上，可以出现“一个祖宗，各自界说”的现象。但是，总体而言，“祖宗之法”有其公认的精神内核，它是务实应变的，稳定至上是“祖宗之法”的中心目标，“对于民间文化发展、经济事业、社会生活等方面，自开国之初宋廷即因仍自然趋势而未予过多干预”，政治的基调相对稳定宽容。“宋朝的防弊之政，并非彻底拘谨内缩。”（各项具体的制度建设）“增加了士大夫的参政议政机会。伴随这些举措而来的，事实上是走向开放”。（第 521 页）“立纲纪”与“召和气”是“祖宗之法”的一体两面。“‘立纲纪’强调实施王朝的规矩、法度；‘召和气’则是指顺应天地阴阳之交感，展布万物发生、和睦融洽的氛围。”（第 525 页）其中，既包括君臣之间的“和气”，也包括朝廷与百姓之间的“和气”。通俗地说，就是朝廷国家致力于建设一个上下尊卑秩序井然而又和谐安宁的宋朝社会。“祖宗之法”

强调的是赵宋列祖列宗的所作所为可为本朝后世之轨范，然而列祖列宗不是时时事事都足以为子孙后代效法的。负责对列祖列宗的事迹进行选择、阐释，塑造祖宗形象的，是宋朝新崛起的士大夫群体，也就是通过科举进入仕途的学者官僚，因此，“祖宗之法”其实是新兴的士大夫政治的重要核心内容。从某种意义上说，“祖宗之法”开启了一种新的更为理性的儒家施政方式，或者说，“祖宗之法”使得北宋登上了儒家政治的新高峰。

那么，“祖宗之法”是怎样形成的呢？“祖宗之法”“动态积累而成”的过程，是这本书的核心内容。这一部分内容按照时间顺序展开，讲宋初故事，必须从五代说起。

从高处逆流而上鸟瞰完成时的历史，则宋初是一个长治久安的朝代的开端，五代是极乱之世，二者可以截然分开；然而，如果沿着时间的河流顺流而下观察的话，那么，就如同作者所说，“自唐朝末年经五代至北宋初年，在政治、军事、文化等方面面临的社会矛盾性质类似，统治者在挣扎摸索中致力于解决的问题也类似，从这一意义上说，这段时间事实上属于同一单元，北宋的政治局面，正是从五代‘走出’来的”。（第 78 页）五代既是“礼坏乐崩”，上上下下空前分裂的时期，也是“走向新层次统一的时期”。（第 79 页）这一时期，首先是民族关系的整合，在北方新崛起的强大的契丹族政权的压迫之下，五代境内，胡汉之间畛域消融，曾经困扰唐王朝的番兵番将不再成为问题。

从五代的第一个政权——后梁开始，便开启了一种“从军阀到君主”的上升模式。在这种模式之下，“兵强马壮者”为天子，中央建立了相对于地方的绝对兵力优势。凭借这种兵力优势，五代中央开始了收兵权的举动，并且进一步建设更为强大的禁军；于是又出现了禁军将领“黄袍加身”篡夺帝位的改朝换代新模式。宋朝的建立就是这种模式的再度成功。宋朝建立之后，第一步是解除老将对禁军的管理权，这才是“杯酒释兵权”的核心内容。那些被解除了禁军军权的老将很多都是到地方上去做了节度使的。收藩镇兵权是第二步的举措，派出文官担任知州，再派个人去当通判看着知州，这都是宋朝的制度创造。在武装力量的管理上，宋朝延续了五代收兵权的大趋势，并且建立了一系列的制度措施，把兵权这把双刃剑牢牢地用剑鞘收好，妥妥地管理起来。晚唐五代曾经飞扬跋扈的武人就这样被纳入了宋朝“祖宗之法”的管束之中。

文臣群体则在五代时期经历了一场“再造”。唐末，讲究“士家流品”与科举出身的旧文臣以清流自诩，实际上却百无一用——对典章制度知之甚少，不是称职的文化传承者；又没有行政能力，对变迁的时代毫无贡献，“饱食终日，而无所用心”。905 年，军阀朱温在白马驿杀害宰相裴枢、独孤损等七名唐朝高官，“残忍而明确地宣判了一个时代的结束”。（第 110 页）此后这一类出身高贵的文官仍然可以担任宰相，但是这乱世宰相府在政治中却已经靠边站。五代时期，一种新型的文臣崛起，这种新文臣的特点是能干，或者善于起草通俗而不失体面的文书政令，或者善于使用筹算调度军需。总之，他们有符合时代需要的实际才干，因而受到军阀和军阀出身的君主的重用，可是这些人的儒学修养不行。新旧两种文臣的“角色素质在碰撞中融通”，“其边际不断模糊化”。（第 143 页）总体而言，“个人家世背景的淡化，能力素质的凸显，不同特长的兼纳以及内部关系的调整，为北宋时期文臣群体面貌的形成创造了前提条件”。（第 147 页）“这一阶段又是教育趋于社会化，知识普及与文字能力扩展下移的时期。”“动乱之中，斯文不绝如缕”，（第 140 页）为宋朝的文治打下了基础。

宋太祖所依靠的文臣群体就这样从五代走来，正如朱熹所说，“国初人才，是五代时已生得了”。（第 148 页）宋太祖黄袍加身之后，为维持稳定的政治局面，首先全盘留用了后周的宰相班底，后来才慢慢换上自己的亲信赵普等人。在这个过程中，中书（宰相机构）被重新赋予了总领行政事务的职责，宰相成为政务领导，而不是决策的主导。（第 214 页）原本由皇帝亲信掌管的枢密院交出了一部分权力，成为专职国家最高军政管理机构。中书与枢密院构成宋朝国家的中枢机构，合称“二府”。二府按照职能分工，各自对皇帝负责。一般情况下，皇帝先后分别与中书、枢密院举行工作会议，中书不管军事，枢密院不管民政，二府互不相干，各自对皇帝负责，只有皇帝掌握全部的信息和权柄。宋朝的财政机构三司也具有一定的独立性。这是宋朝的三权分立，民政、军事与财政分别由不同的机构掌管，各自向皇帝负责。皇帝的责任更重，权力更大。

宋太祖时期，出现了“废坐论之礼”事件。之前，宰相跟皇帝开办公会的时候，是坐下来慢慢聊的。宋太祖把宰相的座位撤了，改成皇帝坐着，宰相站着说事。为什么？之前的解释通常强调这是君臣关系的一次大调整，君更尊，臣更卑。作者则指出，“有宋一代，文臣地位并非卑微。作为文臣政治领袖的宰相，在殿廷进对时不再命坐、赐茶，主要原因在于其‘不得从容’（没办法悠闲聊天）。这种状况，显然与其职责重心的演变直接相关……”（第 221 页）宋朝的宰相“是皇帝推行政令的组织首脑”，（第 222 页）宰相面见皇帝时，要讨论的事情太多，根本没有时间坐下来喝着茶慢慢聊。

宋太祖说过“欲武人读书”，又说过“宰相须用读书人”。那么，是否可以由此得出结论，宋太祖就已经把“事业付之书生”了呢？作者细致考察了宋太祖说话的具体情景，并指出，一方面，北宋初年确实承接着五代以来的风气流转，越来越重视文臣，但是另一方面，“宋太祖对文臣的宽和，在某种程度上恰是源于他对控御‘书生’的自信，源于他相对于‘书生’们的居高临下感觉”。（第 167 页）

“最终将宋代的立国之法明确引导归结至‘防弊’二字之上的，应该说是宋太宗。”关于宋太宗的即位，我是倾向于认定是他谋杀太祖的。邓老师没有正面理会这桩谋杀案，她的关注点在宋太祖死后“突然空出的帝位之上”，从而看到了太宗对宋朝政治传统确立的独特贡献。跟太祖的儿子相比，他更有政治经验，太宗“作为五代塑就的最后一代精英人物的代表，他……继承了兄长开创的稳定趋势，成功地杜绝了国家内部再度分裂的可能”，“使得整个王朝的命运趋于明朗，赵宋的政治局面有了稳定发展的更为切实的保证”。（第 258 页）这是一个非常有见地的论断。太宗将施政的重心彻底转向了内政，他更加重视官员操检和社会风尚。（第 275 页）

第三个皇帝真宗时期，首次把太祖、太宗时期所施行的法度及其精神总结概括为“祖宗典故”“祖宗法度”，并将其奉为治国理事的圭臬。而提出这一政治创意的，是杰出的士大夫们。真宗在位二十四年，前十年小心翼翼，恪守祖宗基业；自大中祥符元年开始封禅泰山、崇奉天书，大搞“封建迷信活动”，劳民伤财，举动越轨。“将‘祖宗典故’作为国家政事的效仿原则，正是从真宗中期以后愈益突出的。”而“祖宗之法”的正式提出，则是在仁宗朝刘太后去世、仁宗亲政之后。为什么会出现这样的变化？请各位到书中去寻找答案吧。

邓老师强调，“书中所讨论的，主要是宋朝前期政治史的一些片段，所反应的，不过是笔者从个人视角出发，对于宋朝史事及政治生态的些许理解，是‘个性化’的解说，而非系统全面的阐论。笔者希望与读者共同进入一个内容相对充实丰盈的‘学术角’，而不是重构整个宋代的政治通史”。（第 17 页）然而，我认为，这才是学术研究应有的样子。每一个学者，假如其严肃，其学问一定是个性化的。而“系统全面的阐释论述”必须建立在个性化的研究基础上，充分容纳了个性化所带来的差异，在个性和差异之上，才能建立共性，否则就是瞎掰。

杨讷：《丘处机“一言止杀”考》
上海古籍出版社，2018 年版

这本书是上海古籍出版社出版的“杨讷史学著作四种”中的最后一种（2018 年 2 月），其他三种是《世界征服者：成吉思汗及其子孙》（2017 年 10 月）、《刘基事迹考》（2017 年 6 月）和《元代白莲教研究》（2017 年 6 月）。2019 年 1 月，杨讷先生在北京溘然长逝，“杨讷史学著作四种”也便成为绝响。这四本书当中，《世界征服者》和《刘基事迹考》都是很“有群众基础”的题目。杨先生的书写靠谱、流畅又有趣，值得一读。看过《倚天屠龙记》的小说或者电视剧，且对朱元璋和明教的恩怨纠葛感兴趣的朋友，绝对不应该错过《元代白莲教研究》一书。

四种之中，为什么我单单选了《丘处机“一言止杀”考》来做特别介绍呢？因为杨先生在这本书里做了一件我一直以来在做，但是又没有做得这么好的工作——掰谎。

戏曲、小说、影视、游戏等文化载体之中，存在着不少对历史事实的错误叙述；出于种种原因，这一类的错误叙述往往比严肃的历史叙述更有市场，流传更广；由此形成了一种建立在错误叙述基础之上的“民间记忆”。民间记忆的存在本身是真实的。但是，民间记忆所记的所谓历史人物、历史事件多是逻辑混乱、不符合历史事实的，简单地说，多是谎言。因此，历史学者走出象牙塔，与莽莽红尘正面接触的第一件事，其实就是“掰谎”，告诉各位读者所信的东西是假的。这就是我说的历史学者的“掰谎”。

“掰谎”这个词，是从《红楼梦》里借来的。《红楼梦》第五十四回“史太君破陈腐旧套，王熙凤效戏彩斑衣”里说道，元宵节贾府请了女先生到家里来说书，说的是才子佳人一见钟情、春风暗度的故事，才说了个开头，就被贾母打断。老太太明确指出，这类故事在逻辑上是不通的，“前言不搭后语”——“开口都是乡绅门第，父亲不是尚书就是宰相，一个小姐必是爱如珍宝。这小姐必是通文知礼、无所不晓……只见了一个清俊男人，不管是亲是友，想起她的终身大事来，父母也忘了，书也忘了，鬼不成鬼，贼不成贼，哪一点儿像个佳人？……再者，既说是世宦书香，大家子的小姐，又知礼读书，连夫人都知书识礼的；就是告老还家，自然奶妈子丫头服侍小姐的人也不少，怎么这些书上凡有这样的事，就只小姐和紧跟的一个丫头知道？你们想想，那些人都是管做什么的！”老太太的这篇“掰谎记”，是知世之言，实在是令人拍案叫绝。

历史学者掰谎跟贾母掰谎，道理是一样的，逻辑第一。最简单的逻辑是时间的先后，后发之事不可以为先发之事的诱因，先出之书比后出之书可靠。先出之书不记之事，后出之书增补而润色，故事越讲越精彩，却多半是说谎。说谎必有缘由，缘由无非是利益，给先人涂脂抹粉是为了后人脸上好看。当然，历史学者要掰的谎，可比贾母要掰的谎复杂多了。历史学者的掰谎是和严肃的文本分析紧密结合在一起的，杨讷先生的《丘处机“一言止杀”考》就是一出精彩的历史学者掰谎记。

杨先生要掰的，是一个弥天大谎。1222 年，长春真人丘道长（丘处机）应召往西域觐谒成吉思汗，这件事是真的。但接下来的则是假的，全真教徒相信，丘道长在谒见之时，当面向成吉思汗建言停止杀戮，成吉思汗采纳了他的意见，果然停止或减少了杀戮。这则假信息被全真教徒奉为丘祖功绩，本教光荣。他们信，这个“信”是真的。相信丘处机曾经建言制止杀戮的，还不止全真教徒，甚至包括皇帝，乾隆皇帝为北京白云观丘祖殿题词：“万古长生，不用餐霞求秘诀；一言止杀，始知济世有奇功。”皇帝的御笔题词，今天仍然在，“丘处机一言止杀”的故事，通过白云观的导览词，通过相关的道教书籍，继续在民间记忆中传播扩散，简直就跟真的一样了。但是，杨先生说，假的就是假的，假的真不了。

那么，杨先生是怎样证明“丘处机一言止杀”是假的呢？

首先，杨先生证明，记述丘处机西行事迹的最早、最完整的第一手资料——《长春真人西游记》中没有“一言止杀”的记载。《长春真人西游记》成书于 1228 年农历七月丘处机下葬之后不久，由他的弟子李志常执笔。倘若真有其事，那么，“一言止杀”应当是丘道长一生之中最光辉的事迹了，值得大书而特书，而《长春真人西游记》不着一字，是何道理？关于这一点，晚清的全真教徒陈铭珪就已经注意到了，作为一个虔诚的教徒，陈铭珪给出了自己的解释：第一，这是因为李志常的谨慎；第二，这是因为丘处机固守老子的教诲，成功而不居功，对宫闱之事，更是严守秘密。对于陈铭珪的这两点解释，杨先生一一击破：第一，《长春真人西游记》是一部集体的游历记录，总共约两万三千字，李志常只是执笔人，随同丘处机西行的十八弟子，李志常是第一个被留在途中的，他再次与丘处机会合之时，时间已过去了一年零十个月。这一年零十个月，恰恰是丘处机西行的活动重点，其间所发生的事件就包括丘处机与成吉思汗的会谈。这一年零十个月的活动，并未因李志常的缺席而失于记载，相反，在两万三千字的篇幅之中，有近万字是关于这一年零十个月的。换言之，李志常肯定是“根据丘处机本人和当时在丘处机身边的几个弟子提供的笔记或口述撰写的。其书完稿前后，必定经掌教尹志平等西行弟子看过”。因此，杨先生的结论是：“我们必须如实地把《长春真人西游记》看作集体的制作。《长春真人西游记》未载‘一言止杀’故事，原因不在李志常个人慎不慎、闻未闻、敢不敢，而在这个集体无人知晓这个故事。”（第 9 页）第二，说丘处机严守秘密，不言宫闱之事，也是靠不住的。《长春真人西游记》分明讲了 1222 年 4 月至 1223 年 3 月间，丘处机多次觐见成吉思汗的情景与对话，“一言止杀”是大好事，如果真有其事，弟子实在没有必要忍着不说。

除了丘处机事迹的第一手资料《长春真人西游记》中只字未提“一言止杀”一事外，杨先生提出了第二个证据：成书于 1228 年 10 月的《长春真人本行碑》全文引用了李志常为丘处机所作的行状，然而关于西行之事，只有寥寥几行，除了丘处机抵达与离开成吉思汗行营的时间地点之外，关于二人之间的对话，只记载了两件事，一是成吉思汗问“长生药”，丘处机“但举卫生之经以对”，一是丘处机又多次谈到仁孝之道，成吉思汗觉得不错，“以其实，嘉之”。“一言止杀”？没有。

杨先生否定“一言止杀”真实性的第三个证据是耶律楚材的《西游录》。耶律楚材从1219年起便扈从成吉思汗西征，成吉思汗要求丘处机前往西征行营觐见的诏书就出自耶律楚材之笔，耶律楚材还是成吉思汗会见丘处机的目击证人。《西游录》同样作于1228年，共计六千多字，有四千字都是批评丘处机的。作为一名信奉佛教的儒者，耶律楚材与丘处机私交不错，但他极不赞成丘处机的信仰和主张。《西游录》列举“不许丘公之事”十件，并无一丝进言止杀的痕迹。与《长春真人西游记》和《长春真人本行碑》相互对照，可以证明，直到丘处机去世的1228年，“根本没有丘处机进言止杀的说法”。

三个例子举出来，“丘处机一言止杀”为后人编造，基本可以落实。但杨先生的论述还不至于此，接下来，他又举出了第四个证据——《玄风庆会录》。这份资料的状况更为复杂。《玄风庆会录》是丘处机对成吉思汗讲道内容的实录，正文三千多字，前面有一篇近二百字的序，没有署名。它成书于1228年以前，比前面三份资料都早，但是，它长期“秘藏宫禁，鲜为人知”。关于《玄风庆会录》的成书时间、作者等，众说纷纭，有人干脆断言它是一本伪书。杨先生发现，早在1241年以前，丘处机的再传弟子秦志安就已经提到了这部书，并且明确指出，它的记录者就是耶律楚材。那么，秦志安有没有可能记错？换句话说，丘处机对成吉思汗讲道的时候，耶律楚材是否在座呢？关于这一点，杨先生在耶律楚材本人的《西游录》里找到了直接证据。比如这一条：

> 客问：丘公进奏谈道之语，可得闻与？
>
> 居士曰：壬午之冬十月，上召丘公以问长生之道。所对皆平平之语及精神气之事。又举林灵素梦中絜宋徽宗游神霄宫等语。此丘公传道之极致也。

《西游录》采取的是设问自答的形式，就像是一场假想的采访。采访者问：能不能请您谈谈丘公觐见大汗时对话的情况呢？耶律楚材居士（耶律楚材自称谌然居士）回答说：1222年冬十月，大汗召见丘处机，问长生不老之道，丘处机回答得很一般，就是道教那些普通的精神气之类的。他竟然还提到了林灵素梦中带宋徽宗游神霄宫这样荒诞的亡国之事。这就是丘公传道的极致了。“心非而窃笑之”——我心里不以为然，但是又不好说破，就一直偷偷在心里笑他。杨先生认为，这句话里也有夸大的成分，因为“那时成吉思汗安排的就是专听丘处机讲道，楚材只是以近臣的身份旁听并进行笔录，哪里有他说话的份儿”。（第 22 页）

《玄风庆会录》是耶律楚材当时亲笔所记，这一点可以无疑。那么，按照《玄风庆会录》的记载，丘处机有进言止杀的内容吗？不但没有，“相反的倒有称颂成吉思汗征服战争的话语”。（第 28 页）丘处机政治理念低下，宗教追求卑劣，竟然能“尊宋徽宗为天人，林灵素为神仙，把他们的秽行作为本教的光荣与神奇来夸说”。这样崇尚人间富贵、崇尚权势的道士，怎么可能对成吉思汗进言止杀？“丘处机真正关心的”是蒙古人能够“给教门带来的发展机会”，民众的苦难，不是这“老神仙”关注的事情。（第 54 页）

如此说来，从 1222 年的会谈记录《玄风庆会录》到成书于 1228 年的《长春真人西游记》《长春真人本行碑》和《西游录》，都没有“一言止杀”的内容。丘处机从未向成吉思汗进言止杀，可为定论。但是，杨先生的搿谎记并未到此结束，他更进一步找出了“一言止杀”故事的出处。简单地说，这个故事应当是窝阔台汗时期，全真教徒为了吹捧丘处机、弘扬本教而编造出来的，并且随着岁月的推移，不断添油加醋，变得更加丰满，最终堂而皇之地成了全真教教史的一部分。

以上就是杨讷先生的“丘处机一言止杀搿谎记”。搿谎记最初是一篇八千字的短文，发表于 2002 年，而且是在一个纪念文集里；这样的发表状态通常很少被人读到，但是，杨先生很幸运，这篇文章竟然被道教史的研究者看见并且注意了。2003 年，在香港举行的一次全真道学术讨论会上，有学者提到了杨先生的文章，并且一针见血地指出，如果杨先生的看法成立，“则一系列全真史料的真实性都要受到怀疑，丘祖的历史评价也要重新改写了。这个问题必须由全真道研究者加以解答，而且必须由史料的考辨入手”。这话说得非常对。杨先生做的是史料考辨，你不同意他的观点可以，但也必须从史料考辨入手，与杨先生一分高下正误。但是，结果怎么样呢？历史学者的搿谎记被看见了，然后又被忽略了，道教史家继续歌颂他们的“丘祖”，赞美“一言止杀”的故事。杨先生无可奈何，只好又写了一篇三万字的掰谎记，也就是我上面转述的内容。能不能被接纳或者严肃对待呢？让我们拭目以待。

严肃的历史学者常常是砸场子的，我们努力传递真实，因为真实本身值得赞美。

黄仁宇：《万历十五年》
中华书局，1982 年版

2018 年 6 月 25 日是黄仁宇一百周年诞辰，这一天，我的朋友圈被黄仁宇和《万历十五年》刷了屏。各路名家、各大人文公众号皆有文章，讲述黄仁宇生平和《万历十五年》出版始末，以及他的“大历史”。在这些文章之中，有三个关键词：第一，黄仁宇。他在中国出生长大，在美国成长为一个历史学者，以中国明朝历史为主要研究领域。他一生坎坷，生命之中最大的耻辱是中年失去教职，最大的光荣是出版了《万历十五年》。第二，“大历史”。这是黄仁宇本人所推崇的历史观，用他自己的话来说：“大历史的观点，亦即是从技术上的角度看历史。”第三，《万历十五年》。这是黄仁宇最重要的著作，英文原著出版于 1979 年，出版之前曾经被质疑非驴非马——既不像纯学术，也不像通俗读物，但出版之后相当畅销，而且最终还是得到了美国学界的承认，中文版则由作者本人译写，相当于二次创作。中文版为黄仁宇带来了一个历史学者的荣耀。可以说，如果没有《万历十五年》，就不会有这么多人知道黄仁宇和他的“大历史”。

所以在这三个关键词当中，关键的关键，是《万历十五年》。这本书绝对是中文历史著作出版史上的一个奇迹。1982 年一经出版，便洛阳纸贵，不仅在专业历史圈得到好评，尤为难能可贵的是，它还吸引了众多普通读者，各种版本的《万历十五年》一共售出三百万册。用句时髦的话来说，《万历十五年》是一本现象级的书。那么，《万历十五年》究竟写了什么？它为什么会那么火？

我们先来看内容。

万历十五年（1587 年）是明朝历史上一个看起来平淡无奇的年号，它的英文书名直译就是《1587，一个平淡无奇的年份：明朝在崩溃》（*1587, A year of nosignificance : the Ming Dynasty in Decline*）。从这个看上去平淡无奇的年号出发，黄仁宇向前追溯、向后延展，详细描述了六位历史人物的生命历程。

这一年，二十四岁的万历皇帝已经当了十五年皇帝了，他曾经努力学习，信任、尊重并支持首辅张居正，但是，张居正死后被揭露出来的两面性格，让他感到彻底的失望。作为一个人，他爱郑贵妃和郑贵妃所生的老三常洵；可是作为皇帝，礼法制度却要求他立庶长子常洛为皇太子。立储问题引发了万历与文官集团的对抗，最终，心灰意冷的万历采取了消极怠工的对策，搁置了立储，也搁置了朝政。

三年以前，曾经显赫一时的前任首辅张居正已经被抄了家。张居正遭到攻击的真正原因，是他得罪了文官集团。文官集团才是国家的真正主人。张居正虽有心清除积弊，但是他的做法却是高压加权术，因此，他遭到反对和清算都是必然的。

张居正的继任者申时行试图充当和事佬，与全体文官协调合作，并希望皇帝以身作则，重建诚信。可是，申时行推广诚意的方式却是不断地举行礼仪和讲书，万历当然不肯配合。申时行也是两头不讨好，难免下台的命运。

在万历十五年的年尾，有两个我们熟悉的历史人物去世，一个是著名的大清官海瑞，另一个是抗倭名将戚继光。两个人死得都很惨。海瑞死的时候仅仅留下白银二十两，连自己的葬礼都无法应付。尽管海瑞在民间记忆中成为敢于对抗权势的英雄，但在皇帝和同僚眼里，海瑞却像是一个笑话，是一个不切实际的道德符号。戚继光的墓志铭里写到他的死时说："腊日（十二月十二日），鸡三号，将星陨矣。"仿佛那是举国哀悼的大事件。可是事实上，皇帝和朝廷压根儿没有理会戚继光的死。三年之前，他已经被革职。皇帝再也不想听到他的名字。

同样在万历十五年过世的，还有一个被丈夫遗弃在老家的可怜女人——思想家李贽的夫人。第二年，六十一岁的李贽剃度为僧，决心寻求个性的自由发展。四年之后，他被控告"邪说惑众，罪大恶极"，下锦衣卫狱，自刎而死。

这六个人中，万历皇帝是帝国的最高统治者；张居正、申时行曾任首席内阁大学士，是政府实际上的行政首脑；海瑞是明朝首屈一指的清官；戚继光曾经是最成功的武将；李贽则是杰出的思想家。他们构成了“万历年间支撑帝国社会大厦的基石”。可是这六个人，没有一个人的生命不委屈，没有一个人的结局不失败。

以上就是《万历十五年》的大致内容。黄仁宇是一个很会讲故事的人，在这本书的开端，他首先讲了一场礼仪乌龙的故事：万历十五年三月初二，忽然传来消息说，皇帝要举行午朝大典，文武百官慌忙赶奔皇城，却发现原来只是虚惊一场。皇帝龙颜不悦，下令所有在京供职的官员集体罚俸。

这场礼仪乌龙，只是无关紧要的“末端小节”。那么，黄仁宇为什么要选择这样一件小事来开始这本书的叙事呢？黄仁宇给出的解释是：“这些事件，表面看来虽似末端小节，实质上却是以前发生大事的症结，也是将在以后掀起波澜的机缘。”

纵观全书，我们还可以补充一点：这场礼仪乌龙具有强烈的象征意味。礼仪本应是伦理道德、政治秩序的表现形式，追求的是内外一致；但是，堂堂帝国的午朝大典竟然可以演变成一场笑话，哪还有什么内容实质可言？这说明什么？帝国的礼仪已经彻底虚伪化，完全丧失内容，违背了人性，变得假大空，却又像紧箍咒一样套在人们头上。包括皇帝在内的所有人，都被这套假大空的东西牢牢地罩着。总体来说，在黄仁宇的笔下，明帝国的政治就是假大空的礼仪加上人事斗争。

说一套，做一套，阴一套，阳一套，已经成为被普遍接受的正常状态。人是这样，言行不一是一种普遍的社会现象，读书人满口仁义道德，一肚子私人利益。自以为掌握着儒家真理的文官集团，“名义上任职于各部各寺，各有其官方组织，但是背后又各有各的私人派系”。国家制度也是这样，什么都是两张皮，比如关系重大的税收制度，“往往只是一个理想”，税额分配与现实的土地占有状况严重脱节，根本执行不下去，必须依靠“惯例”。制度规定是阳，实际做法是阴。

当虚伪变成了正常，那么，正常就不再正常。而教育当然是积极正面、只谈仁义道德的。在这样的情形之下，受过良好教育的孩子，一旦接触到世界的阴面，那就离崩溃不远了。万历皇帝的崩塌应当就是这样发生的。他九岁即位，在严厉的母亲慈圣皇太后和首辅张居正的内外教导下成长。他很尊重张居正，称他为“张先生”。1578 年，张居正的父亲过世，按礼仪应当丁忧守制，可是，万历离不开张先生，朝廷离不开张先生。所以，最终由万历下旨，让张居正夺情，化孝道为忠诚，继续为朝廷服务。这一明显违背礼仪的行为，遭到了文官集团的猛烈攻击，而万历则坚定地站在了张居正这边，严厉地处罚了那些攻击张居正的官员。在那个时候，万历肯定是相信张居正的一切美德的。然而，就在 1582 年张居正去世半年之后，万历就发现他对张居正的信任是一种不幸的历史错误。“张先生言行不一，他满口节俭，但事实证明他的私生活极其奢侈。”“以圣贤自居的张居正，竟如此口是心非地占尽了实利！”经过张居正事件之后，万历发现每个人都是说管说，做管做，两不相干，他开始对一切都取怀疑态度。所以，当虚伪的官员们要求万历做出符合礼法制度的选择，舍弃所爱，立长子常洛为皇太子的时候，他干脆撒手什么都不管了，政府的职位空出来也不补，就让它那么空着——这个政府竟然也能继续运转，只是，它不再有能力解决任何实质性的问题。

在这个虚伪的体制当中，即便是符合国家利益的正义之事，也需要通过卑劣的手段来进行。比如戚继光整顿北部边防的工作，就需要他跟内阁首辅张居正之间的私人关系来支持；而张居正支持戚继光的很多做法，严格追究起来，也逃不掉“结党营私”的指责。李贽看透了体制和文官的虚伪，转而倡导和实践一种表里如一的生活方式。海瑞则选择了另外一条路，要把别人挂在嘴边的教条变成现实。最终，他们殊途同归，被时代抛弃。

在万历十五年，哪一条路都是死路。“在这个时候，皇帝的励精图治或者宴安耽乐，首辅的独裁或者调和，高级将领的富于创造或者习于苟安，文官的廉洁奉公或者贪污舞弊，思想家的极端进步或者绝对保守，最后的结果都是无分善恶，统统不能在事业上取得有意义的发展，有的身败，有的名裂，有的人则身败兼名裂。”黄仁宇笔下的万历十五年，和明朝的其他年份一起，构成了一个完全没有希望的时代。正如黄仁宇所说：“书中所叙，不妨称为一个大失败的总记录。”

而这场大失败的原因，是“中国两千年以来，以道德代替法律，至明代而极，这就是一切问题的症结”。

《万历十五年》为什么会那么受欢迎？“好雨知时节，当春乃发生。”它进入中国的时候，中国史学界还无法贡献出如此细节丰富、思想自由的作品，而 20 世纪 80 年代初期的中国人是那样地如饥似渴，希望了解过去，了解来自外面的信息，倾听不同的声音。作为《万历十五年》的一名粉丝、黄仁宇的后辈历史学者，我可以负责任地告诉大家，从 80 年代到现在，经过三十多年的研究，历史学界已经可以为大家提供比《万历十五年》更丰富的知识面向。我们知道，金元以后，帝制中国的政治文化和国家治理的水平都走了下坡路，而明朝水平特别低。以今天的认识水平来看，《万历十五年》的总体叙述，带有强烈的先入和情感代入色彩，黄仁宇的“大历史”概念也不是很清楚，他的一些叙述流于模糊的印象，缺乏严肃的论证。毫无疑问，我们比《万历十五年》进步了。但是，所有这些，都无损于《万历十五年》曾经的历史荣光。

姚念慈：《康熙盛世与帝王心术：评“自古得天下之正莫如我朝”》
生活 · 读书 · 新知三联书店，2015 年版、2016 年版

这本书其实是一本论文集，包含五篇论文，分别是：《魏象枢独对与玄烨的心理阴影——康熙朝满汉关系释例》《评“自古得天下之正莫如我朝”——< 面谕 >与皇太子的兴废及玄烨的内心世界》《再评“自古得天下之正莫如我朝”——< 面谕 >、历代帝王庙与玄烨的道学心诀》《准噶尔之役与玄烨的兴兵之由》《准噶尔之役与玄烨的盛世心态》。这五篇论文，每一篇都很长，加起来共四十五万字。通常情况下，论文比著作的问题更集中、信息更致密，而姚念慈先生的论述又以严谨绵密见长。所以，对普通读者来说，这本书读起来可能会比较具有挑战性。如果你愿意用一两个周末的时间，沉下心来，把自己交给这本书，那么，你一定会被深深吸引，欲罢不能——这是我的阅读感受。

那么，这本书吸引我的究竟是些什么东西呢？

首先，它所揭示的内容是新的，跟传统说法不一样：一个不一样的但是让人感觉更真实的康熙皇帝，一个不一样的但是更为真实的康熙朝政治史，一个不一样的

但是更为真实的满汉关系。姚先生自述“本书主题只有一个，即批判玄烨提出的‘自古得天下之正莫如我朝’”。（自序第 3 页）

“自古得天下之正莫如我朝”的说法出自康熙五十六年（1717 年，也就是玄烨辞世前五年）的长篇《面谕》。这篇《面谕》是玄烨的“手书谕旨”，曾经“召入群臣面谕”，也就是当着群臣进行宣读，后来又全文颁布，是玄烨在康熙四十七年（1708 年）皇太子被废之后经历十年深思熟虑的产物。全文共两千多字。姚先生把它分为三部分，第一部分提出并论证“自古得天下之正莫如我朝”，也就是说清朝开国得天下是“最正”，其论证如下：“我朝”“初无取天下之心”，清兵入关乃是“李自成攻破京城，崇祯自缢”之后，明朝臣民期盼欢迎的结果，上“应天”意，下“顺人”心。（第 73 页）第二部分，玄烨自述继位以来的人生经历与感受，结论是“凡帝王自有天命，应享寿考者，不能使之不享寿考；应享太平者，不能使之不享太平”。这句话常常被学者忽略，而姚先生认为，这恰恰是玄烨要强调的他所认为的真理。也就是说，皇帝的“享寿考”与“享太平”都出自天命，皇帝的个人寿命、统治时间与王朝统治的合法性成正比。而当时玄烨在位已经五十六年了，“自秦汉以下，在位久者，朕为之首”。因此，在玄烨看来，他本人的长寿和在位时间之久，都是天命所钟，也是“自古得天下之正莫如我朝”的又一明证。（第 75 页）第三部分回应群臣所关注的立储问题，态度明确，意思模糊，“立储大事，朕岂忘耶！”“惟是天下大权，当统于一。”——我胸有成竹，你们都闭嘴。但是，按照姚先生的分析，玄烨把自己亲手培养的皇太子废了两次之后，其实在立储问题上是矛盾的，没有定见，他只是表面上嘴硬而已。（第 77 页）

“自古得天下之正莫如我朝”的实质就是“为大清朝争正统，这是康熙朝的政治核心，也是清前期的历史主题”。（自序第 4 页）而隐藏在“争正统”问题背后的则是清初严重的满汉对立心理，以及玄烨作为满族最高统治者的复杂心理：一方面，他有能力认识到汉文明的优越性，而另一方面这种认识却让他感到强烈的不甘和不安，唯恐满族被汉族同化，丧失其民族特质，进而威胁到满族的统治地位。在这种心态的支配下，玄烨高扬起从汉文化中获得的正统大旗，以天子之尊，“亲自披挂口诛笔伐”，试图把“自古得天下之正莫如我朝”的观念植入清人头脑，以“保证满族统治者的统治地位不可动摇”，竭尽全力使占人口绝大多数的汉族接纳、承认满族“统治的最大合理性与合法性”。

“康熙朝的一切大政方针必须紧紧围绕着这一政治目标而展开。”宣扬满族统治的合理、合法性和本民族的优越性，正是康熙朝的政治核心。这本书的结构方式，分开来看，五篇论文各有各的主题，合起来基本上把康熙朝自从三藩之乱之后的重大史事重新梳理了一遍，从而让康熙朝政治呈现出线索清晰的崭新面貌。按照姚先生的梳理，“三藩之乱及各地反清势力的时伏时起，暴露出清初的民族征服和民族压迫导致满汉之间的深刻对立，这对清廷统治者是一场严峻挑战，给玄烨的心理蒙上浓厚的阴影。……为使广大汉人接受清廷的统治，并驱除自身的心理压力，重拾满洲统治集团的信心，玄烨必须证明大清政权的最大合法性。为证明大清立国即正，玄烨就不能不干预《明史》（的编纂），证明天命所归在清，明朝之亡始于万历，清太祖、太宗有可取天下而不取之仁；清之代明，既非‘征诛’，亦非‘禅让’，而是明朝官民的急切‘迎请’。欲令天下臣民信服大清得天下之正为自古之最，最具说服力的莫过于以本朝成就为证，为此玄烨势必要维持高额赋税，最大限度地集中财政，借此演出种种活剧，然后不断施行蠲免的‘德政’；为证明大清王朝的正朔所承，玄烨就必须厘正历代各朝的统绪，重新安排历代帝王庙；为使汉人在思想意识上承认清朝统治超越往古，玄烨又必须兼道统与治统于一身，成为裁断学术的最高权威，牢牢控制话语权；而对皇太子出阁读书的设计，非但要超过明朝，亦应垂之久远……”（自序第 5 页）

这就是姚先生笔下的康熙朝政治。姚先生笔下玄烨本人的形象，也与清朝官方所宣称的、学术界主流所描画的和影视作品中所赞颂的“千古一帝”“盛世明君”差别极大。姚先生笔下的玄烨，骄傲敏感，多疑暴躁，同时“思维富于理性”，性格之中又有善于克制的一面，（第 62 页）始终抱持着“最原始狭隘的种族仇恨和复仇心理”，（第 61 页）对汉人不得不使用但始终保持着高度猜疑，对满人常恨其不争，但骨子里爱惜信任，倚为腹心股肱，相信“真正与满人同心同德的，是蒙古而不是汉人，尽管玄烨内心对蒙古充满鄙夷”。（第 61 页）他言辞高调，行事虚伪，喜欢自吹和被吹。比如说，康熙三十八年（1699 年），玄烨在南京明孝陵亲祭明太祖，题词“治隆唐宋”，推崇得无以复加，并且宣布“朕意欲访察明代后裔，授以职衔，俾其世守祀事”。四十六年（1707 年），他再次亲祭明孝陵。但是，第二年，他就把正宗的“明代后裔”——崇祯第四子朱慈焕全家杀了。一个七十六岁的老头，还能做什么呢？玄烨为什么要杀朱慈焕？因为他的太子被他自己废了。亲自教育的太子竟然为鬼物所魅，发疯了，这说明什么？难道是上天不再保佑大清了吗？相反，明朝已经灭亡了七十五年，崇祯竟然还有儿子活在人世，“玄烨岂能不怀疑天不绝明？唯有将朱慈焕一家连根诛灭，或许才能挽回天意”。杀就杀了，也没啥好说的。玄烨的问题就在于，他后来偏偏又翻来覆去地说，“我朝得天下之正，待前朝之厚，可谓超出往古矣”。（第 133 页）类似的细节，在这本书中比比皆是，康熙的形象跃然纸上。

这样的康熙朝政治，这样的康熙大帝，显然不符合主流印象。所以，姚先生在自序中说：“清史研究是一个充满争议的领域。本书的观点很可能不合时宜，然而我探索的目的，在于清理自己的思想，所需要负责的，是个人的理性与良知。”姚先生还以悲壮的语调为这本书的命运做了预言，他说：“本书犹如被清史主流冲刷到岸边的一粒微弱的水滴，其命运将是干涸直至被挥发，不会留下任何痕迹。失掉了水珠的光润，水分子却未消亡，或升腾汇入云雾，或渗入地下滋养土壤，仍将尽其绵薄。”（自序第 9 页）秉承“独立之精神，自由之思想”，从史料出发，以审慎之态度挖掘真实，赋予历史以意义，以我良知，尽其绵薄。这是一个负责任的学者所能给时代的唯一献祭。知我罪我，我尽心矣！

其次，这本书运用心理学的分析方法来建构康熙的帝王心术。心理分析如此大面积地应用，在中国大陆的历史学研究中是比较罕见的。姚先生认为，“将玄烨置身于具体的历史冲突之中，并透过其上谕的表面细细体察，发现其真实含义及其心理动机，才能还原一个更为真实的玄烨”。姚先生运用了现在大家都很熟悉的原生家庭理论，分析幼年经历对玄烨性格、人格的影响。玄烨的生母不受宠，他两岁就因为避痘由乳母抱往宫外抚养，“父母膝下，未得一日承欢”。因为缺乏关爱，他在八岁即位以前就染上过吸烟的恶习。即位之后，他又长期处于孝庄强大的身影之下，鳌拜等辅政大臣骄横跋扈，而孝庄却并未进行有力干预。到十六岁的时候，他最终忍无可忍，亲自出手结束了辅政。“也就是说，玄烨的幼年、童年及少年阶段，一直处在某种威胁之中，缺乏亲情，这让他很难信任他人，更难友善真诚地待人。而长期的威胁感，孤立无助，必然加重他内心胆怯却又亟思报复的矛盾心理。”他容易夸大危机，易于冲动，“缺乏与危险和平共处的勇气”，因此“往往采取心理学上所说的防御性攻击，即常言所谓先发制人”。（第 118—119 页）对包括废太子在内的一切其他人，玄烨的态度莫不如此。他的决策也具有夸大危机、先发制人的特点，比如最终导致了三藩之乱的撤藩，就是他先发制人的产物。

再次，作为一个细节控的历史学者，我欣赏并佩服姚先生处理史料、排比史事的细腻。比如，康熙三十三年（1694 年），玄烨对大学士等发布上谕，说已经过世七年之久的前任刑部尚书魏象枢是“假道学”，而且后来又于四十五年（1706 年）、五十六年两次公开批评魏象枢。康熙说魏象枢“假道学”是有依据的，他的依据是互为因果的两件事，第一件事是康熙十三年（1674 年）吴三桂谋反，议政王大臣会议讨论发兵征讨，魏象枢反对，与保和殿大学士索额图争论，产生矛盾——这是因。第二件事是康熙十八年（1679 年）地震，魏象枢独对，挟私报复，秘密奏请杀索额图以应天变，幸好玄烨本人明白事理，没有听信魏象枢的谗言——这是果。康熙十三年魏象枢与索额图争论成仇的因，在康熙十八年结出了魏象枢密奏诛杀索额图的果。玄烨由此得出了结论——你们“道学之人”竟然如此“挟仇怀恨”。那么，康熙的说法究竟对不对呢？姚先生先排比了康熙十三年的朝廷会议及魏象枢在当时的活动，有力地证明，康熙十三年的会议，魏象枢作为一个汉官根本就没有资格与会，而且在此期间，魏象枢一直封闭在御史台衙署之中审理案件，也无从分身参与朝廷议事。（第 7—8 页）索额图倒是有可能参会，但是索额图对于出兵的态度与魏象枢一致，这俩人根本就不可能打起来。（第 15 页）因此，康熙所谓魏象枢挟私报复的“因”是不成立的。而康熙十八年魏象枢独对密奏，现场只有君臣二人，康熙在独对发生十五年、魏象枢过世七年之后硬要这么讲，究竟是为什么呢？因为康熙十八年，魏象枢在独对中代表汉官和汉族人民表达了对满族官员、贵族的强烈不满，而康熙在当时的巨大压力之下，不得不惩办满族封疆大吏，但是，三藩之乱中，汉官和汉族人民的表现却让康熙对汉人的忠诚产生了强烈的怀疑，不得已而惩办满族官员激发了他内心强烈的不甘。于是，半个月之后，他就开始对汉官进行了一系列的强烈发难，并且对遭受八年战争蹂躏的百姓表达了强烈的不屑，简直就等于直接说汉人老百姓活该了。（第 46 页）在坚实的考证支持之下，姚先生对玄烨帝王心术的推理极为可信，至少他说服了我。

最后，是我读《康熙盛世与帝王心术》的私人体会。在像康熙这样的专制君主统治下，笑点低是一件非常危险的事情。康熙二十六年（1687 年）五月，玄烨因为对满族官员的学问感到不服气，把满官德格勒、汉官徐元梦和熊赐瓒三人叫来考作文，汉官汤斌阅卷，“汤斌见德格勒之文，大笑，至口鼻涎涕交流，将所持文章坠失于地。奏云：‘臣因彼所写词语毫无文气，不禁大笑，甚属失礼。’”（第 102 页）汤斌这一笑，给自己带来了无穷的麻烦。他被派去给皇太子讲课，原来的规矩是坐着讲，皇太子对老师客客气气的。这下怎么讲呢？六月初九，三位老师进入课堂，对皇太子叩头行礼毕，侍立于东。汤斌要跪着讲新课，讲完了“乃捧书跪听皇太子背诵”。作为老师，汤斌要说：每天聆听皇太子的讲解，我的学问也有所长进。能够躬亲圣人，实在是我的极大幸运啊！（第 106 页）自从孔子以来，中国老师之屈辱，汤斌算是空前了，绝后吗？好像也不。汤斌给皇太子上课的地方在哪儿？畅春园无逸斋。离我的办公室就几步路远，而已。

孔飞力：《叫魂：1768 年中国妖术大恐慌》

生活 · 读书 · 新知三联书店、上海三联书店 2012 年版

这实在是一本非常迷人的书，值得一读再读。在历史学家当中，孔飞力绝对是一个讲故事的高手。

在书的开头，他这样写道：“1768 年，中国悲剧性近代的前夜。某种带有预示性质的惊颤蔓延于中国社会——名为‘叫魂’的妖术在中华大地上盘桓。据称，术士们通过作法于受害者的名字、毛发或衣物，便可使他发病，甚至死去，并偷取他的灵魂精气，使之为己服务。这样的歇斯底里，影响到了十二个大省份的社会生活，从农夫的茅舍到帝王的宫邸均受波及。”

寥寥几笔，定调子，造气氛，解释主题，全都有了。接下来，孔飞力讲了四个具体的小故事。

第一个是石匠的故事。仁和县的吴石匠受雇为德清县重修城墙上的水门，有个姓沈的农夫请求他作法，把写着自己侄儿姓名的纸片贴到木桩顶上，让大锤锤打撞击，以泄私愤。吴石匠拒绝，并且告了官，沈农夫被打了板子。德清有人叫魂的谣言不胫而走。不久，德清人计兆美流落到杭州，因为口音被辨认出来，扭打送官，杭州人认定这个德清人一定是来叫魂的。计兆美屈打成招，牵连到吴石匠再度受审。浙江巡抚组织两县会审，结论是查无实据，然而，却无法阻止叫魂恐慌的蔓延。

第二个是四个和尚的故事。这四个游方的和尚在浙江萧山被抓，这一次，叫魂案跟头发产生了直接的关系，四个和尚被指控剪下男人的发辫。请注意，这是满人治下的朝廷，辫子是汉人驯服于清朝统治的标志，而剪辫子，哪怕只是剪下辫梢，也是很容易让人产生政治联想的——后来乾隆皇帝果然就把叫魂做了这样可怕的意义提升。而当时浙江官府的调查则表明和尚们是被冤枉的。

第三个是三个乞丐的故事，第四个仍然是和尚的故事。案件内容都差不多，被指控用叫魂妖术害人的往往是和尚、乞丐和外来打工者，而官府的调查结果无一例外是查无实据。这是官府立案了的叫魂案。此外还有许多来历不明、疑似叫魂作法的陌生人，未经官府知晓，就被恐慌的当地人活活打死了。显然，这是一场针对下层外来流动人口的驱魔运动。人们的恐慌和恶意需要一个发泄对象，这个对象就是弱者中的弱者——外来人口。

1768 年，也就是乾隆三十三年，正当“乾隆盛世”，中国社会内部为什么会产生如此深刻而冰冷的敌意？按照孔飞力的解释，这盛世本来就是外强中干、败絮其中、徒有其表，“江南人口过度增长，人均资源比例恶化，社会道德堕落”。所有这一切，让当时的社会充满了冤冤相报的戾气。故事说到这里，所揭示的还只是社会的病态，或者，我们可以称之为“发展之痛”。

接下来，乾隆皇帝出场，叫魂恐慌从社会层面上升到政治和国家安全层面。凡是跟辫子有关的，都是关系到清王朝统治安全的政治问题；而叫魂不仅关系到辫子，还关系到江南，更是格外敏感。想当年，清兵入关之后，抵抗剃发最激烈的就是江南。清朝统治者的一大优点就是懂历史，有记性，只可惜他们对历史的理解自私又简单。接获有关叫魂恐惧的密报之后，乾隆发布上谕，严令各省督抚“密行体察”，平息舆情。而山东巡抚富尼汉的报告，则把叫魂描述成一场有组织的大规模团伙犯罪。于是，乾隆下令各省严厉追查。

随着追查的展开，在孔飞力的笔下，叫魂又演变成了一场皇帝与地方大员之间的较劲儿。两江总督高晋报告说本省没有割辫事件，乾隆大怒，“江苏岂能独无此事？”此等“化有为无之术实属可恶”。在乾隆的严厉督责之下，江南各省按照山东提供的名单奋力追捕，无中生有，屈打成招，一干人犯被押送到承德，由皇帝亲信的军机大臣复审。复审的结果，当然是漏洞百出。最终，正直的老臣刘统勋出面，乾隆宣布停止清剿。

然而，皇帝怎么会犯错误呢？皇帝永远正确，结束叫魂案，乾隆明发上谕严厉斥责江南地方官“养痈遗患”导致叫魂危机蔓延数省，“隐瞒于前，塞责于后”，因此，必须严厉惩处，以正纲纪。而英明睿智的皇帝陛下正是为了防止刑讯逼供导致冤假错案，这才下令将人犯移送中央重审。如今冤情大白，人犯尽数释放还籍，正见皇恩浩荡。至于那位靠刑讯逼供把叫魂案编造成有组织犯罪网络的山东巡抚富尼汉，忠心可嘉，只受到了轻微责罚。这就是叫魂案的结局。

作为一个事件，叫魂大恐慌就发生在 1768 年，三月开始，十一月结束。围绕这一事件，孔飞力花费了八章的篇幅。这八章的内容是非常丰富的，其中包括对乾隆朝社会经济状况的分析总结，对满族统治者心理的剖析，对巫术导致恐惧的文化分析，对清朝有关巫术法令的介绍。

第八章的标题是“终结”，叫魂案的确到此终结。但是，孔飞力的故事还没有讲完。这本书一共十章，“终结”之后还有两章。我觉得，这两章，特别是第九章，才是孔飞力真正想要讨论的大问题，前面八章都是铺垫。孔飞力是把叫魂大恐慌这个事件放在中国近代史的延长线上来观察的，他要讲的是一个大故事，这个故事的真正主角是清代中国的政治制度和政治文化。那么，最后两章讲了些什么？

第九章的标题是“政治罪与君主官僚制”。按照孔飞力的定义，“政治罪”包括各种形式的谋反，它危及王朝统治的基础，具有颠覆性。“叫魂”（妖术危机）就是政治罪。可是，从叫魂案的过程来看，“官僚们却并不像君主那样对政治罪感到忧心”，皇帝忧心忡忡，官僚消极怠惰，君主和官僚对政治罪的不同态度引出了本章的主题——皇帝与官僚的关系问题。

皇帝拥有专制权力，但是日常行政必须依靠常规制度，常规制度赋予官僚常规权力，而这种常规权力在一定程度上对君主构成了制约。皇帝本人（作为政府首脑）也在常规制度的规范之中，靠文书行政指挥政务，“繁忙的君主会发现他的作用只不过是文件处理机中的一个齿轮（尽管是一个镶钻的齿轮）”。皇帝被官僚局限，那么，“如何才能挣脱这个陷阱，表明自己的身份是主子而非臣仆”，这是皇帝的难题。

孔飞力对清朝官僚制度的评价是“大破产”。监察制度失效，“皇帝的耳目在京城以外是又聋又瞎的”；考核制度也没什么用，它主要依靠上级对下级进行考评，“人们需要回避风险，话越少越安全”，评语呆板固定，拘谨浮面，根本就不能反映实际情况。对于这种状况，乾隆极其不满，他发现，一个被前任长官定义为“年老体衰”的官员，却被现任长官评价为“老成持重”，分明是文字游戏。乾隆感觉自己被架空，总督和巡抚对考核官僚敷衍了事，“朕将何所依赖？”三年一次的大考，没有部门肯负责任。“考评官员推诿给吏部，吏部推诿给九卿，九卿和吏部交相推诿，实际上最后都是推给朕？”满朝朱紫，各省封疆，竟无一人值得依靠，皇帝真成了孤家寡人。孤独的乾隆对官僚集团产生了极度的道德鄙视，予以了无情揭露：“诸臣之趋承惟谨者，多出于自私自利之念。”

乾隆试图利用秘密奏折制度冲破自私自利的官官相护之网，但是，机密渠道也能送上来敷衍了事的公文，现场的勾结共谋还是有办法把他蒙在鼓里的。皇帝利用专制权力，亲自挑选、任命各省督抚，跟他们热线直达，极力强化个人纽带。但是，这些地方大员在叫魂案中的表现却让乾隆大失所望。叫魂案于是成为乾隆挥舞专制权力，整饬官场陋习，对抗常规权力的一个契机。

多年积累的不满和愤怒终于找到了出口。但是，乾隆的手法还是简单粗糙，比如，他会这样骂一个官员：你在刑部的时候，表现出色，然而一到外省去当官，就沾染了模棱腐败的坏习气，实在可恨！……你白白浪费时间，奏报没有一个字是真的。你实在有负朕的信任，不知道什么是恩泽啊！这是江苏按察使吴坛承认错误的时候，乾隆亲笔朱批的文字。读到这里，我仿佛看见了一个小脚老太太，一把鼻涕一把泪地在数落她不成器的孙子：你这忘恩负义的东西啊！我打死你都不多呀！——皇帝对大臣用的，还是私人关系和个人控制这一套，一点高尚的理想和追求都没有，而个人控制这东西本身就是没有底线的——清朝皇帝武库里的兵器实在是太低级了。中国统治水平和治理水平在金元之后的下降，那是千真万确的。

上有政策，下有对策，即便皇帝急了眼，底下人也是有办法的。有人拖，有人阳奉阴违，有人偷换概念转移重点，把政治问题化约为行政问题。“对一个勤勉的官僚来说，他可以用许多日常公务把自己搞得忙碌不堪，却不必承担什么风险。”皇帝急了，我在忙着。这多么忠诚，其实什么也不会改变。

第十章“主题和变奏”：是全书的结论。首先，孔飞力对第九章进行了总结和重申：在乾隆时期，“任何一个君主想要维持对官僚制度稳定、有序和可靠的控制，都已经变得十分困难”。乾隆的父亲雍正还是做过一些制度建设方面的努力，但是到了乾隆这里，官僚体制盘根错节，君主对官僚的常规控制已经捉襟见肘，政治罪便可能为皇帝提供一种恰当的替代性手段。其次，孔飞力回过头去，重新审视民间的仇外情绪，他说：“在这样一个备受困扰的社会里，人们会对自己能否通过工作和学习来改善自身的境遇产生怀疑。……对大多数人来说，权力通常只存在于幻觉之中。……当国家清剿异己时，他们便会抓住这偶尔出现的机会攫取这种自由漂浮的社会权力。”去迫害跟自己不同、比自己更弱的人。这是一个相害的社会。最后，孔飞力总结全书，回应开篇：无论上层还是下层，大清朝彻底丧失了希望和活力。在这种情况之下，官僚制度反而成了应急的锚锭，让清王朝这艘破船不至于偏离旧有的航道，直到进入它悲剧的近代。

这就是孔飞力讲的那个大故事。我也许不能同意他所有的叙述，但是这个故事却深深地吸引了我。孔飞力，大才；《叫魂》二十年磨一剑，不朽。

王汎森：《权力的毛细管作用——清代文献中“自我压抑”的现象》
北京大学出版社，2015 年版，第 345—442 页

《权力的毛细管作用》是一本集中之书——论文集里的书，作者是把它当作长论文收录在论文集里的，但我觉得这篇论文的体量完全当得起一部书。所以，我把它当作一部书来介绍。它的作者是专研明清至近代思想史、学术史的台湾“中研院”院士王汎森教授。收录了这部书的论文集的大标题也是“权力的毛细管作用”，副标题“清代的思想、学术和心态”，共计十二章，关注的时段从清初一直到“道光咸丰以降”，关注的题目包括思想学术的起落兴衰、学术群体的组织与活动方式、社会心态，以及重要思想家的事迹钩沉。这篇我当作书来介绍的大论文是论文集的第八章，共计九十八页。同论著相比，论文是一种信息密度更大的学术写作方式，通常要有非常集中的议题、致密的论述和鲜明的创见。所以，这九十八页的信息承载量是极大的，完全可以当作一本书来读。一般的论文，因为是写给同行看的，所以不要求介绍背景知识，但是这一篇，是以新视角去发掘旧题目的未尽之意，所以有一大部分是对于既有研究的概括总结，这也让它像一本书，让外行读者不至于茫茫然手足无措。

这旧题目就是中学课本里都会提到的“清初的文字狱”。但是，我们之前所学的文字狱主要集中在事件——谁，因为什么书或文字，触犯了满人的忌讳，从而遭到了怎样严苛的惩处。而这本书想要探讨的，是事件对事件边缘及事件之外的更广大人群的影响，这种影响就像是人身体中的毛细血管，深入肢端，无所不到。它是一种巨大的压力，影响了当时和一定时期以后的几乎所有读书人，进入他们的潜意识，让他们随时随地，哪怕独处于暗室空谷之中，都不自觉地进行自我检察和自我压抑，以逃避那无所不在的网罗。这种影响比文字狱本身要深刻得多，恐惧流淌在人们的血管里，这就是权力的毛细管作用。

“毛细管作用”是一个比喻，用作者的话来说：“清代文字狱所导致的政治压力对各方面产生一种无所不到的毛细管作用，尤其是自我禁抑的部分，其影响恐怕还超过公开禁制的部分。”（第 345 页）“……清初以来的大小文字狱犹如龚自珍所说的‘万形而无形’的‘风’，形成一种无所不在的心理压力与渗透力。”

作者用“涟漪效应”和“暴风圈”来比喻事件与影响之间的关系。文字狱事件“形成一个又一个暴风圈，形成一种看似模糊而又无所不在的敏感意识，每个事件像投石进入池塘产生‘涟漪效应’，所以许多不曾出现在禁书目录中的书物，人们为了防患未然，也对它们做了庞大的禁抑工作。至于任何牵扯到禁忌的物事，自然成为无所不在的自我禁抑的对象。正因如此，自我禁抑的活动有时候无涯无边，有时候却完全出人意表，而这些都是在各种文字狱案或禁毁目录中所从未提到的，是一种无法捕捉到的、属于‘万形而无形’的世界”。（第 347 页）

这本书的研究对象有两方面：一方面是“官方在思想禁制方面的作为所形成的巨大压力，如何形成毛细管作用，深入到各处”。请注意，作者所关注的，是过程和作用方式。另一方面是“权力在极小的范围，尤其是在无名的文人心中的实况。……在私密的空间中（比如在排版房中，或在个人的小书斋中），权力如何渗入文化活动，左右它的运作方式与发展”。这就是“自我禁制”。作者试图揭示的是，“人们在得到各种政治禁制的讯息之后，如何在心中揣度、发酵、酝酿出一套检制约束自己的标准，然后在别人发现他逾轨之前，自己先偷偷抑制、删改，把可能有问题的地方遮掩得无影无踪”。那“悄悄地、主动地，在私密空间中进行的禁抑，是一部全民大合唱”。（第 348 页）

从集中而首尾清晰的事件叙述，走向“万形而无形”的影响叙述，作者的视角转移是非常清楚的。但是，怎样才能赋予那“万形而无形”的东西以具体的形象呢？况且，作者想要探讨的，恰恰是当事人试图极力掩盖的，那“是事情发生之前的压抑，是在紧张心情下，写作时种种压抑、闪避，是尚未被发现之前的遮掩或销毁”。（第 348 页）“这是一个沉默的内心世界。”那么，该怎样让沉默的世界说出真相呢？作者采取的探案思路是“从文献的空白、删窜的痕迹来进入这一个沉默的世界”。（第 348 页）“以‘书籍’的生命历程为主，从作者写作的紧张压力，到刻书者的手下，到出版发行，到藏书家，到读者自己的秘密删窜，到书商的偷偷销毁，去勾勒清代的政治与文化的这一个重要面相。”（第 349 页）

这本书分为三大部分。第一部分“清代文字狱概况”，介绍康雍乾盛世的文字狱“盛况”。第一，数量居历代之最，起于顺治四年（1647 年），康熙年间大约

10 起（第 345 页），雍正朝 25 起，乾隆朝 135 起，其中在《四库全书》编纂期间，查缴禁书的文字狱有 48 起。（第 346 页）嘉庆以后，就不怎么再出现了。（第 349 页）第二，涉案人员从上层向下层扩展：康熙、雍正朝触犯者多为官僚、乡绅及有名文人，乾隆朝则波及粗通文墨的社会下层，其中诸生有近四十起，平民五十几起。（第 349 页）第三，各朝查办重点不同。康熙朝的重点是明清易代史料，及所谓“诡言邪说，语既不经”的著作。雍正朝的文字狱有三个查办重点，一是与政争有关的人士的相关著作（比如年羹尧、隆科多门下士人的作品），二是阐扬汉族民族意识的著作，三是违背帝王旨意的著作。（第 350 页）乾隆朝则可以分为七大类：一、未避庙讳，谤议国君；二、涉及清代前期史事；三、反清志士之著作；四、眷怀故国，语涉怨望；五、有亏臣节者之著作；六、幸进大臣之著作；七、议论圣贤之著作。（第 351 页）

“乾隆爷”是作者的重点关注对象，因为他的思想更为深刻和成熟。就乾隆个人的文化倾向而言，他“很早就表现出牢守儒家正统的纲常文化的思想特质，他似乎也了解这是他合理化异族统治的最大资本”。（第 352 页）同时，“乾隆又颇富考证批判的精神”，他对理学有兴趣，有自己的理解。关于皇权，乾隆继承了他的祖父康熙“以天子兼统治者与教主”的思想，“一方面想做千古帝王，为千古文化订下标准，一方面想巩固满族统治，他要结合这两者，在汉文化的营养皿中培养满族政权的正当性”。（第 353 页）乾隆“认为国家可以垄断知识与文化”，认为皇帝是现实世界、伦理秩序和一切知识智慧的中心，他说“君者为人伦之极，五伦无不系于君”。（第 354 页）“朕为天下主，一切庆赏刑威，皆自朕出，即臣工有所建白，采而用之，仍在于朕。”“春秋，天子之事”，历史的书写和古今的联结，也要靠天子。（第 355 页）

“清代文字狱概况”这一部分内容是作者综合前人研究所做的叙述，即便如此，作者的叙述仍然是创造性的，在基本史事业已清晰的基础上，作者为我们描述了乾隆与他的群臣之间在对《四库全书》的征集、搜剿过程中是怎样“合谋”编织了一张禁网，将搜书发展成为一场查禁运动。起初只是简单地以“稽古右文”为标榜搜书，当乾隆当面对浙江总督钟音密语“寓禁于征”的想法之后，方面大员们赶紧将错就错，转变思路，变本加厉地推行，网罗愈缩愈紧，愈来愈下，几乎实现了全民动员，各种奇思妙想纷纷出台，审查对象不断扩大，起初并没有“一套完整的标准及一张确定的书单，而是不断查缴，不断透过想象、牵连，逐步形成一张大网”，（第368页）从而引发了巨大的心理紧张。“它造成一种风，使得人们不敢往容易触罪的方向去从事思想、文化方面的活动，而且无时无刻不在检点自己，造成了无所不在的自我压抑、自我删窜的现象。”（第375页）

以上是第一部分，第二部分就是“自我压抑现象”的具体表现了。这一部分分为八个小节：

（一）删窜者的身份，究竟是谁在动笔删窜那些令人恐惧的内容。

（二）自我删窜内容之转变。朝廷的忌讳在变，删窜的内容也要随之转变。比如雍正皇帝亲自撰写的《大义觉迷录》，到了乾隆朝就成了禁书，与之相关的内容就要删除。乾隆朝的空气比前三朝都紧张，“因为天下太平，更方便把网收紧”。（第379页）

（三）写作时的自我禁抑。官定《明史》之中，凡有关女真之事皆不见，“甚至明代名臣，其事功，史应为之立传的，但因与当时建州女真事有关，《明史》便削其人而不为传”。（第381页）更有意思的是，由于对剃发令的禁忌，《明史》从头到尾未曾用过“一发千钧”或“千钧一发”。（第385页）顾炎武的诗，采用了一套特殊的“密码系统”，用《广韵》的韵目来代替正字，比如“正朔虽未同，变支有一人”根本就读不通，倘若你了解韵目代字的秘密，知道“支”其实是“夷”，那么，“正朔虽未同，变夷有一人”则是何等地豪气干云。现代学者潘重规的《亭林诗考索》甚至还制作了一张顾炎武诗中常见韵目代字表，帮读者解惑。那么，究竟是谁发明了这套密码呢？王汎森先生推测，“这些工作最可能是他的编刊者所进行的”。（第385页）在这样巨大的压力之下，生长在康雍乾盛世的诗人陈梓给自己的诗集命名为《删后诗存》，并且作序自白说：我把那些合心意的诗都烧了，剩下不值得烧的应酬之作，编成这部《删后诗存》，留给学生后辈，精华去而渣滓仅存，可怜我的诗啊！近代学者王重民在美国国会图书馆看到了陈梓诗集的另一个

版本《井心集》，人们这才知道他删的、痛的是什么。（第 386 页）

（四）紧张压力下的出版与编辑工作。有些书很多年不会再版，比如文天祥的集子从雍正到道光，一百二十年没有刊本。（第 388 页）明末清初岭南三大家之一的屈大均因为他的抗清立场，被他同时代的出版家朋友有意排在了三大家的最后，雍正、乾隆朝，屈大均受到文字狱的牵连，压力增大，他的名字干脆从嘉庆时期的《广东文献》中消失，不被记忆了。（第 389 页）《贩书偶记》的作者孙殿起见过一部康熙年间刊刻的屈大均文集，“翁山文钞”的书名以及“番禺屈大均撰”六字在印书的时候都被删掉了。“使人读之，完全不知道是谁写的。”（第 392 页）南明的礼部尚书钱谦益后来降清，晚年又参与抗清斗争，历史极其“不干净”。他的名字要么变成了莫名其妙的字，要么变成了墨钉。

（五）读者的自我禁抑。一边读书一边把清朝统治者不喜欢的字样涂抹或者写个“删”字上去，以示态度，“使得收藏该书不为罪过”，应当是常见做法。藏书家会建立阴阳两部书目，把那些可能会给自己带来麻烦的书故意漏掉。宁波天一阁的藏书，道光年间的书目可以比嘉庆年间的书目多出 463 种来。（第 397 页）

（六）民间的焚书运动。作者推测“清初到中叶，有一个暗暗进行的民间焚书运动，其规模无法估计，但可以推测它一定比官方收缴焚毁的规模要大得多”。（第 401 页）庄廷鑨的“明史案”发生之时，“闻风心栗者，取其家有之书，稍涉疑似，无论兔园册子，悉举而畀之爨烬”，连乡下教书先生粗糙的识字课本，也拿来烧成灰了。（第 401 页）“尺度是在人们心中的。他们可以自由自在，无限猜测、扩张，也自然会不分青红皂白地删焚，不管它们是不是在禁书目录上”。（第 403 页）

以上种种是自我压抑之表现。这一部分的最后两个小节：（七）强调“自我删窜的现象不能泛滥解释”；（八）谈自我压抑现象的影响。作者认为，清代政治对文化领域之压制最大的影响，是因“涟漪效应”带来各种文化领域的萎缩、公共空间的萎缩、政治批评意识的萎缩、自我心灵的萎缩，形成一种万民退隐的心态、“非政治化”的心态。“历史记忆常被彻底扭曲或抹除而不自知。”比如，生于清末的钱穆回忆说，他是上小学才被告知“我们的皇帝是满洲人，我们则是汉人”的。（第 407 页）

以上就是第二部分。“自我压抑现象”是这本书的核心，也是我觉得最值得学习的部分。怎样把“万形而无形”的东西写实，这本书是一个极好的学习样板。最后是第三部分“结论”，将清朝的个案做延伸的概括性思考，有兴趣的读者可以自行阅读。